从共和国到哈德良的罗马

帝国的开端

［美］**大卫·波特** 著

王晨 译

九州出版社
JIUZHOUPRESS

献给薇罗妮卡·格林和约翰·马修斯

目　录

第二部分 帝 国

第三部分 革 命

第四部分 独 裁

第五部分　君主制

缩写说明

除了通过抄本传统流传下来的文本外，研究古典世界的历史学家还依赖其他多种证据。许多作者的文本完全通过后世作者的引用留存下来。我们称这些引用为"残篇"，因此书中出现的缩写 Fr. 表示某个版本的残篇中对完全通过这种方式为人所知的作者的引用。我们还使用保存在不会腐烂的材料（碑铭）或纸草上的文献集。下面是书中出现的这些作品的缩写，附有对这些文献集表示什么的说明。

AE：*L'Année épigraphique*《碑铭年鉴》（每年发表的新发现铭文）

FGrH：F. Jacoby et al., *Die Fragmente der griechischen Historiker* (Leiden, 1926–9)《希腊史学家残篇》

FRH：T. Cornell, *Fragments of the Roman Historians* (Oxford, 2013)《罗马史学家残篇》

GC：J. H. Oliver, *Greek Constitutions of Early Roman Emperors from Inscriptions and Papyri*, Memoirs of the American Philosophical Society n. 178 (Philadelphia, 1989)《来自铭文和纸草的希腊语的早期罗马皇帝法令》

ILLRP：A. Degrassi, *Inscriptiones Latinae Liberae Rei Publicae* (Göttingen, 1957)《拉丁自由共和国的铭文》

ILS：H. Dessau, *Inscriptiones Latinae Selectae* (Berlin, 1892–1916)《拉丁语铭文选》

RDGE：R. K. Sherk, *Roman Documents from the Greek East* (Baltimore, 1969)《来自希腊东方的罗马文献》

RGDA：*Res Gestae Divi Augusti* with A. E. Cooley, *Res Gestae Divi Augusti: Text, Translation, and Commentary* (Cambridge, 2009)《奥古斯都功业录》

RS：M. H. Crawford, 'Roman Statutes', *Bulletin of the Institute of Classical Studies Supplement 65* (London, 1996)《罗马法规》

SCP：*Senatus Consultum Pisonianum* (D.S. Potter and C. Damon, 'The Senatus Consultum de Cn. Pisone patre', *The American Journal of Philology* 120 (1999): 13–42)《审判皮索的元老院决议》

SVA：H. Bengston, ed., *Die Staatsverträge des Altertums* vol. 3 (Munich, 1975)《古代国家条约》(条约证据的宝贵汇编)

WT：R. S. O. Tomlin, ed., 'Roman London's First Voices: Writing Tablets from the Bloomberg Excavations, 2010–14', *Museum of London Archaeology Monograph Series* 72 (London, 2016)《罗马伦敦的初啼：来自 2010—2014 年布隆伯格发掘行动的写字板》

北

第勒尼安海

利帕里群岛

利帕里

穆莱

梅萨纳

潘诺尔
莫斯
索洛埃斯

廷达里斯

卡雷阿克特

陶洛梅尼翁

德雷帕努姆
埃吕科斯
希梅尔斯

塞提亚
塞格斯塔
纳克梭索

埃格特
斯群岛
利吕拜翁
恩特拉

埃特纳火山

马扎拉

阿古里翁

卡塔内

塞里诺斯
埃纳

地
中
海

赫拉克莱亚

莱昂提尼

阿克拉加斯

叙拉古

格拉
阿克莱
普莱姆里翁

埃克诺莫斯

卡梅里纳

帕库诺斯

● 腓尼基人定居点
○ 希腊人定居点
□ 原住民定居点

0   25   50   75 千米
0   25   50 英里

公元前 264—前 241 年的战场

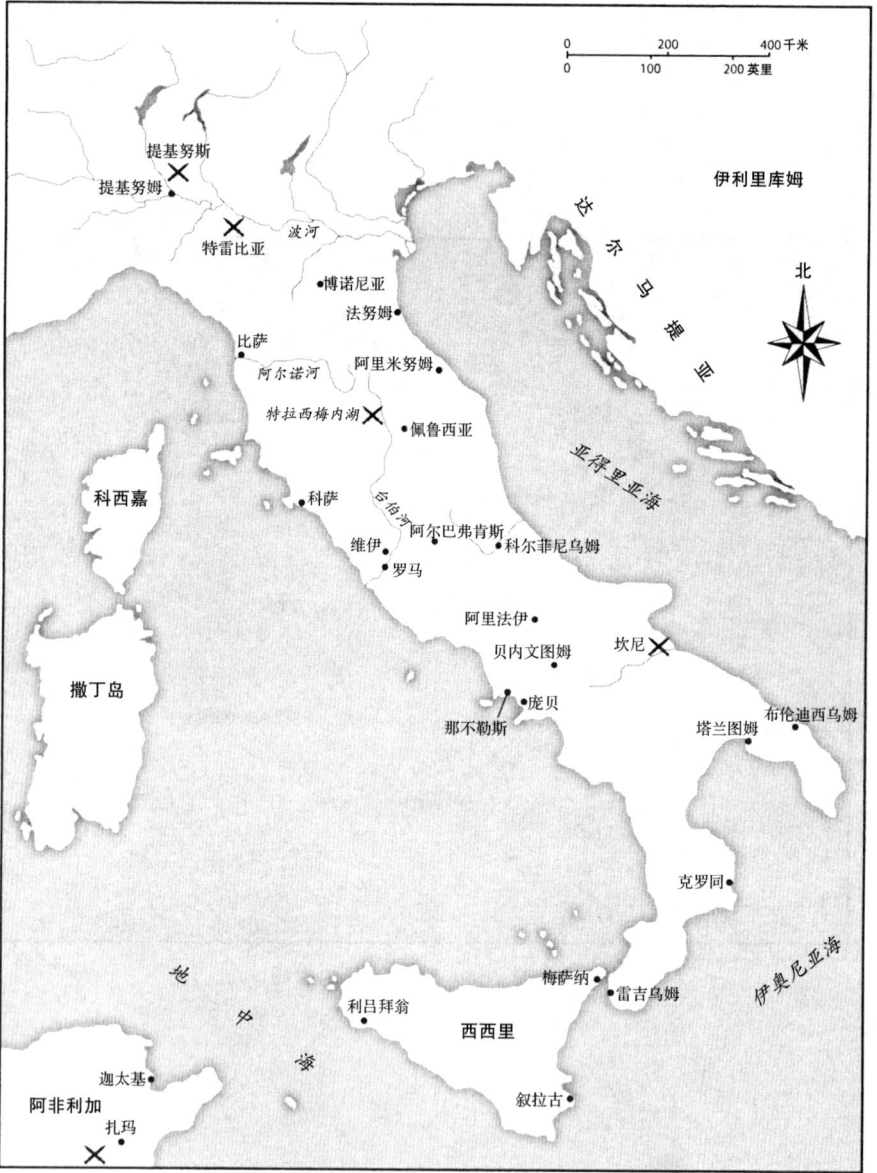

提基努斯

提基努姆

特雷比亚

波河

博诺尼亚

法努姆

比萨

阿尔诺河

阿里米努姆

特拉西梅内湖

佩鲁西亚

科西嘉

科萨

台伯河

维伊

阿尔巴弗肯斯

罗马

科尔菲尼乌姆

阿里法伊

贝内文图姆

坎尼

撒丁岛

庞贝

那不勒斯

塔兰图姆

布伦迪西乌姆

克罗同

梅萨纳

雷吉乌姆

伊奥尼亚海

利吕拜翁

西西里

地中海

迦太基

阿非利加

扎玛

叙拉古

伊利里库姆

达尔马提亚

北

亚得里亚海

汉尼拔战争时期的意大利

东部帝国

北

	罗马帝国
	罗马行省
	罗马的保护王国
	帕提亚王国

0 100 200 400千米
0 200 400英里

阿尔塔克萨塔

大　亚　美　尼　亚

科尔杜埃内

提亚　王　国

帕

塞琉西亚

幼发拉底斯河

底格里斯河

索菲内

本都

鸽诺普

黑海

赫拉克莱亚

比提尼亚

尼科美狄亚

拜占庭

加拉提亚

卡帕多奇亚

吕卡俄尼亚

帕夫拉戈尼亚

哈吕斯河

安条克

叙利亚

科马基尼

奇里乞亚

耶路撒冷

印度斯坦

塞浦路斯

帕加马

亚细亚

以弗所

吕西亚

罗得岛

亚历山大里亚

地　中　海

克里特岛

尼罗河

埃及

马其顿

雅典

亚该亚

昔兰尼

昔兰尼加

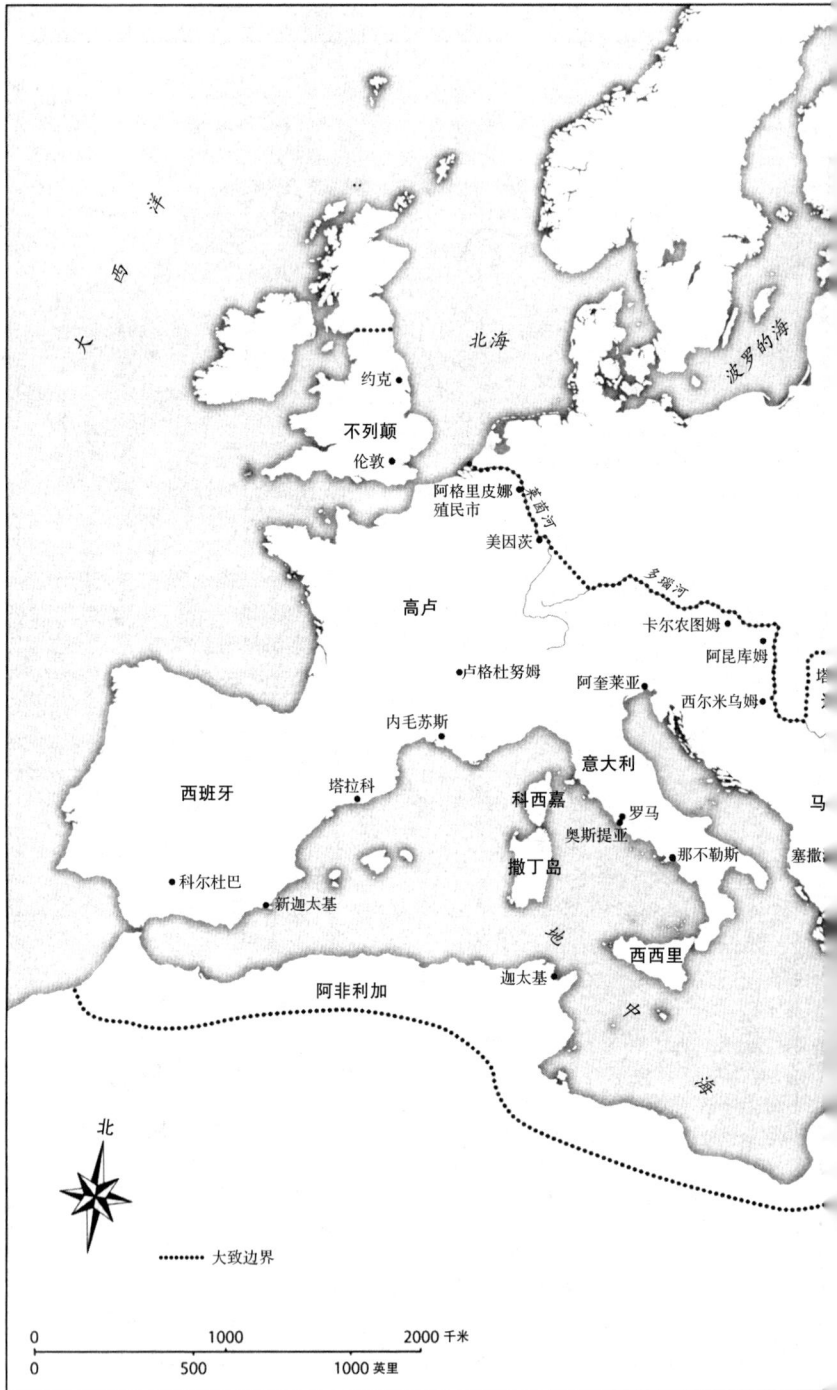

大西洋

北海

波罗的海

约克

不列颠

伦敦

阿格里皮娜
殖民市

美因茨

莱茵河

多瑙河

高卢

卡尔农图姆

阿昆库姆

卢格杜努姆

西尔米乌姆

阿奎莱亚

内毛苏斯

意大利

塔拉科

科西嘉

罗马

西班牙

奥斯提亚

撒丁岛

那不勒斯

塞撒

科尔杜巴

新迦太基

地

阿非利加

迦太基

中

西西里

海

北

┉┉┉ 大致边界

0   1000   2000 千米

0   500   1000 英里

哈德良统治时期的罗马帝国

咸海

里海

黑海

帕提亚

亚美尼亚

比提尼亚

美索不达米亚

底格里斯河

拜占庭

帕加马

士麦那

以弗所

奇里乞亚

安条克

帕尔米拉

叙利亚

埃梅萨

塞浦路斯

幼发拉底河

泰西封

梅塞内

波斯湾

耶路撒冷

亚历山大里亚

佩特拉

阿拉伯

埃及

尼罗河

红海

导　言

通往帝国之路

　　我们的故事从公元前 264 年夏末开始，当时一支罗马军队正蓄势从南意大利渡过墨西拿海峡，进入西西里。这个故事结束在今天的蒂沃利城外不远处，那里距罗马以东大约 20 英里[①]，公元前 138 年哈德良皇帝在那里去世。他的宫殿——其宏大的废墟至今仍让游客印象深刻——旨在让人想起他所统治的世界。他的帝国从英格兰北部（他修建的长城标志着帝国的一个边界）延伸到德国南部，从地中海东缘的土耳其一直到西面的摩洛哥。罗马帝国当时是，至今仍然是欧洲和地中海历史上最成功的多民族和多文化国家。但我们在本书中将要遇到的许多人，在听说这一切是如此美好时，会感到意外。对他们中的许多人来说，生活是一场抗争；面对逆境，继续拼搏的能力，是罗马人认为自己所特有的品质。罗马最伟大的诗人在写下"缔造罗马民族是多么艰巨的努力"时，会赞美这种想法。无论是他所写的关于建城的神话故事，还是有关罗马帝国诞生的方式的真实故事都是如此。

　　本书终结于哈德良之死，因为他象征着帝国融合的过程，让

---

① 1 英里约为 1.6 千米。——编者注

罗马按照他自己的方式获得成功。他出身于一个移居到西班牙的意大利家族，他们在那里生活了几个世纪后回到意大利。哈德良的统治时期还是罗马最伟大的史学家塔西佗——他也将偶尔担任我们的向导——写作自己史书的时代，因此我们可以顺理成章地看到他所处的世界如何影响了他的观点。

哈德良时代的罗马人会把渡海进入西西里视作取得其帝国的第一步。他们还会认为，派军队前往西西里的国家与他们所生活的那个截然不同。公元前264年没有罗马皇帝。本书的两大核心主题之一是这种变革的历程——它催生了"皇帝"的职位和整个帝国政府的创建。另一个是赢得这个帝国的方式。这些主题不可分割。

为了讲述罗马崛起为帝国的故事，我们必须设定一个基准，看看罗马在公元前264年是如何运行的。为此，我们需要考虑一些拉丁术语。其中许多是常见的英语单词的词源，但人们往往不能通过其英文衍生语来很好地理解它们在拉丁语中的具体意思。花些时间用罗马人自己的术语来理解他们，将让我们能更方便地穿行在他们和我们的世界之间。

罗马国家的正式称呼是 res publica populi Romani，即"罗马人民的公共事务"。尽管英语的"共和国"（republic）源出于此，但罗马人的 res publica 与任何现代国家都不相同，因为其真正的成员身份——只有男性才能成为真正的成员——意味着对国家财产的实际拥有。公元前264年，这种集体财产包括遍及意大利的土地。罗马城邦的成员通过公共大会表达自己的意志，每年他们要在大会上选举受命监督自己事务的行政官员。而这些大会将通过法律，规定那些官员应该如何行事。就这样，在人民拥有最高权力的同时，他们选出的官员组成了政府，而政府的成员往往来自最高级别的贵族。关键在于，规章界定了他们所担任官职的权力，官职有有限的任期，并可以被废除。在罗马式的民主中，选举出的行政官员代表作为最高权力拥有者的人民行事，而后者在政治上似乎并不活跃——只要他们尚且满意自己官员的行为。这种形式通过从让·博丹（Jean Bodin）到托马斯·霍布斯（Thomas Hobbes）等政治理论家的作品影响了现代的代议制民主理论。

罗马的行政长官通常都有相同级别的同僚，罗马人民不仅授予他们"治权"（imperium）和／或"职权"（potestas）形式的行政权威，还给予他们宗教权威，即"占卜权"（auspicium）。Imperium 或"最高的军事和行政权力"是"帝国"（empire）一词的词源，在行省（provincia，我们熟悉的是英语的 province）行使。Potestas 是"权力"（power）一词的词源，拥有它的人能迫使他人做某件事。在现代用法中，auspicious 表示对有利结果的预期，而罗马人的 auspicium 则不是完全积极的。它表示解读神明的征兆——特别是鸟的行为所揭示的那些征兆，但不限于此——和天气现象的权力。预兆必须是好的，方才能够进行公共事务。

公元前 264 年，provincia 一词尚不表示地理上界定的行政区，而是"行政长官应该为之行使治权的任务"。这些任务由罗马人民委派，从罗马城的神圣城界（pomerium）1 英里外开始。而在城内，行政长官将按照公民大会设立的规定行使自己的"职权"。所有种类的"职权"的重要限制之一在于，行政长官不得对罗马公民处以死刑，除非经过公民群体的投票同意，或者此人受到了军事处罚。

在我们的故事开始的时候，罗马共和国刚刚通过公元前295—前272年的一系列战争证明了自己已崛起为意大利半岛的主宰者。罗马的领袖地位现在建立在三个因素之上：它与个体意大利城邦的同盟体系；它咄咄逼人地占据了最好的土地；以及它复杂的军事体系，该体系建立在——按古代标准来说——庞大的人力储备和相对稳定的财政模式之上。

罗马的同盟体系基于罗马贵族同意大利盟友城邦领袖的共同利益。在建立同盟体系的过程中，罗马人依赖两种基本手段：结盟（foedus）和向罗马人民输诚［deditio in fidem，即（把自己）交给（罗马人的）好意］。公元前4世纪时，受邻邦困扰的城邦向罗马人输诚的情况很常见。如果罗马人接受了输诚，他们就要在神明面前宣布，自己对保卫该城具有不可回避的责任。公元前3世纪70年代在南意大利的洛克里斯（Locris）城铸造的钱币，证明罗马人执着于被视作"守信义的民族"，上面描绘了守信女神（Pistis）为罗马女神（罗马城邦的人格化）加冕。

罗马人希望被视作"行正义之事"的决心融入了他们宣战和庆祝胜利的方式。与"外事"祭司（fetial，即"外事"，这个词表示按照固定的程序行事）有关的准法律/宗教程序对罗马的战争宣告做出了规定。按照这一程序，罗马国家的代表（最初是外事祭司本人）将前往冒犯了罗马的地方，要求其做出赔偿。如果无果，祭司将返回罗马，宣布将因此开战，而几天后罗马就会宣战。这位祭司是神明前的见证人，表明罗马人的主张是正义的。取得胜利后，领军将军可能会举行凯旋式，这是一场穿过罗马城

图1　公元前275年洛克里斯发行的银币，反映了该城与罗马的联系。正面是宙斯（在希腊相当于罗马的朱庇特）的肖像，而背面的场景描绘了守信女神在为罗马女神加冕，用图像展现了信义概念在罗马外交中的重要性

的游行，最终来到卡皮托山朱庇特的神庙，那是为罗马最重要的神明修建的最大的神庙。庆祝活动象征性地宣示了神明的支持。到了公元前4世纪末，凯旋的将军常常会建立一座新的神庙，奉上胜利中得来的某些战利品，用以赞美罗马人觉得自己特有的品质（勇敢和荣耀等）的神圣人格化。到了本书开篇的时代，围绕着将军们庆祝自己胜利时所走的路线，罗马的中心地带已经遍布这种自我祝贺式的纪念建筑。

除了暴力与外交，罗马统治的另一个工具是殖民地，它们的规模和形式各不相同。有的殖民地很小，仅限罗马公民，看上去很像军营。这类殖民地的居民可以对敌意的苗头发出提前预警，而它们也往往位于那些需要戒备的地方。另一些殖民地虽然小，但包括了当地人口的成员。在没有城市中心的意大利地区（诸如亚平宁山中南部的萨莫奈），罗马人会被分配土地，作为个体定居者，围绕着名为"集会地"（conciliabula）的乡村中心被组织起来。还有的殖民地可以很大，那里混居着罗马人和非罗马人，被称为拉丁殖民地，可能由2000—6000人组成。它们得名"拉丁"是因为，相比罗马公民，这些殖民地的成员——即便他们一度是罗马公民——得到了等级更低的公民身份，这取决于罗马与拉丁姆（罗马建城地点所在的意大利地区）其他城市的关系。"拉丁权"让这些人可以在罗马做买卖，与罗马人通婚。如果他们是当地官员，这种权利还可以让他们获得或重新获得完整的罗马公民权。拉丁人不可以，而罗马人可以做的是在罗马的选举中投票。那么，为何会有罗马公民想要成为拉丁人呢？原因是经济上的——他们被承诺将获得比自己现有更多的财产。对非罗马人来说，与前公民平等地生活在殖民市通常是身份的提升，让与罗马结盟的共同体中的平民可以从罗马的成功中分得利益。

拉丁殖民地的包容性与罗马和大多数古代国家，以及罗马和现代帝国主义国家最重要的区别联系在一起：那就是对待公民权的态度。在罗马，公民是拥有公民权的家族的子女，但如果是罗马公民的释奴，或者得到罗马人民投票批准，或者被名为监察官的罗马官员登记入公民名单，那么一个人也可以成为罗马公民。罗马的许多最重要的家族都来自其他城邦，这种开放性帮助罗马吸收了潜在的对手。

对公民权的态度并非罗马体制唯一不同寻常的特征。公元前3世纪初的其他两个特征是，罗马只具有最原始的铸币体系，而且不要求臣属国家纳贡。即便当罗马已经成为意大利的主宰国家后，那些传递出非常清楚的"罗马"信号的钱币——正面印着赫丘利神像，背面印着罗慕路斯和雷穆斯诞生——也不是罗马铸造的。它们在那不勒斯湾周围的坎帕尼亚地区流通，那里有着活跃得多的铸币传统，因为当地的许多城市（其中最著名的是那不勒

图 2　这枚钱币是公元前 265 年左右用希腊模具打造的，把在意大利被广泛崇拜的赫丘利（背面）同罗马是由被母狼哺乳的罗慕路斯和雷穆斯建立的神话联系起来

斯）有很强的希腊渊源。在罗马铸造的罗马钱币对使用者来说并不方便。其中包括沉重的青铜条，重量略小于 5 磅①，似乎被用于大宗交易；仿照南意大利流通钱币的银币和铜币；还有重量接近 1 磅的铜饼。

在简要盘点公元前 264 年后的罗马将发生什么之前，我们还需要探索另外两点。首先是其选举的运作方式（我们会不时重新提到这些投票方式）。其次是其政府的结构（另一个我们将不时提起的话题）。

罗马人投票的方式取决于此次选举的官职是否会拥有治权。这些官职包括执政官（有两位）和法政官这两个主要长官的职位。理论上说，法政官（公元前 264 年只有一人）在两位执政官都外出征战时会留在罗马。法政官和执政官由百人队大会（comitia centuriata）选举，罗马公民在大会上以名为百人队的团体形式投

———————

① 1 磅约为 0.45 千克。——编者注

票。公元前 264 年，193 个百人队被分为三组。第一组由 18 个百人队构成，为骑兵（正式名称是"拥有公共马的骑兵"）；第二组由 170 个步兵百人队构成；第三组包括 4 个"无装备"百人队，以及 1 个"无产者"（proletarii）百人队——这些人对国家的职责是"生儿育女"，因为他们没有足够的财产被归入构成其他百人队成员的"定居者"或"有地者"（assidui）。"有地者"被分为 5 个级别，他们有义务作为步兵服役，不服役时需要支付税金（tributum）。级别的划分取决于他们拥有的财产，第一级别最为富有，拥有最多的百人队（80 个），第二、三和四级别各有 20 个百人队，第 5 级别有 30 个。要赢得选举，一个人必须获得大部分百人队的选票，这意味着最富有的公民——他们被分配到 18 个骑士百人队和 80 个第一级别百人队——通常可以决定选举。在 2 位任期一年的执政官的选举中，第一名获得 97 个百人队的多数选票者将被宣布为其中一位执政官的当选者，然后会清点第二名的选票，获得最多的第二名选票者会被宣布为赢得了某个百人队，直到再次达到 97 这个神奇的数字。即便富人的想法有所分歧，更靠下的普查级别里的投票者也不太可能在这些选举中投出许多有意义的选票。

也有的官员只具备职权。他们包括负责城市管理的 2 位营造官，10 位保民官和财务官，后者负责管理财库，协助具有治权的官员。他们由罗马的 33 个部落召开的大会选出。在部落大会上的投票遵循与百人队大会上相同的原则，赢得 17 个部落的多数选票者将赢得他竞选的职务。另一方面，由于部落大会不考虑财产级别，穷人的选票潜在拥有大得多的权重。

罗马政治制度的一项基本规则是，只有当选官员能够提出法案，而且对这些法案的投票需要在选举出他们的大会上进行。至少在理论上，这样做的结果是，种类截然不同的法律有可能得到通过。有利于下层级别的法律可以在选票权重不偏向上层级别的部落大会上通过，而那些有利于上层级别利益的可以在百人队大会上通过。在实践中，这两个大会都完全能够通过所有种类的法律。罗马人为法律投票时最引人注目的一点是，他们极少否决提案。对此最可能的解释是，想要通过某部法律的人会花很多时间争取民意，确保他们的提案甚至在进行投票之前就会获得通过。

　　关于几乎一切我们目前谈到的罗马体制的运行方式，也有一个例外。那就是独裁官职务。独裁官在任时拥有最高的政治权力，而且他不是选举产生的，而是由罗马的高级官员在认定有必要时指定的。有时，这些必要情况比较普通，比如举办执政官选举。也有时，任命他是为了解决重大的紧急状况。当独裁官完成了任务后，无论是举办选举还是赢得战争，他就会卸任。

　　这种官职体制是公元前 4 世纪中叶开始的重要改革的结果。在这些改革之前，只有那些来自贵族等级的家族的人才能当选拥有治权的官职或重要的祭司职位。贵族等级似乎是在公元前 5 世纪初形成的，由定义了罗马政治秩序的重要氏族（gentes）构成。到了公元前 4 世纪中叶，这种限制性安排显然遇到了问题，公元前 4 世纪 60 年代的改革使得两个主要长官职务中的一个对平民（对非贵族的称呼）开放。

　　祭司职位同样逐渐变得可以由平民担任，但这些制度改革只是故事的一部分。旧有规则的放松，也使得将其他拉丁共同体的领袖直接吸收进罗马的统治贵族变得可能。大贵族家族可以利用他们在选举大会的影响，将依赖他们的重要家族提拔到高位。

该时期的重要家族是瓦雷利乌斯家族（Valerii）、克劳狄乌斯家族（Claudii）、法比乌斯家族（Fabii，这个家族自称早在罗马建城前就在该地区扎根了）、埃米利乌斯家族（Aemilii）、科尔内利乌斯家族（Cornelii）和曼利乌斯家族（Manlii）。法比乌斯家族帮助一系列拉丁氏族就任高位，比如来自图斯库鲁姆［靠近今天的弗拉斯卡蒂（Frascati）］的弗尔维乌斯（Fulvii）和马米利乌斯家族（Mamilii），来自马尔文图姆［Malventum，今贝内文托（Benevento）］的奥塔基利乌斯家族（Otacilii），以及来自诺门图姆［Nomentum，今门塔纳（Mentana）］的阿提利乌斯家族

图3　公元前54年的这枚钱币描绘了传说中罗马共和国的缔造者布鲁图斯，身边是其侍从（lictor，拿着长杆连接着的斧子）和一位助手。该图像展现了执政官治权的观念

（Atilii）。埃米利乌斯家族似乎支持格努基乌斯（Genucii）和李基尼乌斯家族（Licinii），前者是个富有的罗马家族，但肯定是平民，后者同样是富有的罗马家族，得到他们支持的还有来自普莱内斯特［Praeneste，今帕莱斯特里纳（Palestrina）］的普劳提乌斯家族（Plautii）。

官员由一小批幕僚协助，并会花大量时间来监督那些与国家签约履行某种职能的人的工作，包括修理街道、为神庙铺设屋顶、为国家赞助的战车比赛提供马匹，以及为作战军队提供给养、将粮食运到市场或征收税金。由于罗马国家还没有复杂的货币体系，这些承包商不太可能特别有影响力，也不太可能通过为政府工作而变得富有。这个时期的财富来自土地，支撑主要贵族氏族财务开支的是大量的土地所有权，尽管对于每个核心家庭来说，其拥有的土地不能超过 300 英亩① 左右——这是在罗马入侵西西里之前差不多一个世纪时开展的一项重要政治改革中的一个内容。贵族钱财的另一个重要来源是战利品，即便他们要把它与自己的亲属和国家分享，这仍是对世袭财富的重要补充。

目前为止，我们看到的罗马国家与其他许多意大利城邦并没有太大的区别，后者通常拥有贵族理事会、行使最高权力的大会以及公民军队，公民军队可以通过雇佣兵进行补充（罗马不是没有使用过雇佣兵），并且官员也会与承包商合作来保证事务的运行。这个罗马国家与公元 138 年哈德良将要留下的那个完全不同。改变的过程真正开始于公元前 3 世纪末。在那之前，罗马熬过了

---

① 1 英亩约为 4047 平方米。——编者注

同迦太基的一场漫长的战争。迦太基是一个北非国家，在西西里拥有巨大的利益，强烈反对罗马涉足该岛。

罗马在大体上继续按照公元前264年之前的方式运作，直到它陷入了与一个名叫汉尼拔的人统率的迦太基军队的生死较量，后者在公元前218年从自己家族在西班牙的领地出发入侵意大利。与汉尼拔的苦战迫使罗马变得更加高效（甚至有了自己条理清晰的铸币体系）。这场战争还将罗马卷入了东地中海的政治。

公元前201年对汉尼拔和迦太基的胜利让罗马人控制了西班牙，也使得他们与希腊北部的马其顿王国处于开战边缘。对马其顿的迅速胜利（战争从公元前200年持续到前197年）引发了与另一个东地中海王国——塞琉古——的战争。经过对塞琉古国王安条克三世的又一场迅速而全面的胜利（战争从公元前192年持续到前188年），罗马成了主宰地中海的势力，打开了之前做梦都想不到的财富来源，特别是对它的承包商来说。这些承包商开始在罗马政坛里成为一个非常强大的利益组织，而现在有理由认为他们形成了明确的"承包商阶层"。

可得财富的大幅和迅速增加导致政治上的错位。罗马人后来会把传统的罗马统治形式的失败归咎于公元前2世纪下半叶到前1世纪中叶的一系列个人行为。虽然像罗马人那样把大规模的政治运动和社会变革与个人联系起来，会有点简单化，但这不失为方便的做法，这就是为什么本书许多章节的标题中会出现个人的名字。这些人中的第一位是提比略·格拉古（Tiberius Gracchus），他在公元前133年挑战元老院的支配地位，主张罗马人民持有最高权力。他的弟弟盖乌斯·格拉古（Gaius Gracchus）在公元前122年利用承包商阶层来对付官员阶层，授权前者控制可以起诉官员在职时的贪腐行为的法庭。军人英雄盖乌斯·马略（Gaius Marius）本人也是由在政治上活跃的承包商阶层打造的，他可以在面对外敌时拯救国家，但对于由帝国的获益分配不公而导致的遍及罗马和意大利社会的复杂裂痕，他并没有兴趣为其找到解决办法。

公元前 91 年，罗马同它的意大利盟友爆发战争。随着罗马在公元前 90 年满足了叛乱者的主要诉求（成为罗马公民），战争在公元前 88 年大体结束。从某些角度看，这场战争中最令人不安的一面是出现了大规模的军队承包活动，这将在随后的半个世纪里主导罗马的政治。

在该时期，最残酷的军队承包商是卢基乌斯·科尔内利乌斯·苏拉（Lucius Cornelius Sulla）。经过公元前 1 世纪 80 年代末的血腥内战，他自封为独裁官，并彻底改造了这个职位，使得只要他自己愿意，就一直能享有一切权力。苏拉没能造就一个有凝聚力的追随者集团，导致他曾试图强加的政治体系很快崩溃。在下一代人中，曾经是他麾下一名军官的格奈乌斯·庞培（Gnaeus Pompey），在通过其作为将领的能力和其为军队自掏腰包的意愿担任政治职务之前，就早已取得了显赫的地位。庞培的地位在公元前 1 世纪 50 年代将受到盖乌斯·尤里乌斯·恺撒（Gaius Julius Caesar）的挑战，后者利用自己征服高卢（今天的法国和比利时）获得的资源建立了基本上由自己个人控制的国家。恺撒用这个国家的资源入侵意大利，打败庞培，在公元前 1 世纪 40 年代将自己立为独裁官。

公元前 44 年 3 月 15 日恺撒遇刺后，罗马陷入了长期内战。公元前 31 年，恺撒的养子奥古斯都在内战中胜出，成为第一位皇帝。奥古斯都开启了罗马政府从公元前 2 世纪发展起来的财政-军事承包体系向官僚国家的转变。公元 14 年他去世后的那个世纪里的故事被一个有效政府的持续发展所主导,这个政府提供了把从前的臣民纳入罗马统治群体的机制——有时也提供了如何对付自恋而霸道的首席执行官的教训,他们注意力短暂,且脾气不好(那些年里有几位故事相当丰富的皇帝)。

罗马帝国成功的巨大秘密在于,它让从前的臣民变成了行政管理者,最终甚至变成了皇帝。没有哪个其他帝国实现了像罗马一样程度的前行政管理者和前臣民的融合——不过,这在公元前 264 年也是无法想象的。

第一部分

战　争

公元前 264—前 201 年

第 1 章

入侵西西里

公元前 264 年

位于意大利最南端的雷焦卡拉布里亚（Reggio Calabria）是个美丽的地方。傍晚时分，轻快的微风驱散了让海面平静无波的午后的炎热，使得沿岸的小漩涡重新活跃起来。今天，感受这股微风能让人重温公元前264年的罗马执政官阿皮乌斯·克劳狄乌斯的体验。

由于他在那年夏末的行为，阿皮乌斯·克劳狄乌斯将获得一个额外的名字，或称别名（cognomen），这使他现在有别于自己强大的贵族氏族中的许多其他成员。他被称为"木头脑袋"阿皮乌斯·克劳狄乌斯（Appius Claudius Caudex）。这有点不公。就我们所知，对那个将在500多年里在罗马生活中长时间扮演重要角色的家族来说，很难说他是其最无能或最令人讨厌的成员。公元前264年，他面临着一系列其他领导者也无法更好应对的问题。

阿皮乌斯·克劳狄乌斯现身雷焦卡拉布里亚，是由于罗马人对一群名叫马麦丁人（Mamertines）的责任感引发了一场外交危机。马麦丁人是一群坎帕尼亚的雇佣兵，他们占领了与雷焦隔海峡相望的西西里岛上的梅萨纳城（Messana，今天的墨西拿）。

罗马人觉得要对马麦丁人负责，因为后者在公元前280—前275年那场确立了罗马对南意大利控制的战争中扮演过积极的角色。这场战争始于罗马人与由南意大利城市塔兰图姆（Tarentum）控制的同盟的冲突。塔兰图姆人意识到敌不过罗马人，于是引入希腊西部的伊庇鲁斯国王皮洛士率领的一支大军。皮洛士是个善战的将军，在战争的前两年让罗马人遭遇了几次血淋淋的失败（尽管这些胜利也给他带来惨重伤亡，因此有了"皮洛士的胜利"之说）。但皮洛士最终无法将罗马人带到谈判桌前，而到了公元前277年，塔兰图姆人再也没钱付给他了。他于是把自己的军队雇给了西西里东南部的叙拉古人，他们正与迦太基人作战。当叙拉古人同样花光了钱后，那场战争就结束了。皮洛士回到意大利，马麦丁人帮了罗马人一个忙，在沿途攻击他。随后，皮洛士第三次与罗马交战，在遭受惨败后返回希腊，几年后在那里的一场战役中死去。公元前272年，塔兰图姆向罗马投降，标志着罗马完成了对波河河谷以南意大利的征服。接着，轮到马麦丁人陷入了麻烦。

公元前267年，一位名叫叙拉古的希埃隆（Hieron of Syracuse）的将军击溃了马麦丁的军队，而在一段间歇过后（在此期间他成了国王希埃隆二世），他现在想要结果他们。面对毁灭，马麦丁人向罗马人输诚，即正式将自己交给罗马人民的好意。他们还向罗马人攀亲，声称自己也是罗马建城者罗慕路斯之父（战神马尔斯）的信徒（我们很快会看到更多此类外交的例子）。

几乎对所有的相关方来说不幸的是，马麦丁人对叙拉古的威胁所做的最初回应是向迦太基人而非罗马人求助。这个选择初看之下似乎很有吸引力，因为迦太基人长久以来都讨厌叙拉古人，而且最近还与马麦丁人结盟，并与皮洛士为敌。但马麦丁人很快会发现，迦太基人的问题在于，他们想要对梅萨纳施加更多控制，这让马麦丁人觉得不舒服。迦太基驻军的到来让马麦丁人决定找罗马试试运气。他们设计让迦太基的驻军统帅离开，并向罗马派出自己的使团，请求其宣布对自己的保护是一个"任务"（provincia）。这发生在公元前 264 年 7 月。

这一请求引发了混乱和敌意。迦太基人一直与罗马保持着良好的关系，认为与后者有着默契，即罗马不会涉足他们认为重要的地区，比如西西里。罗马人对如何回应也举棋不定：他们认识到自己对马麦丁人负有责任，但正面临与伊特鲁里亚（大致相当于今天的托斯卡纳）南部一座叛乱的城市的不利战事，因此对在两个相距遥远的地方同时开战存有疑虑。

元老院对是否宣布以救援马麦丁人为"任务"展开了大量争论，在无法做出决定的时候，阿皮乌斯·克劳狄乌斯召开了百人队大会。大会像他预想的那样投票认可了这一"任务"。但百人队大会同意把"援助马麦丁人"变成"任务"并不意味着对迦太基或叙拉古宣战。罗马只有在自卫时才开战。自卫的定义当然可大可小，但在这件事上，只有当罗马军队抵达西西里后遭到迦太基人和 / 或叙拉古人的攻击时才能宣战。

自己的驻军被从梅萨纳赶走彻底激怒了迦太基人，他们将那位不幸的统帅钉上了十字架。罗马干涉的可能性甚至让他们更加恼火，在罗马人还没有投票并派遣阿皮乌斯南下前，迦太基人就已经与希埃隆缔约，想要阻止他们的到来。

我们很难重述阿皮乌斯抵达后的事件。原因是我们的一些证据来自只以摘要形式，或者通过其他作家零星引用的"残篇"（本书中在引文后加上缩写 Fr. 来表示）而保存下来的文本。另一些证据来自一位充满了自身偏见的作者，他只通过后世争论的视角来审视自己拥有的记载。

我们有三个重要的史料来源。首先是公元前 1 世纪中期一个叫狄奥多罗斯（Diodorus）的人写的《历史丛书》(*Historical Library*)。这部作品的范围涵盖了从早期埃及和两河流域到与狄奥多罗斯同时代的尤里乌斯·恺撒的生平；在撰写这部巨著的过程中，狄奥多罗斯使用了从更早的作家那里借鉴的材料，但他并不总是很细心。对于这段历史，他用的是之前一位讨厌罗马人的西西里史学家的作品，这位史学家名叫费里诺斯（Philinus）。不幸的是，我们并不知道狄奥多罗斯的故事的全貌，因为他作品的这一部分仅仅通过后世史学家的引用间接留存下来。我们的第二个史料来源是卡西乌斯·狄奥（Cassius Dio），他写了一部 81 卷的《罗马史》，从建城一直写到公元 3 世纪初他自己的时代，现在同样只通过摘要存世。我们最详细的记载来自公元前 2 世纪的希腊史学家波利比乌斯（Polybius），但受到一个事实的影响——他认为罗马人发动战争是出于宏大战略，而这与所有现有的证据不符。

在波利比乌斯看来，罗马人不愿帮助马麦丁人，因为后者是一群讨厌的人，也因为援助这些人将与他们之前惩罚另一群坎帕尼亚雇佣兵的决定产生不一致。在皮洛士战争期间，这些受雇于罗马的人从雷吉乌姆（Rhegium，雷焦卡拉布里亚的古称）的公民手中夺取了该城。厌恶雇佣兵的波利比乌斯没有考虑到的是，罗马人对雷吉乌姆的坎帕尼亚人的看法与他们对梅萨纳的那些人截然不同。雷吉乌姆的坎帕尼亚人违背了其对罗马的信义

（fides），梅萨纳的那些人则没有——这一点的重要性在当时显而易见，即便被认为是有一定争议的。在狄奥多罗斯的描述中，面对前来讨论马麦丁情况的罗马使者，希埃隆认为，如果罗马人被看到支持像马麦丁人这样的献媚者，那么谁都会看出他们自诩的信义是多么虚伪。

波利比乌斯认为，在罗马人决策的过程中，重要的不是信义，而是他们觉察到迦太基的势力正在逼近意大利，罗马将不可避免地同迦太基一战。既然如此，那么最好还是事不宜迟，因为迦太基的势力正与日俱增。但波利比乌斯的观点建立在对迦太基实力的错误评价之上——具体说来，它在公元前 264 年时要比在前 218 年伟大的迦太基将军汉尼拔发动第二次布匿战争时更加强大（需要注意，汉尼拔是个常见的迦太基名字，我们将在下面几页中见到其他几个汉尼拔，与此人没有关系）。很大程度上得益于此前三十年汉尼拔家族在西班牙的活动，迦太基在当时要远比之前强大。不过，后来的罗马人（与波利比乌斯同时代的）却热衷于宣称，迦太基早在汉尼拔的时代之前就是罗马一贯且强大的威胁。他们希望相信这点，以便为自己不得不摧毁迦太基（他们在波利比乌斯生前做到了这点，他也积极参与了此事）的观点辩护。这就是为什么卡西乌斯·狄奥知道的罗马版本的故事是这样说的：

> 在财富或土地的丰饶方面，这些人［迦太基人］完全不次于他们［罗马人］；迦太基人在海军技术的训练上达到了很高的效率，还拥有骑兵、步兵和战象，统治着非洲人，并占据着撒丁岛和西西里的一大半；因此，他们怀有征服意大利的愿望。各种因素都让迦太基人变得更加自信，但他们特别

对自己的独立感到骄傲，因为他们——在一年任期而不是永久统治的条件下——选出了自己的国王；因此，这些人觉得他们的努力都是为了他们自己，于是充满了热情。

（狄奥，《罗马史》，11.8）

近来的考古学工作否定了迦太基当时是控制着地中海西缘的一股强大力量的观点。现在我们知道，并没有庞大的迦太基帝国，只有腓尼基裔商人参与的大量贸易网络，其中一些（而非全部）集中在迦太基。迦太基本身控制着非洲北部海岸的一系列城市，西西里的一些城市，以及撒丁岛和科西嘉岛。在军事力量上，它常常需要花很大力气才能抵挡叙拉古，而就像公元前264年末的事件将会表明的，叙拉古本身甚至不是一支罗马军队的对手，更别提每年夏天罗马国家一般会募集的两支军队了。

迦太基驻军撤离后，罗马人接受了马麦丁人的输诚；迦太基人则在公元前264年8月之前的某个时候同叙拉古结盟，当时罗马军队开始在雷吉乌姆集结。谁也不知道究竟要发生什么，但迦太基舰船似乎击沉了一些罗马舰船。狄奥多罗斯表示，在这次攻击后，罗马派使者向迦太基发出抗议，指出此次事件的结果可能将是战争，并为他们介绍了罗马的军事历史。双方似乎都意识到，真正封锁墨西拿海峡是不可能的，因为迦太基舰队驻扎在12英里外的佩洛拉斯角（Cape Peloras），距离过远，无法进行有效的巡逻，而叙拉古人在这片海域也没有值得一提的海上力量。罗马人需要做的只是找一个黄昏，装满自己的船只，然后前往梅萨纳。

虽然现在结盟对抗罗马入侵者，但迦太基人和叙拉古人长久以来相互敌视，这意味着他们无法对敌人做出协调一致的回应。

阿皮乌斯利用了这点，他首先攻击叙拉古人，当他们战败退回大本营后，又向迦太基人发难。他击溃了他们的陆军力量，而他们的海军力量也没有发挥作用。战事持续到冬天，这让阿皮乌斯的人马遭遇了很大的困难——可能正因此，他被称为"木头脑袋"，他打击叙拉古人，使其失去了战斗力，而迦太基人没有出手相助。公元前 263 年 3 月，新的执政官就职后南下进入西西里，没有受到迦太基人的干预。60 多座城市向罗马输诚，叙拉古也投降了。直到此时，罗马军队才把矛头转向迦太基人。鉴于叙拉古人对迦太基人根深蒂固的敌意，再加上后来他们对罗马战事的热情支持，罗马指挥官现在向迦太基发难，很可能是得到了希埃隆国王的怂恿，他向罗马人支付了一大笔钱作为战争赔款。

第 2 章

陆上和海上的战争

公元前 263—前 241 年

　　随着叙拉古从敌人变成盟友，西西里的战争进入了新的阶段。不过，几乎没有证据表明，罗马元老院真正意识到这种改变的影响。所有的迹象都显示，罗马当局过了很久才明白，这场新的战争同之前的那些多么不同。波利比乌斯说，罗马人"彻底陷入了西西里的事务"（1.17.3），仿佛掉入了真正的陷阱并身陷囹圄。

　　罗马人对这场战争和之前那些战争的不同缺乏理解，其中最重要标志之一是他们在这场战争期间选择执政官的方式。这点很重要，因为在此事之后写就的材料中充满了同样的历史必然感，使得这些材料将战争的开始描绘成是出于宏大战略的考虑。但当我们看到是谁真正被选择来负责作战时，我们对当时的情况会有截然不同的认识。

　　公元前 263 年的执政官是曼尼乌斯·瓦雷利乌斯·梅萨拉（Manius Valerius Messalla）和曼尼乌斯·奥塔基利乌斯·克拉苏（Manius Otacilius Crassus），与阿皮乌斯一样，瓦雷利乌斯·梅萨拉来自一个非常古老和有权势的贵族家族。罗马人战时行动的一个奇怪的特点是，执政官中很少有像瓦雷利乌斯·梅萨拉这样的人，而来自新晋贵族家族的成员的人则很多。在战争期间担任执政官的 38 人中，只有 11 人（其中 2 人是兄弟）的父辈或祖辈担任过执政官，有 6 人是家族中首次担任此职的成员。

虽然罗马统帅中老资历的人物减少了，但其中常常出现得到同龄亲属网络支持的人。公元前 261 年的执政官之一是奥塔基利乌斯·克拉苏的弟弟，而此人的执政官同僚是他哥哥的同僚的堂弟。公元前 262 年的执政官是公元前 265 年执政官的弟弟；科尔内利乌斯·西庇阿两兄弟分别担任了公元前 260 年和前 259 年的执政官；而在公元前 258 年、前 257 年、前 256 年和前 254 年，两名执政官中均有一人是阿提利乌斯家族的成员。他们在当时的显赫地位可能与该家族同坎帕尼亚的密切联系有关，那里很可能对这场战争提供了大量支持。总而言之，在这场战争期间当选的 38 名执政官中的近一半人有兄弟或堂表兄弟在当时也担任过执政官。

另一个特别之处在于，战争爆发后当选的执政官中只有两人在公元前 264 年之前担任过执政官，这与皮洛士战争和之后的第二次布匿战争不同——那时，在冲突之前证明过自己的人开始回归任职。事实上，在这场战争期间，很少有人重新当选。由此可以得出一个结论，罗马人并不觉得迦太基人是严重的威胁。

战争，当被能力有限的人作为家事挑起时，不会是有效的——罗马人在迦太基战争中的行为摇摆不定，使人看到他们并无有条理的计划。这也可能反映了西西里政局的影响。西西里的城邦世世代代被夹在叙拉古和迦太基之间，它们希望借助罗马的力量来打破这种长久以来的冲突的循环。希腊城邦相互沟通的方式之一是依靠可以被重建的神话传统来暗示自己与遥远过去的联系。这种外交方式对罗马也有效。罗马人习惯听到这种东西。皮洛士已经让他们有所体验，前者指出自己的祖先——荷马史诗中的英雄阿喀琉斯——要比罗马缔造者之一的特洛伊王子埃涅阿斯更加伟大。当罗马人来到西西里后，他们发现位于该岛南边的塞格斯塔（Segesta）城正在以它与罗马的联系（通过埃涅阿斯）召唤他们。

对罗马来说，与西西里岛的希腊人打交道也许更容易，因为罗马人派往那里的许多士兵不是希腊人就是坎帕尼亚人。很说明问题的是，坎帕尼亚的城市在那些年里大量铸造钱币：在某些情况下，唯一可以归于某个城市的钱币都来自这个时期。在阿普利亚、卢卡尼亚或布鲁提乌姆等在皮洛士战争期间铸币量就非常大的地区，这种趋势并不那么明显，而在罗马以北和以西的城市中则根本没有铸币活动。城市在有需要的时候就会铸币，在公元前3世纪时，铸造更多钱币的决定和附近发生的战争之间通常存在密切的相关性。鉴于坎帕尼亚人有着前往西西里岛作战的悠久历史，该地区对这场冲突特别感兴趣就不奇怪了。

与叙拉古的战争在公元前263年夏天结束。随着塞格斯塔人认定，他们与埃涅阿斯的神话联系要比与迦太基的实际联系更加重要，同迦太基的战争就开始日渐迫近。当塞格斯塔人宣布他们有兴趣加入罗马同盟时，他们屠杀了迦太基的驻军。第二年，两大势力之间发生了激烈的战斗，两位罗马执政官都专注于攻占西西里岛南岸的阿格里根图姆［Agrigentum，今阿格里真托（Agrigento）］。在阿格里根图姆的胜利——叙拉古人促成了它，他们在整个艰难的战事期间一直为罗马军队提供给养——导致了罗马政策的重大改变：他们将把战争带到阿非利加，为此他们需要一支舰队。

建立一支大型作战舰队的决定可能与科尔内利乌斯·西庇阿家族和阿提利乌斯家族在罗马政治中突然获得显赫的地位有关——公元前 260—前 257 年间，这些家族里至少有一名成员担任执政官——并受到了叙拉古人的一些怂恿。大型舰队不是意大利海战的特点，罗马贵族们会把临时募集舰队的工作交给他们的盟友。这些盟友中的一些人有丰富的海上劫掠经验——在地中海东部，意大利人被认为是臭名昭著的海盗，但他们没有从零开始组建一支大型作战舰队所需的基础设施。随着罗马人开始建立舰队，几乎在一夜之间，这种情况将发生改变。

公元前 5 世纪和前 4 世纪初的基本战舰是三桨座战船（trireme）。经典的三桨座战船长约 120 英尺①，我们从对东地中海战争的记载中对其有了最多的了解。它们每侧有 25 列三桨座，载有约 200 名船员。这些战船采用的基本战术是用船头的青铜撞锤使敌方船只失去战斗力，或者抓住并登上敌方的船只。公元前 4 世纪中叶，叙拉古人开始改造这种设计，开发出每列桨安排 5 名划手的船只（上方两层每列桨 2 名划手）。这些船被称为五桨座战船（quinquereme）。五桨座战船的优点是它能够以更快的速度撞上另一艘船，船上可以搭乘更多海军，而且通常比三桨座战船更稳定。

考虑到五桨座战船基本上是一个大号的三桨座战船，某种程度上这两种战船可以在舰队中互换使用。另外，由于在埃格特斯

---

① 1 英尺约为 0.3 米。——编者注

（Aegates）群岛［今埃加迪（Egadi）群岛，西西里岛西海岸附近］旁发现了一系列沉船的撞锤——它们来自我们正在讨论的这场战争的一次决定性战役中，可以看到，罗马人和迦太基人使用的战船与其他地方的相比都要偏小。这些三桨座战船（几乎所有的撞锤都来自三桨座战船）大约有 90 英尺长，因此可能搭载了大约 150 名船员；五桨座战船也许能再搭载 100 人。这意味着一支由 100 艘左右的三桨座战船和五桨座战船组成的舰队将使用大约 2 万人，并大致相当于执政官每年统率的标准军队的规模。

新的舰队在公元前 260 年出发，在船只建造期间，划手们坐在海岸边搭设的长椅上训练。当年的执政官是格奈乌斯·科尔内利乌斯·西庇阿（Gnaeus Cornelius Scipio）和盖乌斯·杜伊利乌斯（Gaius Duilius）。西庇阿最初指挥海上作战，杜伊利乌斯指挥陆上作战，迦太基军队则试图夺回他们在前些年里失去的土地。当西庇阿在一次对迦太基人位于利帕里（Lipari）群岛基地的失策的突袭中使自己被俘后，正忙于将迦太基人从塞格斯塔赶走的杜伊利乌斯接管了舰队。配备新的登船装备的罗马战船在西西里城市穆莱（Mylae）沿岸遭遇迦太基人，并完全击溃了对方。公元前 1 世纪重新刊刻的一段碑铭中保存了关于杜伊利乌斯当年功绩的记录，是该时期最重要的文件之一。铭文告诉我们：

> ［执政官杜伊利乌斯］救出了［被迦太基人包围的塞格斯塔人，罗马人民的盟友］，而 9 天后，所有的［迦太基］军团和它们的最高长官在大白天逃离军营，他靠武力夺取了马克拉（Macela）［城］。在同一任期内，他是第一个在海战中［取胜］的执政官，也是第一个筹备海军和战船的执政官，他

在大海上用那些船战胜了所有的布匿人的舰队和迦太基的大军，面对他们的独裁官［汉尼拔］；他和盟友一起夺取了一艘七桨座战船，［30 艘五桨座］战船和三桨座战船，并［击沉了 13 艘］。他夺得了 3700 块金子，10 万块［？］银子……在凯旋式上［他交给］罗马人民战利品，在他的战车前展示了大批自由的迦太基人。

（《拉丁自由共和国的铭文》，318）

上面提到的七桨座战船是迦太基人从皮洛士那里缴获的（它

图 4　记录了杜伊利乌斯功绩的铭文，刻在广场上竖立的石柱上，用以纪念他的胜利。铭文为他在公元前 260 年的作战和该时期战争的性质提供了重要的同时代证据。现存的文本来自对公元前 1 世纪纪念碑的一次修复

的存在反映东方国王喜欢大船）。除了这个花絮——知晓此事的
罗马人会喜欢它，杜伊利乌斯还告诉我们很多关于罗马贵族是如
何看待这场战争的信息。他首先指出，他从迦太基人手中救出了
罗马的盟友，再现了阿皮乌斯第一次渡过海峡时宣示的"信义"
的价值。通过描绘后来材料中没有提到的在穆莱的行动，他展现
了罗马盟友在行动中曾无疑扮演的角色，他们有比罗马人更丰富
的海战经验。对他在凯旋式中分发的战利品的强调，则突显了在
罗马的战争思维中很重要的获利动机。最后，也许有点更令人不
安的是他对迦太基人的描述方式，他称对方的舰队指挥官为独裁
官，陆军将领为"最高长官"，仿佛他们是罗马人。如果杜伊利乌
斯和他的贵族同伴认为，迦太基人会理解他们罗马人认可的行为
准则，或者对方的政治体制能够完全以意大利的术语来理解，那
么他们就犯了严重的错误。

杜伊利乌斯凯旋之后的第二年，罗马人在陆上和海上取得了
更多的胜利，这催生了留存至今的又一段公元前 3 世纪的拉丁铭
文，即格奈乌斯·西庇阿的更加能干的弟弟的墓志铭：

> 卢基乌斯·科尔内利乌斯·西庇阿，营造官、执政官、
> 监察官。大部分罗马人都公认卢基乌斯·西庇阿其人是优秀
> 者中的最优秀者。此人是营造官、执政官和监察官"大胡子"
> 西庇阿之子，他夺取了科西嘉和阿雷里亚城，并向风暴神
> （Tempestates）奉献一座神庙以示感恩。
>
> （《拉丁自由共和国的铭文》，310）

在这里，我们看到了军事荣耀与虔敬的联系，它的标志是通过奉

献新的神庙来铭记个体的个人成就——我们把这个特征同之前的世代联系在一起。不幸的是，与杜伊利乌斯的凯旋一样，西庇阿的胜利虽然令人难忘，却没有让和平变得更近。

尽管取得了成功，但杜伊利乌斯和西庇阿都将不会再次受命担任军职。为了庆祝自己的胜利，杜伊利乌斯在凯旋队列经过的地方建起雅努斯神庙，在元老院议事厅旁竖起石柱（上面装饰着他缴获战船的撞锤和他本人的一座雕像）。后来，他还担任过两个职务：监察官（西庇阿是他的同僚）和公元前 231 年的独裁官，负责执政官选举。他获得了自己那一代人曾无法想象的荣耀，而他本人又是一位罕见的能者，因此，他从公共舞台上的消失暗示他意识到，作为一个没有担任过执政官的祖先的人，他不应该为自己寻求更多的桂冠，并认为把舞台留给更大的贵族会更为合适，即使他们的能力不如自己。西庇阿也做出了同样的选择。他足够高贵，在广场边驻足的人可以看到他的房子，就像他们可以看到杜伊利乌斯的纪念碑。不幸的是，当时的贵族风气意味着有才能者的参与可能遭到了限制。现在，有很多才华相形见绌的人准备取代他们的位置。

公元前 258 年，两位执政官双双渡海。苏尔皮基乌斯·帕特尔库鲁斯（Sulpicius Paterculus）占领撒丁岛，打败了一支迦太基舰队；而阿提利乌斯·凯亚提努斯（Atilius Caiatinus）在西西里同样取得了一些成功，他是这个源于坎帕尼亚的显赫家族中第一个当选执政官的人。一年后，也许由于叙拉古人战略建议的推动，罗马的野心达到了新的高度。只用一支执政官统率的军队（大约 2 万人）入侵阿非利加被认为是个好主意，试图复制叙拉古人在公元前 310 年左右与迦太基人的战争中一次取得了一定成功的行动。担任统帅的将是凯亚提努斯的堂弟盖乌斯·阿提利乌斯·雷古鲁斯（Gaius Atilius Regulus）。这个计划在理论上听来可能比在实践中更好，因为它取决于一系列错误的假设——关于北非的政治以及迦太基人究竟愿意容忍什么样的情景。它还忽视了一个目标上的基本差异。公元前 310 年，叙拉古人一直试图通过突袭迦太基本土来转移他们对叙拉古本身的攻击。这一次，罗马人试图做的事情更加激进。他们希望让迦太基投降。

为了发动入侵，罗马人需要一支庞大的舰队。在迦太基人集结自己大军的同时，罗马人也如期组建了这支舰队。波利比乌斯对公元前 256 年西西里沿岸的埃克诺莫斯角（Cape Ecnomus）战役做了详细的描述，雷古鲁斯在此战中彻底打败了迦太基的舰队。在波利比乌斯看来，这是古代历史上最大的一场海战，双方都投入了数百艘五桨座战船，合计有 29 万人参战。这一画面符合他对这两大强邦的相对实力的看法，迦太基与罗马旗鼓相当，而两者都比东地中海的任何一个势力更加强大。但事实可能没有那么惊人。雷古鲁斯试图运载他的 2 万名士兵。他的战船很可能大部分都是三桨座船，其数量不太可能比 100 艘多太多——大多是较小的、地中海西部的尺寸，而迦太基舰队的规模也不太可能比这大很多。这意味着真正的参战人数只有波利比乌斯所宣称的五分之一到四分之一。按照古代的水平，涉及 6 万到 7 万人的战斗仍然规模浩大，即便这不是绝无仅有的。当时的参战人数受到后勤运输的限制，而且一条普通的战船只能携带几天的食物。

战事的其他阶段没有那么成功。雷古鲁斯在北非登陆，洗劫了迦太基及其盟友的土地，但缺少包围该城本身的资源。那年冬天，他的执政官同僚返回罗马，进一步削减了他的兵力。这些事实也表明，罗马人对如何结束这场战争没有清楚的想法，因为当迦太基人找到雷古鲁斯议和时，他坚持让他们宣布输诚。对于了解输诚条件的意大利小城邦来说，这本并不会招来多少反对，而熟悉该制度的城邦还可以利用它来实现自己的利益。杜伊利乌斯的铭文按照罗马的制度来解释迦太基的官职，暗示雷古鲁斯只是像所有罗马人在这种情况下都可能会做的那样行事。但迦太基人感到震惊。他们认为雷古鲁斯的态度傲慢到无法言表，于是中断谈判，招来了一支新的雇佣兵军队。

第二年春天，当雷古鲁斯向迦太基人发起进攻时，新的迦太基军队在克桑提波斯（Xanthippus，一位来自希腊城邦斯巴达的善战将军）的率领下迅速击败了他。克桑提波斯完全预见了雷古鲁斯的战术，即在其战线中央发动全力的突袭。他没有接下这次攻势，而是用战象的冲击破坏了罗马人的进军——这是战象少数几次在战场上扮演有效角色，同时他的骑兵则赶跑了弱小的罗马骑兵，并将他们破散的步兵阵列包围起来。雷古鲁斯遭擒，他或被折磨致死，或死于条件恶劣的监禁。

我们将在第二次布匿战争中看到汉尼拔使用这些战术的变种。好的将领懂得如何利用他们罗马对手简单的进攻性来对抗他们自己。笔下常常偏向罗马人的波利比乌斯表示：

> 罗马人往往在所有的事上都依靠力量。他们认为无论做什么事，开始了就必须完成，而一旦他们决定了，就没有不可能的事。他们常常因为这种劲头而成功，但有时显然因此而失利，特别是在海上。在陆地上，对付人和人的事务时，

他们往往能够成功，因为他们是用力量对付拥有类似能力的
民族，尽管存在着一些例外。但每当他们试图用力量来对抗
和征服大海与天气时，他们便遭遇大败。

（波利比乌斯，《历史》，1.37）

波利比乌斯在这里提到的事件发生在公元前253年，即雷古
鲁斯投降几年后，当时一支罗马舰队在结束对北非的突袭后返航，
遭遇风暴。这是罗马人遭受的第二次大规模海难。第一次发生在
前255年；两次都是海军统帅无视更有经验的领航员的建议的结
果。不过，不太可能有许多罗马人在这两次事件中遇难：公元前
255年的执政官带领雷古鲁斯的灾难中的幸存者返回，并为之前
的海上胜利举办了凯旋式，而在前253年损失了舰队的执政官中
的一位在前244年再次当选。大部分伤亡很可能来自南意大利和
西西里；当损失发生在离本土更近的地方时，罗马人的反应会截
然不同。

公元前253年那场风暴的一个结果是让罗马人停止突袭阿非
利加，而且其社会在各个层面上都出现了动荡的迹象。两位执政
官继续被派往西西里，但在随后的几年里，他们满足于在陆上行
动，重建部队的士气，后者被有关迦太基战象的力量的传闻弄得
惶恐不安。一场著名的胜利是在公元前252年占领利帕里的基地，
他们在那里发现了公元前4世纪对高卢人的战争的纪念物。但那
已经是久远的历史——在此时此地，人们拒绝服役。公元前252
年的监察官把在西西里抗命的400人从"公共马骑兵"的行列中
开除，而罗马的南意大利盟友也可能拒绝了参与罗马人指挥的海
上行动。这将解释为何公元前249年派往西西里的舰队中有很大

一部分人来自意大利中部。

　　这支舰队很可能是那支最初装备过那些沉没的青铜撞锤的舰队，它们已经告诉了我们关于这场战争中的舰队的很多状况。除此之外，我们还可以通过它们了解一些罗马人的行事方式。用于制作撞锤的青铜得到了罗马官员的"批准"，有的批准是经过一位财务官，有的是两位，还有的是六人委员会中的两名成员。这个"批准"过程是意大利中部标准的公共 / 私人合作关系的一个众所周知的特征，而这种合作提供了战争的"肌腱"；做出批准决定的委员会的数次改变暗示，舰队是迅速组建的。承包商此时会受命承担用国家交给他们的青铜加工撞锤一类的基本任务。这些人在战争中有既得利益，战争为他们提供了生计。他们是直接从事自己投标过的项目的小商人——另一些人则负责建造携带撞锤的战船，或者砍伐所用的木料、制作船钉或加工绳索。

　　公元前 249 年的执政官之一是"木头脑袋"阿皮乌斯·克劳狄乌斯的堂弟普布利乌斯·克劳狄乌斯·普尔克（Publius Claudius Pulcher），那一年他在西西里西岸的德雷帕努姆［Drepanum，今德雷帕纳（Drepana）］附近遭受迦太基舰队的重创。他的许多战船被俘虏，为迦太基人利用，这就是为何几年后，罗马战船会作为迦太基舰队的一部分被击沉。尽管在陆上取得了一些胜利，但普尔克的执政官同僚自杀了，因他在风暴中失去了一支舰队（另一个版本将他的自杀归因于无视征兆，失去舰队而感到愧疚）。罗马最有经验的官员之一阿提利乌斯·凯亚提努斯被任命为独裁官，派往西西里稳定局面。他最主要的成果似乎是安排了一次与迦太基人的俘虏交换。

　　公元前 249 年的灾难被归咎于执政官，普布利乌斯·克劳狄乌斯受到会决定其生与死的审判。后来的一则逸闻（可能是虚构的）暗示，罗马公民生命的重大损失与他遇到的麻烦有关。按照这个故事的说法，他的姐姐被街上的人群惹恼，被听到说她希望自己的弟弟会再次担任执政官——这样他就能够处理掉城中的群氓。

克劳狄乌斯的审判很可能于公元前248年开始，他在百人队大会上被指控叛国（perduellio）。这一指控可能与人们相信克劳狄乌斯在战争开始前不久触怒了神明有关。当他被告知圣鸡——它们进食时的移动提供了征兆——不愿离开笼子进食时，他下令把它们扔下船，并说"如果它们不吃，就让它们喝"。

贵族对如何处置他产生了严重的分歧，官员因（实际上的）无能而受到审判是很稀少的。陆军和海军的失利通常被归咎于对神意的误读，或者是士兵的错。这一次，克劳狄乌斯上了善战的迦太基海军元帅的当，当前者试图向后者的锚地发起奇袭时，迦太基人把罗马舰队困在了一处地势不利的海岸边。

最初对克劳狄乌斯提起诉讼的保民官被其他官员阻止，后者声称当他们召集大会准备审判时，神明给出了不利的征兆。这实际上意味着，当审判被移交给不允许贵族参加的平民大会时，死刑判决已经没有可能了。在那里，克劳狄乌斯最终被认定有罪，被罚了一大笔钱。公元前247年，罗马人民投票决定不应再集结舰队，这是厌战情绪开始出现的明确信号。

开始出现的厌战情绪可以解释，在阿皮乌斯担任执政官的那年，依照一卷《西比尔神谕》（也称《西比尔圣书》）的指点，人们设立了新的"世纪"赛会。《西比尔神谕》用希腊语写成，据说包含了一位名为西比尔的古代女先知的智慧。掌管该神谕的祭司团（圣礼十人委员会）参考查阅它。这些仪式——它们在位于罗马城墙外、名为战神校场的大片平地上举行——与长寿和世代的有序传承的概念有关，再次肯定了罗马共同体的存续，因为该仪式每个世纪（saeculum，一代人最长的寿命）才举行一次。对这一年来说，源自连续观念的仪式可能正是它需要的。公元前246年举行的人口普查显示，在这场战争中，罗马公民的数量第一次下降了。两年后，元老院决定在意大利东海岸的布伦迪西乌姆［Brundisium，今布林迪西（Brindisi）］和伊特鲁里亚的弗雷格奈［Fregenae，今弗雷杰内（Fregene）］建立两座殖民市，这可能反映了日益加剧的不安。

新的宗教仪式和中断的海上行动也标志着没有人清楚罗马将如何从战争中脱身，战火现在集中在西西里最接近阿非利加的尖角，即利吕拜翁［Lilybaeum，今马尔萨拉（Marsala）］。当时的迦太基将领哈密尔卡·巴尔卡（Hamilcar Barca）特别善战，牵制住了一支又一支的执政官级军队。如果无法切断从北非为他运送补给的线路，战争就无法结束。与此同时，在他的指示下，迦太基正派出战船劫掠南意大利。

公元前242年，罗马人决定必须进行彻底的改变。他们任命了第二位法政官，募集了新的舰队，尽管它要到那年年末才能就绪。延误与资金问题有关。直到元老院采用了一种来自希腊城邦的筹资方式——在那里，富有的个人负责出资建造和装备战船——才开始组建舰队。这种安排进一步证明，罗马的南意大利盟友在西西里一带受够了战斗和溺亡。

但依然没有大事发生。人们焦躁不安，在新的一年里，位于拉丁姆和伊特鲁里亚交界处的法利希地区爆发了反对罗马当局的叛乱，持续了一年多。罗马国家在当年做出决定，将部落数量从33个增加到35个，从而扩大了罗马公民占据的土地。此举似乎是为了打压更多的骚动。随后发生了一件看上去无疑是奇迹的事。消息到来，罗马人在埃格特斯群岛旁取得了决定性的胜利，迦太基人的一支舰队被摧毁。

迦太基人的状况不比罗马人好。除了用于劫掠意大利的那些小舰队，他们无法在行动中维持一支像样的自己的舰队，也无法招募一支超过保卫其西西里领土所需数量的军队。当第一次布匿战争中最后的海战在公元前241年冬末打响时，他们的舰队里还有在德雷帕努姆俘获的旧式罗马三桨座战船。

关于最后这场战役的细节寥寥无几。时间（公元前241年3月）是可以确定的，因为主导了这场胜利的两人——分别担任公元前242年的执政官和法政官的盖乌斯·鲁塔提乌斯·卡图卢斯（Gaius Lutatius Catulus）和昆图斯·瓦雷利乌斯·法尔托（Quintus Valerius Falto），在战役期间继续执掌着权力。对于战役本身，波利比乌斯表示，迦太基舰队带着给西西里驻军的给养从埃格特斯群岛起航，之后落入了卡图卢斯的包围。这些船满载着物资，不是罗马人的对手。法尔托究竟做了什么就不那么清楚了，但他举办了凯旋式的这个事实暗示，罗马人可能经过另一场战役才完成了自己的胜利。

当卡图卢斯在此役后向北非进发时，迦太基的市议会觉得别无选择，只能议和。卡图卢斯显然清楚雷古鲁斯的遭遇，因此并不坚持让迦太基人输诚。

卡图卢斯向迦太基人提出的条件是他本人拟定的。拥有治权的他可以做出重大政策决定，但限制性条件是这些政策要得到罗马百人队大会的批准（如果他坚持要求输诚，也需如此）。他告诉迦太基人，议和的条件是：迦太基人撤出西西里；发誓不对希埃隆、叙拉古人或叙拉古人的盟友开战；归还所有的罗马战俘；在20 年内支付 12.54 万磅（5.72 万千克）的白银作为赔款。

提出的这些条件证明了叙拉古人对罗马战争行动的重要性，以及罗马人意识到迦太基人需要一大笔钱来打自己的仗。对迦太基这样的国家来说，每年将近 6300 磅白银的赔款是巨大但并非不可能的负担。但罗马人民觉得还不够，拒绝批准目前的条款，可能是因为元老院成员在批准过程开始前没能达成一致。由卡图卢斯的兄弟率领的一个十人委员会被派出商谈新的条件。但使者们只是更改了赔款条件，将时间缩减为一半，将总额增加了 5.7 万磅白银，并坚持要求迦太基人撤出西西里和阿非利加之间的岛屿——尽管还是给他们留下了撒丁岛和科西嘉岛，这是他们在战争期间从罗马人手中重新夺回的。迦太基人接受了新的条件，罗马也不出意外地批准了。

无论手头拮据的迦太基人对和约条件的修改有什么不满，这种情感现在都加强了，因为他们发现自己需要与来自西西里的雇佣兵作战。由于和约条款的出现，这些雇佣兵的薪酬遭到拖欠。迦太基和雇佣兵之间爆发的战争"以在野蛮程度和无视惯例方面远超人类历史上其他任何战争而著称"（波利比乌斯，《历史》，1.88.7），一直持续到公元前 238 年。

当那场战争结束时，撒丁岛上的迦太基雇佣兵宣布独立。而当迦太基当局准备发动远征作为回应时，他们向罗马输诚，后者不出意外地传话给迦太基，表示如果继续对现在处于罗马保护下的雇佣兵动武，两国将会开战，此外还要求迦太基人支付 5.7 万磅白银作为更进一步的赔款。迦太基人自觉别无选择，只能同意这些要求。长期来看，此举会被证明是特别愚蠢的。促成这一结果的执政官是卡图卢斯在埃格特斯战役中的同僚的兄弟普布利乌斯·瓦雷利乌斯·法尔托和提比略·森普洛尼乌斯·格拉古。法尔托家族没有再出过执政官，但格拉古的后人将震动共和国的根本。

　　公元前238年的事件让一些迦太基人相信，他们必须恢复自己的力量。公元前237年，管理国家的议事会允许哈密尔卡·巴尔卡将军带着一支军队前往西班牙，从而在那里尽其所能建立一个尽可能强大的藩属。哈密尔卡明白，这个新王国不会是迦太基政府的臣属，而是其盟友，而自己会是它的统治者。舞台已经搭好，大约二十年后，罗马最具决定性的一场战争将拉开帷幕。但在此之前，罗马将做出其他的决定和其他的行动，而它们只会让这下一场战争变得对其而言更加困难。

第 3 章

罗马和意大利

公元前 240—前 217 年

1943 年 9 月 9 日，一个极大规模的战舰舰队驶入萨勒诺湾。在德国人的激烈抵抗面前，它卸下一支英美联合部队，后者将与从墨西拿渡海抵达雷焦的另一支英军会师。

美国人最早登陆的海滩之一在帕埃斯图姆（Paestum）。今天，该城的古代废墟让现代游客称奇，公元前 6 世纪建立它的定居者来自叙巴里斯（Sybaris），这是一个公元前 8 世纪时由希腊移民在意大利西南海岸创建的强邦。这些定居者称自己的新城市为波塞冬尼亚（Posidonia），作为向希腊海神的致敬；后来他们又创造了自己同特洛伊战争的关系，以便让他们的家园笼罩上一个可敬的、年代悠久的光环。他们把自己与希腊英雄狄俄墨得斯联系起来，在荷马《伊利亚特》的一个著名场景中，他彻底打败了特洛伊武士埃涅阿斯。公元前 450 年之前，他们在该城的公共区域边缘建成了三座大神庙，北边是雅典娜神庙，南边是赫拉神庙和波塞冬神庙。城墙外不远处是爱神阿芙洛狄忒的圣所，她的形象受到迦太基女神阿斯塔尔特（Astarte）的影响。

古典时代的波塞冬尼亚处于交通要冲，但到了公元前 5 世末，最初的希腊定居者的后裔失去了对自己城市的控制，该城落入了他们的意大利邻居卢卡尼亚人之手，后者用自己的语言称之为帕埃斯图姆。对这一事件最完整的描述保存在斯特拉波的作品中，这位来自黑海边的阿玛西亚（Amasia）的希腊人在公元1世纪的前25年间写了一本《地理志》。在描绘南意大利时，他依据的是公元前3世纪初的西西里史学家蒂迈欧。蒂迈欧表示，特洛伊战争后，希腊定居者占领了意大利和西西里的很多地方。但此人又说，在他的时代，除了那不勒斯、雷焦和塔兰图姆（今塔兰托），所有这些城市都已经变得"完全不希腊"。它们被意大利民族占据，包括坎帕尼亚人、卢卡尼亚人和布鲁提亚人。随后，斯特拉波自己表示，坎帕尼亚人占据的地方是罗马的，"因为他们［坎帕尼亚人］成了罗马人"（斯特拉波，《地理志》，6.1）。

很难夸大这一表述对理解罗马意大利的诞生的重要性：人们还是可能回想起意大利的不同民族和他们各自的历史，即便到了斯特拉波的时代，他们已经成为罗马公民长达一个多世纪了。对斯特拉波来说，法律上的公民身份和文化身份不是一回事。就像现在有人可以自认为既是苏格兰人又是不列颠人，罗马意大利人可以自认为既是坎帕尼亚人又是罗马人。他们的历史体现在名字、食物、口音和习惯上。

帕埃斯图姆的废墟向我们显示了斯特拉波是如何对大希腊（Magna Graecia，南部意大利曾这样为人所知）产生这种理解的。公元前273年，罗马控制了那里，建立了拉丁殖民市。罗马人进入该地区已经有一段时间了，当时到达的新来者人数应该很多。随着卢卡尼亚人的家族升至当地领袖的职位，这个殖民地很快成为该共同体融入罗马国家的一个焦点。

　　拉丁人的帕埃斯图姆和从前的波塞冬尼亚间的联系体现在城市的街道布局上，它保留了南边的两座大神庙和北边的雅典娜神庙之间的公共空间；也体现在希腊人的阿哥拉（agora，市场和公共集会地）被保留下来，与新的罗马风格的广场（同样是市场和行政中心）共存。广场北部的一座神庙是对罗马三大主神朱庇特、朱诺和密涅瓦的崇拜中心，但即便是在今天，它与波塞冬尼亚时代的那些大神庙相比也相形见绌。在新的罗马议事厅之外，老议事厅（可能在公元前 3 世纪 70—60 年代用作讨论大厅）也被保留。

　　在帕埃斯图姆设立拉丁殖民市很可能是因为罗马当局有意在坎帕尼亚以南获得港口。帕埃斯图姆的舰船出现在后来的罗马叙事中，该地区还很有可能在同迦太基的冲突中扮演了重要的角色。随着战争结束，意大利中南部恢复了和平，而意味深长的是，那些曾为西西里战争提供资金的城市现在停止了铸币。需求突然转向意大利中北部的城市，那里此前从未铸造过数量可观的钱币。这些地方在随后的二十年间大量铸币，显然证明罗马的注意力从南部转向了波河河谷——那片土地上主要生活着凯尔特人，是构成西西里的迦太基军队中很大一部分的雇佣兵的主要来源地。罗马城本身仍然没有大量铸币，这个事实显示了罗马战事在意大利的共生的一面。

　　第一次布匿战争打断了意大利东部沿岸的发展，那源于罗马与其意大利对手最后的战事，比阿皮乌斯·克劳狄乌斯渡过墨西拿海峡早了几十年。随着决定性的森提努姆战役（公元前 295 年）稳固了罗马对意大利中部的控制，三个殖民市也在亚德里亚海沿岸建立起来。其中的高卢塞纳［Sena Gallica，今塞尼加利亚（Senigalia）］因为在其上发掘出的遗址而更为著名，显示在罗马殖民者于公元前290年或前284、前283年间到来前，那里已经有了悠久的历史。来自该遗址第一阶段的建筑在公元前4世纪末之前遭遇了严重破坏，可能解释了为何罗马人似乎按照新的规划建造了一座城市，而在帕埃斯图姆，他们只是搬进了现有的城址。另两个殖民市是新堡［Castrum Novum，今朱利亚诺瓦（Giulianova）］和哈德里亚［Hadria，今阿德里亚（Adria）］，之前都有过悠久的历史和相当成功的经济——以当地黏土制作的双耳瓶在爱琴海世界有很大的需求。

与帕埃斯图姆和弗雷格莱（Fregellae）的重要殖民市（公元前4世纪后期建于萨莫奈地区的边界）一样，对于亚得里亚海沿岸的那些殖民地来说，罗马人与其说是作为占领者而来，不如说是作为盟友。这些城市保护了罗马免受周边共同体的侵扰；它们象征着罗马愿意介入当地争执，并支持表现出良好信义的一方。到公元1世纪，斯特拉波甚至仍然记得这点，他告诉我们，该地区的人在与罗马联手前就与高卢人展开过战争。

如果说亚得里亚海沿岸的殖民地是为了提供保护而建立的，那么公元前268年建立的一个大得多的殖民地则并非如此：阿里米努姆［Ariminum，今里米尼（Rimini）］，位于卢比孔河以南不远处，该河是北面的高卢人土地和南面的翁布里亚人土地概念上的分界线。阿里米努姆有大约6000名定居者，他们带去的崇拜讲述了有趣的故事。在这里，最重要的神明并非帕埃斯图姆的那些，也不是罗马的三大主神中的任何一位。与科萨［Cosa，位于今天托斯卡纳的安塞多尼亚（Ansedonia）附近］和阿尔巴弗肯斯［Alba Fucens，位于今天阿布鲁佐的阿韦扎诺（Avezzano）附近］等其他北方殖民市一样，阿里米努姆主要崇拜阿波罗和赫丘利。

赫丘利长久以来在意大利北部都很受欢迎：他被认为在埃涅阿斯涉足罗马城址之前就造访过那里。他还肢解了一名强盗①，并在罗马的牛市设立了一个祭坛。法比乌斯家族对意大利中北部有浓厚的兴趣，并与大祭坛（ara maxima，指赫丘利祭坛）的崇拜有关联。

对赫丘利的崇拜不仅与特定的罗马家族，而且甚至更普遍地与整个罗马联系在一起。这位神明受到的崇拜要广泛得多。赫丘利很善于同蛮族打交道，在外来的威胁面前保护文明。比如，如果你担心高卢人，那么有这位神明在身边就棒极了。阿波罗同样如此。公元前 3 世纪 70 年代末，当皮洛士战争正肆虐意大利时，一伙高卢人入侵了希腊。其中一群人最终在今天的土耳其中部安顿下来（现代土耳其的首都安卡拉最初便是他们的定居点之一）。另一群人试图劫掠阿波罗发布神谕的德尔斐大圣所。故事中说，阿波罗把高卢人击退，虽然凭借了人类的帮助。

对赫丘利和阿波罗的崇拜反映了日益发展的有关文化话语的软实力的一个重要方面。早前的罗马钱币会把罗慕路斯和赫丘利的形象联系起来，用以表达罗马同意大利更广泛的文化历史的关联。除了这些钱币，大量青铜镜——有几面来自拉丁姆，但大部分来自伊特鲁里亚和普莱内斯特——向我们展示了希腊故事如何一般性地变成文化通货的一部分。在一些镜子上，有源于希腊世

---

① 即卡库斯（Cacus）。——编者注

界的神话图像，有的还附有文字，显示了这些故事如何在意大利中部被本土化。英雄会和意大利诸神的成员或者来自冥界的恶魔一起出现，呈现出与在希腊语境中不一定相同的故事版本。其他许多镜子描绘了长翅膀的裸体女性，她名叫拉萨（Lasa），为爱情女神图兰（Turan）服务。还有的描绘了两位年轻男性，通常身着武装，他们就是希腊的双子神卡斯托尔和波吕克斯（Discouroi，意为"神的男孩"）。他们是特洛伊的海伦的兄弟，其中波吕克斯的父亲是朱庇特，这位神明化身天鹅让他的母亲勒达受孕。卡斯托尔则是廷达柔斯（Tyndareus）之子，后者也是海伦的父亲。在波吕克斯的请求下，两兄弟分享了不死之身，每年中一半时间在天上，一半在地上。从神庙位于广场中心的显眼位置可以看出他们对罗马的重要性。他们象征了自我牺牲、战场上的胜利和将人们维系起来的纽带。

镜子、崇拜和第一次布匿战争期间各种关于罗马历史的典故都反映了一个相当发达的文化世界，它具有将外来观念本土化的根深蒂固的倾向。不过，后来的罗马人认为，迦太基战争结束后的岁月是精美的拉丁文学的第一次繁荣，它从希腊世界汲取了灵感。这并非因为之前有过文化真空，而是因为现在罗马人发展出了制作文本的存档副本的习惯——这种做法同样借鉴自希腊世界，那里刚刚将其确立为重要地点的一个特征。公元前4世纪之前，雅典在保存文学记录方面是最活跃的，远超其他地方。而在当时，东地中海强大王国的国都——最著名的是帕加马和亚历山大里亚——都建立了卓越的图书馆。现在，罗马人觉得他们也应该记录那些正在被创作的作品，特别是如果那是为供大众阅读而写作的。

对后来的罗马人来说，关键的人物是李维乌斯·安德洛尼库斯（Livius Andronicus），此人据说在公元前 272 年作为一个年轻奴隶从塔兰图姆被带到罗马，后来获释。公元前 240 年，营造官——他们的职责之一是监督罗马赛会（ludi Romani）——请李维乌斯为赛会创作一部悲剧和一部喜剧。他照做了，并作为给同一场合创作这两种体裁作品的第一人被铭记；他似乎也参与了演出。李维乌斯还把荷马的《奥德赛》译成拉丁语，很可能受到当时的人认为奥德修斯是在西西里和意大利周围漫游的想法启发。比如，人们相信，罗马的基尔克伊［Circeii，今天的蒙特齐尔切奥（Monte Circeo）］殖民市的所在地曾经生活着著名的女巫喀耳刻，她会把人变成猪（留存下来的一些青铜镜反映了对这个故事的本地化改编）。

李维乌斯的作品都没有留存下来；我们对其成就的了解主要通过后世作家的引用，但他的剧作主题似乎大量借鉴了希腊神话（视觉证据表明，这种做法已经存在一段时间了），以及同时代的希腊喜剧，它们有点像现代情景喜剧，有一些定型角色和老套的情节主线。

后来，李维乌斯的成功被视作分水岭。在他之前写成的作品很少留存到后来罗马人的时代。马尔库斯·图利乌斯·西塞罗——我们将在本书接近中间的部分详细得多地谈到这位政治家和全能型文人——写了一部宝贵的拉丁语演说史，其中提到阿皮乌斯·克劳狄乌斯（公元前 264 年的执政官的父亲）发表的关于不与皮洛士议和的演说；阿皮乌斯的一位心腹关于罗马历法的很有争议的作品也留存了下来。也有关于英雄诗歌的模糊记忆，它们都没有被记录下来留给后世；但个别祭司留有记录，特别是鸟卜师，用来帮助他们解读神明的征兆。于是，后人可以知道，公元前 387 年的阿利亚（Allia）河战役之前的征兆预示了什么。这非常有用，因为那场灾难为几天后高卢人短暂占领罗马打开了大门。也可能有一些罗马主题的戏剧加强了人们对自己过去的意识。

留存了足够长的时间，让后世作家能够引用其中几行句子的最早的罗马主题的戏剧不是李维乌斯的，而是与他同时代的奈维乌斯（Naevius）的作品。奈维乌斯来自坎帕尼亚，他的大部分作品是悲剧和喜剧主题的戏剧。然而，他最令人难忘的作品是关于迦太基战争的七卷史诗。与李维乌斯一样，他使用拉丁语诗歌传统的萨图尔努斯格律，并模仿同时代希腊诗人的风格来增加故事的深度。他的故事包括对埃涅阿斯如何从特洛伊到来和对罗慕路斯诞生的回顾。遗憾的是，我们不确定他是否也写到了埃涅阿斯与传说中迦太基的建城者狄多（Dido）相会的故事。但我们知道他提到了先知西比尔，将她安排在那不勒斯湾附近。

基于明显是外来文学形式的新文学会在一个成功的帝国中萌芽，这表面上会显得奇怪。而如果希腊人对意大利来说曾真是外来的，那"奇怪"并非过分之词。但他们并非如此。无论是将希腊神话用于外交目的和钱币上，还是从公元前 6 世纪开始，意大利各地普遍对各种希腊样式的喜爱——它们都表明，意大利文化已经建立在一种本土和输入的艺术元素的融合之上。鉴于我们能看到的证据，没有明显借鉴希腊元素的拉丁语文学反倒要难以想象得多。公元前 3 世纪 40 年代的事件代表的不是文化的大变迁，而是正在进行中的过程的一个新方面。罗马成了意大利的首都，而非仅仅是地区中心和拉丁姆的首要城市。

　　几乎就在迦太基战争刚一结束之时，罗马政治的结构就发生了重要的改变，公元前 241 年，百人队大会组织方式的变化推动了这点。这场改革将 18 个"公共马骑兵"百人队——他们之前要先于所有人投票——归入第一级别，并将第一级别的其他 70 个百人队与 35 个部落对应起来，于是现在有了 35 个"青壮者"百人队（46 岁及以下的）和 35 个"年长者"百人队（46 岁以上的）。对其他四个普查级别也做了同样的划分，因此现在从第二到第五级别的 100 个百人队分成了 50 个"青壮者"百人队和 50 个"年长者"百人队（4 个工匠百人队和无产者百人队维持原状）。古代世界的死亡率很高，大部分人撑不过其五十多岁的前几年，即便他们真能活到那么久。这意味着"年长者"百人队的规模要比"青壮者"百人队的小得多。鉴于古代思想的基本信条是年长者要比年轻人更有智慧（这很大程度上意味着更加保守），这场改革似乎是为了让选举更有利于传统主义政治，避免激进的利益团体连续在执政官选举中胜出，就像在迦太基战争伊始可能发生过的那样。

　　如果选举改革的目的是平息局势和巩固传统贵族的力量，那么它奏效了。除了一些例外，新兴家族现在发现，老贵族正在联手垄断国家的行政长官职务。公元前 240—前 219 年（在前 219 年，西班牙的迦太基政权已经明显成了罗马的一个威胁），只有 39 人担任过执政官，其中 7 人两次任职。这些人中有 14 人是执政官之子，还有 7 人有不久前担任过执政官的亲属；他们中有 22 人是来自仅仅 9 个意大利家族的贵族，甚至更为引人注目的是，有 17 人来自 6 个"大氏族"。该时期，在先辈中无人担任过执政官的人里，只有 5 人达到过这个职务。

　　主导了公元前 240 年之后五年的那些罗马蓝血贵族的成就特别乏善可陈。除了吞并科西嘉岛和撒丁岛，现存记录中没有重要的军事行动。即便是撒丁岛和利古里亚（意大利西北部地区，位于今天的热那亚周围）的战事也战绩惨淡，只在公元前 236 年举行过凯旋式。公元前 235 年，执政官提图斯·曼利乌斯·托尔夸图斯（Titus Manlius Torquatus）庆祝了他对撒丁岛的胜利。作为宣告世界和平的举动，他和执政官同僚盖乌斯·阿提利乌斯·布尔布斯（Gaius Atilius Bulbus）一起关上了雅努斯神庙的大门。和平相当短暂，随后几年间爆发了更多的冲突，包括公元前 233 年由执政官"长疣子的"昆图斯·法比乌斯·马克西姆斯（Quintus Fabius Maximus Verrucosus）率领的对利古里亚的作战，他承诺在位于罗马南缘的卡佩纳门（Porta Capena）外不远处为荣耀之神（Honos）建立神庙。

　　差不多二十年后，法比乌斯·马克西姆斯将因为他在公元前 218 年打响的第二次布匿战争中的领导才能而被赞誉为罗马的拯救者。但现在，他的任期恰逢盖乌斯·弗拉米尼乌斯（Gaius Flaminius）开始担任保民官，后者通过了一项法案——按照波利比乌斯的说法，这项法案遭到了元老院的强烈反对——为罗马公民的定居地提供了波河河谷中阿里米努姆以北的土地分配方案。波利比乌斯关于《弗拉米尼乌斯法》的故事的负面基调可能受到一个不幸事实的影响，即弗拉米尼乌斯要对第二次布匿战争期间的一场重大灾难负责。事实上，要求在北方建立新定居点的巨大压力一定在不断增长；否则，他不可能通过法案。土地分配与罗马势力的扩张有直接的联系；《弗拉米尼乌斯法》并非革命性的法案，而是同罗马人所理解的国家权力的践行方式密切相关。

让我们理解在罗马意大利如何界定公地（ager publicus）的关键文件是公元前 111 年起草的一部法律，比《弗拉米尼乌斯法》的通过晚了大约 120 年。这部法律的目的是结束一个在土地分配问题上出现了重大变化的时期。该法主要关乎那些根据公元前 133 年和前 123 年的保民官法所采取的行动，但也提及可以上溯到很早时期的公地管理的某些方面。这些方面中包括对适合放牧和适合其他农业的土地的划分，以及整个意大利罗马道路沿线的所有土地的公有性质。在行政层面上，值得一提的是，除了监察官权力中所隐含的那个外，并没有管理土地的中央行政机构，即便公地在整个意大利半岛确立了罗马国家形式上的存在。如何处理这些是罗马和被夺取那些土地的国家之间逐步协商的结果。

获得新的公地也是罗马海外扩张的一个特征。当罗马人在公元前 146 年最终摧毁迦太基，结束了第三次布匿战争时，曾经属于该城的土地被罗马接管，即便当时罗马人对北非并没有进行直接的行政管理。从公元前 111 年的法律中，我们有很大的把握推断出，在西西里岛、撒丁岛和科西嘉岛也有类似的安排，这源于这些地区的城邦的输诚。行政长官对于这些领土的管理无足轻重，因此在吞并西西里岛和撒丁岛之后并没有新的职务设立。直到公元前 228 年，可能是因为前一年的两位执政官都在海外，罗马人选出了两位新的法政官，将其人数从两名增加到四名。到了那时，罗马已经获得了甚至更多的公地，位于古代被称为伊利里亚的地区（今天的克罗地亚、波斯尼亚、黑山和阿尔巴尼亚）。

鉴于罗马势力的扩张实际上与公地的获得同时发生，弗拉米尼乌斯对波河沿岸土地的分配很符合罗马的传统行事方式；而波利比乌斯把意大利将要发生的一场大战归咎于他也许并不完全公平，特别是因为那场战争直到《弗拉米尼乌斯法》颁布后七年才爆发。土地被分配给个人暗示，他们定居的地区被认为可以抵御外敌入侵；此外，在波河河谷东面还有两个高卢部落——刻诺曼尼人（Cenomani）和赫内提人（Heneti），他们与罗马结盟，以对付他们在西面的强大邻居塞诺尼斯人（Seneones）和波伊人（Boii）。

罗马定居者很可能占据了罗马在建立高卢塞纳和阿里米努姆时曾获得的土地，而避免建立新的殖民定居点可能显示了罗马不想激怒西边部落的愿望。如果波利比乌斯曾更仔细地考察此事，他可能会注意到，土地分配不会自行发生。因为元老院必须任命一个委员会来处理实际的分配，所以破坏他们不喜欢的法案的方法之一是搞砸对委员的任命——这些人往往是高级元老，需要资金来履行自己的工作。公元前232年的执政官想来会带头做出这些任命，不可能对此事怀有敌意。

在任何与高卢的战争之前，伊利里亚将先有一场战争。波利比乌斯认为，这场冲突完全是由几个失败国家挑起的。其中一个是伊利里亚的海盗王国，先由阿格隆（Agron）统治，当他在公元前231年死后，又由他坏脾气的妻子托伊塔（Teuta）为其孩子（他与别的女子所生）摄政。另一个国家是伊庇鲁斯。伊庇鲁斯人雇用了在西西里闹事后被罗马人赶回家的高卢雇佣兵守卫腓尼基城。公元前230年，这些高卢人将腓尼基交给了伊利里亚的海盗舰队。伊庇鲁斯人没能夺回该城，于是向埃托利亚同盟和亚该亚同盟（希腊西部的两大主要势力，通常彼此不和）求助。他们的军队将伊利里亚人赶出了腓尼基，但此时伊庇鲁斯人背叛了两大同盟，与伊利里亚人缔结了新的同盟，让后者可以更方便地南下劫掠。

这被证明是个坏主意。遭劫的意大利商人向罗马诉苦，于是罗马人做出回应，向托伊塔派出使者。波利比乌斯表示，托伊塔觉得罗马使者非常无理，下令将他们杀害。第二年，一支庞大的罗马舰队出现在伊利里亚海域，一同到来的还有另一支有点神秘的军队，他们接受了一些输诚，把托伊塔赶到内陆，并扶植了一个她背信弃义的下属——法罗斯的德米特里俄斯（Demetrius of Pharos）——取而代之。

波利比乌斯声称，罗马的这次干预是划时代的事件，它是由一群人的愚蠢引起的，而他们对于与罗马军队为敌意味着什么一无所知。他的故事的问题在于，其大部分细节很可能是错的。他写作时依据的希腊材料对罗马制度了解有限，而且他是在为希腊读者写作，因此，将一个广为人知的故事改成一个基于事实之上的故事并不符合他的利益。在波利比乌斯看来，是希腊人自找麻烦，而不是罗马人挑起事端。

更可能的解释是，希腊城邦伊萨（Issa）提出输诚，该城可能很清楚该如何利用罗马元老院。但罗马派出调查问题的使者和伊萨的使者被伊利里亚海盗拦截然后谋杀。罗马不会坐视它的使者遇害，于是在第二年派遣两位执政官对付海盗。在这个时间点后，两个故事说法一致：罗马人接受了若干输诚后班师，让法罗斯的德米特里俄斯获得了有影响力的地位。

伴随着输诚，产生了甚至更多的公地。在该地区留存下来的很少的当时的文件中，有一份记录说，在罗马人的干预之后，法罗斯岛有了公地。这一文本揭示的关键点在于，就像波利比乌斯和我们另一个材料来源——公元 2 世纪的作家亚历山大里亚的阿皮安——暗示的，罗马只是在用处理意大利类似状况的方式来平息伊利里亚的事态。

罗马的干预可能是格外残暴的。人们知道，罗马将军曾下令屠杀被攻打的城镇中的所有生灵。因此，在使用了硬实力后，也需要投射软实力。在这点上，波利比乌斯告诉我们一条有用的信息，即罗马会向希腊世界的许多城邦派出使者，解释它的行动。这些使者总体上很受欢迎，而在公元前228年，罗马参与者被接受为荣誉希腊人，在一个重要的竞技节日里竞赛。因此，"平足"［普劳图斯（Plautus）］那年在科林斯附近的地峡赛会上赢得了重要的赛跑比赛。

我们有证据表明，罗马人还试图在其他地方介绍自己，特别是来自希腊的希俄斯岛（Chios，位于今天土耳其沿岸）的一个文本上的信息。希俄斯人感谢一位当地人绘制了描绘罗马的军事卓越性的壁画，并将这种卓越归因于罗马人是战神的后裔——地中海东部的民族已经渐渐明白了这点。皮洛士战败后，有位非常糟糕的、名叫吕科弗隆（Lycophron）的诗人写了一首迷你史诗，并声称它是特洛伊公主卡桑德拉的启示。在见证了弟弟帕里斯前去诱拐特洛伊的海伦，导致自己的城邦被毁灭后，她预见了埃涅阿斯的后代（也就是罗马人）将在战争中变得强大。

即便不是全部，吕科弗隆所说的关于意大利的许多内容（实际上很不少）可能依据了西西里人蒂迈欧的史书——也是后来斯特拉波会使用的。这很可能反映了一个事实，即甚至早在罗马人开始渡过亚得里亚海之前，东地中海人对意大利的兴趣就开始有所提高，开始寻找关于该主题能够找到的最好的书。

出征伊利里亚归来后的那些年里，罗马的时局相对平静。记录中没有凯旋式，暗示未有大规模的军事行动。但不满在积累，公元前 225 年，陶里斯基人（Taurisci）、波伊人、因苏布雷斯人（Insubres）和盖萨泰人（Gaesatae）等波河河谷西部的高卢部落决定入侵意大利。鉴于波利比乌斯对这场叛乱的解释——它是《弗拉米尼乌斯法》的后果——完全不充分，我们不幸地对这些部落本身的内部政治，及他们的国王阿内罗埃斯特斯（Aneroëstes）和孔科利塔努斯（Concolitanus）一无所知。唯一能够确定的是——从罗马人对这场入侵完全不充分的反应来看——主动权在高卢人那边。

事实上，当年的军事部署暗示，罗马人很不清楚高卢人的意图。作战季开始时，执政官之一盖乌斯·阿提利乌斯·雷古鲁斯被派往撒丁岛，而他的执政官同僚卢基乌斯·埃米利乌斯·帕普斯（Lucius Aemilius Papus）则被派往亚得里亚海边的阿里米努姆。由于高卢人从波河河谷西端越过亚平宁山而来，两人都不在正确的地方。敌人一直前进到距罗马仅仅 90 英里的克鲁西乌姆〔Clusium，今丘西（Chiusi）〕，由一位法政官率领的一支军队才追上他们。高卢人打败了这支军队，但随后还是决定撤兵，因为他们现在已经劫掠了足够的财物。

高卢人撤兵后，埃米利乌斯·帕普斯在法埃苏莱（Faesulae）附近追上了他们，雷古鲁斯也在不久之后赶到比萨。然后，两支罗马军队以钳形攻势在伊特鲁里亚的特拉蒙（Telamon）困住高卢军队。结果是罗马人的一场大胜。

随后的三年里，两支执政官级军队都在波河河谷作战。公元前 223 年的执政官之一不是别人，正是在公元前 227 年担任过法政官的弗拉米尼乌斯，这暗示大部分罗马人（甚至可能是大部分元老）都觉得他可以胜任。公元前 222 年，执政官们拒绝求和，再次进入波河河谷，打败了包括来自罗讷河谷的部落在内的联军。接着，在一段艰难的行军后（在此期间，一支高卢军队设法溜到了他们身后），罗马人向梅狄奥拉努姆（Mediolanum，今米兰）进发。当年的执政官之一马尔库斯·克劳狄乌斯·马尔克鲁

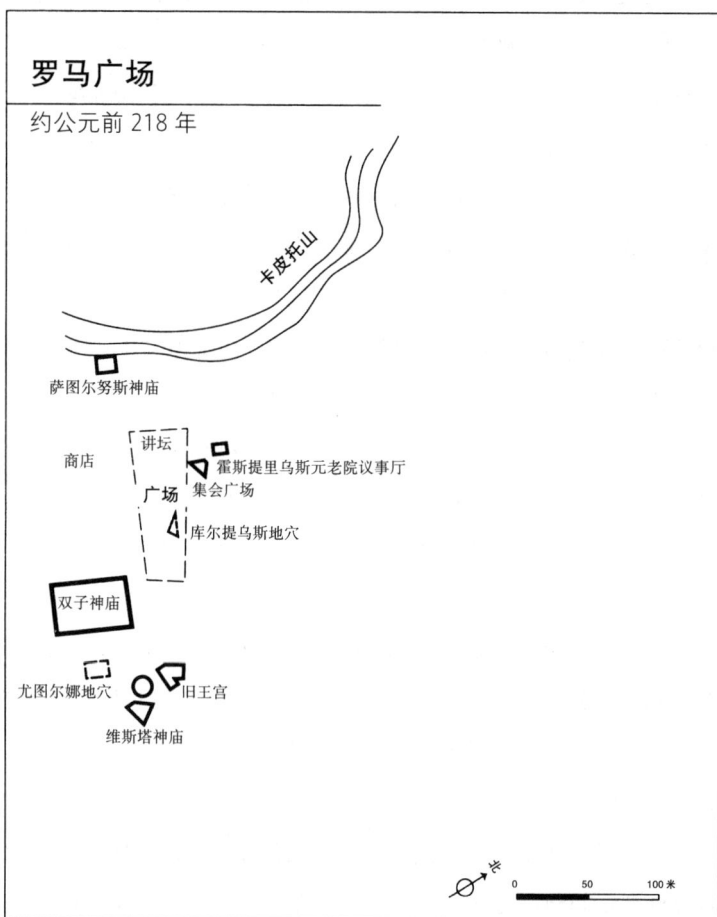

罗马广场

约公元前 218 年

卡皮托山

萨图尔努斯神庙

商店　　讲坛　　霍斯提里乌斯元老院议事厅

广场　　集会广场

库尔提乌斯地穴

双子神庙

尤图尔娜地穴　　旧王宫

维斯塔神庙

0　　50　　100 米

斯（Marcus Claudius Marcellus）杀死了与他为敌的高卢军队的指挥官，赢得了丰硕战利品（spolia opima），那是对在单挑中杀死对方将领的奖赏。根据罗马人的记忆，他仅仅是第三位做到这点的人。因为第一位是并不存在的罗慕路斯，我们有理由怀疑，这种奖赏在很大程度上是为马尔克鲁斯发明的。他可能还启发奈维乌斯为这一事件写了一部剧作；凯旋后，他奉献了一座男性美德（Virtus）神庙。取得这些胜利后——它们使得热战告一段落，罗马把一个金碗送到德尔斐（它以敌视高卢人著称），并把战争中夺取的财物分给了同盟城邦。

公元前 225—前 222 年的战事至关重要，不仅是因为没有发生过的事——罗马本可能被劫掠，也因为高卢人是入侵者。罗马国家在意大利的土地上组织了一场本质上是防御性质的战争来保护自己的盟友。公元前 222 年的庆祝表明，罗马既意识到自己作为更广大世界中的蛮族势力的对手这一形象的重要性（因此在德尔斐做了奉献），也意识到盟友体系在意大利内部的重要性（因此分配了战利品）。这些战事展现了罗马对其盟友的积极价值——而在即将到来的罗马的至暗时刻中，它不会被忘记。

第 4 章

汉尼拔

就在波河沿岸的局势日益紧张的时候，罗马元老院派出代表，与一个新当选的领袖会面——他的势力正在迅速崛起为一个西班牙强邦。后世史学家对此事的不关心（或者很可能是尴尬）埋藏了罗马人这次出使的原因。我们所知的只是，使团成员同刚刚去世的迦太基将军哈密尔卡·巴尔卡的女婿哈斯德鲁巴尔（Hasdrubal）达成协议，罗马人同意不涉足埃布罗（Ebro）河以南的西班牙地区。作为交换，哈斯德鲁巴尔同意在携带武器时不越过埃布罗河。由于他的军队和盟友都在该河南方很远，这份协议很可能曾只是一件无关紧要的事。它的确对罗马和迦太基的关系没有直接影响。

哈密尔卡在离开北非后的十年间成就非凡。在他抵达西班牙，于阿克拉留克（Acra Leuke，今阿利坎特附近）为自己建立新治所前，迦太基人的势力范围仅限于连接西班牙和北非贸易网络的几个贸易据点。西班牙没有任何意义上的迦太基帝国。等到哈密尔卡在一次战役中阵亡时（很可能是公元前 229 年），他已经在西班牙东南各地缔结了盟友；通过这样做，他给了西班牙酋长们在这个新国家的方向上发声的机会。我们得知，当哈斯德鲁巴尔接

图 5　铸造于公元前 237 年和前 227 年之间的这枚钱币正面描绘了梅尔卡特神（Melqart，常常被等同于赫丘利），反面是一头非洲战象。一些学者认为，梅尔卡特的五官描绘了哈密尔卡的样子

替哈密尔卡时，他"被人民和迦太基人拥立为将军"，而在为哈密尔卡复仇和迎娶了一位西班牙国王的女儿后，他又被宣立为"全体西班牙人的最高领袖"（狄奥多罗斯，《历史丛书》，25.12）。然后，他造访迦太基，稳定了与当地政府的关系。关键在于，哈密尔卡创立的不是一个在西班牙的迦太基国家，而是由迦太基人管理的西班牙国家。

哈斯德鲁巴尔继续扩大他的王国，直到他在公元前 221 年遇刺，而后哈密尔卡之子汉尼拔（出生于公元前 247 年）接替了他。哈斯德鲁巴尔还建立了几座新城，将他的王国的政治中心迁往"新迦太基"［今卡塔赫纳（Cartagena），位于阿利坎特以南］，组建了一支大规模战象军，还集结了一支强大的军队。由于他的王国还没有扩张到埃布罗河附近，没有明显的理由能够解释为何战争会在他的国度与罗马共和国间爆发。但许多人清楚哈密尔卡当初前往西班牙的原因——为了组建一支能够与罗马作战的军队，而且汉尼拔已经发誓，他永远不会忘记父亲对罗马人的仇恨。

　　汉尼拔将要面对的罗马很大程度上仍然是第一次布匿战争开始时的罗马。领导它的人与他们的祖先有着相同的价值体系，他们对国际关系的看法仍然取决于外事程序和其他意大利中部的习俗。但随着很快将会开始的与汉尼拔的血腥冲突，这一切都将改变。

　　迦太基战争后，罗马人的行为准则似乎已经在意大利之外广为人知。罗马被卷入伊利里亚政治的方式表明，当地人对于如何利用罗马人的性格倾向是有所了解的。而汉尼拔接替哈斯德鲁巴尔后的两年间的事件也显示，远在西班牙的人们也获得了这一信息。于是，当汉尼拔巩固了自己的势力后，萨贡图姆（Saguntum，今萨贡托）的居民意识到他们确实陷入了巨大的麻烦。他们不愿被汉尼拔的王国吞并，于是派使者到罗马，提出输诚。

　　元老院的反应很谨慎。西班牙足够遥远，构不成威胁，而且在派遣军队跋涉一千多英里之前，冷静而平静地评估状况是合理的。

　　公元前220年末，包含两名高级元老的使团被派去同汉尼拔会面。会面没能取得成功。汉尼拔从小就被教育罗马人完全不讲信义，而接受撒丁岛上桀骜不驯的雇佣兵输诚就是其确证。波利比乌斯暗示，罗马使者对汉尼拔来说就像红布之于公牛，这种说法毋庸置疑。他们的到来只会印证他的想法，即如果他不尽可能快地向罗马进军，罗马人就会找一个借口来攻打他。

　　后来的历史学家会把萨贡图姆的命运描绘成一个重要问题。此事过去七十年后，当元老们讨论发动一场赤裸裸的侵略战争时，史学家们会声称迦太基永远不守信义，因为毁灭萨贡图姆曾破坏了它之前与罗马的协议。他们的论据是，既然迦太基人曾经如此不讲信用，他们现在也肯定如此，因此作为对其被指控的攻击罗马北非盟友的回应，宣战是正确的。

按照事后之明，波利比乌斯的观点是合理的，他认为罗马人在意识到西班牙正发生的状况时就应该对迦太基宣战，从而可以提前阻止对意大利的入侵。但这种决定不符合罗马人的想法，即只有当能够——在众神面前——证明另一方破坏了现有的协议时，才可以宣战。大部分元老都不愿因为接受萨贡图姆人的输诚而触怒汉尼拔，而如果不是接受了输诚，就没有正当的战争理由。接受输诚看上去还是一个不诚实的行为，因为罗马没有办法为那个地方提供足够的保护。

亚得里亚海东面的局势与西班牙的截然不同。那里出现了一个罗马人——即使按照自己的传统道德准则行事——也能够理解的问题。公元前 229 年远征的一个意想不到的结果是，由于及时背叛了托伊塔，法罗斯的德米特里俄斯获得了巨大的权威。在随后几年内，他加入了马其顿国王的势力范围：首先是公元前 221 年去世的"许诺者"安提戈诺斯（Antigonus Doson）；然后是 16 岁时接替安提戈诺斯的腓力五世。腓力很快卷入了一场"对盟友"——斯巴达、埃利斯和埃托利亚同盟——的战争。公元前 220 年夏，在腓力的支持下，德米特里俄斯率领舰队向南，远远越过了罗马人划定的允许伊利里亚人涉足的海域的界线。

罗马的盟友并没有被禁止同其他国家结盟。但成为罗马的盟友意味着其他那些盟友的利益永远不能取代罗马的利益。由于协助腓力，德米特里俄斯破坏了这条黄金准则；此外，他可能袭击了公元前229年已经向罗马输诚的地区。对元老院来说，这些是不能姑息的僭越行为。公元前219年夏天，就在汉尼拔包围和摧毁萨贡图姆的同时，一支罗马军队出现在了伊利里亚。德米特里俄斯逃走，开始流亡。对于此事，腓力的感想也许是，如果想要获得真正的控制，他可能只能设法削弱罗马人的影响。这无疑是他几年后将会尝试的，却导致了他王国的毁灭。

让我们回到西班牙，汉尼拔正在集结军队，准备入侵意大利。几年后，在他离开意大利返回西班牙时，他在今天卡拉布里亚的克罗托内（Crotone）城外竖立了一根石柱，在上面刻下了他的部队配置。他派大约1.6万人保卫北非——很可能还有他个人在迦太基的地位，并留下1.4万人由他的弟弟哈斯德鲁巴尔统率，负责保卫西班牙。

汉尼拔率领由2万名步兵和6000名骑兵组成的军队来到意大利。鉴于士兵们多年来对他的强烈忠诚，大部分开始了这场长途跋涉的人可能都坚持到了最后，他们5个月的煎熬以15天的阿尔卑斯山翻越告终。波利比乌斯声称汉尼拔离开西班牙时率领着10万多人，这种说法可以追溯到某位忍不住夸大其词的历史学家。鉴于获取给养方面的困难，有战斗力的古代军队很少超过5万人——这是亚历山大入侵波斯时的军队规模，更常见的人数在2万左右，即当时一支标准的执政官军队的规模。罗马通常会派出两支这样的军队参战，而罗马公民大约组成了它的一半；公元前225年，可能还有第三支军队，由一位法政官统率。考虑到汉尼拔带到意大利的人数和沿途损失的可能性，合理的假设是，他离开西班牙时带着大约3万人。

在描绘公元前 225 年罗马意大利的兵力时，当时的罗马史学家法比乌斯·皮克托尔（Fabius Pictor）提供了一份罗马意大利的人力资源的清单，将可以服兵役的人数定在 80 万左右。这个数字并非完全不合理，但必须强调的是，在任何一年，罗马都只能指望部署这个数字一小部分的人马。在随后的几年里，当它的征召多达每年 10 万人时，国家的资源将被推到极限。

汉尼拔军队的规模为我们了解他计划做什么和期待如何获得成功提供了重要的线索。公元前 218 年秋天抵达意大利后，他马上开始从那些部落——它们尚未从几年前的失败中恢复元气——中招募高卢人。可以想见这些人对罗马怀有敌意。根据公元前 217 年汉尼拔在取得一系列胜利后与腓力五世达成的协议，汉尼拔从未期待过将罗马摧毁。相反，他想要将其变得足够弱势，从而无法继续在意大利的政治中扮演主导角色，并剥夺它的盟友。在纸面上看，这个计划并非不合理，但现实将被证明远比汉尼拔想象的复杂得多。

虽然他的计划后来被证明不切实际，汉尼拔还是为即将到来的战争做了充分的准备。他研究了过去伟大将领们的战术，他懂得后勤，他很清楚罗马贵族同世界打交道的方式，他还认识到需要控制对事件的记录。亚历山大对波斯作战时曾带着自己的史学家，汉尼拔自己也带着几位——索叙洛斯（Sosylus）和克拉特洛斯（Craterus）都是希腊人，他们的作品将用希腊语（仍然是意大利半岛的通用语言）写就。我们关于战事的细节很可能来自他们，比如开始时的夸大数字，汉尼拔将战象运过罗讷河时采用的巧计，以及奇迹般的阿尔卑斯山翻越。为了渲染自己的叙述，索叙洛斯还构想了一场元老院的会议，会上对战争做了严肃讨论，并决定宣战。

萨贡图姆被毁灭后，罗马派使者前往迦太基，要求汉尼拔受到一些惩罚，后者到那时已经确保迦太基周围的大部分军队都是刚刚来自西班牙的。人们熟悉的故事——为首的罗马使者告诉迦太基议事会，他的托袈衣褶中藏着和平与战争——无疑是后来的幻想，可能受到公元前167年罗马使者对一位希腊国王惊人的粗鲁举止的影响（见第8章），或者影响了这个事件。当时，罗马人与其他国家打交道的方式已经变得粗鲁而直接。这一次，他们被下了逐客令。

法比乌斯·皮克托尔告诉我们究竟发生了什么。之前除了派出使者，罗马什么都没做。直到汉尼拔跨过埃布罗河，元老院才投票，认定协议已被破坏。

汉尼拔多快抵达了意大利？我们被告知，他花了5个月从埃布罗河来到阿尔卑斯山，然后又用15天翻过山——他的行程算不上特别快，但足以让罗马人措手不及。汉尼拔想来知道，公元前218年的执政官普布利乌斯·科尔内利乌斯·西庇阿和提比略·森普洛尼乌斯·隆古斯（Tiberius Sempronius Longus）直到3月15日就任后才可以开始征兵。即便到了那时，他们可能也无法确定这是否必要。那年春天，罗马人按照前一年的计划在普拉肯提亚（Placentia）和克雷莫纳（Cremona）建立了两座大殖民市，这个事实暗示元老院更感兴趣的不是西班牙，而是高卢和波河河谷。

被指定负责定居计划的委员会包括了几名高级官员，他们不出意外地疏远了波伊人，后者随后袭击了殖民者。高卢没有作为"任务"被指派给执政官的这个事实暗示，波利比乌斯和李维所言属实，即波伊人是在知道汉尼拔进兵后才攻击殖民者的。这可能还暗示，执政官没有获得"任务"，直到罗马人确信他们了解了汉尼拔的意图（尽管已经有一名法政官和一些军团被派往波河河谷）。这些都无法证明，执政官上任时有清楚的行动计划。同样很难看出，一部新通过的限制元老可拥有船只的大小的法律如何与这一切联系起来。但这可能与军需承包有关，确保这项工作可以被扩大到元老等级以外。如果是这样，那么此举可能只是为战备工作营造凝聚力。

一旦清楚了汉尼拔正在行动，执政官们就调动自己的部队来阻击他，同时匆忙地更改着计划。西庇阿本来被派往西班牙，隆古斯则被安排入侵阿非利加。西庇阿从比萨出发，当他发现自己比汉尼拔晚到罗讷河畔三天时，他迅速掉转方向前去守卫波河河谷，并派自己的兄长率领一部分军队前往西班牙。隆古斯抛弃了阿非利加计划，迅速挥师北上。他在 10 月初抵达了阿里米努姆。

汉尼拔翻越阿尔卑斯山几乎立刻就成了一个传奇故事。波利比乌斯抱怨说，索叙洛斯和克拉特洛斯安排了神灵带路。后来的历史学家臆想出各种障碍，使情况变得更加复杂。不过，我们实际知道的信息没有那么戏剧性。他受到了高卢部落的欢迎，后者仍然对前些年里的失败和新殖民地愤愤不平。他们第一次听说汉尼拔的时间，不太可能是当他出现在他们的门口时：波利比乌斯表示，是信使鼓舞他们发动了之前对殖民者的攻击。接着，汉尼拔可能选择圣日内瓦（St Genève）或塞尼山（Mont Cenis）的隘口翻越阿尔卑斯山。最后，他来到了陶里尼（Taurini）城，很可能位于今天的都灵附近。

西庇阿的兵力处于劣势，他一边等待隆古斯到来，一边试图保卫普拉肯提亚，该城位于提基努斯（Ticinus）河和特雷比亚（Trebbia）河的交汇处，前者从瑞士的阿尔卑斯山向南流淌，后者发源于利古里亚的阿尔卑斯山。在提基努斯河畔爆发的一场骑兵战中，罗马人遭受惨败。西庇阿负了伤，有说法称，他同样叫普布利乌斯·科尔内利乌斯·西庇阿（这个故事出自此人）的17岁儿子救了他；另一种说法表示，救了执政官性命的是一个奴隶。这里无可争议的一点是，罗马贵族非常强调展示个人的军事勇武，无论他们的指挥责任是什么。而据我们所知，汉尼拔在这场战争中只参与过很少次的个人搏斗，如果真有过的话。

经过一段艰难的撤退后——他的高卢辅助军在途中叛变，西庇阿来到特雷比亚河畔扎营。隆古斯赶来后承担起指挥任务，而西庇阿则开始休养。在这时，罗马方面没有真正的指挥权等级结构，两位执政官拥有平等的治权；而两位法政官曼利乌斯和阿提利乌斯似乎也都没有与他们协同作战。他们的任务是"打高卢人"——他们从夏天开始一直在做这件事情。执政官无法对他们下达命令。相反，汉尼拔可以预期他的命令会得到服从，这让他可以制订比对手详尽得多的作战计划。

隆古斯与西庇阿会师后，双方的兵力变得相对均衡。压力到了汉尼拔一边，他需要一场大胜来说服高卢人保持对他目标的热情，同时尽可能少地损失他从西班牙带来的人。接近12月底的时候，他的机会来了。他在距离罗马营地几个小时远的地方扎营——在特雷比亚河以西和波河以南不远处，并安排自己的弟弟马戈（Mago）统率一队骑兵埋伏。然后，他激使隆古斯——汉尼拔将会取得的很多胜利都源于他能够激起罗马将领的好战情绪——在一个寒冷潮湿的日子于早饭前率军出营。罗马人行军几个小时，然后，被特雷比亚的冰冷河水浸湿的他们展开队列，面对汉尼拔的主力；后者既暖和，又吃得饱饱的，正在等着他们。当双方完全投入作战后，汉尼拔发出信号，让马戈发起进攻。后方突然出现的另一支军队摧毁了罗马人的士气，他们的军队崩溃了。作为普通罗马士兵的极致韧性的证明，他们中有大约 1 万人设法从这个陷阱中打出了一条路，抵达普拉肯提亚。很可能有同样多，甚至更多的罗马人伤亡或被俘。剩下的军队退回了原来的营地。

经过特雷比亚一役后，隆古斯率领残兵留在普拉肯提亚附近，西庇阿则收拾起自己的部队，与在比萨统率罗马舰队的兄长会合，并开始对西班牙的入侵。3 月 15 日，两位新的执政官在罗马上任，他们是"双生子"格奈乌斯·塞尔维里乌斯（Gnaeus Servilius Geminus）和盖乌斯·弗拉米尼乌斯。公元前 217 年的作战季将最终决定战争的走势，尽管如果汉尼拔——在他那个春天的胜利光辉中——忽略了这一点，他也许是可以被原谅的。

作为公元前 235 年的土地法案的推动者和公元前 223 年的成功统帅，弗拉米尼乌斯是一种"汉尼拔式"的梦想成真。此人冲动而好战，他接手了公元前 218 年由法政官阿提利乌斯·塞拉努斯（Atilius Serranus）统率的军队，驻扎在阿雷提乌姆[Arretium，今阿雷佐（Arezzo）]。与此同时，了解许多关于意大利道路一手信息的汉尼拔释放了非罗马人俘虏，计划沿着阿尔诺河进军翁布里亚和伊特鲁里亚，希望让意大利中部的罗马盟友相信罗马人无法保护他们。但他只是成功地让这些人确信，他与他们来自波河河谷的世代仇敌没有区别。他依靠劫掠乡村地区来为他现在以高卢人为主的军队提供给养——这个事实只会加强这些意大利民族的看法。

让我们把后来的传说中关于弗拉米尼乌斯就任时出现的各种凶兆放在一边，事实上他能对汉尼拔做的并不多，后者远远赶在他前头，还拥有规模更大的军队。汉尼拔从容不迫，这就是为什么在公元前216年6月24日，弗拉米尼乌斯在特拉西梅内湖（Lake Trasimene）附近追上了他，那是一大片火山喷发后形成的水体，位于北面的科尔提诺（Cortino）和南面的佩鲁贾（Perugia）之间。汉尼拔很可能注意到，弗拉米尼乌斯往往不会详细地提前侦察他的进军路线，因此在一个雾气蒙蒙的早晨，他集结军队，在他猜测弗拉米尼乌斯会走的湖边小路上方设伏。弗拉米尼乌斯果真走了那条路，率军进入了埋伏圈，而他和手下的绝大部分士兵都将无法再走出那里。罗马人的损失是大约1万人阵亡和1万人被俘——这场失败比罗马人以往遭受过的都要彻底。如果换一个国家，它很可能已经做了汉尼拔预期他们做的事：和谈。

但罗马人没有和谈，而是选出一位独裁官法比乌斯·马克西姆斯（Fabius Maximus）。这次选举与标准程序有所不同，没有让执政官来任命独裁官：这种任命在公元前4世纪时相对常见，因为当时行政长官短缺，而后来则主要只用于解决短期的国内需求。法比乌斯上任后意识到，他必须做两件事。首先是避免失去另一支罗马军队。其次是尽快把汉尼拔赶出意大利。他的策略与修昔底德描绘的雅典政治家伯利克里在伯罗奔尼撒战争中采用的策略非常相似：不冒险，"赢在最后"。如果法比乌斯曾经读过修昔底德，那并不意外，因为他将要采用的作战风格极其不像罗马人，而且最终极其不受欢迎。

在法比乌斯的计划被最终采纳之前，有过很多争论和不满。他本人的副手米努基乌斯·鲁弗斯（Minucius Rufus）抱怨了他拖拉的习性以及迦太基人在意大利的破坏。鲁弗斯最终成为同期的另一位独裁官，但多亏法比乌斯的及时介入才避免前者陷入一场军事灾难。

当时，汉尼拔无法对法比乌斯的策略做出应对——罗马人阻截了他的劫掠小队，导致他不能获得充足的给养，因为他的军队每天都靠从经过的土地上获得物资过活。他避开罗马意大利的核心地区，再次翻越亚平宁山，进入皮克努姆（Picenum）地区，开始南下。虽然他将在南部找到盟友并获得他最大的军事胜利，但汉尼拔与波河河谷的联系被截断，且不得不将关键的核心地区拉丁姆留给罗马人。拉丁姆和伊特鲁里亚将向罗马提供财富和人力，使其可以最终胜出。不过，这要等到罗马遭受又一场巨大的灾难后才会到来。

罗马人民厌倦了法比乌斯的战术。公元前 216 年当选的两位执政官盖乌斯·泰伦提乌斯·瓦罗（Gaius Terentius Varro）和卢基乌斯·埃米利乌斯·保卢斯（Lucius Aemilius Paullus）明白，他们的任务是与汉尼拔交战并摧毁他。他们将在南意大利的阿普利亚，一个叫坎尼的小城正面对决。

第 5 章

坎 尼

公元前 216 年

公元前216年8月2日，泰伦提乌斯·瓦罗和埃米利乌斯·保卢斯合兵一处，在意大利中南部的奥菲杜斯河（Aufidus，今奥凡托河）畔与汉尼拔的军队相遇。几周前，汉尼拔夺取了坎尼的罗马军需仓库。罗马派出两位执政官，现在他们即将与他在坎尼丘陵和该河之间的平原交战。

来自罗马的命令和在执政官军团中招入原先两倍的公民的决定使得两位执政官没有任何的战略主动性。事实上，我们可以猜测，他们现在的"任务"只是被界定为"与汉尼拔作战"。汉尼拔意识到执政官的军队随时可能攻击他，于是找到了一块完美适合他的战场。经过两年征战，他知道罗马士兵最好与两侧和前后的战友相隔三英尺站立，让那人有用剑所需的空间。公元前3世纪20年代，剑已经成为罗马军队基本的杀戮工具。如果罗马士兵失去了这块至关重要的空间，他们就会很快失去保卫自己的能力。这正是迦太基人为他们所准备的。

战役当天，汉尼拔很可能有约4万名步兵和1万名骑兵。罗马军队则有约6万名步兵和可能6000名骑兵。汉尼拔想要充分利用自己部署在军队两翼的更强大的骑兵，同时将罗马军团吸引到他军阵中央的陷阱。在那里，他把高卢士兵布置成一个凸线，在他的西班牙和阿非利加士兵的阵线之外，后两者则与前者的两侧对齐。他计划吸引罗马军团冲入突出的高卢人阵线，迫使他们在寻找敌人时挤作一团。他知道这批罗马军队刚刚组建，军官也是新的，可能无法维持他可以指望自己军队的那种纪律水平。他还（正确地）想到，战斗将从罗马轻步兵（velites）与他自己的轻装部队之间的长时间遭遇战开始。这会让他的骑兵有更多时间击溃罗马骑兵然后包围步兵。他可能还指望罗马指挥官们会十分执着于他们从小养成的武士精神，以至于他们会更像小股部队的指挥官那样行动，而不是将军。

汉尼拔在所有方面都是对的。最初的遭遇战持续了一段时间，罗马军团冲入突出的高卢人阵线，压缩了他们自己阵线可用的空间。"结果，就像汉尼拔计划的，罗马人在追逐高卢人的过程中过于深入，被夹在敌人的两支部队之间，无法维持合适的阵形。"（波利比乌斯，3.115.12）最终，"随着外侧的人被杀死，剩下的人挤作一团，全部阵亡"。（波利比乌斯，3.116.10）阵亡者中不仅有执政官埃米利乌斯·保卢斯，还有公元前 217 年末在任的两位执政官。应该说，对带领罗马军队陷入这场灾难最有责任的人付出了相应的代价。

瓦罗在这场屠杀中幸免于难，带领罗马军队的残部——大约1 万人——离开战场。虽然在后来的传统中，瓦罗被指责要对所发生的事负责，但同时代人并不这样看。元老院投票通过决议，感谢他没有让共和国绝望，并下令募集新的军队。与此同时，汉尼拔的一位将军马哈尔巴尔（Maharbal）要求知道汉尼拔为何不马上向罗马进军，并说他知道如何赢下战役，但不懂如何利用自己的胜利。情况并不那么简单。罗马与坎尼相距遥远，而且汉尼拔没有任何可用来围攻该城的设备。他最需要的是让意大利人相信，他可以确保他们的安全。他很快将与马其顿的腓力五世达成的协议表明，他希望意大利人开始露面。这并没有发生。最初，唯一变节的重要城市是阿尔皮［Arpi，今福贾（Foggia）附近］，这个希腊人据点被认为是狄俄墨得斯建立的。

取得特拉西梅内湖的胜利后，汉尼拔开始同腓力谈判，双方达成的协议反映了坎尼之战以来局势的发展。协议中提到迦太基人在意大利的盟友——需要指出是盟友，而非臣民——以及对罗马人会走上谈判桌的预期。用汉尼拔的话来说，当"神明给予你们和我们胜利"时，他将代表他自己和腓力的利益谈判，迫使罗马人放弃他们占领的伊利里亚领土（波利比乌斯，《历史》，7.9 和《古代国家条约》，528）。同样清楚的是，即便在其最荣耀的时刻，汉尼拔也认识到，与罗马的战争终将通过谈判后的协议结束。

同腓力的协议是汉尼拔的意图的重要证据，而阿尔皮——之前是罗马的盟友——的变节同样重要，因为此事展现了他在意大利建立自己的盟友体系时面临的潜在问题。阿尔皮带着一小批该地区的其他城市投入汉尼拔麾下，它们有着共同的利益。考虑到其他许多城市仍然忠于罗马，阿尔皮缔结新盟的真正原因与其说是对汉尼拔的胜利感到欣喜，不如说是对其邻邦的成功的长期愤恨。主宰阿尔皮政治的那些人可能觉得，他们在罗马的控制下吃亏了。

出于多种理由，绝大多数城市仍然与罗马站在一起。汉尼拔在公元前 217 年劫掠过该地区，这通常不是赢得人心的好方法；即便他愿意释放罗马盟邦的俘虏——他释放了所有坎尼的俘虏，没有要求赎金，就像在特雷比亚和特拉西梅内所做的——也无法使他受到作为一个整体的意大利人口的欢迎。大部分仍然坚定对罗马保持忠诚的地方是由对现状有着既得利益的人领导的。比如，在坎尼所在的卡努西乌姆［Canusium，今卡诺萨（Canosa）］生活着一个名叫布萨（Busa）的女人，她为幸存者提供了援助——很可能是在当地统治集团的指示下。邻近的卢克里亚［Luceria，今卢切拉（Lucera）］和维努西亚［Venusia，今韦诺萨（Venosa）］同样保持忠诚，附近的阿普利亚的特阿努姆［Teanum Apulum，靠近圣保罗-迪奇维塔泰（San Paolo di Civitate）］也是如此。

当汉尼拔在南方寻求加强自己的地位时，罗马元老院进入了紧急管理模式。因为在罗马人看来，一切成功归根到底都是神明眷顾的结果，而像坎尼这样的灾难无疑表示罗马在神明面前存在严重的问题。没过多久，他们发现两名维斯塔贞女（保管罗马圣火的七人女祭司团成员）失去了童贞；其中一人自杀，另一人被残酷地处决；她们的诱惑者中的一个被鞭笞而死。当人们查询《西比尔神谕》，寻求如何向神明道歉来赎清维斯塔贞女的罪过时，他们发现神明想要更多的人祭。神明要求在牛市活埋一对高卢人和一对希腊人，均为一男一女。完成了这一罕见的人祭后，在法比乌斯·马克西姆斯的建议下，罗马人派出使者赴德尔斐请求阿波罗的神谕，这位神明专门负责摧毁文明的敌人。

在更加世俗的层面上，马尔库斯·克劳狄乌斯·马尔克鲁斯（Marcus Claudius Marcellus）——法比乌斯·马克西姆斯的朋友，统率奥斯提亚舰队的法政官——被派去接替瓦罗的指挥权，罗马人还任命一位独裁官负责新的征兵。他招募了 4 个公民军团，应招者中最年轻的只有 17 岁，其中还有 8000 名奴隶，由国家把他们买下后释放，好让他们可以服役。被动员的还有同样数量的盟友军队；而当年晚些时候，另有 6000 名因为欠债而被剥夺了公民权的罗马人将被免罪（并被免除债务）——如果他们入伍的话。最后，当汉尼拔为坎尼战役中的罗马战俘索要赎金时，罗马拒绝与他有任何交涉。拒绝的决定既是务实的，也是观念上的。在务实方面，这样做避免了为汉尼拔的作战提供资金；在观念方面，这显示了罗马人倾向于——就像他们正在做的——将灾难归咎于神明的不满，以及普通士兵的不力。罗马还会拒绝任用坎尼之战的意大利幸存者。

面对罗马人的回应，汉尼拔杀害了许多战俘，并将其他人卖为奴隶。

当时间从公元前 216 年变成前 215 年，迫在眉睫的危机过去了。经过一系列复杂的事件，包括一位执政官在战斗中阵亡，以及另一位执政官出于宗教原因被免职后，法比乌斯·马克西姆斯在一场特别选举中与提比略·森普洛尼乌斯·格拉古一同当选执政官。现在，法比乌斯开始逐步改变罗马的作战方式。他将创造一个有序的指挥体系，并管控选举周期，确保只有他可以信任的人才能率军对抗汉尼拔。正是通过系统性地实施政治／军事计划，罗马才得以挫败汉尼拔的天才。

公元前 216 年末不仅标志着第二次布匿战争在意大利的第一阶段的结束，而且我们关于那场战争的信息的主要来源也在那时发生了变化。从那时开始，波利比乌斯的史书只有一部分被保存下来。尽管他存在缺点——他看待事情时常常受到政治偏见的影响，他有厌女思想，憎恶雇佣兵，喜欢按照自己对世界运作方式的假设修改目击者的描述，还相信自己是有史以来最聪明的著史者，但波利比乌斯的确试图把事情做对，还读过非罗马人写的作品。从公元前216年到前167年，我们的主要信息来源将是李维。虽然在东方事务上，他有时会使用波利比乌斯的描述（并不总是能将其非常准确地翻译），但李维主要感兴趣的是罗马人对自己历史的讲述。有关那段历史传统，他所揭示的是，它很大程度上是贵族为自己服务的工具。他还常常认为贵族的集体智慧是正确的。

在李维的史书中，对战斗的描绘常常只有很少的目击证据，而演说大多是他本人的手笔。李维的写作速度——他在差不多五十年里填满了142个纸草卷——告诉我们，他很少考察同时代的文档，如果真有过的话。即便如此，他的材料中有时的确包含了准确的描述，或者可以从描述的修辞里恢复其中的事实核心。这尤其是在：比如，协议的条款、罗马的基本行政措施（诸如每年召集的军团数量或它们被部署在哪里）以及无争议的国内问题上。上述内容归根到底都源于档案记录，正是从李维史书的这个部分，第二次布匿战争的故事（波利比乌斯的相关叙述已经不复存在）可以被最合理地复原。

随后的几年间，战事的模式是，罗马人（成功地）试图避免与汉尼拔亲自统率的任何军队直接交锋，而汉尼拔——在寻求建立他的罗马意大利的替代品的过程中——将会迅速失去所有的战略先手。随着这些城市开始抛弃罗马，他需要保卫它们，但罗马的资源过于强大，他无法一一覆盖所有有罗马军队的地方。在坎尼之战前，罗马同盟麾下有大约 6.5 万人；而坎尼之战后的紧急举措在当年年底就将人数恢复到 5.8 万人左右。公元前 215—前211 年，平均每年可以作战的人数会有 7.5 万—8 万人。

并非所有的罗马士兵都会在意大利服役。公元前 217 年，西庇阿兄弟带着大约 1 万人前往西班牙，并如火如荼地建立自己在西班牙的同盟，以对抗汉尼拔家族的同盟。西西里也有麻烦。公元前 215 年初，罗马在第一次布匿战争中的盟友，叙拉古国王希埃隆隆去世，他 17 岁的孙子希罗尼姆斯（Hieronymus）继承王位。希罗尼姆斯深受他亲迦太基的谋士影响，马上开始与汉尼拔谈判，后者因为没有舰队，而且有更重要的事要做，所以不能向他提供什么。随后，叙拉古人又联系了迦太基本土的政府，对方更加欢迎他，第一次愿意采取行动支持在意大利的战事。

希罗尼姆斯在王位上只坐了不到一年。他遇刺后，一些狂热亲迦太基的极端主义者接手，他们宣布建立一个理论上民主制的新政体，然后向罗马宣战。元老院派出马尔库斯·克劳狄乌斯·马尔克鲁斯率领一支大约 2 万人的军队去对付叙拉古，而迦太基没有向其提供有用的支持。公元前 211 年，经过长期围城，马尔克鲁斯占领了该城。他特别残暴地洗劫了那里，并要为叙拉古最著名的居民，数学家阿基米德的连带死亡负责。这是那场战争中罗马人第一次明确无疑的胜利。

叙拉古反叛的奇特之处在于，当地政府似乎从未向汉尼拔的盟友，马其顿的腓力五世求助。罗马的外交活动逐步建立起一个在希腊本土、爱琴海和亚得里亚海沿岸反对腓力的希腊城邦同盟，包括埃利斯、斯巴达、帕加马（位于今天土耳其的西部）和埃托利亚。腓力从未能在亚得里亚海部署一支舰队，也没有为汉尼拔做任何有用的事。与此同时，在与严格意义上说不是罗马人的民族打交道时，罗马人却展现出比以往更强的能力。

公元前 211 年罗马人同埃托利亚人签订的条约文本（部分保存在一条铭文中），是有关罗马与意大利之外的世界打交道方式的这种改变的最早档案证据之一。文本中完全没有了输诚的语言；相反，罗马人同意，如果他们占领了划定的利益范围内的城市，就要将其交给埃托利亚人；如果占领了该范围以外的地方，罗马人就能将其保留；而如果他们占领了双方共同的利益范围内的城市，那么埃托利亚人可以拥有它们；缔约双方还将共同控制他们在划定范围外占领的地方。此外，罗马人将允许在划定区域内被占领的任何城市加入埃托利亚同盟。李维指出，这个区域包括科尔库拉（Corcyra）以及希腊西海岸的阿卡尔纳尼亚（Acarnania）地区（《古代国家条约》，536）。

当罗马与埃托利亚达成协议时，汉尼拔正目睹着他愿景中的新意大利一点又一点、一座城接一座城地破碎。他本人、卡普阿［Capua，今圣玛丽亚-卡普阿韦泰雷（Santa Maria Capua Vetere）］、塔兰图姆和洛克里斯之间缔结的协议中清楚地体现了这种愿景。卡普阿是第一个缔约的，而且作为坎帕尼亚的主要城市，它在重要性上远远超出战争期间加入汉尼拔的其他所有城市。公元前 216 年签订的条约内容规定，迦太基的将领和官员对坎帕尼亚的任何公民都没有管辖权，卡普阿人将按照自己的法律自治，迦太基人将交给坎帕尼亚人 300 名战俘，用于交换在西西里服役的 300 名坎帕尼亚骑兵（这点从未实现——坎帕尼亚骑兵很可能在马尔克鲁斯麾下服役）。对于洛克里斯，汉尼拔允许当地人按照自己的法律生活，条件是双方在战争中要相互援助。公元前 212

年，汉尼拔向塔兰图姆人保证，他们也可以保持自治，能够拥有自己的法律和控制自己的土地，不必接受迦太基驻军或者向迦太基纳贡。

罗马意大利是建立在罗马与其他城邦的一系列独立的条约之上的，那些城邦随即被列入愿意为罗马提供军队的地方的名单（formula togatorum），这意味着并没有一个独立的同盟结构，因此个体城邦也无法联合起来阻止罗马做它想做的事。相反，汉尼拔提出的同盟让成员国可以拥有集体权利，比如来决定它们的制度和法律的本质。这种模式对于意大利贵族来说既不必然有吸引力，又不一定重要，他们个人在当地的地位取决于他们与罗马国家的关系。

不过，每当汉尼拔遇到其统治阶层有严重分歧，或者统治阶层以为罗马这条船正在沉没而发生分裂的地方，他就会获得成功。比如在卡普阿，他释放了在坎尼被俘的骑兵，从而在自己的阵营和当地领袖之间打开了沟通渠道。李维提到了一群贵族，声称他们为取悦普通民众而抛弃了罗马同盟——大部分坎帕尼亚贵族更倾向后者，他们与罗马贵族有个人联系。这看上去就像我们在关于公元前232年的《弗拉米尼乌斯法》的部分遇到过的那种特别的控诉，将不受欢迎的人描绘成民众煽动者。事实上，与汉尼拔打交道的人似乎直至坎尼之战都忠于罗马。他们是否觉得该地区的主要城市卡普阿为罗马牺牲了自己的利益？

洛克里斯是另一座很快投向汉尼拔的城市。对它而言，决定性因素似乎是当地统治阶层中的分裂，这可能是由罗马驻军的存在引发的。该城刚开始与汉尼拔谈判时，许多洛克里斯人就逃到了雷吉乌姆，而驻军成员也在没有受到当地人干预的情况下逃离——尽管当迦太基人后来赶上他们时，这些人就没有那么幸运了。

塔兰图姆的情况与之类似，让情况更加复杂的是，该城和卡普阿一样有着作为当地强大城邦的悠久历史。那里同样有罗马驻军和分裂的贵族——但这被证明是汉尼拔犯的一个大错。驻军固守堡垒，迫使他留下许多人包围那里。此外，塔兰图姆与卡普阿位于意大利的两侧，这迫使汉尼拔为了支持自己的盟友而在意大利来回穿梭。由于两地都处于罗马的包围之下，他不可能同时身处两地，他的盟友不再安全，而他面对罗马人的坚固要塞也束手无策。他并不擅长围城战——像努科里亚〔Nuceria，今诺切拉（Nocera）〕和卡西里努姆（Casilinum，靠近卡普阿）这样相对较小的地方对他的抵抗时间都远远超过了预期。

对围城战准备不足是相当严重的技术短板。当汉尼拔试图利用当地的对立时，他没能明白的是，他的盟友也有自己的对头，在大城市已经在为本地区的影响力展开竞逐的地方，他们与他的结盟反而将加强罗马的力量。显而易见的例子是那不勒斯，那里一直坚定忠于罗马，即便在卡普阿背叛时也愿意接受罗马驻军，就像附近的诺拉和库迈那样。公元前 212 年驻扎在卡普阿城外的那支罗马军队是汉尼拔无法撼动的，他也没能消灭公元前 209 年在塔兰图姆城前的那支。

第 6 章

胜　利

公元前 201 年

公元前 211 年，意大利的战争决定性地变得对迦太基人不利。为了缓解对卡普阿的围城，汉尼拔入侵了罗马意大利的核心区域，沿着今天 A1 高速公路的路线北上，然后在距离罗马不到 3 英里的地方扎营。当时是春天，年度征兵正在全面进行；不出意外，有充足的人手愿意守城。当执政官拒绝出城与他交战时，汉尼拔只得退走。他一无所获。

流传出的一个故事这样说，他特别恼火地得知，他扎营的地方在他仍在那里时就被拍卖出售。此外，因为洗劫了经过的土地，并缺少足够的给养，他不得不经过今天的阿奎拉（Aquila）省向东撤退，最后来到比战事开始时更加远离卡普阿的地方。两年后，当法比乌斯·马克西姆斯攻下塔兰图姆时，汉尼拔发现自己被困在了南意大利。他基本上成了麻烦事的代名词，直到公元前 202 年回兵守卫迦太基时才会被重新认真对待。与此同时，主要战事已经转移到了西班牙。

坎尼危机过去后，社会和经济压力继续在罗马内部浮现，迫使罗马的制度逐渐革新。比如，公元前 214 年，监察官发现国库严重空虚，于是普查中的前三个级别被要求支付在舰队服役的人员的军饷。第三级别的成员被要求支付一名士兵 6 个月的军饷，第二级别的成员要支付 1 年，元老则是 8 年。此外，同样是"因为国库的短缺"，监察官宣布他们无法像平时那样给出维护神庙，或者为竞技和其他公共活动提供马匹的合同。对罗马国家来说，幸运的是，这些合同的通常获得者愿意放弃报酬，直到战争结束。此外，骑兵和分队指挥官（百人队长）也放弃了自己的薪俸，这无疑对那些倾向于收取这笔钱的人构成了巨大的社会压力。鉴于百人队长是由他们的战友选出的，而且往往不像后来的百人队长那样非常富有，这是真正的牺牲。

在此之前曾经出现过问题。公元前 216 年，监察官逮捕了一些与当年的财务官有关的人——理由是他们密谋在坎尼之战后逃离意大利，并下令将他们降低至最贫穷公民的地位，且从他们的部落中除名。战争爆发后被发现逃避兵役的 2000 人也遭受了同样的制裁；他们被征召入伍，同坎尼的幸存者一起被派到西西里服役。公众对这些做法的认同程度可能并不像李维说的那么高，因为那位颜面扫地的财务官梅特鲁斯在公元前 215 年当选为保民官（并从此让监察官们的日子很不好过）。

公元前 212 年，面对年轻士兵的短缺，元老院将入伍的最低年龄降到 17 岁以下，并设立了两个三人委员会（triumvirs）来从罗马城周边搜寻新兵。当年还爆出了涉及战争承包商的大丑闻，他们对国家财产的惯常谋夺在公元前 213 年被元老院掩盖。公元前 210 年，在面临又一次税收不足时，元老们自掏腰包弥补了亏空，国家还向个人借款，承诺在随后的十年里分三次偿还。国家还出租了从坎帕尼亚占领的一些土地——这显然是罗马国家第一

图6 左边是新的罗马铸币"胜利女神银币"（victoriatus），用希腊德拉克马的模具打造（得名于上面有胜利女神为奖杯挂上桂冠的图像），右边是描绘了卡斯托尔和波吕克斯的第纳里

次试图将公地货币化。在某个时间点，可能也是在公元前210年，罗马通过法律，限制元老能够拥有的金银加工品数量。

公元前209年，12个拉丁殖民市告知元老院，它们无法再提供士兵；两年后，滨海殖民市——通常负责为舰队提供人员——拒绝派人参与当年年底的陆上战事，于是罗马不得不招募奴隶"志愿者"组成两个军团。公元前204年可能仍然有麻烦，因为监察官对拉丁殖民地的人口做了彻底的调查（我们没有被告知结果是什么），为了寻找新的收入来源，他们还出租了公地上的盐田。

公元前214年和前210年的短缺可能与转向新的银币体系有关，这是在公元前214年法比乌斯·马克西姆斯和马尔克鲁斯担任执政官时，或者第二年法比乌斯·马克西姆斯之子和提比略·森普洛尼乌斯·格拉古担任执政官时开始的。这一举动紧随一项误入歧途的尝试——错误地让银币贬值——以及作为日常交易媒介的铜币的质量的不断下降。新币之一的第纳里价值10个阿斯（基础的铜币），将成为意大利的标准铸币；与它同时发行的另一种银币"胜利女神银币"仿照希腊的德拉克马打造。有关用来打造这些钱币的模具的数量的记录——这是我们了解可能有多少种钱币的唯一真正指征——暗示，新通货是逐步被接受的，而大批胜利女神银币的存在暗示，在一段时间内，哪种钱币会成为标准（或者是否会有标准通货）并不明确。

在坎尼之战后产生的不满和担忧中，财政问题只是人们担心的问题之一；另一个问题是持续的宗教争议。公元前213年左右，罗马人民特别急切地想要从非政府来源获得关于未来的新消息。李维把这种渴望归咎于从乡村涌入的无知人群，但他的叙述暗示，情况远不止于此：他提到，在广场上也设立了做预测的设施。但元老院想要保持对于神明沟通的垄断，于是对这种动向进行打击，他们搬走了设施，下令拥有预言或祈祷书，或者讨论祭祀方式的作品——被认为在宣扬与神灵沟通的渠道——的所有人都要在4月1日之前把它们交给元老院。

法政官马尔库斯·埃米利乌斯·雷必达（Marcus Aemilius Lepidus）宣称在当时缴获的一部书中有先知马尔基乌斯（Marcius）所做的预言。他把这些预言交给了自己的继任者——普布利乌斯·科尔内利乌斯·苏拉（在不到一个半世纪后，他的一位后人将永远地改变罗马国家）。苏拉决定公布它们，指出既然书中关于坎尼之战的预言应验了，那么也完全应该遵从关于"按照希腊人的仪式"向阿波罗献祭的要求——如果他们想要摆脱汉尼拔的话。这个决定促使罗马人公开查询《西比尔神谕》，并发现它与西比尔的说法一致。于是，他们在公元前212年不出意料地创办了阿波罗赛会（ludi Apollinares）。一年后，元老院规定每年都要举办该赛会；后来，在公元前207年的瘟疫之后，人们决定每年的赛会将在那场瘟疫暴发的时候举办（为期1周，从7月5日开始）。

　　阿波罗赛会不是这些年里唯一引入的新赛会。公元前205年，随着新一波的疫情暴发和战争的延续，民众的不安使得罗马人再次查询《西比尔神谕》。按照要求，他们向帕加马国王阿塔鲁斯——反对腓力五世的忠实盟友——派出使者，请求得到名为大地母（Magna Mater）或库柏勒（Cybele）的女神的像。他按照请求送回一座大地母像，罗马人设立了一个新的节日梅嘉兰西亚赛会（Megalensian Games）来向她致敬。为了向其致敬，罗马人还在卡皮托山上建了一座大神庙，俯瞰大竞技场。差不多与此同时，前一年来到德尔斐宣布过一场重要胜利的罗马使者承诺在不久的将来会有甚至更大的胜利。各种神谕的组合似乎帮助平息了局势（国家求取的神谕往往有利于既有的秩序）。

　　坎尼之战后，法比乌斯·马克西姆斯在长达十年的时间里一直主宰着罗马的公共生活。因此，有理由认为这些年里出现的模式反映了他的原则。首先是对一致性的期望。在这十年间，罗马的确遵循着一致的策略，官员们让自己的利益从属于国家的利益。货币改革为国家财政带来了稳定，而对宗教上的不确定性的处理看上去也是为了带来秩序。罗马公民被告知，他们有责任与自己的敌人作战；罗马贵族则被告知，他们有甚至更大的责任在战斗中树立良好行为的榜样。法比乌斯·皮克托尔撰写了第一部罗马史，而公元前207年，李维乌斯·安德洛尼库斯受命创作了一首赞美"天后"朱诺的颂诗。罗马在与腓力五世的战争中采用了一种"国际主义"的方式来建立有效的同盟，与之相关的是对宣传罗马同阿波罗之间联系的兴趣。随着罗马在世界舞台上获得了新的地位，留给个人英雄行为的空间变少了，而对集体责任的强调则大大增加。

终结第二次布匿战争的将是与法比乌斯罗马的特征并不太契合的一个人。那就是普布利乌斯·科尔内利乌斯·西庇阿，他认为自己是得到神明指引的罗马救赎的代理人。有理由认为法比乌斯·马克西姆斯受不了他，这可能就是为什么他被允许从自己的家族庄园征集 1 万人，组成了一支实际上的私人军队，在西班牙展开最初是私人性质的战争。公元前 210 年，西庇阿前往西班牙，接管了他的父亲和叔叔从公元前 218 年起建立的军队。前一年，在迦太基人控制的区域深处，这支军队遭遇惨败，几乎全军覆没，两人也双双阵亡。

公元前 218 年，随着"双生子"格奈乌斯·塞尔维里乌斯抵达位于远离埃布罗河北岸的恩波里翁（Emporion），罗马人对西班牙发动了第一次入侵，即便当西庇阿（现在已经完全从他在提基努姆受的伤中康复）和他的弟弟出现后，这次行动的规模也很小。不过，行动相当成功，因为西庇阿兄弟做到了两点。首先是开启了瓦解迦太基政权的西班牙盟友的过程；其次是阻止了汉尼拔的弟弟哈斯德鲁巴尔支援意大利的战事。此外，西庇阿兄弟还与努米底亚人——迦太基在北非的强大邻居——最重要的统治者之一展开谈判，想要让他脱离与迦太基的同盟。我们不清楚的是，为何在公元前 211 年，兄弟俩在 2 万名西班牙雇佣兵的支持下深入迦太基领土。雇佣兵背叛他们，选择了撤退，留下分兵作战的西庇阿兄弟面对强大得多的迦太基军队。一位幸免于难的军官集合了剩下的罗马人，当法政官盖乌斯·克劳狄乌斯·尼禄（Gaius Claudius Nero）带着另两个军团来到西班牙北部时，局面稳定了下来。与此同时，迦太基人也分兵各处，试图重新控制投向罗马的各部落，他们抓捕人质，常常令盟友离心。这个时候，公元前210年末，小西庇阿登场了。

来到西班牙后，西庇阿意识到迦太基军队仍然很分散，于是想出了一个高调宣布自己的到来的计划。公元前209年春天，他对迦太基人的治所新迦太基发动突袭，那里存放着许多财宝，还有从西班牙的迦太基依附者那里抓来的500名人质。该计划取决于速度和避免持久的围城战——那将使迦太基军队对他的阵地集中兵力。他从详细的情报中获悉，在落潮时，可以穿过港口边缘，从海边进入城中——那里防守虚弱。西庇阿往往会声称获得了神启，来伪装自己的计划，因此他告诉自己的部下，海神涅普顿亲自告诉了他迦太基人防御的弱点。他向主城堡发动攻势来吸引守城者的注意，然后另外派出500名特别选出的士兵穿过港口。他们未受阻挡就进了城，占领了无人守卫的城墙区域，为战友开了路。西庇阿马上下令屠杀城中的人口，直到堡垒投降。他相信，恐怖能对神启进行补充。

随着新迦太基失守，以及人质现在开始返回自己的部族，汉尼拔的西班牙开始崩溃。公元前209年，哈斯德鲁巴尔决定率领能够动用的军队前往意大利，希望帮助汉尼拔在那里重启战争。但在离开前，他想要击败西庇阿。双方军队在巴埃库拉（Baecula）相遇，也就是今天的巴埃提斯（Baetis）河谷中的圣托梅（Santo Tomé）附近。依靠目击者提供的信息，波利比乌斯描述了罗马人对位于陡峭高地上的迦太基人阵地发动的攻击——这个叙事在最重要的细节上得到了研究该遗址的考古学家的证实。

巴埃库拉战役几乎刚打响就结束了。哈斯德鲁巴尔看到他的部下不是罗马人的对手，于是匆忙带着尽可能多的人，还有他的战象和钱财撤退到西班牙北部，并一路陆续收拢援军。战役结束后，西班牙众部落试图拥立西庇阿为他们的国王——可能是正式邀请他扮演像他们之前的迦太基霸主那样的角色。西庇阿拒绝了，指出罗马人没有国王。

在公元前 207 年的很长一段时间里，罗马和迦太基军队没有针对彼此采取直接行动，尽管西庇阿似乎在活动以稳定自己的同盟体系，并开始将目光投向北非。在巴埃库拉的俘虏中有努米底亚国王马西尼萨（Masinissa）的侄子。西庇阿把他送回马西尼萨那里，从而打开了一条沟通渠道，而这最终将使得那位国王在公元前 206 年同意成为罗马人的盟友。不过，在此事发生前几个月，西庇阿在位于西班牙南端的伊利帕（Ilipa）打响的战役中击败了剩余的迦太基军队。然后，他回到罗马，当选为公元前 205 年的执政官。

西班牙仍然由西庇阿留下的副将控制，他们统率着大量的军队。这些地区没有正式的行政体系，同当地群体的关系主要基于个别协议，就像在意大利那样。此外，虽然罗马人似乎接手了对富饶的银矿的管理，但并没有系统性的办法将白银运回罗马，或者将其支付给西庇阿在当地的部下。在他离开前，军队曾因没有领到军饷而哗变。他成功控制了军队，但行政无力的问题仍然存在。

现在是时候改变战略了。哈斯德鲁巴尔于公元前 207 年抵达意大利，但他与汉尼拔的交流被罗马人截获，于是一位执政官在汉尼拔不注意的情况下偷偷带着其很大一部分兵力去支援他的同僚。两人在梅陶鲁斯（Metaurus）河畔的高卢塞纳附近与哈斯德鲁巴尔和他翻越阿尔卑斯山后召集的一些高卢盟军开战。哈斯德鲁巴尔的军队几乎被消灭殆尽。据说,汉尼拔是看到弟弟被割下的首级送来时才刚刚知道发生了什么。哈斯德鲁巴尔死后,汉尼拔延续意大利战争的任何可能的希望都破灭了。

汉尼拔可能无法延续战争,但也没有罗马人会与他交战。西庇阿已经在准备入侵阿非利加,为此他需要一支舰队,但缺少经费。唯一的解决办法是结束与腓力五世的战争,现有的军队正在被投入那里的战场。但这场战争进展并不顺利。公元前206年,埃托利亚人同腓力单独签订了合约,而罗马人无精打采的军事行动也无法激起他们的其他盟友出多少力气。他们必须派出大批新的部队,否则就不得不议和。由于阿非利加需要所有剩下的兵力,唯一可行的选择是议和。公元前205年,他们不出意料地通过腓尼基和约实现了和平。如果腓力更精明些,他可能会意识到,在罗马人看来,这一和约更多是休战,而不是结束一切敌意的共识。他在罗马人最艰难的时候与汉尼拔联手,这点不会被忘记。

尽管签订了和约,关于未来的道路仍然存在分歧。法比乌斯反对出征阿非利加,认为那样过于冒险。西庇阿费了很大力气才获得了出征阿非利加的授命,但条件是他只能率领全部由志愿者组成的军队。现在,他开始南下,重新征服了洛克里斯,在西西里扎营,准备最后进军阿非利加,还把在坎尼惨败的军团也吸纳进自己的军队。公元前204年末,他终于开始向阿非利加进发,但发现他的努米底亚盟友马西尼萨已经被支持迦太基的邻邦国王西法克斯(Syphax)推翻。更糟糕的是,西庇阿无法攻下乌提卡(Utica)——他曾希望以那里为基地展开进一步的行动。他没有惊慌,而是假装同前来与他交战的迦太基-努米底亚军队谈判,并在一个名为大平原的地方扎营。诱使敌人误以为没有危险后，他发动突然袭击，摧毁了他们的营地，并将敌军击溃。

这时，迦太基开始了和谈，谈判持续了一轮又一轮。迦太基人将汉尼拔从意大利召回。接下来发生了什么并不清楚，但双方都宣布谈判结束，谴责对方没有信义。公元前 202 年春天，汉尼拔率军从迦太基出发，准备迎战西庇阿，后者现在得到了马西尼萨的支持，大平原战役后这位国王重新坐上了努米底亚的王位。

公元前 202 年 10 月 17 日，汉尼拔和西庇阿在迦太基西南面的扎玛（Zama）遭遇。汉尼拔提出了和谈条件，并宣讲了命运的无常。他回忆自己曾如何在坎尼志得意满，但现在的处境却多么不同。西庇阿回复说，他完全清楚命运的无常本质，如果汉尼拔在他来到阿非利加之前提出和谈条件，那么战争本可能像其所要求的那样结束，但现在诸神正在惩罚入侵者，他们证明了罗马一方的正义性。西庇阿给出了迦太基人输诚后可以期待的条件。波利比乌斯对这次会面的描述似乎是基于西庇阿本人的证言，来自他的朋友莱利乌斯后来的回忆。西庇阿是作为罗马的传统信仰和习惯的捍卫者与代表说这番话的，这是波利比乌斯为我们描绘的非常一致的形象的一部分。

10 月 18 日上午，西庇阿率军与汉尼拔对阵。他是十多年来第一位主动与汉尼拔交锋的罗马将军。他统率的军队训练有素，而且，得益于马西尼萨，这一次他还拥有更强的骑兵。汉尼拔的军队总体来说没有那么善战，由三个不同群体组成：迦太基公民，雇佣兵，以及他从意大利带来的人马。汉尼拔对前两个群体的战斗力没有太大的信心，计划将其用作炮灰来削弱西庇阿的步兵，让他们发起一系列攻击，使他可以用自己的老兵来打败敌人。

汉尼拔首先用战象发起猛攻。西庇阿预料到了这点，他布好阵势，驱赶那些巨兽通过其阵中的缺口，然后再由主阵线背后的轻步兵消灭它们。这一策略奏效了。他的下一个挑战是冲破很可能规模要大得多的迦太基步兵。当时，西庇阿可能已经处于落入汉尼拔陷阱的边缘。波利比乌斯再次基于目击证据写道：

> 双方剩余军队之间的空间已经满是鲜血、死者和尸体，敌人的溃逃造成的障碍让罗马的将军非常不知所措。大量染满鲜血并成堆倒下的尸体，以及地上散落的武器，使得排好队列穿过战场变得困难。不过，当他下令把伤者搬到后方，用号角召回正在分散追击敌人的投矛兵（hastati，军团的先锋部队）后，他把后者安排到阵线的前方，对准敌军阵形的中部，把第二梯队（principes）和第三梯队（triarii）安排在两翼，命令他们穿过死者堆进军。当这些部队越过障碍，与投矛兵连成一线时，两条阵线在巨大的能量和激情中交战起来。
>
> （波利比乌斯，《历史》，15.14.1—15.14.5）

但接着，西庇阿的运气来了。把其敌人赶出战场后，他的骑兵回头从后方攻击汉尼拔的人马，好像是坎尼的情况反了过来。汉尼拔逃走了，他回到迦太基，并主张政府应马上向罗马投降。尽管——对于迦太基会面对的其习惯性背信弃义的后果——西庇阿说了一些威胁之词，但他知道无法在不长期围城的情况下攻克该城，而他首先需要的是结束战争。因此，他向汉尼拔提出的议和条件远比本来可能的宽松。迦太基人将保留他们在北非的领土；

他们将由自己的法律统治，并将不接受罗马驻军；他们要归还所有的逃兵和俘虏，除了 10 条三桨座战船，要把整个海军交给罗马；在没有得到罗马许可的情况下，他们不得在阿非利加或以外地区开战；他们要把马西尼萨的全部土地归还给他，要负责罗马军队 3 个月的供给，要向罗马做出巨额赔款（每年超过 1.1 万磅白银），还要交出来自城中头面家族的 100 名人质。汉尼拔保证迦太基会接受这些条件。

正当西庇阿——现在他有了"阿非利加征服者"的名号，用来纪念他的胜利——准备回师之时，元老院中有人对议和条件提出了反对。公元前 201 年的一位执政官想要让战争继续，以便让自己获得终结战争的荣誉。愤怒布设了舞台，让人民的最高权力

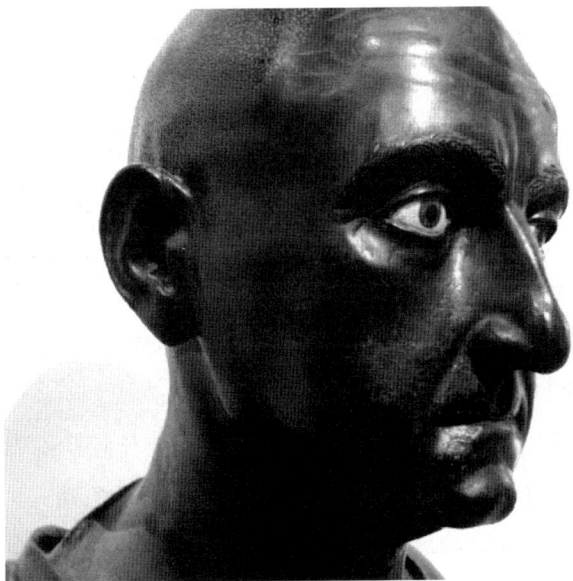

图 7 在赫库兰尼姆纸草别墅发现的这座胸像被认为是"阿非利加征服者"西庇阿

得到了不同寻常的有力展示。

由于执政官兰图鲁斯（Lentulus）坚决要求获得指挥权，沮丧的元老们通过了两项提案，由两位保民官在部落大会上提出。首先是征询人民，来年是否应该把出征阿非利加作为一项"任务"；其次是关于和谈条件。部落大会要求阿非利加的"任务"仍交由西庇阿，并由元老院授权他同迦太基议和（他接下来这样做了）。罗马人民——"沉睡的君主"——已经受够了，正在醒来。

由来自罗马的外事祭司在迦太基举行的一场宗教仪式宣告了议和的完成。与之同时进行的还有焚毁迦太基舰队，以及大批处决罗马逃兵——交还他们是和约的一部分。

关于议和条件的争论是罗马政治圈子中的严重分歧的征兆，而西庇阿本人对此有过不小的贡献。波利比乌斯将会表示，他是世界上有史以来最著名的罗马人。他赢得了别人都无法取得的胜利，为罗马意大利带来了和平，以及从战争的压力中恢复的机会。元老院应该尽其所能地宽待他。事实上，西庇阿对国内政治的经验非常有限，他坚持要求人民感谢他的成就，这给了他几乎无限的让同僚冷落自己的可能。结果，在随后的十年间，他几乎从公共生活中消失了，而元老院也一直不愿面对他的遗产。这一遗产很大程度上表现在西班牙，那里的战火延绵不绝。西庇阿留在当地的行政管理者仍然在任，但对未来没有计划。

事实上，阿非利加战争的结束对西班牙没有任何影响。也许，如果在巴尔卡家族对西班牙的统治终结后很快采取行动，罗马人本可以找到解决办法，不至于导致这个半岛在后两个世纪中的大部分时间里都被鲜血浸染。如果外来势力消灭了原有的权力体系，它就有责任建立新的。但罗马既没有能够承担这一责任的行政体系，也无意建立一个。现在，在西班牙的胜利成了对西庇阿的个人崇拜的一部分（人民到底有多少次需要被告知那个涅普顿的启示？），但承认他的贡献将是元老院的决定，元老院需要设立新的行省，接受一个基本上既成的事实——而元老院在其中又没有任何参与。这很难咽下。

当西班牙的领袖们在巴埃库拉战役后请求西庇阿成为国王时，他们已经表明了自己的期待。他们想要迦太基行政体系的某种功能正常的替代品，该体系曾是西班牙不同派别之间的有效裁判，其中一些派别现在利用后西庇阿时代行政管理者默认的"屠杀然后逃跑"的心态，要求罗马人屠杀与他们不睦的人。这种持续的暴力需要常备军才能解决，但那是罗马国家之前没有过的。罗马的军队传统上具有固定的期限，是为了具体的目的而召集的。支持常备军还需要某种官僚机制。在罗马的统治体系中，要做到这点只能靠承包所需的服务。

现在，罗马拥有了一个帝国，但需要学会如何管理它。

第二部分

帝 国

公元前 200—前 146 年

第 7 章

马其顿

迦太基被打败了，但罗马的另一个敌人马其顿的腓力五世怎么样了？就在与迦太基敲定最后的议和条件时，罗马的使者在试探深浅，看看能否做些什么。与马其顿的上一场战争表明，元老院完全清楚希腊世界的外交礼仪，而且完全能够将它为己所用。公元前 201 年，当元老院向埃及国王派出使者，为他带来战胜迦太基的荣耀消息时，它向着那个方向又迈出了一步。

波利比乌斯后来表示，罗马人对他们在东方看到的外交中的口是心非感到惊骇——特别是当他们发现，腓力五世与安条克三世（安条克是庞大的塞琉古帝国的统治者，其疆域从今天的土耳其一直延伸到阿富汗边界和乌兹别克斯坦境内）签订过消灭托勒密王国的秘密协议。公元前 204 年，老国王托勒密四世去世，由其 10 岁的儿子托勒密五世继位。腓力和安条克计划瓜分该王国的土地。

就像我们看到的，腓力五世对自己的评价要比事实高得多。安条克同样如此，他曾经巡视了自己的中亚领土，然后在他的西部省份镇压了一场叛乱，由此获得了一些作为一名战士的声誉。不过，公元前 217 年，当他试图将当时占领巴勒斯坦的埃及人从那里赶走时，他暴露了自己真实的能力水平，输掉了拉菲亚[Raphia，今拉法（Rafah）]战役。

波利比乌斯对拉菲亚战役的详细描绘展现了这两个王国的军事编制。两者的军队体系都相当过时，强调持矛步兵的核心方阵在战术上的中心性。此类方阵传统上由希腊人组成，他们被国王们对酬劳和特权的承诺吸引，因而入伍，这些国王很少试图将自己的非希腊臣民纳入军队。鉴于塞琉古和托勒密王国是从亚历山大大帝建立的帝国的废墟上发展起来的——亚历山大利用了快速打击的骑兵部队的出色战术——突出方阵的地位是一种向过去的倒退。但当时，人们并没有认识到这两个国家的军队体系已经僵化失效——事实上，安条克似乎自视为当代的亚历山大。

是谁把这两位国王的邪恶阴谋告诉了罗马人？答案之一是托勒密人自己。这一带有自身利益考虑的泄密出现在公元前201年末使者间的交流中，当时腓力并没有准备对托勒密采取行动，无论是否得到安条克的帮助，而后者正与托勒密王朝交战，成功将其赶出了南叙利亚和巴勒斯坦。

腓力完全没有准备瓜分托勒密王朝的领土，而是正与土耳其西海岸的帕加马人和罗得岛人作战。遭遇海战失利后，他在巴尔古里亚[Bargylia，位于今土耳其沿岸的博德鲁姆（Bodrum）附近的博斯普鲁斯海峡（Boğaziçi）地区]度过了公元前201与前200年间的冬天。前200年的春天，他得以脱困，开始为了重新确立他作为强势人物的形象而征战，并首先对雅典人的领地发动袭击。雅典在第一次马其顿战争中和罗马结盟，与统治帕加马的阿塔鲁斯家族和托勒密人都保持着长期的关系。袭击使得雅典人向罗马派去使者。

虽然来自东地中海的使者成功让元老院相信有必要开战，但将这种想法销售给民众被证明更加困难。罗马人召开百人队大会，考虑勒令腓力停止其骇人的行为，本质上要求他服从罗马的权威，否则就要面临战争。百人队大会上的投票倾向于富有的罗马公民的利益，通常与元老院的意见相当一致。这一次却是例外，几乎所有的百人队都反对上述措施。在投票前举行的公共会议上，保民官昆图斯·巴伊比乌斯（Quintus Baebius）据说发表了激昂的演说，拒绝陷入无休止战争的可能性，这个演说说服了人民那样投票。有趣的是，作为保民官，他本可以用自己的干预权（即否决权）来阻止开战。他没有那么做，这暗示存在某些看法：如果保民官想要行使这种权力，他们应该要能证明那代表了民意。

元老院对巴伊比乌斯感到愤怒。当然，就在几个月前，想要按照西庇阿的条件与迦太基议和的元老曾请求保民官干预，让人民投票支持。如果元老们刚刚肯定了罗马国家民主的一面，为何他们会如此不忿？最可能的原因是，无论内部有什么分歧，元老院都更愿意摆出统一阵线，这使得违背元老院意志的保民官很不受欢迎。他们要求进行新一轮投票，最终决定派遣一个使团——即使这时军队正在集结——向腓力传达关键的外事警告：他必须按照罗马人的要求行事，停止敌对行为，否则就要面临同罗马的战争。

罗马使者发现腓力正逼迫阿布多斯（Abydos）人集体自杀，那是一座位于土耳其西部的达达尼尔海峡边的城市。当他拒绝了罗马人关于停止侵略的要求后，使者们继续活动，在希腊世界为现在已经不可避免的冲突争取支持。腓力急忙赶回希腊中部，他寻找盟友，在杜拉佐（Durazzo，在今阿尔巴尼亚）地区集结军队，他（正确地）怀疑罗马军队将在那里登陆。在罗马，随着军队在加尔巴的指挥下集中，进一步的磋商现在正在进行，商讨宣战所需的正确外事流程。由于腓力严格来说是居住在马其顿的王朝君主（dynast），被马其顿人民选为国王，这位"国王"和"马其顿人"严格意义上是不同的实体，于是就出现了这样的问题：既然罗马人同时向国王腓力和马其顿人宣战，是否需要分别通知两者？祭司团（pontifices）——负责监督宗教事务的祭司委员会——认为，只要告知他们第一个遇到的马其顿驻军，腓力和马其顿正与罗马交战，这就足够了。这种讨论可能显得无关紧要，但存在这种讨论的事实表明，在罗马，人们越来越关心要在一个迅速变化的世界里保持祖先的传统（尽管这很快将会改变）。

当加尔巴在杜拉佐登陆后，他在公元前 200 年剩下的时间和前 199 年他继续担任统帅的时间里取得的战果非常之少。接替他的执政官维尔里乌斯（Villius）同样乏善可陈。公元前 198 年的执政官提图斯·昆克提乌斯·弗拉米尼努斯则不然，他是个干劲十足的人，曾在西庇阿麾下效力。公元前 198 年的谈判失败后，弗拉米尼努斯开始真正侵入腓力的领土。到了那年年末，他已经把军队开进了希腊中部的战略要地色萨利（Thessaly），同时还在希腊世界的其他部分扩充了罗马的盟友。这时，腓力同意谈判。

那年秋天，和谈在位于希腊优卑亚岛（Euboea）附近的玛里安（Malian）海峡边的尼西亚（Nicea）举行。腓力带着一群廷臣出席，弗拉米尼努斯则带来了一个由希腊城邦组成的同盟中的一批令人印象深刻的领袖，包括帕加马和罗得岛的国王的代表以及埃托利亚和亚该亚同盟的代表，还有希腊西部的阿塔马尼亚国王阿穆南德尔（Amynander），后者背叛了此前与腓力在公元前 199

年初签订的盟约。

弗拉米尼努斯首先发言，告诉腓力他必须从"整个希腊"撤出，归还所有的俘虏，交出逃兵，把他在腓尼基和约后获得的伊利里亚的土地交给罗马人。其他代表也在罗马人的整体框架内提出了自己的赔偿要求。弗拉米尼努斯接着认可，他所说的让腓力撤出整个希腊是指腓力要交出在马其顿的传统疆域之外夺取的城市。波利比乌斯提到，当腓力和各位希腊使者来回争论时，弗拉米尼努斯几次发笑。他很可能真这样做了。这些争论毫无意义——此事将在罗马决定。

当弗拉米尼努斯满意地看到协议轮廓已经完成时，他告诉谈判者，他还需要向元老院进行通报，并建议各方都派代表前往罗马。腓力同意了。他不知道的是，如果出现机会，弗拉米尼努斯会在背后暗算他。

在其寻求认可和永久荣誉的过程中，弗拉米尼努斯最大的问题是，他不知道自己是否会被再次任命为在希腊的统帅。如果不会，他最好以协商来结束战争，让自己获得这份功劳。如果会再次获得任命，在战场上打败腓力对他来说是好得多的选择。不过，在使者抵达罗马之前，他不知道该作何选择。但此时，他可能得到消息称，第二年会发生重要的改变：法政官的人数将变成六名，而不是现在的四名，以便每年都可以派行政长官前去管理西班牙。这一变化的影响之一是，现在西班牙将有两个行省，它们拥有明确的地理边界，分别称为"近"西班牙和"远"西班牙。设立两个行省的决定足够激进，使得在近期内实行其他激进的变革变得不太可能。无论发生什么，都不会在希腊设立永久行省，因此不管怎样，弗拉米尼努斯都将返回罗马。

命运眷顾了弗拉米尼努斯。他在罗马的朋友们获悉，公元前197年的两位执政官都将被委派在意大利北部的任务。因此当希腊盟邦的使团在那年2月抵达罗马，向元老院提交他们的建议时，他们得到（弗拉米尼努斯的）指示去声称，如果腓力被允许保留三座要塞城市，那么罗马就无法将希腊从这位国王手中解放出来，尽管此前的谈判中没有提到它们，但其战略重要性众所周知。当腓力的使者被要求放弃这些城市时，他们回复说自己没有得到关于此事的指令（就像弗拉米尼努斯预料的），于是被打发回家了。

弗拉米尼努斯开始为春季战事做准备。他的军队在色萨利的库诺斯刻法莱（Cynoscephalae，意为"狗头"）同腓力的军队遭遇。双方在让此地得名的陡峭小山的两侧对峙。当双方的寻粮队在晨雾中相遇时，战斗意外地开始了。腓力将他的重甲步兵编排成马其顿军队的传统方阵——士兵列成16排，配备长矛。就像波利比乌斯所指出的，方阵在平地上不可阻挡。腓力的问题在于，他并非在平地上作战。弗拉米尼努斯拥有迦太基人送来的战象，这同样对腓力不利。在右翼被方阵逼退后，弗拉米尼努斯将兵力集中到自己的左翼，并使用战象来冲破对面的部队——不灵便的马其顿队列无法躲开它们。随着马其顿右翼的溃逃，罗马军队中的一位分队指挥官率领他的士兵越阵而出，向正占上风的腓力左翼的方阵背后发起攻击。

这对马其顿人来说是灾难。超过一半的人被杀或被俘。腓力迅速同意了条件，它们与一年前在尼西亚提出的那些大同小异，但增加了额外的条款，即要求他放弃那三座城市，这正是在罗马时未能解决的问题。

库诺斯刻法莱战役后达成的最后协议并不那么简单，有不少怨言。在十名使者组成的委员会的帮助下，弗拉米尼努斯需要确定最后的细节，而这将耗时几年。公元前 196 年，在科林斯城外举办的地峡赛会（当时希腊的四大竞技赛会之一）上，他夸张地宣布：罗马将保证"希腊人的自由"。这番完全华而不实的话——特别是因为它出自一个靠武力占领了南意大利和西西里的国家的代表之口——借鉴了古典希腊的政治词汇。在这一语境下，"自由"表示国家管理自己的内部和外部事务的自由。但弗拉米尼努斯警告，这种"自由"需要在罗马的框架内行使。因此，即使当罗马正着手在西班牙建立一个领土性的帝国时，其代表却宣称它正在建立一个由自治但臣属的盟友组成的新地区，从而将古老的意大利模式输出到爱琴海岸。元老院对未来没有清晰的计划。

第 8 章

东方的胜利

罗马的舞台为嘲笑异邦人提供了机会——这比腓力向弗拉米尼努斯投降早得多。拉丁语喜剧表演最晚从第一次布匿战争之后就开始了。我们知道的最早的两位剧作家是李维乌斯·安德洛尼库斯和奈维乌斯，但他们的作品没有完整流传下来。第一部完整的罗马喜剧要等到第二次布匿战争中期。这部剧是普劳图斯的众多作品之一，这位想象力丰富的作家的作品为后世定义了"希腊服装剧"（fabula palliata）这一体裁。他的剧作让我们可以窥见当时罗马人思想的方方面面，而它们似乎完全不像李维和波利比乌斯想让我们相信的那么有序。爱情故事、愚蠢的老头和各种不属于文雅社会的人物会让罗马人大笑。我们常常能听到罗马观众因那些破坏社会秩序的人而发笑，诸如比主人更聪明的奴隶，或者捉弄高级政客的年轻妓女。

普劳图斯的剧作从希腊模板那里借鉴了情节和一些台词。但随着时间的推移，他增加了越来越多基于同时代材料的笑话。正因如此，普劳图斯让我们感受到了罗马人想象力的扩展，对罗马在世界中的地位的更大自信，其时代某些日益加剧的社会骚动，以及罗马社会正在如何改变。

在普劳图斯的早期剧作中，他很少提到不见于希腊模板的文本中的异邦事物。比如，在《缆绳》（The Rope）序幕中发言的那位神明只是表达了希望罗马人将会征服他们的敌人；其中可能还顺带提到了重新占领卡普阿，但仅此而已。当汉尼拔仍未被击败之时，战争就不是笑谈，但对罗马观众来说，描绘阻挡了剧中主角前往西西里岛之旅的海难和风暴可以是好笑的，因为罗马近来并未遭遇在同迦太基人的第一次战争中折磨他们的那种海上难题。在其他一些剧作，诸如《赶驴》（The Comedy of the Asses）中，没有涉及可能和当时的政治联系起来的内容。只有在与汉尼拔的战争发生转机之时写的《孪生兄弟》（The Brothers Menaechmus）中，他有点冒失地暗示了像马尔克鲁斯这样的将军在他们的凯旋式上所展示的艺术品的影响：包括裸体女神，以及对神明与凡人的结合的描绘。这类东西会让人们想到性（他如此暗示）。那不太可能是马尔克鲁斯的意图。

普劳图斯戏剧的政治内容在公元前 2 世纪 90 年代和 80 年代大幅增加。《安菲特律翁》（Amphitryon）中的一个角色索西亚（Sosia）用完全罗马人的方式描绘了他的主人安菲特律翁刚刚赢得的一场战争：阿尔戈斯人（对他的人民的称呼）——弄乱希腊人的身份是把戏的一部分，因为故事被设定在忒拜——出现在他们的敌人特勒波亚人（Teleboans）的城墙前（一个闹着玩的名字——异邦人的名字听起来的确怪得如此有趣），提出了恰当的外事要求，被拒绝，然后赢得了战役。安菲特律翁赢得了丰硕战利品，敌方向其输诚。剧中顺带提到的对战利品的正式记录（在该时期的剧作中并非唯一）可能指的是公元前 2 世纪 80 年代的一场重大争端。这部剧作和其他作品中还可能提到——不见于更早的作品——酒神崇拜，据说在某些地方会包括疯狂的纵欲。

普劳图斯的《俘虏》(*The Captives*)以埃利亚人和埃托利亚人的冲突为背景——这是足够真实的主题，剧中有大量闹着玩的，但其实并不存在的希腊城市的名字。《波斯人》(*The Persian Girl*)同样如此，剧情以阿拉伯的一场战争为背景。剧中提到了一对名字很常见的异邦国王：腓力和阿塔鲁斯。他们不可能出现在普劳图斯以希腊作品为模板的剧作中，因为在那些作品出现的年代，这种组合还是没有意义的。腓力和阿塔鲁斯也出现在《布匿人》(*The Little Carthaginian*)中，该作品的引人注目之处在于，它对一位在希腊寻找失散已久的孩子们的老迦太基商人做了有些同情的描绘。这位商人甚至用自己的母语发表了较长的演说，这在现存的拉丁语剧作中绝无仅有。剧中还顺带提到一位叫安条克的国王，那是个老套的国王名字，并非公元前2世纪90年代末和80年代初将在罗马扮演如此重要角色的那位真实的安条克王。

即便普劳图斯并未提到远离意大利海岸的真实事件，他的语言也表明，像阿塔鲁斯、腓力和安条克这样的人当时存在于罗马人意识的边缘。这不同于从旧有的希腊剧作中借鉴像大流士（波斯国王）这样的名字，那一定是直接从早前的剧本中引入的，因为当普劳图斯写作其中出现大流士王的剧作《一坛金子》(*The Pot of Gold*)时，大流士王乃至波斯帝国已经消失一百多年了。普劳图斯后期的世界不仅是自信的，而且假定了观众中有相当大比例的老兵，会因为军队语言而发笑，很可能还会取笑那些富有的军官——他们似乎不拖着租来的情妇就不能上战场。在所有作品中明显都没有出现的地方是西班牙——那不是可笑的事情。

西班牙的新行省设立后的五年间，可以看到为了实现某种行政秩序而做的持续努力。公元前 195 年，执政官之一，来自图斯库鲁姆的第一代元老马尔库斯·波尔基乌斯·加图（Marcus Porcius Cato，后来被称为老加图）获得近西班牙的管辖权，他取得的一系列胜利确保了随后几年的和平。其后，新迦太基［今西班牙西部的韦尔瓦（Huelva）省］附近的银矿开始投产。等到四十年后波利比乌斯造访那里时，它们已经可以产出大批白银：他给出的数字是每年大约 7.3 万磅，或 800 万第纳里左右。这些钱大部分进了罗马国库，战争赔款同样如此。公元前 193 年，来自赔款的收入略低于 1.7 万磅白银。这个数字很快将大幅上升，因为另一场战争即将爆发。

无论弗拉米尼努斯如何宣扬这是希腊历史上的伟大时刻，他的解决方案都不是外交上的彻底成功。他保留了独立和军事上自给自足的马其顿王国，这是明智之举，因为马其顿的北方邻居喜欢劫掠，他还在很大程度上让伯罗奔尼撒服从于亚该亚同盟的利益。但这样做导致他疏远了埃托利亚人，后者觉得自己在对腓力的战争中伸出援手，却没有获得足够的回报。而由于罗马人没有显露出在当地停留的明显兴趣，埃托利亚人开始寻求将一个新的因子引入当地政治。那个因子就是安条克三世。

马其顿战争结束后，安条克与罗马不和这个事实很快变得显而易见。弗拉米尼努斯宣称的希腊自由涵盖了公元前 197 年之前腓力统治过，在战后被安条克吞并的东爱琴海沿岸的地区。因此，当罗马人让安条克放弃他认为自己合法控制的城市时，他绝不会高兴。相反，这些城市中有的对它们能够向罗马求援感到高兴。在达达尼尔海峡边的古城兰普萨库斯（Lampsacus，今土耳其拉普塞基附近），一条留存至今的铭文中记录了当地人向罗马人的求助，因为埃涅阿斯是从那里出发去建立罗马的。

使者们在爱琴海上穿梭往返，但他们只是在各讲各的。罗马人强调希腊人的自由问题，安条克则坚持自己的王朝对欧洲和中东的土地拥有世袭的主张。罗马人认为安条克的疆域仅限于达达尼尔海峡以东，他却认为王朝历史使其可以对希腊北方沿岸的色雷斯地区提出主张。被元老院坚持要求从迦太基流放的汉尼拔不久前来到安条克的宫廷避难，让罗马很不高兴。这位塞琉古国王对自己的军事天才有足够的信心，任用汉尼拔担任舰队司令。

很快可以看出，双方没有任何达成共识之处，而这种状况显然并没有让元老院担心。公元前 194 年，西庇阿再次当选执政官，希望获得指挥权。这不会发生。人们强烈地感到，他太显眼了。因此，谈判继续进行，直到公元前 192 年末，埃托利亚人选举安条克为他们第二年的统帅，他随之决定入侵希腊。在罗马，公元前 191 年的一位执政官受命与他交战。在对战争表决的讨论中，李维表示，在那个执政官年度伊始，举行了为期八天、名为摆榻节（lectisternium）的盛大节日，而随后进行的献祭据说有利于开战。因此，元老院决定省略一切外事程序，并征询人民的意见：开战投票不出意外获得了通过。

随着春天来临，以及执政官阿基里乌斯·格拉布里奥（Acilius Glabrio）统率的罗马军队抵达希腊，安条克除了与他抵达优卑亚之后不久迎娶的年轻妻子交欢外——我们这样听说——几乎没有做什么值得一提的事。他在等待希腊人情感的普遍爆发以增强自己的军队吗？如果是这样，那么这种情况没有发生。腓力五世仍然忠于他战后与罗马人的盟友关系，其他希腊城邦也没有被埃托利亚人的抱怨打动太多。安条克选择在温泉关与罗马人对阵，那是优卑亚对面的一处狭窄山口，因为公元前 480 年斯巴达国王列奥尼达斯（Leonidas）阻挡波斯人入侵的英勇事迹而闻名。安条克本该意识到，他博学的罗马对手非常清楚，波斯人是通过在山中找到小道，绕到希腊人背后发起攻击而打败他们的。安条克为了防止此事重演而采取的预防措施被证明并不充分：罗马人找到了那条小道，他全军覆没。

格拉布里奥接着向埃托利亚人发动攻势，对他们犯下了许多暴行。安条克回国去召集新的军队。战争被转交给公元前 190 年的一位执政官卢基乌斯·西庇阿（Lucius Scipio）负责，他带上了兄长普布利乌斯作为谋士。格拉布里奥停止了在埃托利亚的行动，在德尔斐祭拜了阿波罗，然后回国，期待他的胜利能够获得盛大的庆祝。西庇阿兄弟在土耳其西部的西普洛斯（Sipylos）附近的马格尼西亚（Magnesia）与安条克遭遇。安条克犯了许多战术错误；西庇阿兄弟则没有。

在马格尼西亚战败后，安条克没有了能够作战的军队。因此，对他提出的和约［被称为阿帕梅亚（Apamea）和约］条款特别严厉。他被要求放弃托罗斯山脉（Taurus）以北的世袭土地，其中大部分将被交给当地的世袭统治者，或是罗马在东方的主要盟友罗得岛人和帕加马人；他要摧毁自己的大部分舰船，它们被禁止驶入塞浦路斯以西，除非是运送钱财到罗马；他还要屠杀自己的战象队；并向罗马做出巨额赔款。西庇阿兄弟已经从他那里获得了超过 17 万磅白银，作为停止战斗的条件；此外，他还要支付超过 68.4 万磅白银，在随后的十二年内分期付款。他还被禁止从"在罗马的权力之下"的民族中招募雇佣兵，甚至是志愿者。这一条款让我们对元老院看待世界的方式有了很多了解：他们将其分为在自己权力之下的人、盟友和其他人。这仍是公元前4世纪意大利的概念世界（conceptual world）。与马其顿和塞琉古王国的残余力量（这方面还有托勒密王朝）不同，还没有按照中央集权的统治原则运作的"罗马帝国"。

塞琉古国王在马格尼西亚的全面失败突显了两个重要事实。首先，后汉尼拔时代的罗马军队拥有特别高水平的专业作战能力。其次，东地中海的主要王国天生存在弱点。马其顿王国没有像托勒密和塞琉古王国那样的土地和人力资源，永远无法成为重要的力量；而腓力的攻击性让他无法发展出能够抵消这种弱点的同盟体系。塞琉古王国和埃及的情况与此不同，它们是最富有的国家。在这里，希腊人的行政当局拒绝允许非希腊臣民担任重要的政府角色，导致他们的潜力无法实现。公元前189年的塞琉古政权远比阿契美尼德王朝弱势，后者在公元前4世纪30年代被亚历山大大帝推翻前统治过大致相同的区域。随着罗马成为帝国，它面临的挑战将是设法避免亚历山大的继承者们犯下的错误。双边盟友体系确保了罗马在意大利中部的力量，为随时将非罗马人纳入罗马各个层次的事业——无论是作为士兵还是殖民者，甚至是元老——提供了一种模型。

但这种体系或者说行为模式能够被输出到文化上不同的地区吗？当然，在南意大利和坎帕尼亚的背弃行为表明——尽管它们是被当地政治激起的——罗马仍然有很长的路要走，即便是在意大利。而与生活在利古里亚和波河河谷以及西班牙的凯尔特民族的持续战争，也暗示了罗马体系的适应性的局限。

为了将新的民族并入他们新生的帝国工程，罗马人需要发展出关于他们自己是谁的更强的意识。扩张曾是一种临时性的行为，诸如创立新部落等旧有的方法在公元前 241 年之后就被抛弃了；第一部罗马通史直到第二次布匿战争的最后十年才被写出，而且还是希腊语的。有这样一种感觉：人们需要一种更宏大的事物，并要找到某种方法来处理因东部胜利而涌入的大量新财富。普劳图斯暗示，罗马开始以不同的眼光看待自己，但这个过程仍在进行中。在这个美丽新世界中，意大利的其他部分可以扮演什么角色？没有显而易见的人选来提出明确的前进道路。不幸的是，当时最值得一提的罗马人，"阿非利加征服者"西庇阿并不认为自己是一名革新者，而是作为旧有罗马美德的代表人。更糟糕的情况还在后面。

公元前 188 年由卢基乌斯·西庇阿同安条克商定的，并于第二年在一个元老院委员会〔以及他的继任者曼利乌斯·乌尔索（Manlius Vulso）〕到来后得到确认的和约直接引发了几件丑闻。当罗马社会为自己在已知世界的新位置做出调整时，这些丑闻开启了充满了大量内部和外部问题的十年。那些年的混乱和争论提出了一些根本性的问题，包括对罗马行政长官的行为标准有何期待，以及什么是社会各阶层可接受的个人行为方式。这些问题的"解决方案"往往是反动且粗暴的，而它们提出了进一步的问题，即元老院现在将扮演什么角色，以及相对于人民的权力，它的权力将落在哪里。第二次布匿战争尾声时曾经觉醒的主权会被重新哄入梦乡吗？

行政长官的行为是与安条克的战争结束后第一个出现的问题。有多个案件涉及西庇阿兄弟和曼利乌斯·乌尔索。其中一个与元老院作为集体的最高地位有关。另一个是为了个人利益而屠杀

"蛮族"这一与日俱增的骇人习惯。

西庇阿问题的产生是因为这位自认为"世上最伟大的人"相信自己不必回答任何人的质问。他的账务无疑存在问题，因为掠夺来的财物（他掌握着它们）很容易同"赔款"混淆，后者应该上缴国库，因为那些钱严格说来是用来补偿国家战争开支的。在西庇阿看来，他已经把如此大量的数目存入了国库，关于钱来自哪笔资金的争论是无关紧要的，而他的弟弟在技术上负责此事，无论如何都已经存入了超过必要数额的钱。

最初，西庇阿还能够顽固地拒绝配合，摆脱这个麻烦。当他被两位保民官以没有人应该凌驾于法律之上为由弹劾时（受到老加图的怂恿），他在元老院焚毁了自己的账簿。接着，他遭到起诉，被传唤到广场上，在部落大会面前接受审判。保民官们似乎没有查看日历。那天是扎玛战役的周年纪念日。西庇阿不屑于为自己的行为辩护，只是将人群从广场带到卡皮托山，为自己的存在向卡皮托山的朱庇特致谢。不过，他的敌人没有放弃，西庇阿最终选择离开罗马，搬到了坎帕尼亚的明图尔奈（Minturnae），于公元前180年去世。他在那里为自己建了墓，而不是被埋在卡佩纳门外的家族墓地：他表示，这是对罗马人民忘恩负义的回应。此地后来成为旅游胜地。

围绕着曼利乌斯·乌尔索的丑闻则更加直接一些。当他从小亚细亚归来，申请举办凯旋式时，元老院委员会的成员——他们监督了他对和谈过程的管理——试图拒绝让他得到这一特权。他们的理由是，在归途中，他与一些色雷斯部落交战并遭遇失败，而且为了解决某些地方争端，他将自己军队的服务外租，攻击了土耳其中部的几个民族——主要是加拉提亚人（Galatians，或译迦拉太人），他们是大约一个世纪前迁往那里的高卢人的后代。正式的指控是在没有得到元老院授权的情况下开战。经过一些幕后斡旋，并向国库支付了一大笔钱后，乌尔索的凯旋式申请得以通过。

关于乌尔索的凯旋式的斗争只是这些年里围绕着将领功绩的争论之一。洗劫了希腊西部沿海的安布拉基亚（Ambracia）的弗尔维乌斯·诺比利奥尔（Fulvius Nobilior）面临一位敌对执政官的挑战，后者试图唆使保民官否决他的凯旋式。他们的借口是，诺比利奥尔赢得的胜利算不得什么——如果把他的成就与西庇阿兄弟的相比，这也不算不公。当诺比利奥尔指出，他会向国库上缴一大笔钱后，他被授予了凯旋式。在这两个案件中，元老院都急于确保国家分享财政上的意外之财。这可能暗示了西庇阿兄弟事件的遗留影响，但也显示了一种糟糕的可能性，即凯旋式可以被购买。

上述问题并非全部。公元前 190 年，在意大利北部对利古里亚人作战归来的米努基乌斯·特尔姆斯（Minucius Thermus）被以不够格为由拒绝授予凯旋式，而格拉布里奥则获得了这一荣誉——鉴于后者在温泉关的胜利和后来在埃托利亚的成功作战，这足够合理。但一年后，在寻求担任监察官时，他因为窃据了从安条克那里劫掠的一些财物而受到审判。加图证实他在格拉布里奥营中看到过的几件金银器没有出现在凯旋式上。无论如何，整件事都是可笑的。格拉布里奥的真正问题在于，他是第一代元老，试图与存在已久的执政官家族的后人竞争官职。他是西庇阿兄弟的朋友，这对他也没有好处，因为他们会被归为一丘之貉，即便那被证明是不公正的。随着格拉布里奥退出对监察官的竞逐，这个职位落入了弗拉米尼努斯和上一代人的英雄的儿子克劳狄乌斯·马尔克鲁斯之手，此案也不了了之。

尽管这一切并不表明元老院有严重的行政失职，但的确反映了一种想法，即作为国家的代表，元老院应该更坚定地坚持在强大个体面前的集体权威。但这并不总是容易的：接下来的几十年间，统治阶层之间的竞争将变得日益激烈，而元老院制约这种竞争的能力则不断减弱。

行政长官的竞争包括执政官想要获得离本土更近的指挥权，被安排参加容易取得胜利和/或有机会积累人脉的战事。从宣布与安条克的战争结束的公元前187年，到同马其顿的新战争变得不可避免的公元前171年，在这十六年间的十四年里，两位执政官通常都被派往利古里亚。在剩下的两年里，其中一年有一位执政官身处利古里亚，另一位在意大利北部的另一边作战（为期一年）；另一年里，其中一位在利古里亚，而另一位在撒丁岛。无可否认，这种安排符合在3月就职且通常只在夏天参战的人的需求。

这些战事并不总是会给执政官带来很大的声望。比如，公元前173年，执政官马尔库斯·波皮利乌斯（Marcus Popillius）袭击了一个之前安分守己的利古里亚部落，摧毁了他们的城市，将幸存者出卖为奴。元老院命令他买回那些被他贩卖的人，并释放他们。他的执政官同僚波斯图米乌斯·阿尔比努斯（Postumius Albinus）的表现也没好到哪里去：他对普莱内斯特人怀有怨恨，开创了坚持让他们为自己支付前去任职的旅行费用的先例。同年，有三起案件指控西班牙总督有贪腐行为。一年后，当罗马派往希腊的使者对马其顿国王腓力的儿子和继任者珀尔修斯撒谎，好让罗马军队在入侵他的王国时能处于更有利的位置时，元老院哀叹"新智慧"已经取代了旧式的操守。但这种新智慧的倡导者占得了上风，他们认为可以在不诉诸传统道德约束的情况下行使权力。道德责任可以被严肃地认为是行事理由的时代已经过去。在外部——以及内部——事务上，权力才是重要的。

在亚得里亚海东岸没有驻军意味着罗马对东部的态度不同于对西部的。从阿帕梅亚和约的签订到公元前 171 年同马其顿人的战争爆发，罗马人一直使用蓄意的干扰式外交政策来羞辱或扰乱所有该地区的国家。比如，公元前 186 年，腓力利用塞琉古军队离开色雷斯的机会控制了那里的几座城市。同样对那些城市提出主张的帕加马新任国王欧墨尼斯二世（Eumenes Ⅱ）及其支持者的抱怨传到了罗马。元老院派出调查团，并根据其报告要求腓力撤出。腓力撤走了驻军，并杀害了那些他认为曾做过抱怨的人。按照波利比乌斯的说法，这"开启了马其顿家族的灾难时代"（波利比乌斯，22.18.1）。对腓力来说，这无疑不是明智之举。

最终，为了打消罗马人对于他并未尽其所能地忠于罗马利益的怀疑，腓力派小儿子德米特里俄斯前往罗马做人质。德米特里俄斯在那里结交了一些有权势的朋友，当他返回马其顿后，腓力开始觉得——很可能是有理由的——儿子在密谋反叛自己。他处死了德米特里俄斯，让长子珀尔修斯做自己的继承者。从此，珀尔修斯会被视作潜在的麻烦制造者。公元前 178 年，也就是在他继位一年后，珀尔修斯让这种想法变得更加强烈：他迎娶了塞琉古四世的女儿和安条克三世的孙女劳迪丝（Laodice）。这些昔日强国之间的联姻马上引起了罗马人的怀疑。

马其顿人不是唯一遭遇麻烦的。阿帕梅亚和约签订后不久，土耳其西南部的吕西亚人（他们刚刚被从塞琉古人的统治下解放出来）抱怨自己成了罗得岛人的臣属。来自罗得岛的船只将劳迪丝送到了马其顿，而元老院对此感到不满，于是它认定，负责监督阿帕梅亚和约的十名使者的意思曾经是：吕西亚人并不是作为臣属被给予罗得岛人的（尽管使者们曾非常明确地表示他们是礼物），而是作为朋友和盟友。在希腊，当亚该亚同盟与斯巴达打交道时，罗马人的介入往往会对前者不利，尽管他们在第二次马其顿战争中真正帮了罗马人的忙。因此，罗马人似乎"不乐意看到不把所有的事都交给他们处理，或者不按照他们的指示来做所有的事"（波利比乌斯，《历史》，23.17.4）。

到了公元前 2 世纪 70 年代末，珀尔修斯已经成为那些觉得被由罗马支持的小范围统治群体压制的希腊人的英雄，而那些群体则和帕加马的欧墨尼斯（现在他遭到希腊人的普遍怨恨）一起向罗马控诉。使者们来回奔波，却什么都没解决，因为在公元前 173 年，前 186 年的执政官马尔基乌斯·菲利普斯（Marcius Philippus）率领一个外交使团前往希腊，用"新智慧"来对付珀尔修斯，在罗马的意图（即要对他开战）方面说了谎。

菲利普斯能这样做是因为，由于前面提到的对利古里亚人的骇人行为，当时的执政官波皮利乌斯正深陷争议，此事使意大利北部的局势变得非常动荡，以至于公元前 172 年的执政官都被派往利古里亚，而非马其顿。直到公元前 171 年春天，在接待了更多希腊使者后——特别是来自欧墨尼斯的，他声称有人在他回国途中试图对他下手——元老院才宣战。借口是对欧墨尼斯的所谓袭击。

尽管事先有了准备，战争的持续时间还是比预期的要长。第一任指挥官，公元前 171 年的执政官李基尼乌斯·克拉苏在一场骑兵交锋中遭遇惨败，而接替他的执政官霍斯提里乌斯的表现也并没有多好。罗马人无法在战场上打败马其顿人，转而对平民施以暴行。其间，双方还展开了外交攻势：罗马人开始宣扬对珀尔修斯的一系列指控，来为战争辩解；而与此同时，珀尔修斯也着手离间罗马的盟友，但没有获得多少成功。

虽然没有人急着加入珀尔修斯，但罗马人在这个阶段缺乏成功，这还在希腊世界各地引发了外交混乱。罗得岛人提出为罗马和珀尔修斯斡旋（这是个糟糕的主意，考虑到罗得岛人是在向罗马人暗示罗马不会赢得战争），而亚该亚同盟也提供了有点无力的帮助。

罗马的情况在公元前 169 年有所好转，当时那位拥有"新智慧"的马尔基乌斯·菲利普斯掌握了指挥权，并为他的继任者——公元前 168 年的执政官埃米利乌斯·保卢斯（坎尼之战中阵亡的那位保卢斯之子）——奠定了基础。罗马人在深入马其顿领土的地方作战，6 月 22 日，他们在皮德纳（Pydna）与珀尔修斯的军队遭遇，打响了决定性的战役。马其顿人被击溃。珀尔修斯投降，被带回了意大利。在埃米利乌斯·保卢斯盛大的凯旋式上亮相后，珀尔修斯和儿子腓力被软禁在意大利中部的阿尔巴弗肯斯（Alba Fucens），在那里度过余生。

随着珀尔修斯被俘，罗马国家不再向罗马公民征收部落税。从此，它将靠取自非公民的收入维持。部落税的废止并不意味着元老院放弃了一项重要的收入来源，而是发出了强有力的声明，即罗马抛弃了过去的传统，同时重新显示了它在地中海世界的主导地位。那个世界现在将养育出自己的征服者。

图 8　埃米利乌斯·保卢斯的纪念碑，由原本是为珀尔修斯所建的纪念碑改造而来，高 9 米，顶部是保卢斯骑着前蹄离地的战马的雕像。留存下来的浮雕描绘了罗马同马其顿军队的交锋

　　废止部落税并非罗马向整个世界界定自己位置的唯一方式。回国前，保卢斯在马其顿举办了一场盛大的表演，显然以之前东地中海的王家庆典为模板。几十年后，来自巴勒斯坦的一个新分裂国家——由马卡比家族（Maccabees）统治——的史学家会把罗马元老院描绘成"国王们的大会"。他明白保卢斯的意思。

作为罗马的盟友，表现出不忠或失败主义迹象是不可接受的。有人提出应该向罗得岛宣战，因为它提出为马其顿斡旋，这被解读为支持马其顿的举动。一位法政官在人民大会（很可能是百人队大会）上提出了这种建议。他的行动没有先例，因为现任行政长官在不与元老院商量的情况下不会提出这种重要的议案。一边是罗马贵族想要对下层阶层施行更严格的控制，一边是人民拥有最高权力的理论原则，我们在下一章中将会探索两者间持续矛盾的这种迹象。公元前 171 年也爆发过类似的矛盾。这一次，保民官向克拉苏的权威提出挑战，后者在开始为马其顿战争征兵时宣布，在之前的战事中担任过百人队长的人不会自动被再次授予那个军阶。在那个时刻，李维表示，愤怒的前百人队长们被一位服役多年的军官的演说所安抚（还可能是这个演说中没有提到的妥协最终达成了）。

保民官否决了对罗得岛人宣战的提议，此事回到了元老院，于是就有了加图的演说。他表示罪恶的思想并不等同于罪恶的行为，援引了一些同僚的举止为例。元老院宣布，希腊的提洛岛从此将成为自由港，即不再收取港口税，从而将贸易从罗得岛的港口吸引过来，这无疑让正在那里确立自己地位的意大利商人社群感到高兴。

现在，从罗马前来监督和约执行情况的十人委员会对完全重组希腊的政治面貌做出了指示。马其顿王国将被分成 4 个自治区；支持过马其顿人的伊庇鲁斯遭到洗劫（波利比乌斯给出的 15 万人被奴役的数字是修辞上的夸大）。在其他地方，议和过程的内容之一是消灭政治上的不可靠者：在埃托利亚，这包括有超过 500 人被罗马士兵屠杀；而在亚该亚，有 1000 人被作为人质交出。其中之一就是波利比乌斯。

在马其顿覆灭的同时，罗马人向亚历山大里亚派出使者。在那里，新的塞琉古国王安条克四世正在利用已经笼罩了这个王国的政治混乱，并试图以此征服埃及。他们在距离亚历山大里亚不远的厄琉息斯（Eleusis）会面。当安条克走近时，据说罗马的使者盖乌斯·波皮利乌斯·莱纳斯（Gaius Popillius Laenas，他本人是前执政官，还是那个令利古里亚人如此讨厌的人的兄弟）用手杖绕着自己画了个圈，他告诉安条克，必须在自己走出这圈子前决定是否离开埃及并接受与罗马的和平。安条克同意撤军。这幕场景听上去有些不可思议，但结果是毫无疑问的。第二年，安条克模仿埃米利乌斯·保卢斯在皮德纳的胜利后的做法，举办了自己的盛大庆典，但加入了 2000 对角斗士，试图以此来挽回一些声望。在罗马作为人质期间，他曾看到当时已经流行起来的角斗士表演，希望他自己的人民通过观看这些表演而产生勇敢的想法——与后来一样，当时的角斗士也很少会打斗至死，而是进行冒险但风格化的武艺展示。

就这样，当角斗士前往东方时，波利比乌斯来到了罗马。在那个时刻，他可以宣称，在仅仅五十年出头的时间里，罗马已经开始主宰已知的世界。

第 9 章

后　方

罗马在东方扩张的那些年里，它的本土经历了混乱与纷争。该时期的重大胜利支持了这种观点，即罗马是"例外的"，但这意味着什么？在观念层面上，罗马应该保持过去的信仰体系，还是应该接受自己作为地中海主宰国家的新角色？这对政治秩序意味着什么？元老院和行政长官应该仍然占据主导，还是应该让人民大会拥有更多发言权？

此外，还有来自西班牙的银矿和战争赔款的新资金。这笔钱该如何花？旧的社会秩序能被拯救吗？如果新的家族获得的财富能够让他们通过收买获得权力，统治阶层能够怎样维持控制？从汉尼拔战败到马其顿王国最终毁灭的三十年里，我们将看到几个暴力的受压迫时期，资源在意大利各地的重要再分配，以及为罗马能够和应该成为什么提供不同愿景的新努力。

社会分裂加剧的第一个标志是公元前 195 年因为废除《奥皮乌斯法》（lex Oppia）而引发的冲突，这部立法可以上溯到第二次布匿战争，它禁止罗马女性进行高调的自我展示。该法和其他禁止过度挥霍的法律背后的理论是，在一个富人和穷人常常比邻而居的城市里，富人有节制的生活能够加强社会凝聚力。虽然很难确定究竟是谁在关心《奥皮乌斯法》的废除，但罗马贵族提出的反对理由是，罗马的盟友可以用罗马人被禁止的方式展示和庆祝自己的财富。如果废除该法像李维坚称的这般受欢迎，那么很可能普通罗马人同样欢迎多花一点钱的机会，而普劳图斯在《布匿人》中戏谑了这场争论，表明广大观众很熟悉各方的立场。试图阻止废除该法的两位保民官很快承认了他们是在违抗人民的意志。

由于同汉尼拔的战争，不属于有权有势者的幸运圈子内的罗马人越来越不愿意生活在强加给他们的社会秩序中。毕竟，作战和牺牲的是他们。普劳图斯的戏剧让他们发笑，这些人很可能熟悉新的巴库斯（Bacchus，一译巴克斯）——也被称为利伯尔（Liber）——崇拜，这位酒神和放纵之神被与自由和打破社会秩序联系起来。没有对他的固定崇拜方式，女性和男性一样都可以加入他的崇拜仪式，而第二次布匿战争后的某个时候，有一系列新的酒神仪式从坎帕尼亚输入。

公元前 186 年，正是这种建立在女性神启之上的新崇拜促使一位执政官以某件家庭丑闻为借口，展开了对下层阶级的大规模镇压行动。导火索是，有个年轻人将要被其继父骗走遗产，后者设计将他卷入不光彩的活动。这个年轻人的女友是妓女，她发现了阴谋，向执政官斯普利乌斯·波斯图米乌斯·阿尔比努斯（Spurius Postumius Albinus）告发，为其提供了关于这种涉及大量性活动的新崇拜的可怕细节。阿尔比努斯向元老院报告了这桩丑闻，在后者的授权下，他开始在乡间抓人，那里针对行政长官的抓捕行动没有多少保护手段，即便对罗马公民来说也是一样。

就这样，李维让读者想象次级官员沿着台伯河沿岸的树林逮捕在交欢的男女，不顾一切地想要遏制这种不正当交媾的快速增加。数以千计的人被囚禁，许多人后来被处决。这一切看上去似乎只是一位中年罗马人幻想的展现，但李维使用的语言与在南意大利的蒂廖洛（Tiriolo）发现的一段与这些事件直接相关的铭文内容非常相似。这段铭文虽然不如李维的版本那么有戏剧性，但提供了很多信息："关于作为盟友的酒神信徒"（《自由共和国的拉丁语铭文》，511）。根据这一文件，"元老院同意，必须这样规定：人们不得希望设立酒神圣所（但如果确有需要，他们应该在有100名元老出席的元老院会议上向城市法政官提出申请）。女性不得参加这种崇拜（除非她在城市法政官和100名元老面前陈情）；谁也不得成为这类团体的领袖，进行密谋，参与集体商业活动，或举办仪式（除非他或她出现在城市法政官和他的100名同僚面前）；这些团体都不得超过5人"。蒂廖洛——可能其他地方同样如此——的一个额外规定是，如果有人在元老院发布意见后仍坚持被禁止的行为，那么此人可以受到死刑审判，无论男女。

元老院对非罗马公民下达命令，这个事实并不太让人意外，因为罗马在意大利的权力结构的基础之一是能够告知当地长官何时带着士兵为罗马效力。在这方面，该法令仅仅展现了权力在罗马环境中的行使。稍稍令人困惑些的是其暗示了死刑曾可以被广泛强加，无论在罗马，还是意大利的其他地方。蒂廖洛的文本表明，这可能不是一种草率的处决，但仍然暗示，罗马国家可能曾鼓励过对自己公民和盟友的大规模屠杀。如果"世上最伟大的人"都无法免于起诉，那么其他任何人也都不能。

元老院对公众道德和触怒神明的担心不仅限于公元前186年。李维提到，第二年，2000人因为被怀疑对别人投毒而遭到逮捕，而法政官卢基乌斯·波斯图米乌斯（Lucius Postumius）则做了李维所谓的"严格调查",涉及塔兰图姆周围的牧人和奴隶的某个阴谋。公元前181年,罗马再次采取行动,镇压酒神节活动的卷土重来。第二年,元老院对所谓的大规模投毒发起了另一轮调查,导致大约3000人被捕。这些事件之前暴发了瘟疫,导致很难征集足够的人手来镇压撒丁岛的叛乱;《西比尔神谕》要求举行大规模祭祀,包括全意大利为期两天的宗教节日。

与此同时,罗马为了让公共生活变得更加体面做了新的努力。创新之一是在剧场中为元老分配特别座席,以便那些不那么幸运的人可以看到他们的领袖在公共场合的举止;另一项创新是公元前179年对百人队大会的重组,很可能涉及将投票者重新分配到新的百人队来应对人口向新殖民地的流动。公元前168年,监察官结束了显然是长期以来对该问题的延误,将全体释奴纳入四个城市部落之一。后来,一位观点相当保守的政客宣称,此举保护了国家,因为这限制了他们的投票权重。

对秩序良好的国家的兴趣也延伸到新殖民地的建立。在新的拉丁殖民市,土地的获得者往往会按照人口调查的等级来划分级别(越重要的人获得的土地越多)。公元前193年,3000名步兵和300名骑兵被派往意大利南部的图利(Thurii)建立新的殖民市,第二次布匿战争的浩劫可能导致南意大利的许多人死去,因此空出了许多土地。每名步兵获得12英亩地,每名骑兵获得20英亩。公元前189年,在从波伊人那里夺得的土地上建立博诺尼亚(Bononia,今博洛尼亚)殖民市时,骑兵获得了43英亩地,步兵则获得30英亩(李维表示,之前高卢人把伊特鲁里亚人从此地赶走)。公元前181年,在阿奎莱亚(Aquileia)这又一个在高卢人的土地上建立的大型拉丁殖民市,3000名步兵每人获得

25 英亩地，百人队长获得 61 英亩，骑兵获得 86 英亩。公元前 173 年也发生了类似的按照等级的分配，当时从高卢人和利古里亚人手里夺得的土地被分给个人，每名罗马公民 6 英亩，盟友 2 英亩。在可能没有过军事干预威胁（也没有最近发生过屠杀的证据）的较小的地方，土地似乎只分配给了较贫穷的罗马公民。在萨图尔尼亚（Saturnia），这些公民每人获得了 6 英亩土地。同一年，2000 名定居者被派往穆提纳（Mutina，今摩德纳）和帕尔马的殖民市，在前者每人获得 5 英亩，后者则是 3 英亩。在伊特鲁里亚的塔尔奎尼亚（Tarquinia）的港口格拉维斯凯（Graviscae），每人分到 3 英亩。分配的面积较小可能与那些土地被认为特别适合现金作物有关——格拉维斯凯出产优质葡萄酒，或者是因为考虑了获得者的贫穷（在记录中，他们没有被给予任何军阶的待遇，并可能是第五级别的成员）。

对选举大会的改革虽然有相当大的实际意义（也像在任何时代的选区改划那样充满问题），但在意识形态上，这与使选举更加"有序"和提高"合适的那类"人——那些尊重元老院权威的人——的当选可能的企图有关。

公元前 180 年，保民官维尔里乌斯通过法律，为担任公职者确定了最低年龄的限制（该法会让 24 岁的西庇阿失去其在西班牙的指挥权的资格）。之前，唯一的限制是寻求公职的候选人应已完成十年的兵役，而现在，除此之外，他还必须按照财务官、法政官和执政官的次序担任这三个职务，之间相隔两年。保民官不可能是必要的职务，因为贵族无法担任。营造官数量有限，因此也不是必要的。另一方面，由于营造官要负责组织公共节庆，该职位能够提供通往法政官职务的无比宝贵的垫脚石，如果营造官的节庆活动取得成功的话。前一年，即公元前 181 年，由执政官巴伊比乌斯通过的一项法律反映了对营造官能够以这种方式获得竞争优势的担心。该法把在赛会上支出过高界定为贿选（ambitus）。同年，他通过了另一项法律，规定每年的法政官人数应该交替为6 人和 4 人，他的理论是这可以减轻对执政官职务的竞争。

最后这项法律暗示，罗马贵族认为国内政治程序的稳定要比确保存在合适数量的帝国行政官员更加重要。贿选法禁止行政长官从行省人、盟友和拉丁人那里索取钱财用于举办赛会，这反映了金钱在国内政治中变得越来越重要和易得。

公元前 188 和前 187 年又提出了两项重要法案，都与罗马和其盟友的关系有关。首先是一项保民官法案，授予阿尔皮努姆〔Arpinum，今阿尔皮诺（Arpino）〕、芬迪〔Fundi，今丰迪（Fondi）〕和弗尔米埃〔Formiae，今福尔米亚（Formia）〕公民完全的罗马公民权。此举最初被四位保民官否决，他们声称它应该首先由元老院通过。后来，当被告知此项投票是人民的特权时，他们显然改变了决定。第二年，拉丁同盟的代表向元老院抱怨说，太多公民搬到了罗马，被纳入那里的公民名单。这些使者的到来很可能是前一年监察官任期结束的结果，那曾使得拉丁移民被登记为罗马公民。法政官重新检查了名单，将父亲没有在人口调查中登记过的 1.2 万人从中去除。

这些国内改革显示人们越来越多地感知到身为罗马贵族的成员意味着什么，意识到现在即将控制世界的那代人背后的历史的重要性。可能并非偶然的是，对定义罗马的过去来说最重要的两部作品都来自公元前 2 世纪的第二个二十五年。它们的作者曾经是亲密的同僚，却似乎因西庇阿的命运而分道扬镳。其中一位是诗人恩尼乌斯，他创作了一首关于罗马历史的诗歌，这是第一部将扬抑抑格六音步（dactylic hexameter）这种希腊的史诗格律应用于拉丁语文学的作品；西庇阿家族于其在罗马的墓地上为他竖立了雕像。另一位是加图，他新的罗马史是第一部用拉丁语散文写成的重要历史作品。

之前写过剧作的恩尼乌斯称自己的新史诗为《编年记》（Annales），这个名字的意思似乎只是"罗马历年来的故事"。从引自第 4 卷中的一句话可以看出这涵盖了多少年：他表示，自从一位"可敬的卜者"预言了罗马的建立，现在已经过去了"差不多"七百年（恩尼乌斯，《编年记》，Fr. 154—155）。使用"差不多"这类表达并不意味着对准确纪年的强烈兴趣；此外，考虑到作品的精简性，这暗示他把罗马城的建立放在与传统上希腊人认为特洛伊陷落相近的时间，因为他认为罗慕路斯是埃涅阿斯的孙子。事实上，恩尼乌斯没怎么谈到罗马神话中的过往。他可能在第 4 卷中写到了高卢人洗劫罗马城（公元前 390 年），在第 6 卷中肯定描绘了同皮洛士的战争，在第 7 卷开头介绍了第一次布匿战争，对迦太基人的杀婴行为做了相当令人反感的描绘；他还清楚地指出，阿皮乌斯·克劳狄乌斯在对迦太基宣战时遵循了恰当的外事程序。到了第 9 卷结尾，他已经快速讲完了第二次布匿战争。

在文中一处，恩尼乌斯似乎预示了后来罗马历史写作中的一个潮流，即根据执政官来命名年份。按照这种方式组织起来的史学作品也将被称为"编年史"，但这种观点可能过度解读了证据。以公元前 204 年为例，即西庇阿入侵阿非利加的那年。通过用执政官来命名年份，恩尼乌斯可能想要指出这一年特别重要。对恩尼乌斯来说，那些将要聆听其诗作的人似乎是最重要的。考虑到这点，他把自己原定为 15 卷的作品延长到以公元前 187 年自己的朋友弗尔维乌斯·诺比利奥尔对安布拉基亚的胜利为止，然后又续写了关于"近期战争"的 3 卷，将故事写到公元前 2 世纪 70 年代。

恩尼乌斯（公元前 169 年去世）认为，他自己那一代人是最伟大的一代罗马人。他把自己这代人的事迹同过去时代的相比；正是为了让这些成就不朽，他学会了将希腊史诗的格律用于拉丁语，把同时代人的事迹同荷马英雄的那些等同起来。他对语言的繁复运用符合那一代人的需求，他们正在寻求重新定义与世界的关系，那个世界现归他们统治，其财富正在迅速改变人们的生活方式。不过，为了把这代人写成伟大的一代，必须对其最伟大的人物有所暗示。恩尼乌斯的雕像被安放在西庇阿家族的墓地，这想来有充分的理由。尽管那些片段没能流传下来，但有理由认为，他对那位"世上最伟大的人"有很多好话要说。

加图原本是恩尼乌斯的庇主，帮助他在公元前 184 年获得了罗马公民权。与早期罗马文学的许多伟大人物一样，恩尼乌斯并非出生在罗马；他来自南意大利的鲁迪埃（Rudiae）。但随着恩尼乌斯对西庇阿的赞美之词越来越多，他与加图的关系很可能变糟了。加图的《起源》是在自己年老时，恩尼乌斯去世后才开始写的。在开始这项计划时，加图可能只想要撰写关于罗马和其他意大利城邦最早阶段的历史，因为前 3 卷写的正是这些。用罗马人的话来说，该书的内容完全是"古事性质的"；用我们的话说则是神话性质的。这一切在第 4 卷中发生改变，该卷开头描绘了第一次布匿战争，称其意义重大，因为那是罗马第一次在海外统领一个意大利的盟军，而且也很可能因为在写作它的时候，加图常常敦促元老院摧毁迦太基——自从公元前157年造访该城，发现那里远比自己预期的繁荣后，他就一直在鼓励这样做。

在写作《起源》时，加图表示，他的目的是教育自己的儿子，并回应罗马人用希腊语写作自己历史的倾向——加图时代有三部这样的历史作品，其中最新的出自奥卢斯·波斯图米乌斯·阿尔比努斯（Aulus Postumius Albinus）之手，作者在开篇对自己没能完美掌握这种语言致以歉意。希腊语出色的加图反驳说，既然如此，是时候用罗马人自己的语言来写作自己的历史了，因为让人们知道自己的过去是重要的。撰写自己史书的后面几卷时，加图加入了本人的两篇演说来强调自己的贡献：一篇是关于同罗得岛议和的；另一篇是公元前149年他控诉塞尔维乌斯·苏尔皮基乌斯·加尔巴在西班牙的可憎行为时发表的。无从知晓这纯粹是自我宣传，还是对充斥希腊史学家作品里的造作修辞的反应。可能将那两篇演说同这部史书的目的联系起来的主题是，它们都强调了对旧日罗马道德的实际应用。

我们对加图作品的了解来自后世的读者，他们清楚地表明，他的材料范围不同寻常。他详细描绘了埃涅阿斯抵达意大利，讲述了当地的国王拉丁努斯如何将女儿拉维尼娅许配给他，尽管她已经嫁给了一位叫图尔努斯的当地贵族。随后，图尔努斯与伊特鲁里亚人梅曾提乌斯和埃涅阿斯开战，被后者打败。获得土地后（加图给出的数字是1667英亩），埃涅阿斯建立了以妻子名字命名的拉维尼乌姆。罗马城还要在几个世纪后才会建立——按照加图的说法，那发生在特洛伊战争后的第432年，这修正了恩尼乌斯关于这两个事件的时间关系的看法。他还对从蒂迈欧作品中看到的"意大利"一词源于"牛犊"（vitulus）的说法不满，声称该地区的名字来自一位叫伊塔鲁斯（Italus）的古代国王。

在讨论意大利其他地方时，加图提供了大量地理、神话和其他信息，包括该地区北部的高卢人。他告诉读者，萨宾人的名字来自一个叫萨布斯（Sabus）的人，此人是一位叫桑库斯（Sancus）的当地神明之子；普莱内斯特的建立者是个叫卡伊库鲁斯（Caeculus）的人，他的名字的字面意思是"盲仔"，因为当还是婴儿的他被少女们发现躺在炉边时，她们觉得他的眼睛很小。加图表示，卡伊库鲁斯在一群牧羊人的帮助下建立了普莱内斯特。埃涅阿斯一位任性的同伴波里特斯（Polites）建立了波里托里乌姆［Politorium，今拉焦斯特拉（La Giostra）］，阿尔戈斯人建立了法勒里［Falerii，今奇维塔卡斯泰拉纳（Civita Castellana）］。他还表示，阿尔卑斯山上生活着"像白兔一样的生物，11磅重的老鼠，硬蹄的猪，长毛狗和无角牛"（《罗马史学家残篇》，5 Fr. 75）。在留存下来的一部关于农业的作品中，他对地区作物表现出同样细致的兴趣。

加图对意大利和罗马历史的开创者的兴趣并不止于罗慕路斯。他史书的第一卷似乎至少一直写到了高卢人洗劫罗马（同皮洛士的战争可能是另一个显而易见的截止点）。他描绘了罗慕路斯绑架萨宾妇女来为新生的罗马城邦提供女性，然后又写了与想要对这一暴行复仇的萨宾人的战争，以及萨宾妇女如何最终促成双方握手言和。他还讲述了马尔基乌斯·科里奥拉努斯（Marcius Coriolanus）的生涯，这位伟大武士巨大的自我意识使得他无法成功进入政治圈。他选择流亡，率领沃尔斯基人（一个意大利的部落）攻打罗马，却在罗马城外第五个里程碑处被他的母亲和其他女性拦住，她们敦促他放弃了进军。加图还提到罗马女性捐出自己的首饰，从高卢人手中赎回罗马城。熟悉他对西庇阿和奢侈之风的看法的人不会看不到其中的现实意义。

　　加图在开始讲述更接近当下的历史时改变了风格。他不再提到重要人物，无论是罗马的还是异邦的。一个典型的段落可能会提到"在西西里的一位迦太基将领"率军来到某个地方，于是"一位保民官"向"一位执政官"提出了建议。他偶尔会使用第一人称，可能仅限于加图参与其中的那些故事，比如像"我们战斗"等表达，这也许并没有违背一般准则。因此，第二次布匿战争中，一个人物作为"迦太基独裁官"，而非作为汉尼拔出现（《罗马史学家残篇》，5 Fr. 78）；加图也没有提到"那位世上最伟大的人"，他被简单描述为"那位罗马执政官"。加图的史书强调的是一个民族和价值体系的成就。

　　史书以加图批评加尔巴的演说结尾，他发出了某种警告，暗示不能把在过去五十年间带来胜利的道德力量视作想当然的。真正的罗马美德不需要对财富的展示——就像加图在讨论农业的作品中重申的，它基于对传统行事方式的忠诚。随着因新财富涌入意大利而出现的变化，那些方式也在改变。加图认为，目前的成功正在破坏罗马崛起时依靠的那些品质，这种观点与我们有各种理由相信他会讨厌的一个人非常相似：他就是波利比乌斯。

·

　　波利比乌斯著史的时间与加图大致相同。在与珀尔修斯的战争后，他作为人质从亚该亚来到罗马。他在随后的三十年间写作，提供了唯一的关于罗马体制的运行方式的同时代描述。他对这种制度的讨论以早期的希腊政治思想为模板，为我们带来有关当时罗马国家运作方式的宝贵洞见。

在古典希腊政治思想中，有三种"好"制度，即民主制、贵族制和君主制。到了柏拉图的时代，也就是公元前 5 世纪末和前 4 世纪初，人们认识到每种"好"制度都有其反面。民主统治的反面是暴民统治（ochlocracy）；贵族制的反面是寡头制（oligarchy）；王政的反面是僭政。柏拉图、亚里士多德和波利比乌斯都相信，政治制度会按照固定的循环从好变坏。因此，君主制变成了僭主制，僭主制变成了贵族制，后者沦为寡头制，又被民主制取代；民主制堕落为暴民统治——陷入彻底的野蛮，最后，随着另一个君主制的崛起，循环重新开始。

在开始分析罗马的政治制度时，波利比乌斯表示：

> 控制这种制度的元素有三个……每部分都被平等而恰当地安排好，用各种方法加以管理，使得生活在那里的人都无法清楚说明整个统治形式究竟偏向贵族制、民主制还是君主制。
>
> （波利比乌斯，《历史》，6.11.11）

在波利比乌斯看来，执政官构成了君主制元素；元老院作为一个整体是贵族制元素；罗马人民则是民主元素。执政官是君主制元素，因为他们统率军队，而除了保民官，其他官员都必须服从他们；他们主持元老院会议，执行其决议，还召开人民立法会议。他们在战场上拥有绝对权威，可以从国库获得任何所需数量的资金，并在财务官的协助下打理这笔钱。元老院控制着国库，管理各种支出，除了交给执政官的钱；它还负责批准每五年由监察官分配的国家承包合同。

元老院调查意大利各地的犯罪，为整个半岛的个人或城市提供仲裁。它还负责派遣所有的使团，无论它们是为了解决冲突，还是为了"提供鼓励"，强加要求，接受输诚或宣布战争。与之不同，人民能够授予荣誉和施加惩罚；只有他们的法庭能够宣判死刑，甚至能够审判那些担任最高官职者；他们还向有资格的人授予职位，通过法律，商讨战争与和平事宜。

该制度的君主制部分的运作离不开贵族制和民主制的部分，因为元老院控制着执政官的预算，同意和批准和约需要通过人民。元老院还能决定在某人的任期届满时是让他留任还是寻找替代者，以及某位将军能否举行凯旋式；执政官还必须向人民解释自己的行为。元老院在调查犯罪时必须遵循人民的意志，人民可以决定是否通过法律限制元老院的权力。人民也依赖元老院，因为他们会从监察官向整个意大利发放的承包合同中获利，他们的成员还会被任命为民事审判的法官。

诚然，对罗马政治制度的这一描绘略去了治权和职权，以及大会的等级和部落划分等概念（且不提由此而存在的两种投票方式），使得它不可避免地有点奇怪。但波利比乌斯的概述很符合公元前 2 世纪的情况。对于更具体的细节，他承认该体系的"内部人士"会提到他略去的东西。波利比乌斯感兴趣的是国家制度的运作方式，这就是为什么（比如）他描绘了元老院有权调查整个意大利的犯罪，而且在没有通过法律的情况下可以大批杀戮更下等级的个人，无论他们是否有公民权，这一切看上去很像在酒神节事件前后，元老院开始行使的那种司法权力。没有什么地方比波利比乌斯本人的史书中更好地强调了元老院在管理使团中的角色，它同时强调元老院监督意大利各地激增的国家承包合同的作用在公元前 2 世纪中期变得特别重要。这些合同的重要性反映在我们现有的关于监察官的描述和考古证据中。

国家承包合同为意大利经济注入了大量新现金；监察官支出的不断增加反映了越来越大的资金流，战争赔款和西班牙白银一起加强了承包商阶层的地位，这个群体将发展出强大的政治影响力来保护自己的利益。该阶层后来会成为骑士等级，但还需要一段时间，而我们不应将某个过程的结果同它的开端混为一谈。当时，后来将成为该等级核心的人仍然属于"拥有公共马的骑兵"的 18 个百人队，其中也包括大部分元老院成员。这个群体的地位的改变是在新环境中保留传统的公共财政体系的结果。没能改变传统的承包合同体系实际上导致了罗马财富的私有化。

支出的激增始于同安条克三世的战争。公元前 194 年的监察官对维持社会秩序表现出比对花钱更大的兴趣。他们以"行为不符合"一个罗马贵族为由将三人开除出元老院，还以同样的理由将其他几人从骑士百人队除名。唯一不同寻常的花销被用于罗马的两座新建筑。公元前 189 年的选举中，监察官第一次在这种场合分配因新近流入国库的掠夺物而变得丰厚的承包合同，结果那场选举变得特别激烈且特别肮脏——像格拉布里奥发现的那样，让他自己付出了代价（见 99 页）。

公元前 184 年的选举再次竞争激烈。两位胜出的候选人加图和卢基乌斯·瓦雷利乌斯·弗拉库斯在对上层阶级进行严格审核——他们开除了两位前执政官——和向上层阶级成员征收特别高的税金（他们以极高的价格评估这些人的财产）方面想法一致。

但他们也在罗马和更广大的拉丁姆地区开展了大量营建活动。工程包括为服务罗马用水系统的蓄水池铺砖,清洁和建设新的下水道,修建道路,在罗马广场建造会堂(加图谦虚地用自己的名字为其命名)。承包商抱怨支付给他们的钱太少,那些取得包税合同的人抗议说自己的利润率太低,但有大笔的钱易手。清洁下水道的合同据说价值 5.7 万磅白银(相当于安条克每年的赔款)。

公元前 179 年的监察官发起了更多大型的公共营建项目。他们请求用一整年的收入来为这些工程提供资金,这暗示国库现在有大量盈余。除了罗马城外的道路建设和神庙修缮,执政官还大幅改善了城市的港口设施;他们在罗马广场修建了新的柱廊,即埃米利乌斯会堂(Basilica Aemilia),给新的银钱商设施提供了场所;还在靠近牛市东南端的三孔门(Porta Trigemina)外新建了广场和柱廊。由于在为大型项目筹资和将不少人开除出元老院方面,这些监察官都遵循了之前那两批人的先例,很难忽略大笔新资金的可得性和对个人道德新的强调之间的联系。

那笔钱还为更加复杂的项目以及罗马城近郊以外的项目提供了所需资金。在将 9 个人开除出元老院后,公元前 174 年的监察官发放了一系列承包合同,包括为罗马的街道铺设燧石,改善大竞技场和城外的道路,建造新的桥梁,在罗马城内修建新的柱廊,在卡拉提亚(Calatia)和奥克西穆姆(Auximum)修建城墙,以及在罗马和意大利其他地区的众多别的项目。当时还出现了一桩丑闻,一位监察官下令拆下洛克里斯的拉基尼亚朱诺(Juno Lacinia)神庙的屋瓦,用于装饰他在罗马修建的一座纪念自己的神庙。这是渎神行为,他被要求将屋瓦复原。

虽然我们对公元前 169 年的下一个监察官任期的营建项目的

了解不那么多，但项目数量如此庞大，以至于为了监督它们，监察官试图将自己的任期延长 18 个月。我们还知道，他们试图更改公共合同的竞标程序，以防止早前取得过合同的人投新的标。这项政策让人想起了公元前 171 年克拉苏对百人队长采用的原则，以便让新人有机会获得伴随那个身份而来的更高的回报。虽然李维专注于那些抗议活动——以保民官指控监察官犯有叛国罪（perduellio，古时候的叛国指控）到达高潮，但人民无疑也施加了巨大的压力，他们相信体制被操纵，变得有利于现有的承包商，决心也要分一杯羹。对监察官阿皮乌斯·克劳狄乌斯的控诉险些将他定罪，多亏了同僚森普洛尼乌斯·格拉古的大力辩护才得以避免。格拉古是"阿非利加征服者"西庇阿的女婿，而阿皮乌斯·克劳狄乌斯的孙女将嫁给格拉古的儿子。到这里，李维的叙述中断了——但未来的趋势是清楚的。

除了从监察官手中流出的资金（在罗马，以及越来越多地在意大利广大地区），在整个拉丁姆和与之紧邻的地区，还有关于新繁荣期的重要考古学证据，它一部分可能由监察官的合同资助，一部分是因为两支执政官军队——当它们在意大利北部作战时——每年会为意大利经济注入差不多 50 万第纳里。

作为在萨莫奈边界的哨所而建立的弗雷格莱，为马格尼西亚的军队贡献了至少一支骑兵部队。可能是他们的指挥官委托制作了在当地一座大房子里发现的赤陶浮雕，上面描绘了战斗者和船只。公元前 2 世纪的第二个二十五年间，那里出现了新的阿斯克勒庇俄斯圣所，以及意大利中部最早的浴场之一。多位弗雷格莱的要人与罗马的统治贵族有联系。公元前 177 年，弗雷格莱人不得不向元老院请愿，希望赶走数以千计的越界侵占他们美好家园的萨莫奈人。

差不多与此同时，在位于罗马和普莱内斯特之间的加比（Gabii）建起了一座引人注目的神庙。此地供奉的神明可能是朱诺，尽管这座神庙最值得一提的地方是，有一个剧场形状的集会处与它相连；加比的确是一个有创新性的地方——公元前3世纪，该城已经建起了一座非常大的公共建筑，在其他地方都没有类似的例子。在普莱内斯特，公元前2世纪20年代新建了新的命运女神庙，取代了之前的朱诺圣所。其中有一些东方的影响：那里崇拜的是希腊的命运女神（Tyche）。这处圣所同样包含一个半圆形的集会厅，俯瞰巨大的台阶，那里有拉丁姆的壮观景色，为城市的自我展示设立了令人印象深刻的新标准。对新风格的兴趣可能与普莱内斯特人有关，他们在提洛岛上的意大利社群中开始占据重要的位置。到了公元前2世纪中期，一位来访的希腊哲学家会评价说，没有哪个地方"比普莱内斯特让命运女神更加幸运"（西塞罗，《论预言》，2.86）。该圣所与一位先知有关，他的工作是将骰子掷出的点数同预先记录的回复进行比对（到了公元1世纪，这些骰子将用黄金打造）。

另一座提供神谕的神庙在这些年里经历翻修的规模要小得多，它位于塔拉基纳（Tarracina）城外，被献给安克苏尔朱庇特（Jupiter Anxur），阿波罗神庙同样如此——两者的资金都来自公元前179年的一位监察官；在蒂沃利，古老的胜利者赫丘利圣所（被认为比罗马城本身更加古老）也经历了修缮，包括增加了与神庙相连、用石头砌成的半圆形集会区，就像在普莱内斯特和加比那样。普莱内斯特还为自己建造了巨大的新城墙。在费伦提努姆

（Ferentinum）——那里仍然矗立着公元前 4 世纪与罗马的战争期间为了保护该城所建的高墙，新的卫城正在施工。

圣所对游客有着显而易见的吸引力，特别是那些为健康或未来提供建议的。拉丁姆周围城市的营建计划反映的不仅是它们分享了该地区与日俱增的财富，还有这些城市不断增强的自我主张。它们拥有罗马尚没有的城市设施。与此同时，罗马的埃米利乌斯会堂设立的新的银钱商设施揭示了一个正变得日益复杂的私人金融体系，它增加了经济中（或者是意大利经济中与罗马关系最密切的那部分）资金的流动。受益最多的是拉丁姆，以及萨莫奈、坎帕尼亚和伊特鲁里亚的部分地区；南意大利和亚平宁山以北的意大利地区则要少得多。随着时间从公元前 2 世纪进入前 1 世纪，这些差异将会加剧。

第 10 章

迦太基必须被毁灭

公元前 146 年

　　马其顿战争后，流传下来的关于罗马历史下一个阶段的信息变得零散得多。不再有李维的史书保存在抄本中，我们只剩下他停止写作后的几个世纪里对其作品的简短摘要，而后世作家对波利比乌斯的引用也变得越来越零星。没有了这两位作者的完整文本，我们只能对各种材料加以整理，包括亚历山大里亚的阿皮安的西班牙和阿非利加战争史（写于公元 2 世纪）；公元前 1 世纪末刻下的凯旋式和执政官的名单；许多引文，尽管仍然没有在那些年里写作的史学家的完整文本；泰伦斯的喜剧（共 6 部，都在公元前 2 世纪 60 年代上演）；以及加图令人惊讶的农业著作《论农业》（*De Agri Cultura*）。我们还有关于国家铸币厂制造的银币数量增长了的证据，以及甚至更多的关于意大利中部城市面貌变化的证据。

　　凯旋式名单中一个醒目的特征是，在打败珀尔修斯后的十五年里，没有多少胜利来自西班牙；事实上，凯旋式总体上都寥寥无几，尽管执政官常常被授予在利古里亚和撒丁岛的指挥权，有时还会有亚得里亚海东岸的。执政官名单中有很高比例的个人来自公元前 4 世纪和前 3 世纪的重要氏族之外的家族，反映了新财富在最高阶层中的扩散。

在对外事务上，罗马继续遣使前往东地中海。他们的任务包括调停关系日益失调的埃及托勒密王朝间的争执，以及削弱塞琉古王朝的力量，后者很快将陷入自己的王朝内战。塞琉古的动荡让一个新王朝更加强大，它正从其位于中亚的大本营南下，最终将占领塞琉古人的东部行省，并在罗马历史上扮演重要角色。这个新王朝自称是一个叫阿萨息斯（Arsaces，又名安息）的人之后（因此其成员被称为安息王室），其民族被称为帕提亚人。

公元前 2 世纪 50 年代末，暴力冲突将大大增加。西班牙、北非和马其顿都将爆发动乱，罗马人的回应每次都是粗暴的。在意大利，收入差异的增大加剧了穷人与富人、罗马人与非罗马人现有的分歧。不满的根源是这样的问题："为何我要在离家数百英里的地方战斗和死去，只为让某些人更加富有？"由于这个问题没有好的答案，对元老院权威的抗议增加了，保民官和行政长官之间的矛盾也加剧了。

公元前 155 年，管辖远西班牙的法政官率军进入今天西班牙和葡萄牙（罗马人称为卢西塔尼亚）交界的地区，并在那里被打败。他的继任者做得稍好些，但第二年，元老院派来一位执政官，因为今天西班牙西北部的索里亚（Soria）省地区爆发了新的动乱。显然，问题在于对当地部落间的内战进行的一些粗暴干预，罗马人选择支持贝利人（Belli）和提提人（Titi）反对阿拉瓦卡人（Aravacae）。可能是为了应对西班牙的问题，元老院将公元前 153 年任职者的正式履职时间从 3 月 15 日改为 1 月 1 日。如果这一改变的目的是让总督们能够在作战季开始前抵达他们的行省，从而有更好的准备，那么它最初并不太成功。公元前 153 年的执政官昆图斯·弗尔维乌斯·诺比利奥尔遭遇大败，战争继续进行。

　　下一任总督，公元前 152 年的执政官马尔克鲁斯的作战更加成功，但他决定让各个部落同元老院议和。对他来说不幸的是，首先发言的是贝利人和提提人的使者，他们很清楚用什么理由能够说服元老院。他们解释说，如果阿拉瓦卡人没有因其行为得到严惩，元老院的仁慈将鼓励其他人叛乱。阿拉瓦卡人的使者愿意接受某种惩罚，但希望此后能恢复之前同罗马的关系。元老院对马尔克鲁斯支持这种处理方式感到不满，告诉他（尽管至少不是公开的），他们希望他对阿拉瓦卡人采取强硬态度。元老院回复的表里不一让人想起了他们对珀尔修斯所做的，而这一幕还将在此年再现。马尔克鲁斯做不了什么，因为西班牙即将被交给公元前 151 年的执政官卢基乌斯·李基尼乌斯·卢库鲁斯（Lucius Licinius Lucullus）。不过，阿拉瓦卡人避免了更多麻烦。明白了不能相信罗马人是诚实的之后，他们发现可以相信对方是不诚实的。于是，他们向卢库鲁斯行贿，使其攻打别的对象。

　　不过，在卢库鲁斯能够发起攻击前，他必须集结一支军队。这比预想的要难，因为他的征兵行动遭到了广泛抵制。人们谈论西班牙敌人的坚韧和勇敢。年轻人完全不想入伍，而在其他情况下可能愿意的罗马贵族也没有表现出对报名担任军政官的兴趣。

　　这不是兵役问题第一次在西班牙出现。公元前 184 年，当卸任的西班牙总督想要带着自己的部属返乡时，新任总督试图阻止大规模的复员。双方费了一番工夫才达成妥协：服完兵役期的人被允许离开。公元前 151 年的情况要糟得多，因为卢库鲁斯显然试图用已经长时间服役的人来填补他的军队；由于这些人不愿服役，保民官囚禁了执政官，直到征兵条件改变。危机的解决要等到人们达成通过抽签来征兵的协议，以及年轻但有影响力的西庇阿·埃米利阿努斯志愿担任军政官（据波利比乌斯的说法）。这鼓励了其他贵族的效仿。可能也是差不多在这个时候，法律规定任何人都不得被强迫服役超过六年；此外可能还采取了另一项举措，限制行政长官以观察天空中的有利征兆为由阻挠保民官立法的权力。

新军队出发了。西庇阿停留了一年，他无疑参与了卢库鲁斯对考卡人（Caucaei）的暴行。当他发现在卢库鲁斯和自己来到前，马尔克鲁斯已经达成了停战协议后，他攻击了这个西班牙部落。尽管他们投降了，卢库鲁斯还是下令对该部落展开屠杀。一年后，塞尔维乌斯·苏尔皮基乌斯·加尔巴对卢西塔尼亚的一个部落做了同样的事。颇为详细地记录了这些事件的阿皮安显然对两人感到厌恶，但那都是事后之见。卢库鲁斯从未被起诉，而尽管加图尽其所能地想要给加尔巴定罪，但还是没有成功，后者在审判他的大会上用夸张的言行争取人们的同情，以至于他们忘了自己面前的人是个杀人如麻的凶手。第二年，一项法律得到通过，设立了审判腐败案件的特别法庭。

协助卢库鲁斯集结起赴西班牙的军队的西庇阿·埃米利阿努斯是埃米利阿努斯·保卢斯（战胜珀尔修斯的将军）的儿子，被"阿非利加征服者"西庇阿的儿子（他很早就去世了）收养。西庇阿·埃米利阿努斯还是波利比乌斯最重要的罗马庇主。这一关系对波利比乌斯来说如此重要，以至于当还活着的亚该亚人质在公元前150年被允许回家时，他决定留在罗马，还前往西班牙考察开采中的银矿。两年后，波利比乌斯陪同西庇阿·埃米利阿努斯前往北非。西庇阿将作为那一代中最伟大的罗马人被铭记，很大程度上是因为他洗劫了两座重要城市，屠杀了那里的人口。其中之一就是迦太基。

公元前 150 年，北非的努米底亚国王马西尼萨（当时已经是"阿非利加征服者"西庇阿的老朋友了）和迦太基爆发战争。马西尼萨击溃了迦太基人，后者向罗马提出控诉。对他们来说不幸的是，大部分元老认同加图，即迦太基应该被毁灭。现在，这两个国家之前的冲突的历史（特别是关于第二次布匿战争的起因）已经被许多人彻底改写——其中包括波利比乌斯——他们相信关键问题是迦太基人对萨贡图姆的洗劫，而且无疑能够列出迦太基人其他背信弃义的行为。

迦太基人不知所措。他们太清楚元老院对自己的敌意，可能还获悉罗马已经下令在公元前 150 年底前征集一支在北非服役的军队。当这支军队准备出发时，迦太基人向罗马遣使输诚，罗马人接受了。公元前 149 年的执政官卢基乌斯·肯索里努斯（Lucius Censorinus）逐步升级了罗马的要求，在迫使迦太基人交出他们的大部分武器后，他又命令他们拆毁自己的城市，并向内陆迁居 10 英里。迦太基人拒绝从命，他们重新拿起武器，准备抵抗。

战争的进展并不像预想的那样。迦太基仍是一座很难围困的大城市，当地公民也孤注一掷。在围城过程中，罗马人又卷入了在希腊的战争。被塞琉古国王德米特里俄斯赶走后，有个名叫安德里斯科斯（Andriscus）的人——他将是一系列冒充王室成员者中的第一个——前往色雷斯，在那里集结了一支军队，自称是珀尔修斯之子腓力（真正的腓力大约十年前已经死在了阿尔巴弗肯斯）。他接管了四个马其顿共和国，还成功打败了得到亚该亚同盟支持的罗马军队。一年后，第二支罗马军队在善战的指挥官，法政官昆图斯·卡伊基利乌斯·梅特鲁斯（Quintus Caecilius Metellus）的率领下到来，很快就战胜了安德里斯科斯。与此同时，亚该亚人不顾罗马的命令，准备同斯巴达开战。

公元前147年，西庇阿·埃米利阿努斯当选执政官，被派遣负责在阿非利加的行动。他比自己的前任们更加高效，全力展开围城。到了年末，迦太基已经弹尽粮绝。在希腊，罗马使者一次次受命前来质疑斯巴达相对于亚该亚同盟的从属地位，这加剧了不满，并提高了该同盟中的一群反罗马政客的影响力。波利比乌斯试图调停，但失败了，于是去迦太基与西庇阿会合。暴徒们在科林斯攻击了罗马使者。

攻击罗马使者从来都不是好主意。如果没有可以一战的军队，对罗马宣战就是甚至更糟的想法。但这正是接下来亚该亚同盟事实上所做的，他们向北面的温泉关派出了一支军队。梅特鲁斯在几次战斗中摧毁了同盟的兵力，然后按兵不动，直到公元前146年的执政官卢基乌斯·穆米乌斯（Lucius Mummius）统率的新的军队来到科林斯城外。亚该亚人做了有限的抵抗。城市遭到毁灭。罗马派出一个委员会来处理希腊的事务，那里将或多或少保持自由——尽管科林斯曾经的所在地成了大片的公地，并在马其顿设立了新的行省。穆米乌斯"侵吞"大批艺术品（有的落入盟友之手）一事后来变得臭名昭著。

对迦太基的洗劫发生在当年稍早些时候。等到西庇阿发起最终攻势时，城中的人口已经濒临饿死，许多人选择了自杀，而不是死在罗马人手下。该城昔日的土地被分给协助了罗马的周边城市，大片公地被出租，承租者中就包括需要向罗马支付捐税（stipendium）的人。这些人可能是从前在迦太基周围土地上的定居者，以及那些在战争中抛弃了迦太基的人。迦太基人在之前对西西里人的战争中抢走的财宝被物归原主。其中之一是一头青铜公牛，传说中的西西里僭主法拉里斯曾在牛肚子里活活炙烤他的受害者。据说西庇阿问法拉里斯的臣民，他们在他们自己的僭主统治下还是在罗马的统治下（理论上更加仁慈）过得更好。西庇阿对迦太基财宝的处置与穆米乌斯对科林斯的截然不同，他恢复了罗马人之前的做法，即盟友能够从罗马的胜利中获得真实的好处。

迦太基和科林斯遭到洗劫的一年前，罗马举办了世纪赛会，这一赛会在第一次布匿战争的危机中首次举办。西比尔指示他们应该每个世纪举办一次。就这样，在理论上一个人一生的时间里，罗马从地区性势力成了地中海最强大的力量。鉴于举办赛会的那年里出现了公元前 3 世纪时前所未见的大规模毁灭，也许还可以看出，罗马对于在此期间曾发生的变化并没有调整得特别好。事实上，波利比乌斯写道，西庇阿在迦太基被焚时落泪了，他反思各民族的命运，并引用了荷马《伊利亚特》中的句子：

> 有朝一日，神圣的特洛伊将会灭亡，
> 普里阿摩斯和他的人民将会被杀戮。
>
> 　　　　（波利比乌斯，《历史》，38.22，引自《伊利亚特》，
> 　　　　　　　　　　　　　　　　　　6.448—6.449）

西庇阿知道罗马是特洛伊人建立的，而在写下这些句子时，波利比乌斯似乎意识到罗马的政治圈子正处于内部危机的边缘。他将被证明是对的。

第三部分

革　命

公元前 146—前 88 年

第 11 章

提比略·格拉古与人民的主权

在回顾迦太基毁灭后的那个世纪时，有位罗马作家将把当时的混乱归结为失去一个强大对手的道德影响。这位作家就是萨卢斯特——我们将从他那里听到很多事情，他还会声称罗马国家已经被两兄弟的野心撕裂，他们分别是公元前133年和前123及前122年的保民官。同时代的西塞罗也认可他的观点。两人对公元前2世纪上半叶的罗马社会的看法过于美好。打败了汉尼拔的最伟大的一代，已经让位于贪婪的一代。

公元前2世纪80年代的统治阶层已经表现出，他们愿意且能够支持大批处决或监禁数以千计的参与酒神节活动的罗马人和意大利人，并为他们加上非罗马活动的罪名（自由思想是酒神信仰的一部分）。"阿非利加征服者"西庇阿曾经协商，允许迦太基继续作为可生存的实体，而最新的一代人却允许罗马的长官们在行省做出格外残暴的行为。公元前2世纪50年代的西班牙屠杀引发了将肆虐数十年的战争，而利古里亚持续的冲突让罗马的长官们有更多机会做出可耻的行为。在理论上，公元前167年后伊庇鲁斯的毁灭与西班牙人在投降后遭到的屠杀没有区别——两者都属于不负责任地行使权力。公元前146年，科林斯和迦太基遭到洗劫，反映了罗马贵族越来越愿意容许暴力镇压。

再来看看罗马人生活的其他领域，意味深长的一点是，普劳图斯和奈维乌斯令人激动的剧作——后者曾因对贵族家族的负面评论而被投入监狱——让位于泰伦斯古板的喜剧。舞台表演越来越多地同其他娱乐形式（作为献给罗马人民的昂贵和大规模的"公共礼物"）一起竞争公众的注意力。马车比赛仍然是国家资助的活动（赛会，ludi）上最主要的项目，而角斗和斗兽则是由贵族在纪念自己的活动上提供的"礼物"（munera）的内容。除此之外，还有来自东方的新的表演和演员。现在，罗马贵族似乎在将世界各地的资源吸引到自己身边。著名的希腊思想家常常来到罗马，试图通过讲授最新的修辞理论或者展示自己掌握了新的哲学学说来打动元老。东方艺术填满了元老的住宅和公共空间。对于这一切，罗马人民只不过是旁观者。

在这个少数人的财富日益增长的世界里，也有人对这一切意味着什么提出了问题。这些年里，随着更多的罗马人开始著史，对这个主题——在这个变化的世界里，"我们是谁"——的关注变得清晰起来。对该话题的争论的结果不完全是学术的——由于反对将举办世纪赛会的时间定在公元前146年的算法，罗马在公元前126年再次举办了该赛会。

这些年里，作家们之间的争论表明，基本的问题仍然存在：到底这个共同体的真正传统是什么？新一代人中，两位作家卡西乌斯·赫米纳（Cassius Hemina）和卢基乌斯·卡尔普尼乌斯·皮索·弗鲁吉（Lucius Calpurnius Piso Frugi）成了截然不同的观点的代表。我们对卡西乌斯·赫米纳几乎一无所知，但皮索在他的时代无疑很有名：他是公元前 133 年的执政官（尽管在罗马最戏剧性的时刻，他并不身处城中），后来又在公元前 120 年担任监察官。虽然皮索是我们明确已知的第一位称自己的散文体史书为《编年史》（Annals）的作者，但很可能是卡西乌斯首先发明了后来罗马历史写作的标准风格，即围绕着每年当选的行政长官组织起来的编年史，希腊城邦的当地史学家使用这种形式已经有了一段时间。因此，在其核心，罗马史是地方性的——但有一个转折，因为罗马的建城神话表示，世界上所有最有趣的人都曾在某个时刻到过罗马。

想要创造真正意义上的《编年史》，作者需要从公元前 6 世纪初罗马国王被驱逐开始的所有行政长官的名单。第一份名单可能真的出自卡西乌斯之手，因为皮索的作品显然依据了其他人制作的名单（他声称名单中有几位执政官是错误添加的）。卡西乌斯是如何制作他的名单的？"错误"长官的问题无疑表明，名单并没有单一的"官方"来源，而关于某年的标准描述中包括了预兆，这表明材料之一可能是鸟卜师和其他祭司用于记录征兆含义的卷册。其他条目（比如凯旋式）可能是由著名家族给出，而国家的公共记录可能提供了法律和条约文本。无论原始材料是什么，皮索以这份名单为基础创造了一种讲述罗马历年史事的方式，每一年都以在任长官的名字开头，然后讲述国内事件，接着是战争，随后是更多的国内事件。

卡西乌斯·赫米纳似乎追随加图的脚步，对罗马最早传统的起源表现出巨大的兴趣，然后从国王被逐之后的罗马历史快进到他自己的时代。他仅仅用两卷的篇幅就写到了第二次布匿战争，在四卷（或者可能是五卷）本史书的第三卷中对其详加描绘；我们已知他最后谈及的事件是公元前 146 年举办的世纪赛会。

作为自我标榜的新一代知识分子，卡西乌斯和恩尼乌斯一样宣称自己信奉公元前 4 世纪的希腊哲学家犹希迈罗斯（Euhemerus）的理论，即神明是因为其惊人的成就而获得了神之荣耀的凡人。卡西乌斯早期历史中的犹希迈罗斯主义评论包括以下看法：福纳斯（Faunus）——常被认为是具有预言能力的意大利本土神明——实际上是拉丁姆最早的希腊定居者埃万德（Evander）抵达那里时遇到的一个人，埃万德称之为神。

与之类似，赫丘利事实上是一位有希腊血统的健壮农民，他同样生活在拉丁姆，但要早于埃万德到来；因为希腊人非常尊敬埃涅阿斯，所以允许他从他们的队伍中通过，而这创造了人身神圣不可侵犯权（sacrosanctity）的概念。在卡西乌斯的时代，神圣不可侵犯权主要被用于保民官，其他人不能攻击他们，更别提殴打和杀害了。卡西乌斯表示罗慕路斯和雷穆斯是人民选出的，并借鉴了加图提出的建城时间；他还声称罗马传说中的倒数第二位国王塞尔维乌斯·图利乌斯创立了市场日，而最后一位国王"高傲者"塔克文发明了钉十字架之刑。

在第二卷中，卡西乌斯把注意力投向了高卢人的劫掠，暗示引起这场灾难的是没能恪守信仰的人。他的描述中显然认同有一位法比乌斯氏族的年轻成员在高卢人侵占罗马时仍然举办祖先的崇拜仪式，以及元老院曾召开会议讨论在咨询与灾难（包括罗马被占领）相关的神明的意志时出现的违规行为。此外，卡西乌斯表示，作为罗马人口调查中最低的等级，平民也被招募入伍参加对皮洛士的战争——尽管他们通常不会被征召，因为他们负担不起武器，并对来到罗马的第一位希腊医生表示赞许。他还提到，有人"因为他们的平民身份而被从公地上驱逐"（《罗马史学家残篇》，6 Fr. 41）。鉴于他在其他地方说的话，他记录此事时不太可能表示认可。一位认为罗慕路斯是被选出的，是塔克文发明了钉十字架之刑，以及导致高卢人洗劫罗马的技术错误是出自元老院的史学家不太可能暗示，历史会证明元老院的主宰地位是有理的。

皮索选择了不同的思路。与加图相反，他相信"意大利"的名字源于一个表示"牛犊"的词；与卡西乌斯·赫米纳相反，他相信存在神明。他喜欢能够和解的民族，指出罗慕路斯设立了两个节日来庆祝同萨宾人的结盟（之前，因为他劫夺了他们的女人，双方开战）。他还表示，广场上的库尔提乌斯地穴得名于一位萨宾武士，而塔尔佩娅（罪犯的尸体向公众展示的地方以她的名字命名）被称为叛徒是遭到了中伤：她并不想将卡皮托山出卖给萨宾人——那完全是意外，这就是为何人们在这座伟大的山丘上为她奠酒和建立圣所。他认为罗马的第二位国王努马会行神迹；塞尔维乌斯·图利乌斯出色地开创了人口调查；第三位国王图鲁斯·霍斯提里乌斯因为仪式中的违规行为而罪有应得地受到雷击。

皮索提到了一些神迹般的事件，并谴责了新的奢侈行为：曼利乌斯·乌尔索从小亚细亚带回的昂贵的个人奢侈品令人无法接受（罗慕路斯曾是个更加节制的派对参加者）。皮索记录了罗马历史上多个时期的神迹，但也称赞了一位朴素的农民，此人证明自己在土地上取得的成功并非通过巫术，而是通过辛勤劳作。他知道包含了祭司的宗教知识的书卷的最初数量，以及公元前 5 世纪的保民官职务的历史。他赞美贵族们的高尚事迹，特别是某个塞尔维利乌斯（Servilius），他杀死了一个叫麦利乌斯（Maelius）的人，因为后者在没有正当主张的情况下试图成为国王。他还对监察官的一个决定表示支持，即熔毁斯普利乌斯·卡西乌斯（Spurius Cassius）——此人因为提出将公地分给平民而被处决——在自己奉献的神庙前竖立的雕像。

皮索对寻求国王权力之人的看法让人联想起后来让他的执政官任期（公元前133年）变得极为著名的事件。当时，保民官提比略·格拉古通过法案，任命一个三人委员会将公地慷慨地分给意大利各地的罗马公民，并将法律规定一个家庭通常可以拥有的土地数量翻番。格拉古还提出了接管帕加马国王阿塔鲁斯三世财产的法案，后者在遗嘱中要求死后把它们交给罗马。

格拉古推行这些法案引发了震动罗马的讨论，这些讨论与之前几十年里的那些联系在一起。首先面临的问题是：好罗马人是什么样的？在论农业的作品中，加图表示，好农民是最好的士兵。他的书是写给其他贵族看的，表面上向他们提供了如何将自己农庄（都不超过前格拉古时代对拥有土地数量的350英亩限额）的回报最大化的建议。他告诉他们，他们需要知道当地最好的市场，去哪里购买最好的工具，如何管理奴隶，以及进行正确的祈祷。言下之意是，对他们来说，务农要比从行省居民身上牟利更好，罗马贵族应有的价值观是节俭和专业精神。

在加图陈述农业美德的差不多同时，波利比乌斯（错误地）将公元前167年之后希腊经济的衰落归咎于人口的下降。鉴于上述两位极端保守主义者是这样想的，提比略·格拉古的建议——罗马需要通过回归传统的农业价值观来获得道德上的重生——并不特别有新意，也并非不证自明地属于"左翼"。他无疑是在回应某些非常现实的担忧。事实上，当他第一次提出土地法案时，这看上去很可能是罗马面临的最不重要的问题。西庇阿·埃米利阿努斯——他后来将对自己的养表兄的立法计划表达不少敌意——当时不在罗马，正忙于进攻西班牙的努曼提亚，这座城市让罗马军队遭受了一系列令人尴尬的失败。此外，罗马很快还将获悉，阿塔鲁斯遗赠的财产被卷入了一场非常严重的内战。执政官皮索的大部分任期将在西西里度过，他非常残暴地——他热衷于将人钉十字架——完成了对三年前爆发的一场叛乱的镇压。西西里叛乱的导火索据说是因为奴隶主极其残忍地对待自己的奴隶。但事态不止于此，因为平民——他们觉得遭到了富人的压迫——与奴隶同仇敌忾；奴隶的领袖是个叫欧努斯（Eunus）的人，他专长于预言，设立了类似塞琉古风格的宫廷来管理叛乱者。此人叛乱的消息短暂引发了罗马和阿提卡的奴隶起义，其中后者更加严重。小亚细亚的社会动荡同样激烈，在那里，关于更好未来的乌托邦式希望将使一场与格拉古上任差不多同时开始的内战愈演愈烈。

在当时的观察者看来，公元前 2 世纪 30 年代的大问题看上去可能不是意大利农民的贫穷——就像格拉古宣称的那样，而是整个地中海世界的人民拒绝忍受罗马或其代理人的统治。

在一篇著名的演说中（通过两份表述非常相似的后世的材料流传下来），格拉古在介绍自己的立法时宣称，意大利农民被贪婪的富人从自己的土地上赶走。这些富人用国外输入的成群的奴隶取代了小农，而后者需要填满未来征服的军队。意大利的野兽都有自己的巢穴，而为罗马作战的人却没有家；从西西里当下持续的危机中，所有人都能看到奴隶劳动力的危险。拯救罗马的唯一方式是让公民农民重新到那里生活，从已经属于国家的公地中为他们提供土地。他提议将土地分成 23 英亩左右的地块分给个人

（很可能是平民），他们将支付一小笔钱，但不被允许出售这些土地（从而避免了财阀的大规模收购）。已经占有超过350英亩上限的公地的人将被允许永久获得额外的350英亩地，似乎不必为此付钱。

格拉古没有宣称，土地无人耕作是因为人们都被拉去参加地中海周围无休止的战争。事实上，这可以被证明并不属实，因为即便努曼提亚正在开战，参军的罗马人和意大利人的总数也是近一个世纪里最低的。经济混乱的原因之一反而是，在军队中的人不够多，因此没有足够的人能够向其家乡的家人转移财富。意大利不那么富有的地区可能同样受到影响，因为那里的许多年轻农民人口（通常流动性很强）搬到了罗马，参与罗马城的经济，经过一段时间才会返回家乡。

公元前2世纪30年代一个引人注目的方面是，尽管服役人数下降，但仍有大批银币被打造出来。某一批发行的钱币中正面模具（带有钱币正面图案的那些模具，更换频率要比反面模具高得多，因为它们更容易损坏）的数量可以让我们对其相对规模有一些印象：公元前2世纪30年代发行的钱币数量往往要比40年代的大得多。已经确认来自公元前138—前134年之间的正面模具有1700多件，公元前145—前139年之间的则是319件；从公元前141年开始，负责钱币铸造的官员数量从1人增加到3人。

因此，货币供应并不是问题。服兵役也不是问题。问题似乎在于领导者。

围绕努曼提亚展开的战争是问题的一个标志。战争于公元前2世纪40年代中期爆发，发起者是维利亚苏斯（Viriathus），公元前150年加尔巴发动的屠杀的幸存者。公元前140年，维利亚苏斯取得了对罗马军队的重要胜利。公元前 137 年，由执政官曼基努斯（Mancinus）统率的一支新的军队被迫在努曼提亚投降。提比略·格拉古已经谈好了条款，但元老院否决了这份条约，这让他感到不满，于是他自己回国，把赤裸和被缚的曼基努斯留给了努曼提亚人，后者将其交还。

曼基努斯的投降和两年后的又一场大败，对罗马军队在多大程度上适应了他们作为驻军的新使命提出了疑问。考古学家在努曼提亚发现的攻城设施的遗迹，让我们对这一适应过程究竟可能牵涉到什么有了一些了解。其中一点是清楚的，即军团的规模从 4000 人左右增加到 5000 人左右，但指挥结构仍然与几个世纪以来的大同小异。这意味着军团没有自己的指挥官，而是由六人军政官组成的委员会率领，这些军政官均为年轻人。监督他们的是财务官——在他和统兵将军之间没有别的层级。考虑到军官缺乏基本的经验，行动的指挥和管控必然是通过百人队长实行的，当时他们仍然由自己的部属选出。这不会是一个强有力的指挥体系，特别是对将军来说，他们会需要与只有一部分是自己招募的军队打交道。这可能还帮助解释了为何罗马的军事行动如此低效，以及为何西班牙战争变得如此不受欢迎。

指挥权的每一次变更本质上都是政治上的，而非军事行动的程序，这导致很难改变行事的方式。"阿非利加征服者"西庇阿尝试过名为大队（cohorts）的新编队，它们要比传统上 120 人的罗马中队（maniples）更有纵深且规模更大。努曼提亚的军营暗示，当西庇阿·埃米利阿努斯出现时，这种编队被重新引入在西班牙的军队。西班牙军队的另一个特征是，现在骑兵都从行省招募——罗马上层成员不再愿意去一个无法保证能迅速带来战利品的地方作战。

随着战争的延续，需要改变某些东西变得显而易见。而改变的确出现了。公元前2世纪30年代在政治激进主义的气氛中开始。公元前140年，因为对征兵的控诉，保民官试图阻止上一年的执政官昆图斯·庞培乌斯（Quintus Pompeius）出征西班牙；公元前138年，两位保民官反对执政官进行征兵，并将他们逮捕。而在公元前139年，一位法政官试图禁止占星家进入罗马，因为他们会"误导"罗马人民。正是在这种动荡的背景下，两部法律彻底改变了罗马的政治格局——它们引入了秘密投票。公元前139年通过的第一部投票法将秘密投票引入选举；后世的一位作家称该法"将人民从元老院分离"（西塞罗，《论友谊》，41）。第二部法律于公元前137年通过，将书面投票引入公共审判。这发生在几起引发丑闻的无罪判决之后，西庇阿·埃米利阿努斯似乎是这项法案的幕后推手。西庇阿甚至可能还支持过他的好朋友盖乌斯·莱利乌斯（Gaius Laelius）引入的法案，即提议将公地分配给穷人。面对元老院的强烈反对，莱利乌斯放弃了这一做法。那是在公元前140年。

鉴于七年前大致相同的土地法案曾被讨论过，以及格拉古的思想同加图的相似，格拉古不能被视作特别具有革命性的思想家，或者比其他保民官更明显地"反元老院"。此外，他在法案中提出接受土地的人应该支付租金，这使得第二次布匿战争期间开始的公地商业化的临时做法得到延续；而将拥有土地的规模上限翻倍则完全是对富人的馈赠。这两个条款都不表明，格拉古将该法案视作给受压迫者的礼物。他可能真的相信，道德价值与田地劳动存在联系；他相信自己所做的事在道德上是正确的，在财政上是可行的。问题在于，在做自己认为正确的事时，通过主张罗马人民控制罗马国家这一潜在的原则，格拉古可能唤醒了"沉睡的主权"。

格拉古并非普通的保民官。他是"阿非利加征服者"西庇阿的外孙。西庇阿的女儿本人也值得一提，格拉古的父亲提比略·森普洛尼乌斯·格拉古同样如此，我们已经提到过，他是公元前 177 年的执政官，也是公元前 169 年引发争议的监察官之一。小格拉古的其他人脉包括他的岳父，公元前 143 年的执政官和前 136 年的监察官阿皮乌斯·克劳狄乌斯·普尔克，而阿皮乌斯·克劳狄乌斯被李基尼乌斯·克拉苏贵族氏族收养的亲生兄弟则是提比略的弟弟盖乌斯的岳父。提比略还能够依靠普布利乌斯·穆基乌斯·斯凯沃拉（公元前 133 年时皮索的执政官同僚）的支持，后者是一位杰出的律师，可能本人也是历史学家。公元前 141 年，作为保民官的他起诉公元前 142 年的法政官在职时贪腐，并在部落大会上成功将其定罪。

一些人想到提比略的朋友和家族，因此更担心的可能不是意大利土地的问题，而是一些世界上最有权势的人组成"评判和分配土地的三人委员会"（triumviri agris iudicandis assignandis）的可能性。该委员会将决定哪些土地可供分配，以及谁会得到它们。他们的决定是无法申诉的。这看上去很可能更像是贵族的政变，而不是拯救罗马的努力（或者说，鉴于他们最近面临的领导问题，这是一场旨在拯救罗马的贵族政变）。

元老院拒绝通过支持提比略法案的决议——这也许并不完全让人意外，但在那个时代，人民的权力曾被公开讨论，而保民官又常常自我标榜为让人民免受长官欺凌的保卫者，我们也不应对提比略直接将自己的法案呈交给人民感到惊讶。当保民官马尔库斯·屋大维乌斯（Marcus Octavius）——据说他与占据远超合法数量的公地的个人结盟——否决了该法案时，提比略召集人民大会，想要以此人的行为不符合他们的利益为由将其罢免。

在此前的半个世纪里，面对类似指控的保民官往往会屈服，而且波利比乌斯表示保民官是服从于人民的，因此提比略·格拉古的观点背后有其先例。尽管如此，马尔库斯·屋大维乌斯没有让步。当35个部落中有17个投票罢免他时——差点就达到多数，格拉古请求他撤回否决的决定，但他的态度仍然坚决。直到清点了第18个部落的投票后，他才被罢免。格拉古为所发生的事辩护的演说恰好有一个版本保存了下来。如果这真正反映了他所说的——这无疑符合关于他推动土地法案的描述，包括诉诸对罗马历史的意识，那么我们可以看到，统治阶层正在发展的历史意识在公共话语中变得多么重要：

> ……如果保民官宣布人民（的决定）无效，那他就不是保民官。保民官有权逮捕执政官，但当他用这种权力来对付授予它的群体时，人民却不能剥夺他的权力，这难道不可怕吗？人民选出了执政官和保民官。王权除了集中所有的权力，却也通过最神圣的仪式把自己献给神明；罗马城因为塔克文做的坏事而将他驱逐，因为一个人的傲慢，建立了罗马的力量遭到推翻。此外，在罗马，还有什么制度像照管和看护不灭之火的贞女那么庄严而神圣？但如果她们中有人犯了错，就会被活埋。由于对神明的不敬举动，她们失去了因自己为神明服务而获得的神圣不可侵犯权。因此，对人民做出不公

正行为的保民官不应保有因其为人民服务而获得的神圣不可侵犯权，因为他摧毁了自己权力的来源。如果他可以凭着部落投票中的多数而成为保民官，那么通过他们全体的投票罢免他岂非更加正当？

（普鲁塔克，《提比略·格拉古传》，15.4—15.7）

屋大维乌斯被罢免后，提比略召开大会，对他的土地法进行投票；据说，人们从意大利各地赶来支持它，该法获得通过。提比略·格拉古、他的弟弟盖乌斯·格拉古和阿皮乌斯·克劳狄乌斯当选为三人委员会成员。

人民拥有立法权，但元老院有权控制公共活动的拨款。波利比乌斯写道："显然，总是必须向军队提供给养；没有元老院的决议，粮食、衣物和军饷都不能供给。"（波利比乌斯，《历史》，6.15.4）元老院拒绝向提比略提供按照惯例分配给执行公务的官员的帐篷，还将他的每日开支定为不超过 1 个第纳里。

这时，消息传来，阿塔鲁斯三世已经去世，他生前希望将财产留给罗马。阿塔鲁斯王国的北部正在爆发内战的消息可能也已传来：有个叫阿里斯托尼科斯（Aristonicus）的人对王位展开争夺，就像之前自称是珀尔修斯之子的安德里斯科斯那样。阿里斯托尼科斯在色雷斯集结军队，宣称自己是阿塔鲁斯的真正继承人，并入侵了这个王国。元老院对阿塔鲁斯的遗赠犹豫不决，他们曾经拒绝了托勒密八世的类似馈赠，后者将昔兰尼加留给了罗马。提比略宣布，他将向人民提交两项法案，其中一项是接受阿塔鲁斯的遗赠，将其用于土地委员会的工作。另一项法案与亚细亚的城市有关，显然要求由人民而非元老院来决定如何使用阿塔鲁斯王朝未来的收入。

像提比略行使的这种人民权力无疑是存在的，因为波利比乌斯（当时他与西庇阿·埃米利阿努斯在努曼提亚）可以指出它曾被使用过的场合。对提比略来说，不幸的是，波利比乌斯其他可能的读者，或是那些在其他地方接触过希腊政治理论的人将会意识到，民众领袖可能成为僭主，而凭借其熟练的口才和表演天分，提比略极其符合民众领袖的模板。他还能做到其他人做不到或不愿做的，即组织乡村投票者，可能利用了在罗马的部落办事处。

公元前 133 年夏末，格拉古和元老院爆发了新的争执。格拉古想要再次担任保民官。尽管对何时能够竞选公职设定限制的《维利乌斯法》（lex Villia）只禁止了治权持有者的连任，但他的做法并没有直接的先例。第一天，召开选举大会的保民官——对该发生什么感到不知所措——在投票已经开始后解散了会议。第二天，他召开新的大会，这次是在卡皮托山，并限制了投票者人数——很可能仅包括那些能够被视作格拉古支持者的人。与此同时，元老院在同样位于卡皮托山的信义女神庙中开会，讨论采取什么行动。元老院听到传言称，暴力已经在选举中出现——而格拉古可能试图称王。这时，尽管主持会议的穆基乌斯·斯凯沃拉拒绝采取任何官方行动，但格拉古的表兄西庇阿·纳西卡集结了一群愤怒的元老，他们拿着从破旧家具拆下的棍棒攻击了选举大会。当械斗结束时，人们在卡皮托山朱庇特神庙的入口旁发现了格拉古的尸体。

提比略·格拉古的遇害引发了混乱和一些冲击。法政官波皮利乌斯率先对其支持者发难，未经审判就驱逐了一些人，很可能还处决了一些地位较低的人，同样未经审判。意味深长的是，考虑到保民官是神圣不可侵犯的个人，谋害他们是巨大的不虔敬，但没有人遭到起诉，尽管西庇阿·纳西卡被要求离开罗马，作为五人使团的成员前去组建亚细亚行省。公元前 132 年，他在帕加马遇害。反对格拉古立法的西庇阿·埃米利阿努斯可能让事态变得更加复杂，他散布了一条神谕，大意是新的国家领导者将来自西班牙。

尽管格拉古的敌人们试图进行恐吓，但形势开始对他们不利。土地委员会开始工作，克拉苏取代了格拉古的位置。克拉苏在公元前 131 年当选执政官，后来又被选定代替西庇阿·纳西卡出任大祭司（pontifex maximus）。公元前 131 年或前 130 年，保民官帕皮里乌斯·卡尔波（Papirius Carbo）通过法律，正式允许保民官连任，以及在立法大会上使用秘密投票。有趣的是，没有出现像公元前 138—前 134 年那样的大规模制币；公元前 133—前 130 年，我们可以认定的新的正面模具大约有 580 个，暗示委员会的行动事实上没有对国库造成巨大的压力。

局面看上去可能已经回归正常。土地委员会的活动没有带来任何重大变化，或者看上去如此。罗马获得了一个新行省，还没有人意识到它将带来巨大的好处，但亚细亚将被证明是收益巨大的，从而在罗马统治阶层正在经历的经济转型中扮演重要角色，而许多意大利人则对土地委员会的活动深感不满。更重要的是，格拉古证明了可以通过直接诉诸人民来绕开传统行为模式，通过发明不依赖于标准国家部门的新行政团体来绕开传统的统治。从长期来看，这一发现将提供这种机制——罗马的传统统治将通过它彻底改变。

第 12 章

盖乌斯·格拉古与承包商的崛起

摧毁了努曼提亚后（当地人选择了集体自杀），西庇阿·埃米利阿努斯回到罗马。与此同时，西西里的叛乱终于在公元前132年结束。在努曼提亚，西庇阿依靠了他在整个职业生涯中积累起来的人脉，包括那些来自努米底亚王国的。马西尼萨在迦太基围城战期间去世，但他的儿子米基普萨（Micipsa）派人帮助罗马作战。这些人中的一个是米基普萨的侄子朱古达（Jugurtha），我们将在几年后看到他扮演截然不同的角色。现在只需指出，作为对其效劳的肯定，西庇阿推荐米基普萨收他为养子——后者照做了。据说，朱古达在西庇阿营中与许多罗马贵族成为朋友。至于那些朋友中是否有盖乌斯·格拉古，我们只能猜测。

西庇阿安顿下来，开始了他期待中的漫长和充满影响力的生涯。公元前1世纪文坛最伟大的人物马尔库斯·图利乌斯·西塞罗，设想了公元前129年他在自己的庄园里同朋友们讨论罗马政体的性质。理所当然，作为波利比乌斯的朋友，西庇阿被想象成支持均衡的制度，但也对君主制表现出一些奇特的兴趣。西塞罗表示，他还强烈反对提比略·格拉古的行动。这并非西塞罗的幻想，因为当三人委员会的行动引发的抱怨从被激怒的各个意大利城市传到罗马时，西庇阿自告奋勇地充当了它们在元老院中的利益代表。后来，他非常突然地去世了。

公元前 129 年，西庇阿·埃米利阿努斯的去世让罗马损失了一位真正有才干的军人，而与此同时，人们开始看到，亚细亚的形势要比任何人意识到的复杂得多。公元前 131 年，克拉苏率军出征，于公元前 130 年被阿里斯托尼科斯打败并阵亡。直到两年后，阿里斯托尼科斯才最终从画面中消失——这与罗马军队同该地区的希腊城市建立同盟关系的时间大致吻合。那些城市的领袖认为阿里斯托尼科斯对他们舒适的寡头社会构成了威胁，因为此人坚信社会平等的乌托邦式观念。同时，第一次出现了建立在运作正常的东方王国的基础上的行省，它的税收体系可以很方便地由新政权接管。在战后的最初安排中，收入是通过总督上缴的，这显然让那些希望分一杯羹的人耿耿于怀。亚细亚的总督职位成了大受欢迎的职业选择。

公元前 2 世纪 20 年代期间，亚细亚的税收只是引发有思考力的罗马人关心的问题之一；更接近本土的一个问题是土地分配中意大利人和罗马人的相对地位。委员会收回的大部分是意大利人占有的公地，这引发了大量的不满。公元前 125 年，弗雷格莱的情况变得非常严重，据说那里的一些居民密谋反叛罗马。当年的罗马城法政官卢基乌斯·奥皮米乌斯（Lucius Opimius）马上率军南下，他摧毁了该城，迁走了部分人口。一年后，名为新费伦提娜（Ferentina Nova）的新城建成，很可能是为那些"没有参与阴谋"的弗雷格莱人建造的。奥皮米乌斯的举动——它让人想起之前在意大利各地的，以及不久前对西西里人民的残暴之举——

表明，帝国的上层阶级在提比略·格拉古遇害后的负罪感都已经不复存在。

弗雷格莱的毁灭是提比略的弟弟盖乌斯·格拉古担任保民官的背景，公元前 124 年，后者开始占据舞台中央。他参加公职选举，专注于宣扬自己的道德正直，并让选民确信，他认为对杀害他哥哥的凶手的追究还不够，以及国家迫切需要改革。盖乌斯的政治纲领的核心是面向全体罗马人的公开、诚实和公正，这比任何国内政客的计划都要复杂得多，并且附带着一些关于如何更有效利用帝国资源的清晰思考。虽然用自己哥哥的命运作为号召，但盖乌斯不是提比略。提比略的计划面向过去，着眼于幻想中的黄金时代，盖乌斯的则面向未来。

盖乌斯·格拉古不无支持者。该时期的文献表明，他与几个志同道合者合作，能够依靠他们通过立法，来推进自己的计划。与希望创造一个强大的贵族派系的哥哥不同，盖乌斯渴望建立一个组织，使其致力于高效和包容性更强的统治概念，它将反映承包商阶层这一日益扩张的政治群体。

盖乌斯的支持者们向我们提供了关于他任职期间的和关于那个时代的政治精神的主要证据。公元前 122 年的保民官马尔库斯·阿基里乌斯·格拉布里奥（Marcus Acilius Glabrio）将通过一项关于勒索罪的法律，对盖乌斯的计划具有特别的意义。它的一部分保存在曾经归枢机主教皮埃特罗·本波（Pietro Bembo）所有的一块青铜版上，此人一度是卢克蕾莎·波吉娅（Lucrezia Borgia）的情人。该法表示，任何罗马公民、拉丁人、盟友或异邦人，或者任何"在罗马人民的裁决、支配和友谊的控制下"的人，都能够在法政官主持的新法庭上，诉请归还被罗马长官偷走的财产。法政官将为申诉者指定一位罗马庇护人，并每年制定一份 450 人的名单，从中选出 50 人组成陪审团。有法条对等待开庭的时限做了严格规定，并允许控方传唤最多 48 名证人。陪审员违规的可能性受到高度重视，对审判的最后如何投票也有详细规定。这些票由法政官分发，一面是 a（absolvo，无罪），一面是 c（condemno，有罪）。每名陪审员会去掉他不想要的字母。两名陪审员将公开清点投票。如果判决有罪，法政官会马上扣押被告的财产，任命一个委员会来决定对原告的合理赔偿。法政官尤其应该注意控方和辩方的勾结。如果控方获胜，原告将获得罗马公民权，如果他要的话。

阿基里乌斯的法律最值得一提的方面，是他对陪审员候选者的界定，即 18 个"拥有公共马的骑兵"百人队中那些并非元老或元老近亲的成员。这一排除条款使得承包商阶层的重要成员（他们往往是那 18 个百人队的成员）能够对行政长官进行评判。随后三十年间一场关键的政治冲突将是行政长官们试图从承包商手中夺走对法庭的控制，并防止承包商阶层人数可能的大幅增长（如果把罗马公民权授予意大利贵族，这将不可避免地发生）。意大利贵族已经与政府承包商有了经济联系，他们的政治利益也将对后者的进行补充。正如承包商们通过法庭寻求政治权力，意大利贵族也将寻求加入罗马国家。

对格拉布里奥或盖乌斯来说，勒索罪法的长期影响可能并不明显，但他们显然认为，罗马社会面临的问题远不止于行政长官的腐败行为。该法中要求公开透明的条款背后是确凿的想法——罗马社会因为统治阶级的权钱交易而不断受到破坏，解决这一问题的唯一办法是将国家的所有活动置于公众的监督之下。在第一

图 9 记录了《阿基里乌斯法》的青铜版的一部分，该法于公元前 122 年设立了勒索罪法庭。这部分文本包括调查串通舞弊和授予公民权的法条

次当选保民官的前一年，盖乌斯抱怨秘密行事破坏了罗马的传统，指出没有人因为他哥哥的死而受审，但在"古时候"，如果有受到死刑指控的人被传讯时，号手会站在他的房子前，用号角声传唤他。在这之前，不能做出任何判决。

对创造一个更公平社会的关心贯穿了这一年和前一年的其他立法记录。公元前 123 年的前两部法律着眼于盖乌斯认为的、与他哥哥遇害有关的罪行：其中一部禁止某个被罢免的人再次寻求担任公职；另一部法律规定，未经审判放逐他人的行政长官应受到起诉。这看上去像是试图防止出现公元前 133 年和之前的那种行政长官发动的大肆屠杀。另一些法律禁止征召 17 岁以下者入伍，并取消了士兵自购装备的要求。还有一部禁止瓜分某些公地的土地法，以及一部在南意大利设立两个新殖民市的法律。最后就是那部粮食法。

盖乌斯的法案保证，在罗马的罗马人能获得带有补贴的粮食供给，在接下去的一个世纪里，它将被证明与勒索罪法同样具有影响。罗马有着在危机时为粮价提供补贴的悠久传统，但这一体系有点不可靠。营造官控制着补贴资金的分配，而罗马的一些最富有的家族控制着储存粮食的仓库——甚至包括作为税收从西西里行省征收的粮食。无法证实任何关于仓库拥有者和营造官合谋的假设（特别是因为有充分证据表明，主要仓库之一的所有者苏尔皮基乌斯氏族有不诚实的行为），但显然，个别营造官在有需要时不得不依赖个人和家族人脉来获得粮食。公元前 123 年之前有过一些收成不好的年份，我们有直接的证据表明，梅特鲁斯利用在马其顿的家族人脉获得了一大批粮食。格拉古的法律改变了这一切。首先，他将每月份额（略高于 43 升）的粮食价格定为大约一又三分之二个第纳里。其次，他宣称每位自由的罗马男性都有资格以这个价格获得粮食（有个故事说，他看到卡尔普尼乌斯·皮索也在排队领取自己的份额，此人之前曾经称赞对试图用这些法案"收买"罗马人民者进行的暴力镇压。皮索显然想证明，该法纯属浪费，因为它让像他这样的人获得了便宜的食物）。最后，格拉古设立了国家管理的粮仓。从此，罗马粮食供给的管理将成为至关重要的问题。当时，这非常契合格拉古为确保政府活动的重要领域的透明度所做的努力。

　　除了设立勒索罪法庭的法律，公元前122年的立法方案包括一部在迦太基建立殖民市的法律［由同僚卢布里乌斯（Rubrius）起草］。我们不清楚的是，盖乌斯何时通过了那些极其重要的法律，它们将亚细亚行省的征税交给包税人（publicani，公共承包商），还规定在每次执政官选举前都要决定各个行省将被交给哪位执政官。

　　盖乌斯想要非常彻底地改变罗马的行事方式。他的立法纠正了一些明显不公平的做法——比如在一个能够负担得起如此庞大的营建计划的国家，士兵们必须自费购买装备，其重点是限制元老院的自行裁量权，并扩大人们对政府事务的参与。他大概没有立法将公民权扩大到全体意大利人和盟友，就像我们的材料声称的，或者将元老院的规模翻倍。这些法案在当时很可能只是传言。两者看上去与勒索罪法背后的动机——将元老排除在外——背道而驰，更别提该法的假设了，即非罗马人事实上可能并不想成为罗马人。

　　鉴于其方案的激进性质，盖乌斯·格拉古在罗马树立了大量敌人，这几乎不让人意外。不过，他们等到他身在北非时才开始发难，当时他是被派去那里建立殖民市的三位官员之一。该殖民市根据卢布里乌斯的法律建立，将向迦太基旧址上的定居者非常慷慨地分配土地。格拉古离开后，保民官李维乌斯·德鲁苏斯（Livius Drusus）通过了另一部法律，在意大利设立12座新的殖民市。他希望由此让人民相信，他们不需要格拉古来保护自己的福祉，同时暗示格拉古可能更倾向于之前提到的法案，即将公民权授予非公民。这对普通罗马人来说是极其不受欢迎的想法，他们完全不愿分享现在开始流向他们的帝国的财富。此外，还有流言称，格拉古或他亲密的副手弗尔维乌斯·弗拉库斯谋害了西庇阿·埃米利阿努斯。

从北非返回后（可能是在其为第三次担任保民官进行的竞选活动中），格拉古在广场上做出了类似表演的举动。他拆除了圆形剧场的前排座席（通常属于元老），好让"每个人"都能欣赏演出。此举无法改善他的处境，他没能连任。弗雷格莱的刽子手卢基乌斯·奥皮米乌斯在执政官投票中拔得头筹。

公元前 121 年就任后，奥皮米乌斯宣布将废除卢布里乌斯法。1 月初，在卡皮托山举行的公共祭祀上爆发斗殴，一位助祭被杀。这被归咎于格拉古。第二天，当元老院在广场上开会时，格拉古和他的支持者占领了阿文丁山上的狄安娜神庙，这处圣所被同罗马早年的平民运动联系在一起。随着阿文丁山和广场之间的沟通宣告失败，已经带领弓箭手入城的奥皮米乌斯让元老院通过了一份决议，这使他可以采取任何必要的行动来确保国家不受伤害。

奥皮米乌斯把这理解为一份杀害盖乌斯·格拉古及其盟友的邀请。他的弓箭手不出意料地攻击了阿文丁山上的格拉古支持者。在随后展开的混战中，格拉古、弗拉库斯和其他大约 3000 人被杀。奥皮米乌斯下令逮捕了更多的人，指控他们为格拉古的支持者，然后在广场上的国家监狱中绞死了他们。他们的财产被没收，尸体被扔进台伯河。死者的家属被禁止公开哀悼他们。

在奥皮米乌斯击败盖乌斯·格拉古的同时，他的执政官同僚昆图斯·法比乌斯·马克西姆斯正与前一年的执政官格奈乌斯·多米提乌斯·阿赫诺巴尔布斯（Gnaeus Domitius Ahenobarbus）在法兰西南部作战。通过一系列胜利，他们建立了日后的罗马行省山外高卢（Transalpine Gaul），而多米提乌斯·阿赫诺巴尔布斯则修建了一条贯穿南法的道路，将意大利北部和西班牙连接起来。虽然当时没人能够预料到，但这个新行省将暴露于法兰西中部和更北面的部落攻击之下，而这为一位野心勃勃的总督提供了机会——将导致罗马传统统治形式的终结。颇为讽刺的是，就在罗马人民的奋斗目标似乎遭遇了无可挽回的挫折的那一年，法兰西的土壤中已经深深埋下了罗马寡头统治毁灭的新种子。

随后的几年间，反对格拉古式平民主义的力量打破了曾被波利比乌斯视作罗马政制之优势的那种平衡，取而代之的是不受限制的寡头统治，由变得日益富有的主要贵族（他们现在开始如此称呼自己）家族主导。公元前121—前109年，卡伊基里乌斯·梅特鲁斯氏族有五名成员担任过执政官，还有一人是卡伊基里娅·梅特拉的丈夫，她是其中三人的姐妹，以及另外两人的堂姐妹。此外，卡伊基里娅·梅特拉的一个侄女嫁给了公元前115年的执政官马尔库斯·埃米利乌斯·斯考鲁斯（Marcus Aemilius Scaurus），后者一度被视为元老院无可争议的领袖，或者用西塞罗的话来说，是个"点一下头就能统治世界"的人（西塞罗，《为丰特尤斯辩护》，24.1）。来自一个家族的七名血亲或姻亲成员在十三年内陆续担任执政官，这是史无前例的。

盖乌斯·格拉古的保民官生涯中最重要的方面是权力从元老院转向承包商阶层。承包商们很快发现，在富饶的亚细亚收税能够带来无限的获利机会——如果人们需要钱来交税，那么罗马的银钱商可以提供高息贷款。罗马总督不太可能介入，因为他们可能受到一个由承包商的生意伙伴组成的陪审团的起诉。国家无法染指新钱的涌入，这将很快以盖乌斯·格拉古——他似乎是个真正诚实且正派的人——几乎无法想象的方式重塑罗马的政治格局。

第 13 章

一位批评者的观点

格拉古土地法案的要旨在于，三人委员会分配的土地仍然是公地，选出的定居者不得出售它们。该法的一部分保存在枢机主教本波的青铜版背面，它允许这种土地在公元前 111 年出售。这一条款考虑到的情况正是提比略·格拉古声称的罗马所面临困境的核心，即农民的土地被富有的地主吞并，后者刚刚开始可以建立越来越大的庄园。到了公元前 2 世纪末，我们看到意大利的经济面貌发生了变化，公共承包合同带来的大笔资金支持了新的个人财富。这些改变的明显标志是发展出了以私人别墅为中心的大型庄园，以及将希腊城市建筑元素与大量复制自希腊原作的艺术品结合起来的昂贵私人住宅。

大致说来，公元前 2 世纪之前的罗马上层阶级的居所有两种建筑风格。在农村是"阿提卡风格"的农宅，它们建造精良，但设计相对简单。在城市，普通房屋（临街一面可能有店铺）由大门进入，通向中庭，后面是名为档案室（tablinum）的另一个房间，两侧为私人空间。该风格最早的变体出现在公元前 3 世纪初，会在中庭的四边加上列柱廊（peristyle）——这种特征借鉴自希腊的公共建筑，以雨水池（impluvium）为中心。

公元前 2 世纪下半叶，通过增加"公共"建筑来扩大房屋的做法在罗马的富人阶层中变得普遍得多。总是有人能够负担得起在罗马周边或帕拉丁山上的庞大豪宅，但水泥这种新的建筑材料的出现不仅推动了建筑创新，还催生了一种新的内部装潢，让人们可以在家庭空间中创造出公共建筑的典型特征。公元前 100 年之前，帕拉丁山上至少有一座宅邸拥有围绕着内部花园的列柱廊，而西塞罗也想象了公元前 129 年，西庇阿·埃米利阿努斯和朋友们在其位于图斯库鲁姆的宅邸的列柱廊院子里对罗马的理想政治制度展开辩论。

到了公元前 1 世纪的第一个二十五年，出现了像斯塔比亚的阿利亚纳别墅（Villa Arianna）和圣马可别墅（Villa San Marco），以及庞贝的秘仪别墅（Villa of the Mysteries）等庞大宅邸。与这种规模的扩张同时出现的是，人们越来越多地使用进口的希腊家具（精美的餐桌似乎特别受欢迎，我们的材料中有时会特别指出它们是奢靡之物）；还有私人空间组织的改变，比如让厨房区和厕所尽可能远离房屋的公共区域；以及规模越来越大的奴隶仆从。在乡村家庭中，尽管提比略·格拉古有过抱怨，但奴隶的数量较少——他们既昂贵，在经济上也低效，因为在乡间别墅管理的大部分土地上生活的都是佃农。

我们对于这些年里有多少钱从罗马贵族和承包商阶层手中流转有所了解。诚然，我们获得的数字是印象式的——它们来自对过高价格的厨师、贿赂和诸如此类事务的描述，但能够让我们对新财富的规模有一定认识。因此，虽然有的数字是夸大的，比如据称该时期最富有的人拥有大约 1600 万第纳里的财富，或者马尔库斯·埃米利乌斯·斯考鲁斯（他吹嘘自己赚得了巨大的财富，尽管继承的遗产很少）为一位新厨子支付了 17.5 万第纳里（名厨尽管总是奴隶，但身价很高），不过另一些数字看上去是真实的。比如，有个囊中羞涩的执政官从一个西班牙部落那里收取了 8400 第纳里的贿赂（想来他觉得这是一大笔钱），而波利比乌斯表示，西庇阿·埃米利阿努斯的个人财富略多于 40 万第纳里，并掌管着另外的 33.6 万第纳里，用于支付他的两位姑姑（分别是格拉古兄弟和杀害提比略的凶手西庇阿·纳西卡的母亲）的嫁妆。波利比乌斯认为那是一大笔钱，尽管这要远少于公元前 1 世纪时一位中等收入的元老——我们的朋友西塞罗——的财富。

波利比乌斯估计，西班牙银矿每年能带来大约 800 万第纳里的收入，这很可能相当于罗马年总收入的五分之一左右。考虑到一位元老的财产的最低价值是 10 万第纳里，即便在当时，元老院的 300 名成员控制的财产也可能要远远超过 3000 万第纳里（西庇阿的产业在当时是特别高的，但其他大部分元老的财产也可能大大高于人口调查所要求的下限）。这些产业能带来 5% 左右的预期收益率，意味着即便按照非常保守的估计，整个元老院的年收入也要超过 150 万第纳里。

元老院的收入相当于国家年收入的 5% 很可能是保守的估计，但仍然让我们对可能的情况有所认识。同样有意思的是，波利比乌斯表示，贵族们在打理他们的钱财方面非常精细，希望每一次都能获利（这既有点令人担忧——他们毕竟是政府官员，也表明斯考鲁斯关于自己如何通过元老身份致富的说法不会让他同时代的人感到震惊）。不过，无论贵族成员对获利多么感兴趣，我们提到的那些金额都不足以组建一支私人军队——直到公元前 1 世纪 90 年代末和那个世纪更晚些的时候，我们才会看到有人做到这点。

新的白银的涌入催生了日益复杂的银钱商共同体，在一个复杂的环境中（地中海的不同区域使用几种不同的货币体系）成倍放大了新收入的影响。为了应对货币体系的不同，大规模商业交易是根据银钱商共同体制定的汇率，通过银行汇票完成的（当时完全不存在国家监管）。

银钱商往往是奋力追求财富和权势的人，他们并非贵族，而是向那个方向努力的个体。他们的私人主顾中既有商人，也有在困难时期需要渡过难关的中等收入者。与一般的罗马贵族不同，意大利或其他地方的普通人没有很大的容错空间。不过，也有些借款者是共同体，它们在理论上更有偿付能力，对意大利银钱商很有吸引力。

吞并亚细亚后，随着东地中海大门的打开，主要由商人和银钱商组成的意大利人社群迅速扩张。有的想要走出意大利并提高社会地位，无意返回家乡。比如，一段记录了吕西亚（位于今土耳其南部，处于亚细亚的边界之外）某个特别乏味的节日的文本中提到，当有个罗马人在赛马中胜出后，他宣称自己是他已定居的吕西亚城市特尔梅索斯（Telmessus）的公民。但也有人希望回国并获得更高的社会地位。

当然，在公元前 2 世纪的东爱琴海，意大利人几乎算不上新奇。有记录表示，来自布伦迪西乌姆（布林迪西）的一艘船在爱琴海西边的安德罗斯岛上接到了一位公元前 3 世纪著名的亚该亚政客，载着他沿土耳其西海岸（船主在那里有买卖）前往埃及。德尔斐长久以来一直很重要，无论是因为那里的神谕还是建筑物的重要性——埃米利乌斯·保卢斯在那里建立过一座巨大的纪念碑，以庆祝他对珀尔修斯的胜利。在色萨利，商人们似乎追随着弗拉米尼努斯军队的胜利脚步，以社群形式定居下来，被当地人称为"穿托袈者"。意大利商人参与了从希腊北部向意大利的粮食出口，作为被盖乌斯·格拉古规范化的补贴后的粮食分配的一部分。不过，成为重要中心的是提洛岛，无论对于意大利定居者，还是作为同新的亚细亚行省和周边地区贸易的中心。它的发展在亚细亚被吞并前就已开始，早在公元前 167 年，那里就被宣布为避税港，以便将贸易从罗得岛吸引走。

虽然严格说来属于雅典，但提洛岛拥有作为宗教和商业中心的悠久历史，而且雅典的行政当局完全是不干预的。今天，通过房屋和公共建筑的遗迹，以及大量的铭文（表明存在一个银钱商和奢侈品商人的社群，他们与希腊社群共同繁荣，互动良好）可以追溯来到提洛岛的意大利人的踪迹。无论来自何方——我们在提洛岛看到的大部分意大利人来自拉丁姆、坎帕尼亚或阿普利亚，他们都很轻松地与彼此融洽相处，常常自视为"罗马人"，无论他们的真正公民身份是什么。他们运往西部的商品满足了日益精致的奢侈生活，但需要强调的是"日益"，因为我们在提洛岛和后来在意大利看到的东西不是新的——普劳图斯的角色给自己洒的东方香水与这个时代的宴会参与者使用的一样——而是一种之前只吸引较狭窄受众的现象发生了大规模扩展。

对这种新常态的一位激烈的批评者名叫卢基利乌斯，他的作品（和许多人的一样，只保存在后世作者的引文中）创造了讽刺诗这种拉丁语文体。写作又多又快的卢基利乌斯是西庇阿·埃米利阿努斯的朋友。他不认同奥皮米乌斯——认为摧毁弗雷格莱是打压异己，但也不是格拉古兄弟的支持者。他的主题非常广泛：

他可以从角斗士的视角想象一场角斗表演；他用赞许的口吻写了一首关于努曼提亚围城战的诗，但也写过批评罗马在西班牙行径的诗。他可以写性、哲学和食物，也可以写文学。他在用诗体写的修辞理论中使用了希腊术语，提到了银钱商赚取巨额利润的能力，还称赞那些满足于简朴生活的人，但他也不带明显同情地评价那些获得补贴价粮食的人。他暗示，在亚细亚收税会是个挑战，可能因为当地人会试图欺骗你。

卢基利乌斯诗歌的范围远远超越了传统的史诗和戏剧形式，而且他愿意直接讨论时事问题，这可能与当时出现了更加直白的政治回忆录有关。加图在他的史书中收录了自己的两篇演说，盖乌斯·格拉古更是写了回忆录，其中对自己哥哥引入土地法的决定做了解释。随后的十年间出现了马尔库斯·埃米利乌斯·斯考鲁斯的三卷回忆录。十年后又出现了一系列自我服务的作品，贵族们在其中声称，自己为罗马的伟大所做的贡献曾遭到了误解。

在卢基利乌斯生前，罗马的历史写作在复杂性（即便不是准确性）上有了巨大的进步。格奈乌斯·格里乌斯（Gnaeus Gellius）很可能在公元前 2 世纪 20 年代完成了他的罗马史，它至少有 97 卷。他用了 15 卷——加图的《起源》一共只有 7 卷——写到高卢人洗劫罗马，又用了 33 卷才写到坎尼战役。有的可能与修辞扩展有关——他喜欢编造长篇演说，把它们放到早已死去者的口中，有的则源于似乎是对异邦传统的真正兴趣。但这无法解释一切，地方档案和其他材料很可能提供了额外的细节，特别是关于公元前 4 世纪和前 3 世纪的。可能是格里乌斯大大扩充了罗马与意大利其他国家的关系史。这对那个时代的意义清晰可见：人们提出了谁有权拥有土地和谁可以主张特别的优先权等问题。

意大利的城市还没有准备好出于被罗马同化的愿望而隐藏自己的历史和习俗。相反，它们希望纪念的既有自己独特的非罗马的过去，也有当下与那座帝国之城的关系。比如，一位翁布里亚的伊古维乌姆城［Iguvium，今古比奥（Gubbio）］的游客会发现，翁布里亚会为当地的神明举行仪式，特别是三主神：特雷波斯的朱庇特（Trebos Iovios）、格拉博维的马尔斯（Marte Grabovios）和格拉博维的沃菲奥诺斯（Vofionos Grabovios）。如果继续前往伊特鲁里亚，她将注意到伊特鲁里亚语仍被广泛使用，即便人们使用的是他们名字的新的罗马拼法。在庞贝，官员用当地的南意大利语言奥斯坎语在铭文中记录他们的活动：财务官（kvaísstur）马拉斯·阿提尼乌斯（Maras Atinius）将罚款所得用于他的营建工程，这样做的还有克里皮斯（Klípís）之子米纳兹·阿维迪斯（Minaz Avdiis），以及财务官乌普法尔斯（Úpfals）之子德基斯·塞皮斯（Dekis Seppiis）［见克劳福德，《意大利图像》（Crawford, *Imagines Italicae*），650—651，n. 21；647, n. 19］。

如果我们的旅行者在公元前100年左右来到阿贝拉［Abella，今坎帕尼亚的阿韦拉（Avella）］，她会看到一位财务官批准了建造带雕像的公共列柱廊的承包合同，雕像是在马耶斯·斯塔提耶斯（Maiieís Stattieís）担任"领袖"（meddíx）这个传统职务时竖立的（《意大利图像》，893—895，n. 2—3）。如果这位假定的游客继续向南进入卢卡尼亚，她会看到奥斯坎人在用他们的母语书写时仍然使用当地的字母。而在波腾提亚（Potentia），在卢基乌斯·波皮狄乌斯（Lucius Popidius）担任五年期监察官期间，赫瑞尼乌斯·庞波尼乌斯（Herennius Pomponius）将按照当地议会的决议竖立"诸王"的雕像——朱庇特和当地的女神梅菲提斯

（Mefitis）（《意大利图像》，1365，n. 1）。

像 kvaísstur 这样的职务显然是参照了拉丁人的财务官，还有别的证据表明，一些城邦的政治制度模仿了罗马殖民市的那些。一条来自公元前 2 世纪的班提亚（Bantia）——那里的母语是奥斯坎语——的铭文中保存了一段对该城制度的描绘，它与罗马人的习俗有关联，但并不取决于它们。其中提到市议会可以禁止召开大会（comono），如果有超过 40 名市议员在场并得到他们的同意，或者长官愿意公开宣誓这最符合城邦的利益。长官可以在人民面前举行审判，对那些在审判中举止不当的人进行罚款（最高 125 个第纳里）；审判不得与大会冲突；被告有机会出席。监察官可以制定公民名单，以及担任公职者需要遵循的规则：想要成为监察官，必须担任过法政官；而想要成为法政官，要担任过财务官。此外，该城还设有三人委员会和一位保民官（担任过更高职务的人不得出任此职）。官职阶序、监察官的重要地位和保民官的存在等共同的概念，并不意味着班提亚的制度是罗马制度的迷你版本。上述制度被有条理地写出，这个事实符合希腊城市和罗马殖民市的传统，而非罗马的，后者没有成文的政治制度。

正如意大利城市的铭文记录显示了制度创新，以及充满活力和多样性的语言文化，考古学记录也显示了多种个人和公共的庆祝和休闲活动。与此同时，考古学记录表明，这些发展背后的驱动力并非总是来自罗马。因此，在伊特鲁里亚的沃尔特莱（Volterrae），统治阶层仍然和多个世纪以来的大同小异，他们统治着农民人口，有时会为自己建造颇为现代的别墅。这与附近的鲁纳（Luna）和热那亚截然不同，那里有更加鲜明的罗马元素，前者是因为该城建立了公民殖民市，后者则是因为罗马将其用作军事基地。相反，在亚平宁山南部，罗马人的品味无法解释为何萨莫奈高原的蒙特维拉诺（Monte Vairano）的重要人士喜欢从克尼多斯和罗得岛进口葡萄酒。此外，由于罗马本地还没有石头建造的剧场，格奈乌斯·斯塔提乌斯·克拉鲁斯（Gnaeus Statius Clarus）在皮埃特拉邦丹特（Pietrabbondante）新建的庞大的石头神庙-剧场与罗马的影响无关。皮埃特拉邦丹特的神庙有点不同寻常，因为它们坐落在乡间。萨莫奈人仍然没有为自己建造城市；像皮埃特拉邦丹特那样的遗址提供了关于同东方的接触和有大笔资金可用的证据，表明这是选择的结果。萨莫奈人并不生活在同地中海其他地区隔绝的原始状态下。

想要看看皮埃特拉邦丹特剧场的可能模板，我们可以去庞贝。与皮埃特拉邦丹特的重要人士一样，该城的领袖仍然用奥斯坎语交流，但他们更偏爱城市环境，拥有自己的豪华住宅，还有令人印象深刻的神庙和娱乐场所。在该城的西南，位于今天所称的赫库兰尼姆门和维苏威门之间有一系列大宅子，其中最宏大的是法恩之家（House of the Faun），占地大约 3.1 万平方米（规模堪比东地中海的王宫），曾经装饰着描绘亚历山大大帝对大流士三世作战的巨大镶嵌画（目前在那不勒斯国家考古博物馆展出）。房主本人并没有像国王那样生活，他的荣誉观显然受到其东方历史知识的影响。不远处是几乎同样宏大的潘萨之家（House of Pansa）。另一些建筑虽然远没有那么华丽，但也不失可观。不过，虽然形象上是希腊的，但它们的主人对其表达欣赏时会使用奥斯坎语，那是政府的官方语言。

虽然庞贝的文化建筑（包括两座剧场和两个体育馆）的灵感来自希腊，但表演的语言很可能仍然以奥斯坎语为主。同样值得一提的是，这些建筑早在大部分"罗马"建筑——广场北侧的朱庇特神庙和罗马风格的议事厅——出现前很久就存在了。更南边的帕埃斯图姆的景象则截然不同，在公元前 3 世纪里，那里的政治生活以占据了城中相当大比例的广场为中心，广场上有罗马风格的神庙，但议事厅是剧场式的。在这里，希腊城市与罗马城市共存，罗马城市位于希腊城市的中心，而整座城市是两者的叠加。

其他文化互动方式包括共同的餐饮习惯和个人卫生习惯。到了公元前 3 世纪末，在罗马和其他地方，公共浴场成了非正式交流的重要地点；比如，弗雷格莱有一座舒适的浴场，而在庞贝，斯塔比亚浴场在公元前 1 世纪之前也已投入使用。文化互动的另一个标志是随处可见的"黑釉"餐具的传播，这种餐具基于伊特鲁里亚人的模板，由公元前 4 世纪到前 1 世纪的制陶坊烧制。此外，还有在神庙中献祭受伊特鲁里亚人启发的赤陶身体部件的做法：比如，在弗雷格莱的拉丁殖民市，希腊医神阿斯克勒庇俄斯的主神庙中充斥着这类物件。显然，这和使用黑釉陶器一样都不是受罗马人启发的习惯，但整个意大利都接受了这种做法则是罗马人促成的，这点非常重要。

罗马的力量不仅造就了将意大利各个地区相互联系起来的文化交流网络，还加强了它们同更广大的地中海世界的联系。意大利共同体的发展是来自罗马的财政-军事复合体的资金涌入的直接结果。与此同时，帮助将新钱导入意大利半岛的承包商们并非帝国慷慨行为的被动接受者。物质记录显示了一种强烈的地区身份意识，并不依赖罗马的模板。

第 14 章

马略：政治与帝国

作为其时代中动荡的见证者，诗人卢基利乌斯提到了罗马领导层的问题。他没有明显致力于为寡头制或民众权力的观念辩护，而是嘲笑了两者的代表。后来，他可能对统治集团有点失望。在一首诗中，他攻击了将成为公元前 113 年执政官的那个人，此人来自最有势力的梅特鲁斯家族；在另一首诗中，他表示罗马输掉了战役，而不是战争；后来，他还提到了元老们掩盖的罪恶行径。他认为奥皮米乌斯是努米底亚国王朱古达扶植起来的，后者在罗马社交界的广泛人脉源于他曾同西庇阿一起在努曼提亚服役。公元前 112 年，朱古达对基尔塔的一个意大利商人社群的骇人行径终结了这个寡头政权，在奥皮米乌斯屠杀了盖乌斯·格拉古的追随者后的十年里，它曾经扼住了罗马政界的咽喉。

公元前 111 年在罗马和朱古达之间爆发的北非战争源于罗马贵族无法对一个他们许多人都熟悉的人采取有效的行动。在经过几场漫无目的的战事后，这场战争将沦为尴尬和丑闻，但若非同时发生的一系列其他失利和丑闻，这些可能都不足以动摇寡头统治。事实上，公元前 110 年，一支罗马军队向朱古达投降（他允许他们逃走，因为他试图达成和约），而这是那段时间里的几场失利中损失最小的。公元前 119 年，马其顿总督被从北方入侵的凯尔特部落斯科尔狄斯基人（Scordisci）打败并阵亡；这个部落还打败了盖乌斯·波尔基乌斯·加图（我们几次提到过的那个加图的孙子），后者后来被判在任职期间有贪腐行为；公元前 113 年，执政官格奈乌斯·帕皮里乌斯·卡尔波在法兰西南部被名为钦布里人（Cimbrians）的游牧部落重创。

高卢和朱古达带来的麻烦暴露了帝国统治的一个根本问题，那就是没有情报工作。要预测像朱古达这样的人的行为，罗马元老院依靠的是个人联系，无论是与这位统治者本人的，抑或是通过当地的意大利社群。如果怀疑这位统治者可能有损害罗马利益的举动，那么后续的发展可能取决于被审查对象是否愿意接待调查代表团，也就是过去曾在整个东地中海造成了紧张情绪的那种代表团。

国家的政治组织越是复杂，对它进行探听就越方便。一个复杂的社会在罗马会有大量联络人，他们很可能出现在元老院会议上，提供相关地区或多或少的信息。而在边境以北，在高卢或巴尔干等地区——那里生活着常常不稳定的部落社会，联络通道就要少得多，即便有也不一定能进入意大利的情报网。相反，在努米底亚这样不太发达的王国，问题在于，最重要的联络是借助其宫廷的——罗马方面的这种联络相对寥寥。像钦布里人这样的民族的到来会大出罗马总督的意料，而在同努米底亚打交道时，"专家们"会受到自己与朱古达本人的私人关系影响。事实上，直到公元前 111 年，允许人们出售按照格拉古土地法分配的土地的法律中还有条款提到，阿非利加的大片公地从公元前 146 年起就被租给了邻邦；还有的则回顾了格拉古流产的殖民市，或者对鼓励新定居点突然产生的兴趣。将这些条款包括在内暗示，随着危机的爆发，罗马人之前对该地区模糊不清的兴趣发生了改变；罗马人的策略是让一切保持原样，直到罗马国家发现自己有兴趣鼓励罗马人进入那个地区为止。

公元前 112 年，正是在失败、阴谋和结构性缺陷的背景下，为了阻止朱古达接管被元老院保证交给他养兄弟的王国而派出的一个低级别的元老委员会没能完成使命。朱古达把弟弟赶下了王座。作为对朱古达弟弟的申诉的回应，一个高级得多的罗马使团质问朱古达为何没有按照要求行事。当那个使团离开后，如果朱古达能够约束自己，没有把弟弟折磨致死，并屠杀了他弟弟向其寻求庇护的基尔塔的意大利商人们的话，那么此事可能已就此了结。

事实上，基尔塔的屠杀改变了局势的走向。保民官曼尼利乌斯告诉罗马人民，一小批元老支持朱古达的罪行，要求采取行动。普通罗马人是否会那么关心北非的一个商人群体存在疑问——曼尼利乌斯更可能是在向承包商阶层的成员控诉，要求元老院不允许他们的同行被杀会符合他们的既得利益。很可能是来自有政治影响力的人的压力促使元老院在公元前 111 年宣布，一支执政官军队将把征讨努米底亚作为任务。即便到了这时，朱古达仍然有可能逃脱罗马人的惩罚，他已经注意到，在罗马，一切都是可以出售的。但当他来到罗马，敲定新的协议时，他向重要元老分发大笔钱财，暴露了自己的勾当。腐败的气息现在变得如此强烈，以至于元老院失去了对局势的控制。另一位保民官门米乌斯（Memmius）呼吁罗马人民重新控制局面，因此协议遭到否决。

新的战事甚至比之前的更糟糕。公元前 110 年的执政官指挥了一场完全可以被称为敷衍了事的行动，当他返回罗马主持选举后，朱古达迫使他的军队投降。这时，通过名叫马米利乌斯（Mamilius）的保民官的动议，罗马成立了一个委员会来调查整件事。曾经作为使团成员造访朱古达的奥皮米乌斯和其他几名高级元老被认定受贿，被迫流亡。

马米利乌斯的调查是四年间第二次重要的司法审查。公元前113年有过另一次丑闻调查，涉及维斯塔贞女。三名贞女被指控在公元前114年末有过非法性关系。之前，元老院声称，一位年轻女子在骑马时被闪电击中的报告是神明对维斯塔贞女不满的征兆——按照他们的理论，如果一位处女被闪电击中，那么罗马官方的贞女一定惹怒了朱庇特。调查此事的祭司团只认定其中一人有罪，并将其处决。有人暗示这一决定与徇私有关，第二年，特别任命的委员会认定其他两名女孩有罪，下令把她们也处决了。

由于维斯塔贞女的丑闻不可避免地涉及罗马最重要的家族——想要成为维斯塔贞女，女孩必须是贵族身份，而她们的父母必须按照古老的程序结婚，引人注目的是，这些家族往往只出现在国家遭遇其他困难的时候，比如在坎尼战役之后。维斯塔贞女不太可能只在国家遭遇紧急情况时才发生性关系。考虑到避孕手段虽然原始，但有时能够起到作用，那些年里更可能有不少失贞的维斯塔贞女。意外可能被掩盖：维斯塔贞女会"生病"，去乡间庄园过上几个月。起诉首先是政治行为，旨在质疑统治阶层的正直。

维斯塔贞女的丑闻，保民官的腐败调查和战场上的失利，这些都削弱了梅特鲁斯家族及其伙伴对权力的掌控，即便又有一位梅特鲁斯家族的成员昆图斯·卡伊基里乌斯·梅特鲁斯担任了公元前109年的执政官。他不出意料地将朱古达赶到了其王国的腹地，但现在，一个新演员登上了舞台。

来自阿尔皮努姆的盖乌斯·马略担任过公元前119年的保民官，当时他提出一项法案，限制人们在选举中观察别人如何投票的可能性。此后，他勉强当选了公元前115年的法政官，但在公元前114年证明自己是位能干的总督（在远西班牙）。他的妻子来自一个不知名的贵族家族，他们自称是古代的阿尔巴诸王的后代。这既标志着马略成了一位有一定名望的人，也表明老牌家族很可能在从东方获取的新财富的帮助下得以重新在政治圈子里站稳脚跟。公元前109年，他陪同梅特鲁斯前往阿非利加，在那里宣布了竞选执政官的意图，声称自己被告知这是神明计划的一部分。但梅特鲁斯告诉马略，竞选该职根本没有他什么事。

梅特鲁斯的反对没有阻止马略。马略于公元前108年回到罗马，为他的竞选人资格试水，并于公元前107年当选执政官。随后，一位保民官提出法案，废除了盖乌斯·格拉古的法律中对执政官行省的规定（即必须在选出新的执政官之前选定下一年的执政官行省），收回了梅特鲁斯的北非指挥权，将其交给了马略。

马略出发前往阿非利加，带着他招募的新士兵，其中包括那些不满足应征的基本财产条件的人（所谓的无产者）。后来的一位作家认为这是与传统的决定性决裂，造成被贪婪驱使的士兵首先为其将领效劳，其次才为国效力的局面。这种观点夸大其词。马略的新兵人数不多，而且肯定不都是无产者。指挥权的个人化依赖许多因素，征兵只是其中之一——比社会等级更重要的是，军队是从与他们的将领关系密切的地区征召的，以及一些将领可以付给自己部属更高的报酬。

根据史学家萨卢斯特的说法，马略会吹嘘自己的军事才能，认为那是他应该当选的主要理由。马略的确被证明是个出色的士兵，萨卢斯特强调说，这一特质以及傲慢的梅特鲁斯的不得人心是其当选的理由，表明他相信政治可以基于真正的问题。罗马人民无法控制谁参选，但他们的确对谁能当选有发言权，即便在寡头统治的最黑暗时期。鉴于之前几年里，有几位当选执政官的人祖上无人担任过这一职务，萨卢斯特的话可能夸大其词，这反映了在他自己的时代得到广泛认同的态度，即自称"贵族"的寡头统治阶层会认为"新人"担任执政官是在"玷污"这一职务。不过，马略可以毫不夸张地声称，自己从他们手中夺得了这一职务，作为战争的奖赏。

卢基利乌斯表示，有太多的人对"贵族"感到厌倦，他们的控制已经受到维斯塔贞女丑闻、门米乌斯的抨击和马米利乌斯的委员会的挑战。马略和他来自卡西乌斯·朗吉努斯（Cassii Longini）贵族家族的执政官同僚截然不同的军事履历同样对贵族不利。马略善于征战，这位卡西乌斯却在与一个属于名为赫尔维提人（Helvetians）的同盟（占据着今天的瑞士）的部落交战时惨败。

公元前 107 年，马略将朱古达从其王国赶走。第二年，他终结了这场战争，朱古达避难的那个王国的统治者把这位不受欢迎的来客交给了马略的财务官卢基乌斯·科尔内利乌斯·苏拉。投降无疑发生在当年，因为马略在公元前 105 年仍然留在北非。在他逗留北非期间，公元前 105 年的一位执政官和前 106 年的执政官发生矛盾，当时两人都率军在法兰西南部，等待钦布里人的再次到来（同来的还有一个新的部落——条顿人）。由于这两位执政官拒绝合作，而且不清楚执政官能否对前执政官下达命令，两人在与钦布里人和条顿人的交锋中溃败。10月6日，两支军队在阿尔勒（Arles）附近被全歼。公元前105年的另一位执政官通过法案征召新的军队，并举行选举。尽管仍然身在阿非利加，马略还是当选了公元前104年的执政官。

公元前104—前100年，马略将连续五年担任执政官，这甚至比之前十年间梅特鲁斯家族的统治更加史无前例。不过，在此期间，马略似乎没有在罗马度过太多时间，而是忙于作战。尽管在朱古达战争之前只有过有限的指挥经验，但马略学习过兵法，认为罗马军队的战斗方式可以被革新。

马略的新组织方式的关键元素是使用一种基于十个大队而非中队的体系；对整个军团采用单一风格的装备，所有成员现在都是重甲步兵；以及用同盟辅助军取代轻步兵。现在，服役中的军团都有了自己的身份和军旗（最终都将变成鹰）。在军团内部，行政结构将基于统率大队的百人队长；这些百人队长越来越多地是军团招募地区的当地领袖。不同于和汉尼拔作战的军队——从各个城市征召的士兵会被混在一起，然后让他们选出自己的军官，这支军队的各小队代表了其大部分成员所来自的特定地区。事实上，与萨卢斯特的想法相反，这些年里最重要的变化不是军队的无产者化，而是征兵的地区化。

马略马上前往法兰西南部，在那里接手了根据鲁提利乌斯（Rutilius）——没有在战场上遭遇羞辱的那位公元前105年的执政官——的紧急政令征集的，由角斗士教练进行武器训练的军队。马略继续这种艰苦的训练，并定期进行20英里的行军。他还重新设计了军团士兵的基本投射武器，引入了名为 pilum 的重投枪，通过金属枪头与木柄的特殊连接方式，枪头嵌入敌人的盾牌时会弯曲。马略决定在对自己的士兵有信心之前回避同钦布里人和条顿人直接交锋，他的第一次作战要一直等到公元前 101 年，当时他在几场战役中与条顿人交战。首先是在罗讷河的一处渡口，他重创了对方的一部分军队。第二场战役发生在塞克斯提乌斯泉〔Aquae Sextiae，今普罗旺斯的艾克斯（Aix-en-Provence）〕，它甚至更有决定性，他的新投枪有效阻止了对手向山上的大规模冲锋——他模仿汉尼拔在提基努姆的战术，让一支军队伏击敌人。第二年，马略在维尔克莱（Vercellae）拦截了钦布里人，他的执政官同僚鲁塔提乌斯·卡图卢斯（Lutatius Catulus）的无能导致后者入侵了意大利北部。马略击溃了他们。

由于关于他的记录遭到卡图卢斯和他的前财务官卢基乌斯·科尔内利乌斯·苏拉的歪曲，马略后来被视作坚定的反体制人物。很难把这点和一个事实相印证，即他的执政官同僚中包括公元前 131 年、前 129 年和前 126 年的执政官的儿子，还有赢得过埃格特斯群岛战役的鲁塔提乌斯·卡图卢斯的儿子。诚然，公元前 104 年的执政官同僚是个像他一样先人中没人担任过执政官的人，但在其他方面来看，马略似乎是个观念保守的人。事实上，他完全不是反体制的，而是非常渴望体制能认可自己的军事成就，并让他成为其中的一员。

在寻求认可的过程中，马略显得有点我行我素。他宣称有一位叫玛尔塔（Martha）的叙利亚女祭司为自己服务——此人因为能够正确预言角斗的结果而获得声名，并随他一起出征，这让人想起了"阿非利加征服者"西庇阿曾自称得到神明的指引。后来，他又在自己的队伍中加入了一位名叫巴塔库斯（Battacus）的库柏勒祭司（这两件事都有违体制）。公元前 104 年，他在 1 月 1 日举行自己的凯旋式，以便让自己能够穿着凯旋式服装参加元老院会议（这很粗鲁）。他还拿着一只大酒杯，上面装饰有酒神巴库斯的形象，被描绘成东方的征服者。对神明的所有这些展示是否意味着人们应该把马略视作新的"阿非利加征服者"西庇阿，或者甚至可能是当代的亚历山大（他曾使用过同样的形象）？

当人民称他为罗马的第三位创建者时——前两位是罗慕路斯，以及公元前 390 年遭遇高卢人洗劫后拯救罗马的马尔库斯·弗里乌斯·卡米卢斯，马略也表达了喜悦之情。但对神话英雄主义和神明启示的主张，为他赢得的贵族朋友甚至比西庇阿的更少，如果真有可能的话。卡图卢斯在回忆录中嘲笑其自诩受到

图 10　卡图卢斯的今日命运女神庙纪念了他心目中的维尔克莱战役

神灵指引，声称马略的军队在维尔克莱被一位神明带入歧途，只能靠他卡图卢斯自己赢得这场战役。后来，他向"今日命运女神"奉献了一座神庙，更加直白地表达了这点。

马略并非唯一在这些年里留下印记的罗马长官。当他与钦布里人和条顿人对阵时，另一些人在发展帝国东部方面起到了重要的作用，特别是在今天土耳其南部设立了新的奇里乞亚行省。这是所谓的海盗问题的结果。一部新的法律——很可能是由马略的执政官同僚瓦雷利乌斯·弗拉库斯（Valerius Flaccus）提出的——显示了公元前 100 年 2 月对行省总督做出的详细指示。该法的一些条款重申了现有的规定，并宣布罗马希望确保罗马人、拉丁人和"对罗马友好的国家"在海上安全通行；要求加强马其顿的驻军；规定总督不得将军队带出自己的行省边界；罗马将不干涉外国国王的臣民；亚细亚总督将不涉足吕卡俄尼亚（Lycaonia，今土耳其南部）；同盟国国王不得包庇海盗；该法令将由亚细亚总督在整个东方刊布；使团将在罗马得到接待；新的边界将由马其顿总督在新近的战争结束后确定。最后，该法规定了马其顿总督的权力，并声明行政长官要按照其接到的指示行事。

关于法政官行省的法律详细描绘了罗马国家同东地中海打交道的方式，以及元老院如何在本来相当混乱的一年中管理国家事务。它还表明，当局现在认为帝国拥有人们不得跨越的固定边界；很可能是在公元前 115 年，当时的法政官盖乌斯·波尔基乌斯·加图第一个通过法律，禁止总督把军队带出其行省的边界。于是，provincia 的概念从此不仅表示"长官可以为之行使治权的任务"（比如朱古达战争），也表示是地域性质的。最后，它揭示了贵族的敌人们试图限制行政长官行动的方式。

在一篇萨卢斯特宣称代表了门米乌斯在公元前112年的那类言论的演说中，他通过这位保民官之口表示，在盖乌斯·格拉古遇害后的几年里，罗马人民允许自己的国库被掠夺；国土和外族让贵族变得如此富有，以至于一小撮人拥有了最大的财富和荣耀。他表示，贵族把罗马人民的主权，以及一切人类和神明的东西都交给了敌人，同时又炫耀着祭司职务、执政官职务和凯旋式，仿佛那些是真正的荣耀，而非偷来的东西。这位保民官的解决办法不是骚乱或起义，而是应有的司法程序。

公元前106年，执政官卡伊皮奥在演说中大谈元老的美德和现在的陪审员的罪恶，然后通过了一部法律，让元老回到勒索罪法庭的陪审席上，从中可以看出情况已经变得多么严重，以及承包商阶层和元老院的对立在多大程度上集中在法庭。该法很快被废止。法规和起诉威胁可以约束行政长官行为的想法出现在公元前100年的法律和同时代的其他法律中，它们同样使用了"宣誓"条款，迫使长官们发誓会按照人民的要求行事。公元前100年的法律中就有这样的条款，规定在该法通过后的五天内，除了保民官和总督（因为他们离得太远）之外，所有的长官都要"向朱庇特和祖先的神明起誓，执行本法规中规定的所有事项，确保它们付诸实施，不做任何违反本法规的事……"（《罗马法规》，12 Delphi Copy Block C, 13–15）。

我们不知道是谁最早想到在立法中加入宣誓条款，但当时有两位国内政客以反对贵族而广为人知。他们是卢基乌斯·阿普列乌斯·萨图尔尼努斯（Lucius Appuleius Saturninus）和塞尔维利乌斯·格劳基亚（Servilius Glaucia）。公元前103年的保民官萨图尔尼努斯是位出色的演说家，也是马略当选公元前 102 年执政官的积极支持者。他提出了一部土地法，极其慷慨地向马略的老兵（想来是参加了努米底亚战争的那些）分发了阿非利加的土地，基本上向军团成员提供了之前的格拉古法规定授予骑兵的份额。他还通过一部新法，把叛国罪（maiestas）定义为损害罗马国家的威严，要求被告在非元老的陪审团面前接受审判。那部土地法遭到了强烈的反对，一位试图否决它的保民官被赶出了广场。很可能是根据新的叛国罪法，另一位保民官指控公元前 106 年的执政官昆图斯·塞尔维利乌斯·卡伊皮奥——对公元前 105 年的阿尔勒惨败负责的两个人之一——犯下了叛国罪（还有人暗示，此人挪用了高卢财库的大笔资金）。他选择了流亡。

第二年，两位梅特鲁斯家族成员（分别是公元前 113 年和前 109 年的保民官）当选监察官，这标志着双方都无法完全控制政治舞台，而且可能是对萨图尔尼努斯近来行为的反应。他们不遗余力地延续罗马政制的两极分化，试图将萨图尔尼努斯和格劳基亚赶出元老院。翌年，格劳基亚当选保民官，通过修改后的勒索罪法，恢复了非元老的陪审团。这部新法和叛国罪法共同显示了承包商阶层发展出的集体身份意识，其权威可以通过控制这些陪审团得到展示。

通过这些法案后，格劳基亚主持了公元前 100 年的混乱的保民官选举，在之前胜出的候选人突然死去后（据说是暴毙），萨图尔尼努斯当选。格劳基亚本人当选为第二年的法政官。更多的暴力事件随之而来。

萨图尔尼努斯自称代表不在罗马的马略行事，提出了一系列新法案。其中一项遵循格拉古的先例，保证提供由国家补贴的低价粮；另一项法案涉及老兵的安置。马略返回后举行了近乎国王风格的盛大凯旋式，他的儿子骑在其战车的一匹马上。

同样是在差不多那个时候，马略小舅子的媳妇生了一个孩子。他的小舅子是盖乌斯·尤里乌斯·恺撒，公元前 100 年 7 月 13 日出生的那个儿子也将叫这个名字。小恺撒的祖母来自公元前 118 年的执政官的家族，他们也宣称自己是国王的后裔，而他的母亲是奥雷利乌斯·科塔家族的成员，那是一个政治上很成功的氏族，常常与贵族结盟。尤里乌斯家族近年来似乎变得特别富有，这可以解释他们显赫的联姻——尤里乌斯家族自称是埃涅阿斯的后代，但如果没有金钱的支持，那也无济于事，而现在他们有了钱。这个新来者的重要性直到许多年后才会得到认可。

即便有意对侄子的未来做出预测，马略也没有太多时间这样做。麻烦即将来临。在马略主持元老院期间，萨图尔尼努斯提出了第二项土地法案，处理马略从钦布里人手中夺得并宣布为公地的土地。该法案包括宣誓条款，但曾经作为马略在北非的指挥官的梅特鲁斯拒绝宣誓，可能是因为他认为该法是被违规通过的。他选择了流亡。

在 12 月的保民官选举上，萨图尔尼努斯杀害了一名合不来的候选人，然后用更多的强硬手段确保自己再次当选。这对马略来说太过分了，他采取非常手段，要求元老院授权其使用他们曾授予奥皮米乌斯以对付盖乌斯·格拉古的权力。不过这次，他说服了萨图尔尼努斯及其亲信支持者投降，似乎没有痛下杀手。不过，当他们被关在元老院议事厅时，由元老院成员率领的暴徒将他们杀害，马略对此无能为力。

马略没有再次参选。

第 15 章

内　战

公元前 91—前 88 年

结束执政官任期后，马略从公共生活中隐退。他令人难以置信地富有，能够享有可以俯瞰那不勒斯湾景色的迷人宅邸。

马略可能淡出了人们的视线，但没有从他们的头脑中消失。支持他崛起的势力仍然活跃，影响着大大小小的问题。一个重要的未决问题（至少对象征目的而言）是要不要允许担任公元前109 年执政官的梅特鲁斯（为了标榜他赢得了朱古达战争，他给自己起了"努米底亚征服者"的名号）从流放地返回。马略在公元前99 年反对这样做，但梅特鲁斯之子坚持为父亲的事努力，后者于公元前98 年被允许返回。梅特鲁斯的回归可以被认为是冲突各派在寻求休战的标志。如果是这样，那么必须承认，休战掩盖而非解决了潜在的问题。公元前1 世纪90 年代末，一系列对前长官的不公定罪显示了元老院和承包商阶层的潜在冲突。这些行动还掩盖了一个事实，即承包商阶层的成员让自己在帝国各地深受憎恶，因为他们用自己与权力的关系来欺负省人。

另一个仍然重要的问题是统治阶层的组成。公元前99—前91 年，有三个先人中没有人担任过执政官的人当选这一职务；这很不寻常，还有其他几位执政官也完全不属于贵族圈子（这些年里只有一位梅特鲁斯家族成员当选）。有几位同马略关系密切，包括公元前91年和前90年的执政官，他们是马略小舅子的亲戚。

担任公职机会的增加对一些人是好事，但那种机会并不平均，导致摘取帝国利益果实的机会变得更加不平等。帝国资源分配的不公平仍然是一个问题，这方面的标志之一是，仍然有数量可观的意大利人迁往罗马。公元前96年的监察官相对较松的审查招致了公元前95年的执政官的反击，后者命令所有的意大利人回家，然后设立法庭，起诉那些伪称有公民身份的人。此举的象征意义可能大于实际效果，但疏远了意大利城市的领袖。让情况更加严重的是，公元前92年的监察官试图清除罗马城中所谓的"拉丁修辞家"，他们的罪名是把高级修辞学教授给通常不会学到这些技巧的人。

驱逐行动加剧了罗马和意大利领袖之间潜在的紧张关系。一些人认为，平等享有权力的唯一途径是成为罗马公民，而另一些人则认为，如果干脆把罗马从大地上抹去，他们会过得更好。这些对立的意见反映了一个事实，即意大利不同地区对其得到的利益——或者，对罗马的统治——有不同的体验。

从罗马人的角度来看，潜在的公职担任者并不愿意看到因意大利各地许多新的潜在候选人的加入而导致竞争加剧。随着新富的罗马家族加入竞争，胜选对老牌精英已经变得足够困难。而对普通罗马公民来说，公民群体的扩大不会带来太多的不同，但许多人似乎相信行政长官们似是而非的论断，即更多的公民将意味着他们已经享受到的好处将减少。相信移民会不利于自己富足（没有证据支持这种观点）的人将反对允许意大利人成为罗马公民的提案。

公元前 91 年，随着新任保民官李维乌斯·德鲁苏斯（盖乌斯·格拉古的死对头的儿子）提出了一系列激进的法案，罗马与意大利人的矛盾激化。其中一项为粮食提供了新的补贴；另一项承诺通过建立新的殖民地来进行新的土地分配；还有的把元老院的规模翻番，同时从陪审团中去掉承包商阶层的成员。

当年晚些时候，他提出将公民权扩大到全体意大利人，并可能利用了自己土地委员会成员的身份来把意大利城市的领袖组织起来。结果，意大利贵族对公民权提出了强烈的要求，他们中的许多人可能相信，如果德鲁苏斯让元老院成员数量翻番的提议得到通过，将会有进入元老院的快车道。但提议没能成功。提案失败后，德鲁苏斯警告执政官，有人密谋在他们离开罗马城，前往阿尔巴山上庆祝朱庇特节（所谓的拉丁节）时杀害他们。他很快遇害。

作为对德鲁苏斯遇害的回应——罗马政坛似乎对调查此事不太热心，他的意大利盟友揭竿而起。在描绘公元前 4 世纪拉丁人对罗马人的叛乱时，李维可能受到了后来的这场反叛的影响，在自己的史书中用了几卷来写它——现在均已失传，详细描绘了密使来往于各个城市寻求支持。就像我们从他失传的一卷史书的摘要中能看到的，他还把战争的爆发归咎于德鲁苏斯，谴责了他的活动。狄奥多罗斯保存了叛乱领袖对德鲁苏斯所发的一段誓言，因此李维的描绘可能并非完全不合情理。社会的严重分裂是动乱的真正根源，当事实上没有人能够为这种动乱负责时，将某场灾难归咎于个人显然不只是李维的做法。

叛乱者中似乎的确存在统一行动的计划，并且对什么会成为开战的导火索达成了某种一致。阿斯库鲁姆［Asculum，今天的阿斯科利皮切诺（Ascoli Piceno）］的一件事成了导火索，一位被派去监视该地区可疑活动的法政官遭到暗杀。

意大利人发动了叛乱，首先主要是在翁布里亚，让罗马人陷入了本不该有的措手不及。本来应该很明显：意大利城市化程度较低地区的人民非常不满，特别是亚平宁山以东。缺乏对此的预期，意味着当叛乱爆发时，意大利没有罗马军队。雪上加霜的是，公元前90年的执政官卢基乌斯·尤里乌斯·恺撒和鲁提利乌斯·鲁弗斯都不是有经验的军人。在那年的前几个月，随着双方开始武装自己，罗马城陷入了普遍的混乱，人们相信存在叛国行为，贵族成员为了自己的利益而怂恿叛乱。有个名叫瓦里乌斯的保民官设立委员会，审判被认为与意大利人同谋的元老领袖。该委员会的模板想来是二十年前为审判被控帮助朱古达的人所设立的那个，但其程序似乎非常随意，这出政治闹剧让战事变得更加复杂。

当瓦里乌斯在后方让人们分神时，罗马在战场上的命运也并不一致。卢基乌斯·恺撒在坎帕尼亚取得胜利，而鲁提利乌斯无视现已从退休生活中回归的马略的建议，在意大利北部的战场上兵败身亡。在公元前89年当选的执政官中，来自皮克努姆——叛乱的中心之一——的庞培乌斯·斯特拉波在公元前90年的夏天展现出一定的军事才能。另一位执政官是老加图的重孙卢基乌斯·波尔基乌斯·加图。在新的执政官就任前，卢基乌斯·恺撒通过法案，向任何停止同罗马交战的意大利城市提供公民权。这是政治上的神来之笔，将意大利一分为二，一边是想要获得与罗马平等地位的人，一边是想要摧毁它的人。

战争将继续，但局面已经完全对罗马人有利，尽管后方面临着困难，包括一场债务危机（可能是因为不受约束的借贷和为了征集一支合格的军队导致的巨额支出）。当公元前89年的一位法政官试图缓和受到自身也有流动性问题的债主逼迫的债务人的状况时，他遭受了一伙银钱商的私刑。这些人似乎没有受到惩罚。此事所展现的不仅是战争年月的财政压力，还有罗马民事关系的普遍崩溃，那里的富人习惯于自行其是，国家只对他们的行为施加最少的约束。

当时，战场上的情况可以说要比后方的更好。元老院开始动用功勋人物：鲁提利乌斯阵亡后，马略重新掌控了北方的形势；他从前的财务官苏拉在几年前担任过法政官，现在统率着坎帕尼亚的军队。总体而言，公元前89年的作战季情况很好，尽管在战斗中折损了又一位执政官——（卢基乌斯·）加图。斯特拉波在攻占阿斯库鲁姆后举行了凯旋式，后来似乎释放了俘虏——但把战利品据为己有。苏拉在意大利中部的胜利让许多罗马人相信，虽然早已过了通常被认为应该担任执政官的年龄，但他会是下一年这个职务的理想人选。与此同时，新通过的法律让有意愿的意大利人能够更加方便地获得公民权。

到了斯特拉波主持执政官选举的时候（当年的大部分时间，他都是唯一的执政官），意大利战争显然已经不是罗马唯一的问题——甚至可能还是那个较轻的危害。现在，在东方爆发了一场与一位精力充沛、杀气腾腾的敌人，本都国王米特拉达梯六世（Mithridates Ⅵ）的战争。

米特拉达梯的波斯语名字意思是"密特拉赐予的"（密特拉是一位波斯神明），他在不同方面呈现了与罗马不同的存在方式。

图 11 公元前 54 年的一枚钱币上的苏拉像，由他的孙子铸造，这是他最写实的现存肖像

在文化上，他代表了伊朗传统与希腊传统融合的世界，这是罗马亚细亚行省边缘地带一种日益重要的发展。在南面的科马吉尼（Commagene）王国，国王们修建了大型纪念碑，用于表示对伊朗-希腊众神的虔敬；在东面，一股新的势力在亚美尼亚国王底格拉内斯（Tigranes）的统治下崛起，现在他开始渴望终结叙利亚的塞琉古王国，并控制美索不达米亚北部和托罗斯山以北的高原地区。

底格拉内斯的南面和东面是一个从中亚一直延伸到波斯湾的大国。这就是帕提亚王国，它已经开始瓜分塞琉古王朝在中亚的土地，然后于公元前 2 世纪在伊朗和伊拉克地区也做了同样的事。帕提亚人说一种西中古伊朗语，不同于亚历山大大帝摧毁的阿契美尼德王朝的古风波斯语，以及公元前 7 世纪阿拉伯人征服后出现的那些更晚近形式的语言。他们也用希腊语交流，允许希腊语和伊朗语在他们的整个疆域内共存。如果帕提亚人强调的是伊朗第一，希腊第二，那么米特拉达梯的文化表达则是希腊第一，伊朗第二。

米特拉达梯对罗马的敌意源于罗马人一直试图阻止他吞并小亚细亚西北部的比提尼亚王国，而这将让他在马尔马拉海沿岸占据主宰地位，并与罗马的亚细亚行省接壤。元老院新近确认了尼科墨德斯四世（Nicomedes Ⅳ）为比提尼亚国王。一年后，在米特拉达梯的支持下，尼科墨德斯同父异母的弟弟夺去了王位。于是，由公元前 101 年的执政官和奇里乞亚总督曼尼乌斯·阿奎利乌斯（Manius Aquillius）率领的罗马使团，要求米特拉达梯允许尼科墨德斯夺回自己的王国。这发生在公元前 90 年。接下来发生的事无法用理性行为来解释。公元前 89 年春天，当意大利正处于战火纷飞之时，亚细亚总督盖乌斯·卡西乌斯（Gaius Cassius）鼓动尼科墨德斯入侵本都的领土。米特拉达梯毫不费力地消灭了尼科墨德斯的军队，然后入侵罗马的亚细亚行省。他打败了罗马军队，据说他让人将熔化的金水灌进被他俘虏的曼尼乌斯·阿奎利乌斯的喉咙。

米特拉达梯的计划是终结罗马人对东地中海的控制，因此他发兵进入马其顿，还派出一支舰队渡过爱琴海，占领了雅典。与此同时，炫耀着自己的斗篷，宣称那曾经属于亚历山大大帝（他的英雄之一）的米特拉达梯派自己的代表前往亚细亚，承诺终结罗马人对那里的压迫，以及罗马支持的人对当地政治的主导。穷人、债务缠身者和不满现状者纷纷响应，忙不迭地接受了他要求屠杀他们中间的意大利人的号召。没有关于死难者的准确数字；最可靠的证据仅仅表示，有过数以千计的受害者。

大肆屠杀平民和吞并其重要的行省要求罗马立刻做出回应。在授予那些停火的人公民权的新法律的帮助下，意大利的战火逐

渐平息，显然公元前 88 年的执政官之一将获得率军与米特拉达梯
交战的任务，另一位则在意大利完成战事的收尾。负责米特拉达
梯战争的是苏拉，他的军队之前正在围攻诺拉（现在是那不勒斯
的郊区）。另一位执政官庞培乌斯·鲁弗斯是苏拉的女婿，两人都
受惠于自马略第一次担任执政官以来就在权力上受到压制的寡头
们。这方面的一个证据是，苏拉非常突然地娶了卡伊基里娅·梅
特拉，从而将自己与仍是罗马最强大的政治氏族联系起来。

罗马民众对苏拉联姻的消息报以嘲笑。普遍的观点是他高攀
了——这造成了问题。由于他和庞培乌斯·鲁弗斯都更容易被视
为时局的产物，而非本身就强有力的政客，他们很难阻止某个叫
苏尔皮基乌斯的保民官咄咄逼人的干预。苏尔皮基乌斯让街上遍
布成群的支持者——据说有 600 名被他形容为他的"反元老院"
的人——要求通过激进的新法律。

苏尔皮基乌斯的一项新法改变了意大利人获得罗马公民权的
条件。从公元前 90 年开始实施的卢基乌斯·恺撒的《尤里乌斯
法》将新公民安排进新的部落，它们不属于之前作为部落大会框
架的那 35 个部落。苏尔皮基乌斯的目标是把他们重新分配进原先
的 35 个部落，从而加强他们的投票权。同时，他还提出了限制元
老债务的法案，召回被瓦里乌斯的委员会流放的人，并把与米特
拉达梯作战的指挥权从苏拉转交给马略。苏尔皮基乌斯的提案获
得通过，他的暴徒们将执政官赶出了罗马城。这不过是朝着公民
社会的解体又前进了一步，到了那时，银钱商可以杀害行政长官
或者任何惹恼他们的人而不受惩罚。执政官们无法靠自己聚集起
支持者。据说，苏拉在躲避暴徒时逃进了马略的房子里。

鲁弗斯没有能够依仗的军队，但苏拉有。作为后奥皮米乌斯

政治世界的产物，苏拉很清楚执政官能够用军队来对付可能对社会秩序造成威胁的保民官。尽管他的部属军官中只有一人没有提出异议，苏拉还是说服自己的士兵，向罗马进军，因为杀死他的政治对手来"恢复秩序"符合他们的利益。当苏拉的人马突袭罗马城时，没有驻军能够发起有效的抵抗。苏尔皮基乌斯被杀，马略逃往北非，苏拉强制推行了新的政治决议。决议包括正式宣布

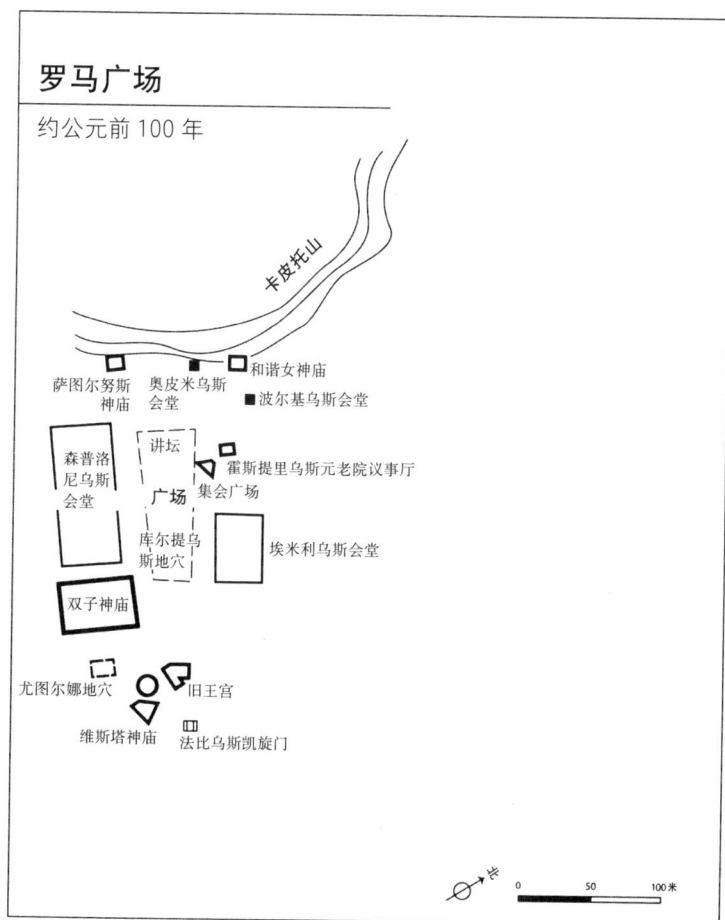

罗马广场

约公元前 100 年

卡皮托山

萨图尔努斯神庙　奥皮米乌斯会堂　和谐女神庙

波尔基乌斯会堂

讲坛

森普洛尼乌斯会堂　广场　霍斯提里乌斯元老院议事厅

集会广场

库尔提乌斯地穴

埃米利乌斯会堂

双子神庙

尤图尔娜地穴　旧王宫

维斯塔神庙　法比乌斯凯旋门

北

0　50　100 米

马略、苏尔皮基乌斯和他们的主要支持者为国家公敌，并要求在没有得到元老院事先批准的情况下，不得将任何法律提交给人民。另一项提案——苏拉宣称这将恢复罗马传说中的国王塞尔维乌斯·图利乌斯的"真正"的制度——规定法案只能在百人队大会上通过；还有的提案限制了保民官的权力，关于投票大会的条款实际上剥夺了他们的立法权。此外，还通过了涉及元老院规模、公民殖民地和债务偿付的法案。

苏拉对制度的改变反映了罗马保守派的观念，他们认为国家的基本制度是由罗慕路斯和塞尔维乌斯·图利乌斯设立的，保民官的权力是个威胁，而元老院为公共生活的所有方面制定了正确的方向。在有序的社会中，各个等级间会达成共识，奥皮米乌斯在罗马广场北段建造的和谐女神庙体现了这种想法。事实上，如果他的公民同胞从广场中心朝着卡皮托山的方向朝西望去，他们会清楚地看到早前时代的将领们竖立的一系列纪念碑，还有费瑞特里乌斯朱庇特（Jupiter Feretrius）和萨图尔努斯的古老圣所，以及山顶上的至善至大者朱庇特神庙。西边有更多过往英雄的纪念碑，包括杜伊利乌斯的记功柱，以及矗立在集会广场（罗马最古老的投票大会——百人队大会——在那里集会，将治权授予行政长官）前面的讲坛，还有元老院议事厅和埃米利乌斯·保卢斯建造的长方形会堂。正前方是库尔提乌斯地穴，这一小片沿泽地让人想起了在此献身的古代英雄，以及罗马人同萨宾人的统一。在南面有森普洛尼乌斯·格拉古（提比略和盖乌斯的父亲）建造的长方形会堂，卡斯托尔和波吕克斯双子神庙（象征着意大利的团结），生活着维斯塔贞女的宗教建筑群，以及宁芙尤图尔娜的圣所，卡斯托尔和波吕克斯曾在遥远的过去于那里显灵，宣布了一场著名的胜利；此外，在旧王宫旁还有大祭司所住的"国馆"。但这种对胜利和传统稳定性的想象常常被光顾这些空间的人的行为所打破。

苏拉认为，自己确立了未来的制度。但他还没来得及举行公元前 87 年的执政官选举，就有消息传来，当庞培乌斯·鲁弗斯抵达皮克努姆接管斯特拉波的军队时，前者被自己的部下所杀。斯特拉波重新掌握了指挥权，尽管他没有法律权威这样做；他是个优秀的士兵，也是个危险的人。苏拉无视所发生的，他举行了选举，然后出征东方，与米特拉达梯交战，向所有人表明他多么忠于自己的系统。

苏拉不是唯一被质疑是否忠于和平和社会秩序的人。公元前 87 年的两位执政官格奈乌斯·屋大维乌斯（Gnaeus Octavius）和卢基乌斯·科尔内利乌斯·秦纳（Lucius Cornelius Cinna）都发誓维护修改后的政制。但至少秦纳是在说谎。与苏拉一样，秦纳来自一个数百年来默默无闻的贵族家族；直到他的父亲成为公元前 127 年的执政官，该家族才有了醒目的公共地位。屋大维乌斯的父亲和祖父都是执政官。两人的家族只享受了几十年而非数百年的显赫地位，他们的野心推动了即将席卷地中海的内乱。

秦纳就职后马上对屋大维乌斯发难。他恢复了苏尔皮基乌斯将新公民分配到 35 个部落的法律，然后带着一伙武装暴徒占领了罗马广场。屋大维乌斯以牙还牙，他带着自己的武装队伍进入广场，驱散了秦纳的人，杀死了后者的许多支持者。秦纳逃到了诺拉（仍有一支军团在有些敷衍地围攻那里），并派出信使，要求正参与意大利战争最后阶段的其他军队的指挥官加入自己。他还请马略从阿非利加返回。与此同时，元老院宣布秦纳不再是执政官。在秦纳看来——他也对其在诺拉的军队这样说，执政官之所以为执政官，是因为人民投票选了他，仅凭元老院的行为不能废除人民的意志。军队同意追随他。马略利用混乱从北非返回，他在伊特鲁里亚登陆，从自己在该地区的老兵中组建了一支军团。

假意标榜的对政治制度的维护没有给屋大维乌斯带来任何好处。他任命了第二位执政官，虽然秦纳在法律上仍然在任；他违背人民的意志，主张元老院的权力，却没有收获热情的回应。他也没能从意大利其他地方拥有军队的民族那里获得太多支持。梅特鲁斯（公元前 109 年的执政官之子）——他将在我们下面的故事中扮演重要的角色——当时正在萨莫奈统率着一支军队，但由于无法争取到萨莫奈人对屋大维乌斯的支持（当秦纳开出更好的条件时，他们抛弃了他），他逃到了阿非利加。斯特拉波姗姗来迟地同意帮助屋大维乌斯，不过他仅仅与忠于秦纳和马略的军队进行了草草了事的小规模冲突，没有采取过决定性的行动。他自己想要担任执政官，因此会与任何向他开出最好条件的人站在一起——为什么不这样？双方都无法令人信服地证明，他们要比对方更遵守法律、习俗和未成文的制度。

后来，斯特拉波去世了。在于罗马举行的他的葬礼上，人们爆发了骚乱；屋大维乌斯和同伴试图接管他的军队，但由于饥荒和瘟疫在城中肆虐，对他们的支持越来越少。最终，经过一场更多是摆样子而非战斗的战役，元老院将罗马交给了马略和秦纳。屋大维乌斯试图逃跑，但被马尔基乌斯·肯索里努斯（Marcius Censorinus）率领的骑兵小队追上。肯索里努斯来自一个在共和国的史册中长期默默无闻的贵族氏族，他们自称是罗马传说中的第二位国王努马·庞皮里乌斯的后裔。

新政权的首要任务之一是宣布苏拉为公敌，尽管他现在正率领对其忠心耿耿的军队同米特拉达梯作战。

对公元前88年罗马被占领后所发生事件的描述带有偏向苏拉的色彩，它们来自他血腥回归后的时期，将他的屠杀放在之前暴行的背景下。暴行的确存在。但在政治流血事件更大的背景下，它们似乎很不起眼。没有对罗马公民的大规模处决，只有一些重要人物被杀——但对于贵族著史者来说，这是远比屠杀数以千计不如他们富有的同胞更严重的暴行。

秦纳入城后处决了一些人并不意外——比如屋大维乌斯以及李基尼乌斯·克拉苏父子，他们曾代表屋大维乌斯统率军队。马略的外甥马略·格拉提狄亚努斯（Marius Gratidianus）杀害了马略的老对手和同僚（也是苏拉的前庇主）鲁塔提乌斯·卡图卢斯。还有些人是不那么明显的对象：比如在公共生活中已经过了巅峰期的演说家马尔库斯·安东尼（Marcus Antonius）。卢基乌斯·恺撒和他的弟弟盖乌斯·恺撒·斯特拉波的遇害似乎令人困惑。前者是公元前89年的监察官，开始了将新公民纳入新的部落的做法；后者曾任营造官，还担任过根据萨图尔尼努斯的法律设立的土地委员会的成员。两人显然都不是"苏拉党"，但被尤里乌斯氏族收养的恺撒·斯特拉波是卡图卢斯的生物学上的弟弟。这层关系可能压过了与马略的任何姻亲联系。他们的死不仅反映了罗马政界的深刻矛盾，也表明了一个事实，即该时期的政治斗争是在为了暂时的共同利益而联合起来的同盟之间进行的。

对于当时的同盟的不稳定性质，记录了在阿斯库鲁姆服役的两支西班牙骑兵部队被授予公民权的铜版提供了最重要的铁证。

这些铜版上罗列了在斯特拉波麾下效力过的 55 人的名单，因此他们至少在那时主要与他结盟。其中 4 人的名字保存不完整，无法辨认。剩下的 51 人中，有 9 人（或 10 人，取决于如何计算斯特拉波之子格奈乌斯·庞培）在接下去的十年中的某些时候可以被视作苏拉的积极支持者；4 人以同小庞培的关系而著称；3 人可以被归为对支持民众权力者普遍怀有敌意的人，包括奥皮米乌斯的一位后人，以及因为杀害萨图尔尼努斯而最为知名的那个人；5 人是死硬的反苏拉派。

我们知道的另一个曾在斯特拉波麾下效力的人是西塞罗。公元前 88 年，他转投苏拉麾下，在随后的六年间似乎尽力表现得不起眼。由于他后来变得非常著名，也许意味深长的是，我们对另两位苏拉部属的了解完全要借助他的作品。他们可能和西塞罗一样偏爱一个没有混乱和没有独裁者的国家。下一个十年对所有持这种想法的人都将是艰难的。最好保持低调，那正是西塞罗所做的。

秦纳在内战前的立场是允许新公民加入所有 35 个部落，从而恢复苏尔皮基乌斯的法律。当他与马略当选公元前 86 年的执政官后（马略在就职后旋即去世），他继续这样做。他似乎还与那些仍然同罗马交战的意大利人达成了最终协议，主要是萨莫奈人。接着，他准备对付苏拉。

作为最伟大的古罗马历史学家，科尔内利乌斯·塔西佗会问，我们是否要对自己的行为负责，还是说只有神明才能决定事件的进程。塔西佗的问题引出了现代历史学家常常提出的一个疑问，即历史中是否存在推动事件向不可避免的结果发展的强大力量，或者，史学家的真正技艺（塔西佗对此了如指掌），是不是发现那个人类个体执行者可以造成决定性影响的空间？

苏拉成长时期的罗马深受贵族财富急剧增长的影响，这加剧了矛盾，激化了对立。在提比略·格拉古提出他的土地法案之前，受过教育的罗马人之间对于他们的历史意味着什么已经出现了越来越大的意见分歧，而从他的死到苏拉进攻罗马之间并没有一条不可避免的连线。但他们以及奥皮米乌斯、马略和萨图尔尼努斯等人的行为决定了罗马的政治世界如何反映意大利的改变。政治家们越来越无法找到共同点或达成妥协，这可能源于，他们意识到，赌注要比过去高得多。在提比略的时代之前，没有哪代罗马政治家面对过要如何管理帝国的挑战，也不曾有过没有皇帝的帝国。由于没有任何路线图，过程中犯错并不意外，但随着自私自利愈发地将折中妥协挤走，并消灭诚实理政的空间，就开始出现一个接一个的错误。因为元老院通过支持杀害格拉古兄弟的凶手为苏拉打开了通往权力的道路，数十万人最终将为这些错误付出自己的生命。

第四部分

独　裁

公元前 88—前 36 年

第 16 章

胜利的苏拉

　　更年轻的同时代人会把秦纳描绘成喜欢煽动、完全不讨人喜欢的人。西塞罗将把他加入从格拉古兄弟开始的一系列坏人的行列中，其中还有萨图尔尼努斯和李维乌斯·德鲁苏斯。在罗马人民后来的集体记忆中，他将被铭记为一个对专制感兴趣的人。作为苏拉的敌人，他名义上是与贵族为敌的。不过，记忆和名誉是复杂的东西，一定程度上依赖政治时运的风向。把秦纳视作"贵族"的敌人，而不仅仅是与苏拉有联系的贵族派系，这种想法存在问题。

　　秦纳坚定支持并促成了意大利人融入罗马国家政体的目标。这一目标并非不言自明地受民众欢迎。罗马人民曾几次否决了让更多人分享他们获得土地和在罗马享有公共福利的机会。虽然支持将新公民纳入 35 个现有部落的苏尔皮基乌斯·鲁弗斯在后来的传统中也被贴上了"反元老院的激进分子"的标签，但他的提议不仅是反苏拉的，也是支持马略的，而战争爆发前最后一个提议扩大公民权的李维乌斯·德鲁苏斯则会对自己被认为是"民众派"感到吃惊。他把扩大投票权视作加强元老院对国家控制的计划的一部分。秦纳政权最激进的行动是让公元前 86 年的监察官马尔基乌斯·菲利普斯（公元前 91 年任执政官时曾强烈反对李维乌斯·德鲁苏斯）和前 92 年的执政官马尔库斯·佩尔珀纳（Marcus Perperna）完成对那些新公民的登记。他们在登记时精心做了一些不公正的划分，偏向忠于罗马的地区，相比后来议和的地区，那里的居民被分配到更多的部落中。这些监察官很可能还重组了人口调查中的第一等级，因为现在有资格进入"拥有公共马的骑兵"的 18 个百人队的人数太多了。在把第一等级分成四个群体时，他们界定了一个由富有的非元老组成的"骑士阶层"——主要是那些因为能够获得国家承包合同而获得丰厚利润的人，现在他们可以在 80 个第一级别百人队中的任何一个占有一席之地。

菲利普斯和佩尔珀纳无疑是"贵族"，他们并非唯一为秦纳效劳的贵族。另一位是瓦雷利乌斯·弗拉库斯，他接替马略担任了执政官；公元前 83 年的执政官之一是西庇阿家族的成员；能够带来一定威胁的马尔基乌斯·肯索里努斯同样标榜自己是贵族。秦纳将连任政官，一直到公元前 84 年死于军队哗变，他任职的最后两年的执政官同僚都是帕皮里乌斯·卡尔波。西塞罗认为这个政权显然是专制的，身处阿尔皮努姆的他对其敬而远之——这很可能是个好主意，因为他曾为斯特拉波和苏拉效力。一边是秦纳和他更积极的支持者，一边是在公元前 87 年或多或少保持中立的人，这些年里的政治包括两者间的一种不稳定的妥协。

苏拉往往把自己的敌人都描绘成危险的民粹激进分子，即便这种刻画并不符合事实。他习惯于散布关于对手的不实之词（他的众多谎话之一），普鲁塔克提到了这点。公元 1 世纪末或 2 世纪初，他写了一篇苏拉的传记，主要是对苏拉晚年所写的 20 卷回忆录的编辑概括。除了把敌人描绘成社会革命的支持者，或者把马略说成是被高估的笨蛋，他还强调自己一生都得到了神明的指引。普鲁塔克谈到了"证明"苏拉的行动受到了神明许可的众多"神迹"。要不是有那么多神明许可的标志，人们可能会把苏拉视作杀人无数的叛徒，要对众多反人类的罪行负责——即便是按照罗马的标准。

当时的希腊历史学家波塞冬尼乌斯（Posidonius）——他复制甚至美化了苏拉的宣传——为我们夸张地描绘了米特拉达梯征服罗马的小亚细亚后，在雅典建立的反罗马政权。该政权的领袖是激进的哲学家阿忒尼翁（Athenion），在米特拉达梯取得胜利后，此人作为使团成员前去拜见国王（以这种方式启用文化人物是希腊城市非常典型的做法）。来到宫廷后，他设法进入了米特拉达梯的内部圈子，很快被承认为国王的官方朋友之一。他在那里给雅典写信，承诺债务减免、社会平稳，以及在米特拉达梯的美丽新世界中拥有一席之地。

发出这些信后，阿忒尼翁回到阿提卡，在那里得到了热情的人群的欢迎——据说他们带来一乘银脚坐辇，把身穿鲜红长袍的他抬进城中。作为整个希腊世界的城市对于罗马人行为预期的有力证据，波塞冬尼乌斯写道，"罗马人也不曾像这样用娘娘腔的奢侈侮辱阿提卡"（Fr. 253. 42-43）。在东方，罗马人最为人所知的是他们作为银钱商和收税人的技能。事实上，为了更好地强调自己的反罗马立场，阿忒尼翁住在了一个通过与提洛岛上的罗马人做生意而发财的雅典人家里。

按照波塞冬尼乌斯的说法，米特拉达梯致信阿忒尼翁，描述了前一年他对罗马人的胜利，并声称自己与亚美尼亚国王和帕提亚国王共同行动，还和意大利的叛军积极沟通，神谕也预言他将打败罗马。事实上，当阿忒尼翁在雅典建立自己的"独立"政权时，米特拉达梯正在派军向西。波塞冬尼乌斯还告诉我们，阿忒尼翁在试图控制提洛岛时遭遇惨败，而迟迟不愿投降的希俄斯岛人则成了自己奴隶的奴隶。

即便是通过亲罗马的代理人之口说出，罗马敌人声音中的泛地中海色彩仍然醒目，而只要米特拉达梯仍然得势，就继续会有关于从地中海的一头到另一头的巨大国际阴谋的传言。另一些传统保留了波塞冬尼乌斯提到的神谕，预言将有一位来自东方的伟大国王为过去的失败复仇。有一条神谕是通过一具会说话的尸体之口说出，被想象成在罗马人于温泉关战胜安条克三世后做出了它的预言。在后亚历山大时代，来自过去的伟大先知的这类神谕成了社会批判的重要形式，使得非希腊人和希腊人都能向国际受众表达自己的愤怒。在提到罗马时，这类神谕承诺，一位救世主（在此处是战神，"强大的阿瑞斯"）将摧毁罗马的势力。

在之前十年东迁的罗马人在很大程度上激起了上述文本中出现的仇恨。在接下去的二十年左右的时间里将要发表的演说中，西塞罗将提到多位与包税人的征税公司有联系的罗马商人，他们借给那些手头拮据的城市大笔资金，但开出的条件只会让那里的生活更糟。罗马的金融家群体贪得无厌，在武力威胁的后援和愿意给不受欢迎的总督定罪的陪审团的支持下——再加上他们不愿让当地人加入他们的生意，给整个地中海东部造成了真正的痛苦。为了能有效地控诉，行省人需要罗马庇主。那些庇主可能会出于国内政治原因而支持他们，但被压迫的臣民的正义很少是罗马的内部问题。行省人的政治诉求在这时还无法成为罗马的政治诉求。事实上，除了米特拉达梯，憧憬更好世界的人当时没有别的选择。

波塞冬尼乌斯历史的另一个主题是亚历山大继业者创立的王国的领导者的彻底失败。塞琉古王朝的统治者陷入了无休止的内战，毫无希望地被东面的帕提亚人压制，后者被描绘为相当有趣的人。另一方面，托勒密王朝简直可笑，被自己的派系弄得四分五裂。米特拉达梯开始入侵时在位的是托勒密十世亚历山大一世（Ptolemy X Alexander I），据说此人过于肥胖，需要人帮助才能走路，被自己的人民鄙视。

波塞冬尼乌斯对民族和地理的广泛兴趣让他的希腊读者明白，他乡的月亮并不更圆。无论发生什么，他们都将被自己曾经讥笑其为蛮族的人统治。既然如此，不管有何缺陷，罗马人都是最好的选择。

如果我们忽视典型的罗马行政管理中猖獗的牟利行为，那么可以说罗马还是代表了社会稳定——这无疑是苏拉在回忆录中大力强调的一点。按照他的说法，米特拉达梯撤销了债务，通过补充释奴（在希腊城市中通常无法获得完整的公民权）改变了希腊城市的公民群体，然后释放更多的奴隶，让他们成为新的公民。这被视作一步败招，使得易激动和不稳定的东方公民群体变得甚至更加不讲道理，更不关心富人的福祉——但别忘了一个事实，即如果真是这样，米特拉达梯只是在施行罗马的模式，因为在罗马，释奴会自动变成公民，而且一直是这样的。

在军事行动方面，从苏拉率领他的五个军团进入希腊后那段时间里流传下来的叙述，无论是普鲁塔克的《苏拉传》还是亚历山大里亚的阿皮安后来写的关于米特拉达梯战争的史书，都彻底被苏拉的材料所污染，很难重构出真正的事件过程。虽然如此，我们知道米特拉达梯的军队是由一位叫阿尔喀拉俄斯（Archelaus）的将军率领来到希腊的，他带来的阿里斯提翁（Aristion）取代阿戎尼翁成为雅典政府的首脑。在前往希腊途中，阿尔喀拉俄斯占领了提洛岛，那里的罗马人似乎已经预见了他的到来，迁往了希腊本土的阿尔戈斯。抵达阿提卡后，阿尔喀拉俄斯从各个希腊城邦集结了一支军队，击退了试图镇压的马其顿总督格奈乌斯·森提乌斯。这一切发生在公元前87年上半年。当苏拉在那年年底抵达时，他命令森提乌斯留在马其顿，自己围攻雅典与比雷埃夫斯港，阿尔喀拉俄斯及其大部分军队驻守在那里。

雅典首先陷落，当地人现在已经陷入饥荒（苏拉表示，吃人变得司空见惯）。苏拉处死了阿里斯提翁，允许自己的手下洗劫该城，屠杀那里的居民，并对存活下来的人施行新模式的制度。该制度援引来自遥远过去的先例，旨在限制未来的社会动乱。一段时间后，比雷埃夫斯也陷落了，阿尔喀拉俄斯在城破前不知如何已经成功脱身，逃到了比俄提亚，与横扫森提乌斯的米特拉达梯新派来的军队会合。

苏拉在喀罗尼亚（Chaeronea）和奥尔科墨诺斯（Orchomenos）战役中打败了米特拉达梯的军队，然后进军马其顿。不过，他一直等到自己能干的副将卢基乌斯·李基尼乌斯·卢库鲁斯于公元前85年返回后才得以继续前进，后者受命前往埃及其藩属，以及土耳其南部几块独立的罗马领地募集一支舰队。与此同时，由公元前86年的执政官瓦雷利乌斯·弗拉库斯统率的另一支罗马军队（带有舰队）绕开苏拉和米特拉达梯的舰队，于公元前86年末在土耳其西部登陆。弗拉库斯在哗变中被杀，哗变可能的策划者弗拉维乌斯·芬布里亚（Flavius Fimbria）接管了指挥权。

尽管是凶手和哗变者，但芬布里亚仍然是罗马国家的代表，因为秦纳掌权后马上宣布苏拉为公敌。他还是个相当不错的将领，成功将米特拉达梯赶出了爱琴海以东的罗马行省。这时，已经相当绝望的米特拉达梯意识到，他最好同苏拉，而非芬布里亚达成协议。于是，当卢库鲁斯拒绝同芬布里亚协调行动时，米特拉达梯逃到了本都。公元前 85 年末，他与苏拉议和。随后，苏拉挥师进入土耳其，在特洛伊古城附近包围了芬布里亚的军队。芬布里亚的人马数量完全处于下风，成群溃散。芬布里亚最终败逃，在帕加马让人帮忙结束了自己的生命。

苏拉同米特拉达梯的和约——本质上是罗马国家两位公开宣布的敌人间的协议——为苏拉入侵意大利的计划提供了必要的资源。米特拉达梯撤回至他登基时统治的王国，将舰队交给苏拉，交还了所有的战俘、逃兵和逃亡奴隶，把被他绑架的人放回家，同意偿付罗马的"战争支出"。米特拉达梯似乎有点缺钱，无法完成承诺。因此，苏拉剥夺了参与公元前 89 年对罗马人屠杀的亚细亚行省城市的财产。苏拉召集这些城市开会，开出五年税收的账单，要求马上支付，将"战争支出"从米特拉达梯转嫁给他们。经过多年的战事，这些城市并不富裕，因此其中许多不得不抵押公共财产，或者诉诸其他紧急手段来支付苏拉要求的金额。它们缴纳的许多现金很可能是由复兴了的罗马银钱商群体出借的，这些人开出的利率如此之高，以至于不到十年，总债务就达到了最初金额的六倍。

苏拉使用了行省政府的制度，特别是他把东方的承包商吸收进了自己的军事政权，这代表了罗马的军事-财政体系内部的重要发展。苏拉所做的主要是将承包制度私有化，用来支持此时可以说是他的私人军队。此外，与米特拉达梯议和以及从亚细亚榨取的资源让他拥有了比秦纳更丰沛的战争资金。

据我们所知，秦纳接近破产。在同意大利人的战争中，罗马的铸币厂已经开足马力。公元前90年监督它们的官员使用了大约2400套模具，同时将钱币的含银量减少了15%。公元前89年和前88年，他们都使用了大约800套模具，并稍稍提高了银含量，但还是出现了财政危机，从那两年的各种债务提案中可以看到这点。模具数量在公元前87年下降到不足500套；公元前86年为略多于500套；公元前85年超过600套；公元前84年不足400套；公元前83年为157套。

数量的突然下降可能不仅与之前时期的高支出有关，还可能因为米特拉达梯的入侵破坏了与东地中海银钱商和贸易的重要联系。与此同时，人们无法确定任何商品应值多少钱，或者他们能否足额收回欠款。公元前86年提出的一项法案允许债务人通过支付四分之一的本金来解决争议；一年后，马略·格拉提狄亚努斯通过法律，规定必须按照面值兑换银币。尽管人们可能对格拉提狄亚努斯的决定感到高兴，但这没有改变国家缺钱的事实，秦纳政权正在陷入经济困难。

公元前90—前88年铸造的钱币想必不会从大地上消失；相反，它们从国库流入了个人的钱包。有大量证据表明，一些人卷走了大笔资金，在战争爆发时用来支付私人军队。其中一位就是年轻的格奈乌斯·庞培，他被控截留了他的父亲斯特拉波本该上缴国家的钱。获宣无罪后，他退隐到位于皮克努姆的家族庄园。除了下令征收新税或没收财产——两者似乎都不可行，秦纳没有办法收回这笔钱，除非他愿意同庞培这样的人做交易，但两人关系显然不睦。

此外，还有不少人前往希腊加入苏拉麾下——这绝不是对现政权的信任投票。另一些人一贯同现政权有矛盾。其中最重要的人之一是卡伊基利乌斯·梅特鲁斯，秦纳攻打罗马时，他正率军在萨莫奈作战。他从那里逃到了阿非利加，无疑随身带着一大笔钱。公元前 83 年，他率领一支自掏腰包征集的军队在意大利北部登陆。在那里，他与死去的马尔库斯·李基尼乌斯·克拉苏的儿子（也叫马尔库斯·李基尼乌斯·克拉苏）会师，后者回意大利之前一直在西班牙，据说有时生活在山洞里。

维持一支军队一年需要多少钱？我们恰好有极其精确的数字，似乎由西塞罗直接从某位高级长官的账簿中引用。当时，即在公元前 1 世纪 70 年代末，他起诉了西西里总督维勒斯。当维勒斯担任公元前 84 年的财务官时，他受命向意大利北部的一支执政官军队（约 9000 人）支付 558 854 第纳里，作为四个月的花销。其中他为军饷、粮食和行政人员薪俸支付了 480 854 第纳里，然后带着剩余的 78 000 第纳里投奔苏拉阵营。

西塞罗的证据暗示，士兵们希望获得现金。如果秦纳有现金流问题，那就解释了为什么他的军队会哗变，以及为何当苏拉在公元前 83 年春在南意大利登陆时，秦纳很难协调起防卫力量。同样麻烦的是，苏拉是个非常出色的士兵，他接受过马略的兵法熏陶，现在又积累了多年亲自统兵的经验。

秦纳没能活着看到苏拉返回意大利。公元前 84 年，他竭尽所能地采取预防措施来避免这一结果，他令军队越过亚得里亚海，占领苏拉发动入侵所需的基地。这时，他的军队哗变并杀死了他。

渡过了亚得里亚海的军队回到大本营，而秦纳的舰队从记录中消失了，完全没有阻止第二年苏拉在布伦迪西乌姆附近登陆。

此时，随着意大利陷入了地区军阀混战的状态，用来为意大利战争提供资金而铸造的大量钱币开始重新出现。到了意大利战争时期，私人团体已经成为军事行动的一个特征，我们听说有位来自埃库拉努姆（Aeculanum）的米纳提乌斯·马基乌斯（Minatius Magius）"在这场战争中对罗马人表现出如此巨大的忠诚，与提图斯·迪迪乌斯（Titus Didius，公元前98年的执政官，当时在坎帕尼亚担任使节）一起，他率领自己从希尔皮人中招募的军队占领了赫库兰尼姆"（维勒尤斯·帕特尔库鲁斯，《罗马简史》，2.16.2）。马基乌斯代表了财富上成功的个人的阶层，他们发现可以通过军事承包来提高自己的地位。这些军事承包商中最成功的是年轻的格奈乌斯·庞培。他意识到帕皮里乌斯·卡尔波不喜欢自己，于是在自己的所在地区募集了三个军团，然后率军南下，前去阻截对方，沿途避开了那些似乎同样是由地区领袖募集的大军。假设庞培计划支付他的人马一年的花销，那么他必须拥有大约250万第纳里的硬通货现金才能募集自己的那支军队——鉴于他的父亲截留了战利品，这并不怎么意外。被派来对付他的人无疑也掌握着类似的资金，他们似乎同样是地方领袖。

庞培与苏拉会师后，后者的军团数量增加到8个。最后的数字将是27个，规模超过了第二次布匿战争中集结的军队。在回忆录中一个明显对自己有利的段落中，苏拉声称他的敌人掌握着40个军团。这可能不是完全的虚构，尽管它们中的一些在战争结束前转投了苏拉阵营。除去对一些为双方都效力过的部队的重复计算，大约有60个军团参战。这在规模上超过了之后所有的内战，表明仅意大利本土的军事化水平就超过了公元 1 世纪从整个帝国招募的罗马军队的常规力量。

参加这场战争的军队数量庞大，这完全是可能的：首先，因为意大利战争，意大利已经高度军事化；其次，被募集起来同苏拉对抗的许多军队并没有维持多久。但这只是故事的一部分。冲突对经济的破坏程度是巨大的，意大利各地的人们都利用混乱来与自己当地的对头算旧账。比如，在意大利北部，我们知道有个叫奈维乌斯（Naevius）的人利用秦纳的一位支持者经营着某个叫昆克提乌斯的人拥有的农场这一事实来谋夺这处产业。在拉里努姆，有个叫奥皮亚尼库斯（Oppianicus）的人娶了自己第一任妻子的母亲，还被认定试图毒死她的儿子，但通过效忠苏拉，他恢复了在当地的显赫地位。整个意大利无疑都上演了这样的闹剧。

除去这些插曲，主要的战事从公元前 83 年末苏拉在布伦迪西乌姆登陆开始。他的计划是把意大利一分为二，从而切断对手来自南意大利的支持。为此，他沿着米努基乌斯大道（via Minucia）北上，那是意大利亚得里亚海沿岸的干道。他在卡西努姆（Casinum）打败了执政官诺尔巴努斯（Norbanus），然后翻越亚平宁山，进入坎帕尼亚，在提亚努姆（Teanum）遭遇了另一位执政官卢基乌斯·科尔内利乌斯·西庇阿（"阿非利加征服者"西庇阿的曾曾侄孙）。这位成员似乎没有继承其家族的军事才能。他没有注意到苏拉收买了他的军队，他们马上背叛了他。苏拉放走了西庇阿，可能是为了向他的家族示好，而非对希望他再一次担任指挥职务的表示。

西庇阿军队的叛逃为战事画上了句号。苏拉在冬天巩固了自己的位置，向意大利城邦保证，他无意废除秦纳关于公民权的安排，并在自己周围集聚了"类元老院"。他大量招兵，以便让自己的军队在漫长的冬天结束时有足够的力量发起两场战事。他将在坎帕尼亚展开行动，而梅特鲁斯则被派去入侵意大利北部。

梅特鲁斯沿着亚得里亚海北上，打败了法政官卡里纳斯（Carrinas）统率的军队。此人是元老院的新成员，来自翁布里亚或伊特鲁里亚，鉴于其对战争的重要性，他可能在之前的几轮战事中扮演了某种重要的角色。梅特鲁斯和格奈乌斯·庞培一起赢得了两场战役——一场是在埃西斯（Aesis）河畔打败了卡里纳斯，另一场是在高卢塞纳，对手是马尔基乌斯·肯索里努斯，后者在公元前87年杀死了屋大维乌斯。然后，梅特鲁斯从那里进军拉文纳（Ravenna），在波河河谷参与了更多的战斗，在普拉肯提亚击败诺尔巴努斯，后者抛弃了快速下沉的战船，逃到了罗得岛，后来在那里自杀。最后一场战役被留给卢库鲁斯，他以在菲登提亚（Fidentia）的一场胜利结束了战事。

南方的战事更长，也更血腥。苏拉首先赢得了提法图姆山（Mons Tifatum）战役——沃尔图尔努斯河（Volturnus）进入坎帕尼亚时流经其山脚，对方的统帅是诺尔巴努斯（后来他将北上，遭受上面提到的失利）和年轻的执政官小马略。苏拉把他们赶回了普莱内斯特，小马略在那里继续被紧密包围，并与卡尔波展开苦战，后者以克鲁西乌姆为基地。北方战败的消息将让卡尔波斗志全无，他放弃职守，逃往北非。

当时，留下大量军队包围普莱内斯特的苏拉还没有对罗马动手——这个决定将造成不幸的后果。由于对自己无法突围感到绝望，小马略向当时的法政官布鲁图斯·达玛西普斯（Brutus

Damasippus）派出信使，要求他杀死任何被怀疑有支持苏拉想法的元老。后者照做了。于是，苏拉把前一年略带怀柔的政策变成了大开杀戒。

公元前 82 年秋天，意大利战争中卢卡尼亚人和萨莫奈人的老首领特勒西努斯（Telesinus）和兰波尼乌斯（Lamponius）集结了一支大军，准备为普莱内斯特解围并帮助罗马抵挡苏拉。风闻此事后，苏拉迅速率领主力向罗马进发，尽管卡里纳斯和马尔基乌斯·肯索里努斯的部队已经同南方的军队会师。11 月 1 日，战争的决定性行动在罗马东面的丘门（Colline Gate）外展开。相信苏拉关于这场战斗说法的历史学家们把为了保卫后秦纳政权（包括留在意大利的那位合法选出的执政官）而集结起来的部队描绘成致力于使罗马毁灭的力量。他们中一位在公元 1 世纪写作的历史学家甚至宣称，特勒西努斯告诉自己的部下"罗马人的末日已经来临，罗马城必须被毁灭和抹除……偷走了意大利自由的狼不会消失，除非它们习惯藏身的森林被摧毁"（维勒尤斯·帕特尔库鲁斯，《罗马简史》，2.27.2）。事实上，在罗马选举出的长官的率领下，中意大利的军队已经赶来抵挡叛军。但正义的动机没有给他们带来好处，他们在一场艰苦的战斗中被彻底击败。

取得胜利的第二天，苏拉下令将新投降的俘虏（按照材料的不同，有 6000 或 8000 人）带到战神校场上的弗拉米尼乌斯竞技场处死，与此同时，在附近的战争女神神庙对元老院的一次集会讲话。选择此地址的部分原因是，那里在罗马的神圣城界之外，因此苏拉可以保有他一旦越界就会失去的治权。除开对制度细节的考虑，选择这一场所的另一个理由可能是元老会听到垂死者的哀号。一天后被抓获的肯索里努斯和卡里纳斯也被处死；特勒西努斯死在战场上。马略·格拉提狄亚努斯遭受斯特拉波昔日的部属喀提林的残酷折磨，并被肢解。

11月2日的屠杀是更多杀戮的序曲。第二天，苏拉再次召集元老院开会，在会上列出了80人的名单，上了名单的人将被判处死刑或宣布为公敌（Proscribed，来自拉丁语动词 proscribere，表示"写下"）。苏拉可能将其描绘成合理扩大了之前针对盖乌斯·格拉古和萨图尔尼努斯发布的紧急决议的做法，一些元老对此提出疑问。但少数人的顾虑无关紧要，那80个人都已经难逃一死。

虽然苏拉留在了城界之外，但他的政令贴在了位于广场中央的旧王宫前的白板上。除了宣布杀死名单上的任何人都可以在将死者的首级交给负责的财务官时获得1.4万第纳里的奖赏，政令的正式内容如下：任何提供信息，帮助处死公敌者将获得奖赏——比如，一个奴隶可以获释；所有公敌的财产将被国家没收（包括用于提供赏金）；名单上的人将被禁止居住在罗马世界；任何窝藏或庇护公敌者将受到惩罚；被杀死者的遗体不能得到合适的安葬或纪念。

罗马国家落入了大型军事承包商之手，他们的资金最初来自罗马的死敌。苏拉的成功源于他高水平的组织能力，敌人的软弱，以及他本人能够撬动的财政资源远远超过了罗马国家政府能够控制的那些。他是一个将政府资源私有化的体系的终极产物。剩下的问题是，他能否创造一种制度来让人们无法效仿他自己树立起的榜样。

第 17 章

苏拉的罗马

苏拉完全清楚自己生涯的不合法性，从他在回忆录中强调自己的行为得到了神明的首肯，以及他在为罗马建立新政权时对法律程序的明显强调中可以看到这点。苏拉对自己的才智非常自信，他的确似乎博览群书，而在摧毁了共和国后，他现在需要用一个新的国家取而代之。

于是，在公敌通告后，他又对政制做了更多的操纵。苏拉下令咨询占卜师团——负责解读神兆的祭司。他们需要考虑的问题是，当执政官缺席时任命一位过渡期摄政王（interrex）是否合法。过渡期摄政王在法律上是一个非常古老的职务，意思是"临时国王"，被认为可以上溯到王政时期，当时的国王是选出的而非世袭的。占卜师们不出所料地表示选举一位过渡期摄政王是合法的。公元前 100 年的执政官瓦雷利乌斯·弗拉库斯——他在几年前曾试图调停苏拉和秦纳的派系——被选定担任此职。然后，苏拉致信给他，说明了自己希望作为法律上的国家领导的他该做些什么。这位法律上的国家领导照做了。任命独裁官的投票举行前 24 天，他按照苏拉的吩咐，向百人队大会提出法案。最终在 12 月初召开的百人队大会上通过了《瓦雷利乌斯法》，允许过渡期摄政王任命独裁官，并非常详细地描述了后者的权力，包括起草法律和恢复国家秩序。

苏拉成为独裁官的程序反映了他对罗马早期历史及其制度发展的迷恋。这一兴趣从公元前88年他占领罗马期间就已显现，当时他声称恢复了比保民官职务更早，在共和初期为了解决政治危机而设立的塞尔维乌斯政制。独裁官的起源，以及它可以通过立法程序来设立的想法则是另一种撰史式的想象。

按照李维的说法，第一个可以记住名字的独裁官是根据公元前494年的一项元老院决议设立的；对这一职务的基本规定是，没有人能对独裁官的决定提出申诉，无论是什么问题。苏拉设立独裁官的方式显然截然不同，但百人队大会的参与可能与公元前216年法比乌斯·马克西姆斯当选该职务有关。利用过渡期摄政王通过法律可能参考了之前的做法，即在没有在任行政长官的情况下，举行选举时会由他们负责（在当前的状况下同样可能出现这种情况）。

独裁官应该拥有具体职能——起草法律和光复国家——的想法沿袭了之前为独裁官指定具体目标的做法，尽管这些目标往往是如举行选举和监督宗教仪式等职责。在许多例子中，任务的具体性质限定了独裁官的任职时间——钉子已被打入后就不再需要独裁官来"打入钉子"（指有关密涅瓦神庙的一种仪式）。在有些例子中，似乎有6个月的时间限制，就像公元前216年的法比乌斯那样。在另一些例子中则没有固定时限。描绘了苏拉当前地位的这部新法中似乎还规定，保民官不得否决他的任何提案，对他的决定没有申诉权（provocatio），而他可以发布具有法律效力的政令。

公元前 81 年 1 月 27 日和 28 日，苏拉举行凯旋式，庆祝对米特拉达梯的胜利——也许他觉得庆祝对罗马国家的胜利有失体统，然后向百人队大会提出了关于公敌通告的新法案，后者不出意外地通过。他还公开总结了自己的行动，并正式接受"幸运者"（Felix）的称号，提醒人们他成功的原因。

苏拉关于公敌通告的新法的范围远远超过原先的政令。该法把他的统治扩大到整个意大利半岛，鼓励人们通过把他们不喜欢的人加入名单来解决他们当地的矛盾。其中的一项新规定是，一直到公元前 81 年 6 月 1 日，名单中都可以加入新的名字。在苏拉经常不在罗马的一年里又通过了一系列重要法案，表明了他对未来的设想。这些法案重塑了元老院，重组了主要的祭司团，对任职设立了新的最低要求，还涉及罗马城的粮食供应，过度奢侈，他的老兵的安置，以及从沃尔特莱没收的土地。

苏拉对元老院的改革基于一种在希腊哲学中非常重要的观点，即系统能够塑造个体。波利比乌斯所说的民主制会塑造出行为"民主"的人，他们把平民的利益放在首位。在他所说的"贵族制"下，"贵族"成员会把延续自己的利益放在首位。这不一定意味着统治是坏的（在理论上），相反，保持方向一致（理论上）对所有人都有好处。通过改造元老院和为其成员设定新的预期，苏拉创造了一种制度，能够培养"贵族"发挥其最好的状态。这将为未来创造一个理想的国家。

对元老院的改革分为三个部分：成员资格、生涯结构和职能。在职能方面，最重要的改变包括建立 8 个常设的刑事法庭，它们的陪审员均为元老，并对保民官的权力做了严格的限制。由于新法庭需要 51 名陪审员，新的制度要求将元老院成员增加到 400 人以上。鉴于不久前的内战和正在进行的公敌通告导致人员数量下降，可以想见，无论如何都会需要补充更多的人。苏拉从骑士等级中任命了300名新成员，尽管在他们真正当选前，他似乎禁止他们发言。此举很可能让元老总数达到500人左右，苏拉无疑觉得这差不多是合适的数字。

现在，进入元老院的年龄被定在30岁，即能够当选财务官的年龄下限。财务官职务会带来元老身份，每年有20位财务官，该职务的候选人必须完成一定年限的兵役。参军的最低年龄似乎是17岁，而之前关于任职者必须先服役十年的规定被在骑兵中服役三年或在步兵中服役六年取代。

现在将有8名法政官，最低年龄为38岁，而执政官的最低年龄是42岁，尽管如果一个人是贵族或有过某种英勇之举（盖乌斯·尤里乌斯·恺撒在两方面都符合）就能够提前一年任职。苏拉没有对营造官职务做出改变，但保民官被剥夺了参选其他职务或是向大会提交法案的权力，也失去了否决权。他们唯一剩下的权力是申诉权，即有权保护罗马公民不受行政长官的专断行为侵害（一些历史学家认为这是他们的职务原本的意图）。

元老院规模的改变，许多站在卡尔波一边的高级成员被杀，以及设立新的陪审团法庭，都意味着元老院不再由前行政长官主导，就像在之前世代中常常出现的那样。权力属于在任长官，现在他们在任职期间要留在罗马。他们可以有效地让那些没有当选，或者处于生涯早期，而需要更有影响者支持的成员噤声。苏拉立法的另一个结果是——肯定不是有意的——由于法政官和执政官职务微小的年龄差别，缺少财富的人很难成功竞选最高职务。事实上，在随后的三十年间，唯一当选执政官的"新人"是西塞罗，

而且是在某种非常特殊的情况下。大部分元老甚至没有参选过法
政官，这可能减轻了未来任职保民官的限制，就像后来的事件将
会显示的，对后者生涯的其他限制也不会让他们噤声。法政官的
竞争压力提升了营造官职位的价值，因为通过该职务举办的盛大
赛会有助于法政官和执政官选举，但增加了榨取大量金钱的压力，
受害者是那些足够不幸的、被任何新政权下选出的长官统治的人。

　　随后的十年间，政府的腐败程度达到了创纪录的水平，而元
老陪审团也因为不愿给甚至最严重腐败的个人定罪而臭名昭著。

　　苏拉对意大利的影响甚至要比他对统治阶层的影响更有决定
性。当普莱内斯特在丘门战役几周后最终投降时（小马略在投降
前自杀；后来，苏拉专门挑出"萨莫奈"战俘，并杀害了他们），
他麾下拥有 27 个军团。随着苏拉的军团被逐渐解散，军人们被安
置到意大利各地的新殖民市，很可能每个军团分配一处。被认为
特别亲马略的地区遭受的苦难也更多。按照斯特拉波的说法，苏
拉特别厌恶的萨莫奈遭受了今天所谓的"种族清洗"。城市发展遭
受挫折，在下一个世纪里，罗马贵族中几乎没有萨莫奈人。与普
莱内斯特一样、一直坚守到公元前 81 年的沃尔特莱被剥夺了公民
权和土地，阿雷提乌姆同样如此。即便当苏拉的殖民者已经到来
了很久之后，仍有记录显示这些外来者同原先的定居者相互憎恶，
因为前者似乎认为自己是被安置在乌合之众中间的征服者。他们
还能够支配更多的钱，因为他们的将军给予了他们慷慨的赏赐。
在未来的几十年里，主要的安置地区伊特鲁里亚和坎帕尼亚将动
荡频频。

　　苏拉没能创造稳固而安定的国度，让那里满是因为他缔造的

稳定而兴旺的人，而是创造了一个充满着一无所有者的世界。这些人会向任何把他们的利益放在首位的人效忠，无论那个人是充满魅力的前角斗士、无赖贵族还是革命将军。在随后的五十年里，将有数十万意大利人参军，这些军队的目的并非保卫国家；他们将为报酬和特权而战，常常是为了未来能生活在从别人那里夺来的土地上。

第 18 章

苏拉的遗产

苏拉一直担任独裁官到公元前 81 年末。当时，已经当选下一年执政官的他卸任了该职。正是在他担任执政官的那年里，我们看到他并不具备绝对的控制。格奈乌斯·庞培从西西里到北非一路追击卡尔波，打败了后者所剩无几的支持者，最后抓住并杀死了他。随后，庞培致信苏拉，要求举行凯旋式，并为自己取了"伟人"（Magnus）的绰号，显然自诩为当代的亚历山大。

苏拉对此并不高兴，但还是同意了。与此同时，亲秦纳的公元前 84 年的法政官昆图斯·塞多留（Quintus Sertorius）发动了一系列军事行动，将在随后的几年间威胁到中央政府对西班牙的控制。在东方，苏拉的小亚细亚总督挑起了同米特拉达梯的战争，他入侵本都，遭到惨败。在莱斯博斯岛，米提利尼发动叛乱，直到遭遇了延续至公元前 80 年的长期围城后该岛才告陷落。在卢库鲁斯的统率下，年轻的盖乌斯·尤里乌斯·恺撒表现杰出，第一个攻上了城墙。

恺撒的幸免于难预示着苏拉的门墙上出现了一条裂缝。作为马略的侄子和秦纳的女婿，他是需要被马上处决的主要人物之一。后来，他讲了这样一个故事，表示他因为拒绝与妻子离婚而触怒苏拉，于是躲藏了起来，但被苏拉最臭名昭著的心腹之一发现，并带到了那位独裁官本人面前。多亏了维斯塔贞女同他的亲戚奥雷利乌斯·科塔家族（坚定的苏拉派）合力才救了他的命。苏拉不情愿地同意了宽恕恺撒的请求，表示他在这个年轻人身上看到了"多个马略"（苏维托尼乌斯，《恺撒传》，1.3）。

恺撒后来讲述的关于他早年生活的故事中很少有什么是完全可信的。如果真作为公敌被追捕，那么他会当场被杀；如果苏拉果真觉得他是对自己新秩序的威胁，那么也同样会杀了他。事实是，就像许多罗马人那样，恺撒脚踩着两只船。问题在于如何区分朋友和敌人，虽然这在理论上很简单，但实践中被证明很难。当效忠关系如此矛盾时，同样很难让每个人都高兴。恺撒的幸免于难代表了苏拉对自己阵营中一部分成员的让步，后者同他的一些最受信赖的谋士的分歧越来越大。

在征战过程中，苏拉发展出了一种与东地中海的国王宫廷有相似之处的行政结构。这种结构对于调动资源来支持实际上将是由承包商群体支持的私人出资的军队非常重要。

这种新的宫廷体系的特征之一是将部属分为"内部"和"外部"圈子，他们的地位完全由为统治者的服务来界定，界定其生涯则是通过公职（两者可能重合）；此外，统治者的府邸将被用作行政中心。该体系的另一个基本特征是某种大众意识形态的表达——对苏拉来说包含在他的立法中。但"内部"和"外部"圈子的设立将引发潜在的冲突：一边是认为自己的地位首先取决于担任公职或血统（支持恺撒的群体）的人，另一边是那些自身权力取决于与统治者的亲密关系的人。公元前 80 年夏天，这两个群体的矛盾在一场可耻的法律诉讼中爆发，在字面和比喻意义上将苏拉的政权推上了审判台。

案子涉及一个名叫塞克斯图斯·罗斯基乌斯（Sextus Roscius）的人，他来自伊特鲁里亚的阿梅利亚城。他的父亲也叫塞克斯图斯，是个非常有钱的人，拥有价值 150 万第纳里的 13 座农庄。公元前 81 年春末的某个时候，老塞克斯图斯在罗马遇害。后来，小塞克斯图斯的敌人要求苏拉的释奴克吕索格诺斯（Chrysogonus）将老塞克斯图斯的名字加入公敌名单，虽然 6 月 1 日的截止日期已经过去。将已经去世的罗斯基乌斯的名字加入公敌名单意味着，他的庄园将被没收，而克吕索格诺斯能够用一小笔钱买下它们。他把庄园交给老罗斯基乌斯的一对亲戚打理，用弑父罪——这是罗马人心目中最可怕的罪行——指控小塞克斯图斯。塞克斯图斯逃到了罗马，在那里寻求与他的父亲有联系的贵族梅特鲁斯氏族的保护。他最后去了卡伊基里娅·梅特拉家，后者是苏拉妻子和曾经是他将军（公元前 80 年成为他的执政官同僚）的卡伊基利乌斯·梅特鲁斯的堂姐妹。

鉴于指控的严重性，此案注定会引起关注，梅特鲁斯家族的一些成员协助主辩律师进行辩护。那位主辩律师是西塞罗，在前一年曾成功地为一个名叫昆克提乌斯的人辩护。昆克提乌斯的问题是，他与某个死硬的秦纳派有联系，他的庄园被新政权的坚定支持者窃据。西塞罗的成功源于他能够打动这一部分人——他们虽然支持苏拉的"贵族主张"，但也对自己的命运有点焦虑。这些人的家族成员的履历并不明显是亲苏拉的，或者他们的生涯可能引发教条主义者的猜疑。

西塞罗为罗斯基乌斯的辩护不同于他为昆克提乌斯的辩护，

因为现在他代表的是一个得到某个贵族派系核心成员支持的人，那个家族对克吕索格诺斯不满，后者尽管是苏拉内部圈子的成员，但毕竟是个释奴。如果罗斯基乌斯被判无罪，那么克吕索格诺斯就会在一大群人面前栽个跟头。

罗斯基乌斯果然被判无罪，在演说的一个关键部分中，西塞罗仔细区分了苏拉和他的部属。他指出克吕索格诺斯阻挠了来自阿梅利亚的一个要人代表团拜访苏拉，他们前来抗议对小罗斯基乌斯的构陷；他还用来自国库的区区 500 第纳里买下庄园，安排罗斯基乌斯的亲戚打理。不过，西塞罗说，苏拉对此一无所知。这怎么可能？这不对，但的确是意料中的事：

> 即便是通过自己的首肯和意志统治天空、大地和海洋的至善至大者朱庇特也常常用狂风暴雨、酷热严寒来杀死凡人、毁灭城市或摧毁庄稼，我们还是不会把这种灾难归咎于神明的计划，而是相信那是源于自然本身的力量和强大。另一方面，我们享有的好处，享受的光明和空气都被视作是由他赐予和分享给我们的。因此，陪审员们，如果看到卢基乌斯·苏拉——他独自统治着国家，掌管着世界，用武力获得了帝国的大权，后来又通过法律得到认可——做不到某些事，我们为何要惊讶？除非惊讶于人类的头脑无法做到神明不能实现之事。
>
> （西塞罗，《为阿梅利亚的塞克斯图斯·罗斯基乌斯辩护》，131）

西塞罗接着说，克吕索格诺斯在帕拉丁山上有所房子，在罗马附近有一处满是最精美的希腊艺术品和最先进的精巧厨具的庄园，以及一大批奴隶，他是此案中真正的坏人。陪审团不应考虑苏拉授予他的权力，而是要意识到他**没有**权力。"卓越的贵族用盾和剑光复国家，只是为了让释奴和奴隶能够任意侵害我们的财富和生命吗？"（西塞罗，《为阿梅利亚的塞克斯图斯·罗斯基乌斯辩护》，141）他最后表示，支持罗斯基乌斯的判决不是反对苏拉的审判，而是反对克吕索格诺斯的。

陪审团支持了罗斯基乌斯，而苏拉的权力似乎在衰弱。他的小亚细亚总督面对米特拉达梯时遭受了令人尴尬的失利，他在没有得到苏拉许可的情况下挑起了战争，而庞培则面对苏拉无声的反对举办了盛大的凯旋式。苏拉很可能意识到自己的健康在恶化，于是选择退隐，在那不勒斯湾附近的一处别墅里度过了他最后的岁月。他在那里撰写了回忆录，但直到公元前 78 年上半年他去世时仍未完成。卢库鲁斯完成并发表了它们，他仍然是对苏拉的遗产最为忠诚的人之一。

苏拉的葬礼由国家出资举办，尽管公元前 78 年的执政官之一提出反对。这是一场被雨水浇透的盛大活动。1 万名接受了苏拉名字的释奴加入送葬队伍，葬礼期间焚烧了两尊用熏香制作的这位前独裁官的等身人像，让哀悼者沐浴在苏拉的香水中。

在苏拉去世前，西塞罗就已经前往罗得岛求学。他在职业生涯的这个阶段前往东方，向该岛上著名的修辞家阿波罗尼乌斯·墨隆（Apollonius Molon）求教——事实上，尤里乌斯·恺撒也将向此人求教，这表明了解希腊文化对这位充满志向的罗马领袖多么重要。

意大利本身也在改变。即便按照公元前 2 世纪的标准，流入个人手中的金钱也数目惊人。一座座奢华的别墅（复数在这里意味深长）成了贵族中的某些高级成员重要的身份标志。新的建筑类型开始出现，改变了城市的面貌。其中最壮观的是石头建造的圆形剧场，用于角斗士表演。它们中最早的是公元前1世纪70年代初在庞贝建造的，可能是为了用罗马的方式宣扬新的老兵定居者的忠诚。

现在，同样有证据表明，大规模拥有土地的现象——提比略·格拉古在公元前2世纪曾声称这摧毁了意大利的农业——的确在快速增加。至少在一定程度上，这是由于财富集中到了苏拉支持者手中而引起的，他们侵吞了通过苏拉的公敌通告和其他没收行为流入国库的财产。不过，虽然这些人很富有，但他们本身无法解释经济的扩张。在翁布里亚这样的乡村地区，尽管那里没有受到苏拉的没收行为的直接影响，但变化是惊人的。现在，人们开始迁往城市中心，抛弃了对之前的社会组织形式如此重要的乡村圣所。此外，从留存下来的更多刻在不易毁坏的材料上的拉丁语铭文来看，在意大利城市中，拉丁语也更广泛地成为官方交流的语言。

但是，意大利半岛的经济和文化转变并不是在和平与友好的背景下展开的。浇灭了苏拉葬礼柴垛的那场雨刚刚停下，他的遗产就受到了激烈挑战。保民官要求恢复自己的全部权力。执政官埃米利乌斯·雷必达拒绝了他们的要求：他想要亲自扮演保民官角色，提出了增加补贴价粮食供应的法案，并撤销了已经出现动荡迹象的意大利乡村地区的苏拉定居点。叛乱爆发，需要派出由喀提林统率的军队，后者在将马略·格拉提狄亚努斯折磨致死一事上已经充分展现了自己的心理变态倾向。随后，伊特鲁里亚的法埃苏莱也发生叛乱，当地人袭击了一处老兵定居点——苏拉的老兵到来后建起了一座带防御工事的营地，确定无疑地表明他们并不指望自己的出现会受到欢迎。

夏天结束前，雷必达任命自己为镇压伊特鲁里亚叛乱的军队的指挥官，并成功平息了叛乱。不过，他随后拒绝返回罗马或遣散军队：他表示，第二年接受在法兰西南部的指挥权时会需要这支军队。然而，当新年来临时，他率军向罗马进发。后来的一位历史学家暗示，通过这一在当时被认为是疯狂的举动，他的主要目标是修改苏拉的定居方案，并确保自己第二次担任执政官。

雷必达抵达罗马后遭遇了公元前 78 年的另一位执政官卢塔提乌斯·卡图卢斯和格奈乌斯·庞培统率的军队，据我们所知，后者再次自掏腰包募集了一支军队。雷必达在城墙外被打败，经由伊特鲁里亚撤走，率军退往撒丁岛。当他在抵达该岛不久就去世后，他的大批部属坐船前往西班牙，加入了塞多留的军队。与此同时，随着庞培拒绝交出指挥权，在意大利再次上演了政治制度方面的摊牌；最终，他被允许带着自己的人马前往西班牙同塞多留作战。作为没有在文官政府内的经验，而且甚至连财务官的最低年龄也没有达到的个人，庞培明白，他通向国内主宰地位的途径是保留在国外的军事指挥权。他将是公元前 1 世纪上半叶没有向共和国政府宣战的人中最强大的一个，这是他成功的标志。

塞多留的故事反映了当时地中海形势的多变。离开意大利后，在卡尔波还远远没有最终败亡前，他就试图在西班牙站稳脚跟。塞多留抵达西班牙后没能马上有所建树——事实上，他遭遇了一系列失败，随后又参与了对毛里塔尼亚（大致相当于今天的摩洛哥）国王的政变。苏拉派出一小支军队支援国王，他与该王室的联系可以上溯到公元前 106 年他擒获朱古达。但这支军队来得太晚，塞多留在其将领阵亡后收编了他们。

这支前苏拉军队构成了新的反苏拉叛乱的核心。公元前 80 年，塞多留得到卢西塔尼亚的部落领袖支持，开始在西班牙展开成功得多的作战。值得注意，并且再次体现了新的世界秩序的一点是，他试图将当地盟友纳入自己的指挥体系，并向他们的孩子提供了很好的拉丁语和希腊语的古典教育。他训练了自己的一部分西班牙盟友像罗马人那样作战，同时保留其他部队作为游击力量。到了当年年末，他已经打败了西班牙南北行省的总督，被认为构成了巨大的威胁，以至于梅特鲁斯被派来对付他。

梅特鲁斯没能成功。公元前 79 年末，他被塞多留困在了南方，而北方的总督被塞多留的一位副将统率的军队彻底击败。随着苏拉的去世，以及雷必达政变的开头阶段现在占据了罗马舞台的中心，对梅特鲁斯的支援直到公元前 78 年才到来。公元前 77 年，剩下的雷必达支持者（略多于 5 个军团）在马尔库斯·佩尔珀纳的统率下被带离撒丁岛。经过一些混乱——佩尔珀纳拒绝成为塞多留的下属，这些新的军队与塞多留会师。庞培也很快将会到来。

庞培的到来没有他期待的积极效果。塞多留把梅特鲁斯困在南意大利，阻止庞培与其会师。让情况更加复杂的是，罗马国家再次陷入了财政危机。虽然公元前 79 年的铸币官使用了超过 600 种正面模具，但铸币数量逐渐下降，即便在西班牙另有铸币厂为梅特鲁斯和庞培服务。包括这座铸币厂在内，公元前 77 年的罗马国家使用了大约 460 种模具，不足以支付当时在战场上的 24 或 25 个军团的费用。难怪能够回忆起这些时代的萨卢斯特会把短缺

彩图 1　考古学不断更新着我们对古代的理解。这是从埃加迪附近的海底发现的船头撞锤之一，它改变了我们对第一次罗马和迦太基战争中的海军冲突的理解（见本书第 2 章）

彩图 2 从典型罗马风格的广场上典型罗马风格的元老院望向典型希腊风格的帕埃斯图姆雅典娜神庙（见本书第 3 章）

彩图 3 来自塔尔奎尼亚的这块浮雕描绘了当地军队与高卢人的战斗。这一公元前 3 世纪的武士图像强调了将伊特鲁里亚诸邦同罗马联系起来的利益共同体

彩图 4 罗马女神在见证罗马的建立。罗马城女神的形象望着神话中的罗慕路斯与雷姆斯，以及伴随着城市建立的占卜。这枚钱币似乎呼应了恩尼乌斯对罗马建立的描绘（见本书第 9 章）

彩图 5 公元前 110 或前 109 年的这枚钱币纪念了公元前 199 年通过的《波尔基乌斯法》，波尔基乌斯是打造这枚钱币的官员的祖先。该法将罗马公民的申诉权扩大到行省。在钱币上，有个士兵正对一名官员使用申诉权，后者站在左侧，他的扈从位于右侧——士兵脚下有"我申诉"（provoco）的字样。申诉权将成为公元前 2 世纪到 1 世纪的政治讨论的中心（见本书第 11 章和 17 章）

彩图 6 斯塔提乌斯·克拉鲁斯在皮埃特拉邦丹特修建的剧场（见本书第 13 章）

彩图 7　普莱内斯特初生命运女神（Fortuna Primigenia）庙。神庙被嵌入了科洛巴尔贝里尼宫（Palazzo Colonna Barbarini），但从图中可以看到与遗址相连的部分（见本书第 9 章）

彩图8 宏大的庞培法恩之家的花园。画面中央的建筑内曾有一幅镶嵌画（现存于那不勒斯国家考古博物馆），描绘了亚历山大大帝

彩图9 庞培的米南德之家宽敞的内部，朝向列柱廊庭院和花园

彩图 10 　格奈乌斯·庞培

彩图 11 　尤里乌斯·恺撒

彩图 12 原先位于阿维利诺的一座纪念碑上的浮雕的局部，描绘了亚克兴战役（见本书第 24 章）

彩图 13 这块奥古斯都宝石的上半部分描绘了奥古斯都坐在宝座上，有诸神陪伴（坐在奥古斯都身旁的罗马女神的面容可能是里维娅的）。下半部分描绘了为庆祝对北方民族的胜利而竖立纪念碑

彩图 14 庞贝广场北端的朱庇特神庙象征着城市空间在罗马影响下的改变和同质化。背景中可以看见维苏威火山（见本书第 13 章）

彩图 15 庞贝的圆形剧场取代了之前的剧场（斯巴达克斯曾在那里参加角斗）。它以哥罗塞姆为模板，具有公元 1—2 世纪建筑项目的特色（见本书第 27 章）

彩图 16 日耳曼尼库斯·恺撒，德鲁苏斯之子，提比略的侄子

彩图 17 奥古斯都头像，在整个统治期间的雕像中，他都以年轻的样子出现

彩图 18 提比略头像，与奥古斯都一样，他也总是被描绘成年轻的样子。苏维托尼乌斯表示，与图中看到的不同，提比略完全秃了

彩图 19 奥古斯都的妻子里维娅，她本人拥有巨大的影响

彩图 20 卡普里岛的朱庇特别墅是公元前 17 年提比略离开罗马后的主要居所。那里令人惊叹的自然美景无法掩盖一个事实，即这处别墅太小了，无法容纳管理帝国所需要的官僚队伍（见本书第 27 章）

彩图 21 斯佩尔隆加（Sperlonga）的别墅是另一个提比略钟爱的地方，对于容纳帝国政府来说太小了（对比蒂沃利的哈德良皇宫中的帝国接待区，本书第 29 章）

彩图 22　两位皇子，可能是尼禄和不列颠尼库斯，来自阿芙罗狄西亚斯的奥古斯都神庙（见本书第 27 章）

彩图 23　克劳狄乌斯的浮雕宝石，形象模仿了他的哥哥日耳曼尼库斯

彩图 24　日耳曼尼库斯之女，克劳狄乌斯的妻子，尼禄的母亲小阿格里皮娜

彩图 25　尼禄，这尊头像特征鲜明，强调了他与克劳狄乌斯的不同

彩图 26 韦斯巴芗。对成熟的强调把他同尼禄区分开来

彩图 27 图密善。与提比略一样，他在肖像中有着比他成年后更多的头发。尤维纳利斯称他为"秃头尼禄"。这也让他不同于父亲和哥哥，后两者的公共形象几乎一致

彩图 28 韦斯巴芗开始重建帕拉丁山上的皇宫，规模比原先宏大得多。图中看到的是作为宫殿一部分的体育场

彩图 29 图拉真记功柱上的场景，描绘了他在达契亚的作战。（见本书第 30 章）除了屠杀达契亚人，记功柱还通过强调罗马的营建计划暗示了将新地区吸纳进帝国的过程

彩图 30 克诺珀斯，蒂沃利的哈德良皇宫的一部分，得名于亚历山大里亚著名的城郊地区，位于尼罗河三角洲最西面那部分的河口西岸（见本书第 30 章）

作为那些年里的一个主题；公元前 74 年，元老院将接管二十年前被托勒密王朝的阿皮安（Apion）国王遗赠给罗马的昔兰尼加，希望那里能够产生足够税收，超过治理它所需支付的数额，即便该地区已经经历了几十年不稳定的统治；此外，还发生了要求对行政体系做出改变的骚动，以恢复保民官的权力为体现。

造成这一切的因素之一是"海盗"的威胁，该问题再次变得重要。当塞多留在摩洛哥登陆时，他得到了一支可观的海上自由武装的支持。公元前 79 年的执政官曾被派往土耳其南部，受命在那里消灭他们。他声称获得了胜利，但那些违法分子大多仍然逍遥法外，他们似乎属于一个日益复杂的网络，代表了地中海各处的边缘群体。

萨卢斯特又一次生动唤起了这种危机感，在其关于苏拉去世后那段时期的伟大历史著作中，当他描绘这段岁月时，他虚构了格奈乌斯·庞培和公元前 75 年的执政官奥雷利乌斯·科塔的演说。按照萨卢斯特的说法，庞培威胁说，如果得不到适当的支持，他就要率领自己的军队从西班牙返回。他的部属尚未拿到军饷，而且西班牙破坏程度严重，统治那里的成本要比预期的高得多。他恳求元老院不要忘记，他们和他的利益是一致的。（宽泛定义下的）国家公仆可以有自己的利益，这种想法是苏拉的遗产，庞培无疑不是最后一个有这种看法的人。萨卢斯特笔下的科塔总结了国家的处境：

我们在西班牙的指挥官要求得到军饷、士兵、武器和食物，形势迫使他们这样做，因为我们盟友的变节，以及塞多留从山路逃走，他们既不能与之交战，又无法提供给养。小亚细亚和奇里乞亚驻扎着军队，因为有米特拉达梯的强大力量。马其顿到处是敌人，意大利和行省的滨海地区同样如此。与此同时，我们的收入因为战争而变得微薄和不确定，只够勉强支付一部分开支……最伟大的帝国意味着许多顾虑，许多巨大的负担，当所有的行省、王国、大地和海洋都对战争感到愤怒或疲倦时，你无法避免它们并寻求和平的奢侈。

[萨卢斯特，《历史》，2.44.6—2.44.7；残篇14（麦古欣）]

这是公元前75年夏天的形势。一些人已经在质疑苏拉的制度能否存活下去，特别是关于保民官的。事实上，曾经帮助救了恺撒的命，被萨卢斯特称为"中间派"的科塔的确通过法律，废除了苏拉对保民官不得寻求更高职务的禁令。

虽然公元前75年的情况很糟糕，但它很快会变得更糟。米特拉达梯再次开始行动，这一次他得到了朋友的支持。他接见了塞多留的使者，要求他们提供资金，以训练他现在开始征集的军队。这些使者利用与海盗的联系穿梭在地中海上。与此同时，非常依赖罗马银钱商的比提尼亚国王尼科墨德斯四世的健康明显恶化。他在遗嘱中剥夺了与米特拉达梯的女儿所生儿子的继承权，以便把罗马变成他王国的继承人。即将吞并昔兰尼的罗马当局不准备拒绝比提尼亚的遗赠，开始准备同米特拉达梯的战争，当尼科墨德斯在这年年末去世时，这场战争将不可避免。

在准备同米特拉达梯开战的过程中，罗马人发起了针对海盗的新行动。公元前74年的执政官之一马尔库斯·安东尼被授予了一项新的指挥权，即在地中海周围的"无限治权"，这意味着他可以从任何行省调用其需要的反海盗资源。虽然在当年，他的行动仅限于地中海西部，但到了公元前 73 年，他将转而在克里特岛展开行动。在某些方面，这项指挥权可以被视作回归了早前的治权概念，即与任务而非行省相关，但此前某位长官曾显然能被允许在其他长官的行省中下达命令。安东尼能够这样做也许可以被视作等级治权概念的衍生品，即某个人的治权要高于另一人的，就像在曾经帮助设立了苏拉的独裁官职务的《瓦雷利乌斯法》中所看到的。

对于同米特拉达梯的战争，最初的部署包括任命科塔率领一支舰队在本都海域行动，而他的执政官同僚卢库鲁斯则受命在奇里乞亚的总督突然去世后接管那个行省。作为苏拉的前财务官，而且有过在东方长期服役的经历，卢库鲁斯是当仁不让的人选。他意识到反罗马情绪达到了史无前例的高点，因为那些借钱给行省城市，用于支付苏拉赔款的罗马银钱商索要高达 48% 的利息。一些城市通过积极的外交活动减少了自己的风险，但这些只是例外。另一些城市遭遇了行政官员的肆意暴行，比如在拉普塞基，有位受人尊敬的公民之女被罗马官员强暴，此外还有财政压迫的故事。

小亚细亚的前总督已经开始接收比提尼亚，于是科塔率领舰队前往马尔马拉海协助罗马的吞并活动，但行动失败，最终被米特拉达梯全军包围在库齐科斯（Cyzicus）。卢库鲁斯从奇里乞亚集了 5 个军团，作为一位完全新式的罗马将军，他证明自己深谙不战而屈人之兵这个道理。他占据了能够切断米特拉达梯供给的位置，很快让围困库齐科斯的人马陷入饥荒。米特拉达梯的军队退回本都，而现在管辖奇里乞亚、小亚细亚和本都的卢库鲁斯则随后追击。

那年夏天剩下的时间里，卢库鲁斯系统性地攻占本都的城市，以便让米特拉达梯没有未来行动的基地。当冬天到来时，这场行动进展顺利，但卢库鲁斯不得不撤兵。不过，名誉扫地的米特拉达梯已经无法扭转战局。当时不那么显而易见的是，卢库鲁斯大权在握这件事意味着什么。他不仅管辖着三个行省，还可以根据自己的需要，自由地扩大作战区域。能够对大片土地享有完全的控制，这树立了一个黄金标准，而在接下去的二十年里，将有其他人成功追求到它。这也为共和政府的毁灭奠定了基础。

在西班牙，战场上互有胜负，虽然局面开始有利于庞培和梅特鲁斯一方。不过在意大利，形势却恶化了。在某个时候，一群据说曾被囚禁在卡普阿附近的训练场的角斗士冲破牢笼，逃到了维苏威火山。他们在那里与其他不满者会合，开始袭击该地区，当地政府被证明对付不了他们。接着，在某个叫斯巴达克斯的人的率领下，角斗士们在其他地方也举起了义旗。

在现代世界，斯巴达克斯所吸引的注意力要超过许多在当时看来似乎更值得在重要人物的行列中占据一席之地的人。与拿撒勒的耶稣一样，他被视作被践踏者的斗士和帝国压迫的受害者。两者都被钉十字架而死，这不无理由地引起了现代历史学家的同情，他们认为这种骇人听闻的处决方式特别有罗马特色。事实上，情况并非如此：与他们其他许多最令人不安的习俗一样，罗马人是从异邦引入这种刑罚的，它来自迦太基、希腊和埃及等地。一定程度上因为斯巴达克斯的职业是角斗士，现在他常常被视作某种原始马克思主义革命者，通过灵魂的内在高贵走出了最卑贱和悲惨的境遇，这种品质让他能够鼓励他人反抗压迫。

　　在现代人对斯巴达克斯生涯的重构中，虚构要远远多于事实。首先，罗马角斗士并不能算作穷人或被压迫者。尽管那是个危险的行当，它却不是罗马娱乐业中唯一危险的职业。许多角斗士是为了高额报酬而战的自由人；奴隶角斗士则非常昂贵，很少会被轻易牺牲掉。此外，各种角斗士都能在圆形剧场外找到充足的就业机会：他们可以作为保镖，出现在富人和名人的侍从中，在政局紧张时还能作为必要的"打手"。

　　斯巴达克斯起义并非奴隶起义。他的军队十分危险，恰恰在于它能够作为一支军队而战。我们的材料表明，他的人马可以同罗马军团正面交锋。诚然，没有受过部署大型阵列的训练的角斗士几乎不可能凭空组建这样一支军队。不过，就像十年后的乡村起义一样，斯巴达克斯的追随者已经是经过训练的军团士兵。他们被苏拉没收了财产，对后苏拉世界巨大的经济不公愤愤不平，这些人的生活已经被时局的迅速变化毁掉了。斯巴达克斯起义最初是普通的反抗，后来变成了农民起义。他本人一定特别有魅力，但也很残忍——他对人祭有着不自然的迷恋。

　　起义初期的成功在相当程度上要归功于这样的事实：罗马最好的将军都在海外，而最有经验的士兵不是加入了起义，就是已经退伍。罗马人最先的回应是派出两位法政官统率仓促征集的军队，但斯巴达克斯要么躲过，要么轻而易举地击败了他们。

　　战争延续到第二年，两位执政官都被部署在意大利。斯巴达克斯的军队被一分为二，其中由某个叫克里克苏斯（Crixus）的人率领的那部分被执政官格里乌斯消灭。不过，罗马人同斯巴达克斯本人的交手一直遭遇失败。斯巴达克斯离开坎帕尼亚，翻过亚平宁山进入皮克努姆，先后打败了两位执政官的联军和山南高卢的驻军。当时，如果他果真想要带着军队翻越阿尔卑斯山逃走，就像有人宣称的那样，那么什么也不能阻止他。相反，他再次南下，重新翻过亚平宁山，劫掠了坎帕尼亚，然后进军卢卡尼亚，占领了那里的图利城。此时，他的对手的指挥权被从执政官手中转交给了法政官马尔库斯·李基尼乌斯·克拉苏，后者刚刚洗脱了玷污维斯塔贞女的可疑指控。

克拉苏参加过内战，是个经验丰富的指挥官，对部下军纪严明，但有着不讨人喜欢的旧派风格，宣称将战败部队中十分之一的人处死的做法得到了古老传统的认可，并把这种做法用到了自己的一部分军队身上。随后，他着手把同斯巴达克斯的战斗变成一场阵地战，就像卢库鲁斯在东方，以及梅特鲁斯和庞培在西班牙所做的。作为回应，斯巴达克斯试图在奇里乞亚海盗舰队的帮助下把军队撤往西西里：这被认为是足够严重的威胁，以至于总督维勒斯不得不采取积极行动来阻止其渡海。维勒斯本人同这些海盗的关系可能帮助他促成了一项谈判，让他们结束了与斯巴达克斯的合作。

公元前 72 年对罗马国家来说不是一个糟糕的年份。海外的战事进展良好。卢库鲁斯继续在本都的成功作战，迫使米特拉达梯逃到其女婿、亚美尼亚的底格拉内斯（Tigranes）那里避难。在西班牙，战争戛然而止。从未甘心屈居人下的佩尔珀纳在宴会上杀死了塞多留。接着，他发现自己得不到什么支持，于是向庞培投降。庞培很快处决了他，并做出姿态，表示不会阅读（佩尔珀纳上交的）塞多留的书信，据说其中有各种生猛的叛国材料。公元前 71 年返回意大利前，他烧毁了那些信。

庞培抵达后发现，克拉苏已经在塞内尔基亚（Senerchia）的一场大战中击溃了斯巴达克斯的军队。据说斯巴达克斯在战斗中阵亡。随后，克拉苏在阿皮亚大道旁将6000名俘虏钉了十字架，这一暴行和他对待自己部下的其他严苛行为可能让他的罗马同胞不那么愿意把战争的结束完全归功于他。那项功劳被给了庞培。他围捕了斯巴达克斯的一些追随者，然后回到罗马，为自己的胜利举行了盛大的凯旋式。可想而知，克拉苏非常愤怒。

但还有更紧迫的事要做。庞培和克拉苏都当选为执政官。此外，罗马继公元前86年之后第一次选出了监察官，还着手恢复保民官的权力和消除公共生活中的腐败。

保民官的权力在公元前70年获得恢复。对不法行为的抱怨的另一个焦点是苏拉的陪审员制度，当维勒斯因为腐败和勒索指控被带上法庭时，该制度和这位前西西里总督一起受到了审判。西塞罗是起诉方，陪审团无须为此案投票，因为维勒斯的罪行是如此明显，以至于在西塞罗召集的证人还没有完成举证时，他就已经逃亡。不过，在后来发表的庭审演说词中，西塞罗还是抨击了旧制度。他宣称维勒斯对卡尔波的背叛是应该受到谴责的，称公敌通告为国家的不幸，并评价苏拉说：

> 他的权力如此之大，以至于如果他不愿意，没有人能够保住财产、家园或者性命；他生性如此大胆，以至于他曾在公共会议上表示，当他出售罗马公民的财物时，他是在出售自己的战利品；由于害怕更大的麻烦和灾难，我们维持了他的做法，甚至用公共权威加以保护。
>
> （西塞罗，《诉维勒斯》，2.3.81）

图12　西塞罗胸像，年代为他死后 1 个世纪左右，反映了罗马人对西塞罗的持续迷恋，视其为那个时代标志性的文化人物

　　西塞罗并非改革的唯一呼吁者。就在维勒斯的审判正在进行的时候，执政官的弟弟马尔库斯·奥雷利乌斯·科塔（现在是法政官）提出了改变陪审团组成方式的立法，使其由三个群体构成：元老院、骑士等级和发饷人（tribuni aerarii）——与骑士类似，该等级是人口调查中第一级别的一部分。就连监察官也参与进来，结果从元老院驱逐了 64 人，这在某种程度上表明了那个庄严机构中的腐败程度。被驱逐者中包括兰图鲁斯·许拉（Lentulus Sura），此人在一年前还担任过执政官。苏拉可能觉得，通过制定一种由掌握治权的长官说了算的制度，他创造了一个更好的罗马。

但他创造出的实际上是一种小偷政治（kleptocracy），其低效无能甚至让他自己的部分支持者都感到吃惊，他们试图通过恢复对长官不当行为的约束来恢复体面。

虽然克拉苏和庞培都表示他们支持恢复保民官的权力，而且庞培至少公开控诉了元老院的腐败，但他们在其任职的那年里几乎没有为保民官做过什么。相互厌恶导致他们无法采取统一行动，直到克拉苏导演了神迹：有人现身广场，说他看到了朱庇特，神明宣称，这两位执政官在正式和解前都不得离职。他们遵从了神明的命令，两人都没有选定来年将要管辖的行省，尽管这很可能是因为没有理由免去卢库鲁斯对米特拉达梯作战的指挥权，前者继续有条不紊地攻占本都的城市，并要求派出十名专员来确认他在战争即将结束时对被征服地区的安排。

尽管卢库鲁斯提出了派遣专员的请求，但他并没有想要结束战争。现在，他进入了亚美尼亚国王底格拉内斯的王国（米特拉达梯仍在那里），在美索不达米亚北部的底格拉诺凯尔塔（Tigranocerta）城外击溃了米特拉达梯女婿的军队。他的胜利引人瞩目，但此情形应该会引起罗马当局的警觉，因为卢库鲁斯在没有同元老院商量的情况下发动了又一场重要的战争，作为当前战争的延续。此外，虽然他获得了成功，但似乎无法结束这由他开启的事端。尽管遭遇了失败，米特拉达梯和底格拉内斯仍然没有就范。公元前 69 年，卢库鲁斯再次打败了底格拉内斯，将后者赶出了他的王国，但战争仍在继续。

公元前 68 年，经过在本都的更多战事，卢库鲁斯驻扎在了底格里斯河畔的尼西比斯〔Nisibis，今努萨宾（Nusabyn）〕。他的军队变得越来越不安，雪上加霜的是，卢库鲁斯似乎还考虑扩大战事，介入毗邻的帕提亚的事务，那里正因王位继承而酝酿内战。此外还有包税人，他们对行省的掠夺一直因为他的存在而受到阻挠。因此，卢库鲁斯的权力不再不受挑战，第二年年初，有一位总督被派往小亚细亚替代他。在尼西比斯，可以看到主力军队已经精疲力竭。有个叫普布利乌斯·克洛狄乌斯（Publius Clodius）的年轻军官的哗变举动引发了更大的不满，此人令人讨厌，但人脉极广，是我们在本章开头提到的卡伊基里娅·梅特拉的儿子。最终，二十年前在弗拉库斯和芬布里亚率领下来到东方的军团拒绝继续服从命令。

公元前 67 年，当新的总督被派往比提尼亚和奇里乞亚时，卢库鲁斯的任期结束了。他的指挥权不复存在，与之一起消失的还有罗马人对米特拉达梯作战行动中的任何条理性。此外，海盗问题也没有解决，两位法政官在坎帕尼亚沿岸被绑架并被勒索赎金让这个问题变得更加尖锐。更糟糕的是，公元前 67 年的执政官之一被怀疑为了当选而参与了特别巨额的行贿。事实上，失败和丑闻引发了政府危机。两位保民官奥卢斯·加比尼乌斯和盖乌斯·科尔内利乌斯提出了一批旨在挽救局面的立法。两人都曾是庞培麾下的军官，因此举措之一（并不意外地）是让庞培马上重返公共生活来对付海盗。

后来的史学家卡西乌斯·狄奥认为，对海盗问题的回应是共和统治结尾的开始。这有点言过其实，因为保民官加比尼乌斯在公元前 67 年夏天提出的法案（《加比尼乌斯法》）的主要条款是基于之前反海盗立法的元素。加比尼乌斯的提案和之前立法的主要区别在于行动的规模。根据加比尼乌斯的提案，掌握对海岛作战的指挥权者将获得一支 200 艘船的舰队、15 名副将、一笔非常大的预算，以及为期三年向临海行省的总督下达命令的权力。这部新法的关键内容借鉴自安东尼早期指挥权的"无限治权"（imperium infinitum）概念，意味着这种治权不仅限于具体的任务，因此是高于其他人的"高级"（maius）治权。有权选择 15 名任何级别的副将让这一职务的拥有者拥有了巨大的影响，因为他可以分配能带来丰厚潜在收益的指挥权。不过，让该法案变得特别有争议的，是一个显而易见的事实，即其预期的人选是庞培。

该法案被提出时只得到一位元老的支持——盖乌斯·尤里乌斯·恺撒。作为那些希望保留苏拉的政制体系的人的代表，卢塔提乌斯·卡图卢斯联合两位保民官一起，准备否决该法案。当其中一人特雷贝利乌斯（Trebellius）试图这样做时，加比尼乌斯援引提比略·格拉古的先例提出法案，要求罢免无视人民意志的保民官。当投票开始一边倒地对加比尼乌斯有利时，特雷贝利乌斯收回了决定。设立打击海盗的指挥权的新法通过后，加比尼乌斯又提出一项法案，要求将其交给庞培。从此，按照前一项法案获得任命的军团长将自称为"英培拉多（统帅）格奈乌斯·庞培的副将"——就我们所知，这是按照某项法案被任命的官员第一次称自己从属于按照另一项法案被任命的官员。

科尔内利乌斯立法的主旨是反腐。他提出一项新法，禁止元老借款给外国来使，因为这种借款往往会让出借人偏向于那些与他们有经济利益关系的使者提出的请求。法案没能通过后，他又提出了控制选举中的行贿行为的新法；然后是关于只有人民能够授予法律豁免权（这已经成了元老院的特权）的法案；他提出的另一项法案要求法政官遵守他们颁布的关于如何处理法律事务的政令。

第一项法案的失败促使执政官皮索——他本人也被怀疑有贪腐行为——自己起草了有关行贿问题的法案。可能是出于对其权威的尊重，人民通过了该法案。科尔内利乌斯关于借款法案的失败为同一主题的另一部法案奠定了基础，后者获得了成功。法律豁免法得以通过，但做出了妥协（授予豁免权的元老院会议需要有 200 名成员出席），要求法政官遵守自己的政令的法案同样如此。当年晚些时候，第三位保民官罗斯基乌斯提出法案，要求恢复之前的规定，将剧场中的前十四排座席留给骑士。这样做的目的是让剧场给人带来罗马社会井井有条的印象——当时这看上去很可能已经是过去时。

科尔内利乌斯召集的几次大会遭到暴力破坏，而这一年的一个突出特点是他在多大程度上用暴力来支持自己的立法计划。当皮索提出自己的行贿法案时，科尔内利乌斯怂恿了一些人去破坏大会，他们负责分发候选人能够向自己部落的成员馈赠的"礼物"。当他提出自己之前关于元老使者的法案时，他从庆祝每年1 月传统的路口神节（Compitalia）的古老团体（collegia）中招募了"打手"。这个节日原本是为了纪念居住在交叉路口的神灵，但到了公元前 1 世纪，其主要重点是让街坊四邻聚集在一起。在理论上，这些团体代表了在罗马之前就存在的群体，比如"奥皮乌斯山的登山者"或是"亚尼库鲁姆的村民"。这些群体曾经拥有贵族庇主——卡皮托山上一条与其中某个群体相关的铭文中出现了一位骑士，但随着这个节日变得更加喧闹，以及"主持人"（magistri）以穿着贵族服饰为乐，他们遭到了贵族的抛弃。此外，路口神节的时间是一年的开始，恰逢保民官可能需要为新法案争取投票者之时。

到了公元前 66 年伊始，苏拉改革共和国的愿景已经破灭。一方面，有人雇佣街头帮派来支持对政治制度的完整性构成挑战的法案；另一方面，违背共和统治传统的新指挥职位也通过立法过程被创造并重新创造。必须要对这种状况负最大责任者中包括卢库鲁斯和庞培，他们曾是苏拉最重要的两个支持者。苏拉政权已从内部瓦解了。

第 19 章

后苏拉世界的政治

　　盖乌斯·尤里乌斯·恺撒在我们至今的故事中还只是一个小角色，他在政坛的崛起首先反映了他对政治秩序的理解。他在罗马并没有给人留下多少印象。公元前 1 世纪 70 年代初，他从东方归来，对苏拉的一位重要副手发起了高调但没有成功的诉讼，随后成功起诉了另一名苏拉的军官，此人在其统帅入侵意大利之前劫掠过希腊城市。随后，恺撒再次前往东方。不过，他的运势显然在变旺。公元前 74 年，他返回罗马，祭司团接受他成为自己的一员。公元前 71 年，担任军政官的他积极支持第二年恢复保民官权力的行动。

　　一年后，在担任财务官期间，他的第一任妻子，秦纳的女儿科尔内利娅去世。在她的葬礼上，他纪念了妻子的家族。在十多年的时间里，不太可能曾有人敢公开纪念秦纳。同年，当姑母尤里娅去世时，他在广场上为其宣读了葬礼演说。这一次，行列的中心将是**他的**家族——自诩是埃涅阿斯的后裔——以及故去的尤里娅的丈夫马略，葬礼上展示了后者的肖像。下面这段话引述了他为尤里娅所作演说中的一个段落，是我们现存最早的恺撒的公开发言，他在其中表现出对神话和史学想象的热衷，与其他贵族成员如出一辙：

> 我的姑母尤里娅的母亲一系是国王的后裔，父亲一系与
> 不死的神明有关。马尔基乌斯·雷克斯家族（Marcii Reges，
> 她母亲的家族名）来自安库斯·马尔基乌斯；我的家族所属
> 的尤里乌斯氏族则源自维纳斯。我们的家族中有着在凡人中
> 享有最大权力的国王的完满，以及主宰国王们的神明的神圣。
>
> （苏维托尼乌斯，《恺撒传》，6.1）

恺撒对他与马略的关系的宣扬可能不像后世作家所描绘的那么激进和冒险。很少持激进观点的西塞罗在自己的演说和发表的其他作品中常常把马略视作榜样。同样重要的是恺撒对自己家族悠久传统的强调。

回顾马略的好处也是在回顾苏拉的坏处。庞培本人显然是个苏拉修正主义者，因此恺撒在罗马的政治光谱中可以作为死硬派苏拉分子的反对者出现，而不必被视作革命派。事实上，在他表态支持《加比尼乌斯法》的那年，他娶了庞培乌斯·鲁弗斯的女儿，也就是苏拉的外孙女庞培娅。在个人角度上，这场婚姻是失败的。恺撒很快与一个叫塞尔维利娅的女人出轨，后者曾经嫁给过马尔库斯·尤尼乌斯·布鲁图斯，一位秦纳的支持者，他于公元前 82 年被庞培所杀。她还是马尔库斯·波尔基乌斯·加图（那位监察官加图的孙子）的妹妹，这位小加图很快将开始以激烈反对庞培和恺撒而著称的生涯，尽管后两人可能并不亲近。

有一个事实也许要比关于他个人生活的比较不光彩的细节更加重要，那就是恺撒的生涯在一定程度上依赖他与有权势女性的

关系。他的地位首先得到了姑母和第一任妻子的助力，后者可能带来了巨额的嫁妆。庞培娅同样可能相当富有，而塞尔维利娅的自立——被她的第二任丈夫，一个比她大几岁的男人忽视——同样来自数量可观的财产的支持。根据罗马的法律，女性可以拥有财产，如果离婚，她们结婚时带来的嫁妆仍然属于她们自己。这笔钱还可以被用来开启政治生涯，就像西塞罗的例子那样，他富有的妻子泰伦提娅不仅帮助他提供了进入政界所需的资金，还帮助其养成了略显大手大脚的习惯。

贵族女性自身就是强大的政治力量，她们不只是财产，作为自己父亲敲定的政治交易的担保而出嫁。尽管根据父权（patria potestas）理论，罗马男性可以控制家庭中除了妻子之外（大部分罗马女性出嫁时并未被转移到丈夫的父权之下）的所有人的命运，但罗马的父亲们通常会遵从女儿对婚姻伴侣的选择，或者至少不会强迫她们嫁给自己觉得讨厌的人。离婚对婚姻双方都可能是麻烦。庞培宣称，他震惊地发现自己的第二任妻子穆基娅（Mucia）通奸。他与妻子离婚，毁掉了自己同她家族的关系，包括后者在内的一些人都觉得她遭到了虐待。公元前 59 年，庞培与他所爱的恺撒之女尤里娅结婚，稳固了两人原本艰难的伙伴关系。法律允许女性提出离婚，而这可能会对一位经济上捉襟见肘的丈夫造成灭顶之灾。

尽管苏拉认为自己在恢复神话中过往的某种黄金时代，但他为贵族女性发挥影响创造了更大的空间。公敌通告提高了她们的地位，因为当丈夫被没收财产时，她们却能保有家族财富。这些女性的婚姻伴侣自视为世界的统治者，而她们自己也不是作为从属性的配偶被培养的。事实上，在对该时期的描述中，她们越来越多地作为沟通者，运作无法直接打交道的丈夫们之间潜在的困难对话，或者作为让她们的配偶不容忽视的独立声音。普布里乌斯·克洛狄乌斯的妹妹克洛狄娅充当了西塞罗和贵族成员之间的斡旋渠道，即便西塞罗已经成为她哥哥的死敌，而据说如果想要获得苏拉的宽恕，最好的做法是向他的妻子卡伊基利娅倾诉。

在后苏拉时代意大利的动荡社会中，地位得到加强的不仅是贵族女性。剧场文化在公元前 2 世纪已经有了发展，而到了公元前 1 世纪 60 年代，随着经济状况开始改善，它的发展脚步也加快了。追求舞台事业的男性和女性可以过得很好，有时收入甚至要超过元老。他们的例行表演不仅限于传统的艺术形式；神话主题的音乐剧，以及本质上是古典时代情景喜剧的作品越来越多地提供了新的角色。从可能源自舞台演出的绘画中对女性的描绘来看，女演员需要在模仿神话中的女英雄时脱掉很多衣服。

处于该行业顶端的男女演员可以自由地与统治阶层交往——就像各种运动员那样。而在该行业尾部，身处一个充斥着性剥削、文化上的上流社会边缘的女性可能会充当年轻男性收入丰厚的职业伴侣。在结婚之前（乃至婚后很久），富有的罗马男性都会花钱买春——他们的姐妹也可能会玩同样的游戏。格拉古家族的一位女性后人被如此描绘：

> 懂得希腊与拉丁文字，对歌唱和跳舞的了解超过了一位体面女性所需要的，还拥有其他许多奢侈生活所需的品质；对她来说，一切都要比名誉或贞洁更重要，你很难说清，她

更吝惜金钱还是名誉；她的情欲如此旺盛，常常主动亲近男性，而不是被他们亲近。

（萨卢斯特，《喀提林阴谋》，25.2—25.3）

这并不表示认同，但的确显示了剧场文化的影响，因为人们开始认为他们在自己的生命中出演着伟大的角色。这是恺撒所活跃的世界——他同庞培娅的"开放关系"可能会让卡图卢斯感到愤慨，但这标志着他是自己那代人中的名流的一员。

当时，恺撒主要在城市舞台上表演，尽管他支持过一项将罗马公民权扩大到波河以北城市的失败法案。他是否已经意识到那里可能是他的未来所在？我们无从知晓，但值得注意的是，比提尼亚有意大利北方的商人，而他与那里也有联系。东方的富矿带之前被意大利中部的人主导，他们姗姗来迟。除了他们，无论是恺撒的，还是西塞罗或加图的拥护者都不同程度地依赖于罗马的贵族社会。罗马政府完全没能加强罗马城的设施——比如，从公元前125年开始就没有修建过新的引水渠，但城中人口已经从40万人左右增长到公元前1世纪60年代中期的大约70万人。这些人中许多是流动人员，男性人数远多于女性，他们在二十多岁时搬到那里，后来又离开。另一些人是奴隶或释奴。生活对绝大多数人来说非常艰难——他们很可能不得不用一半的年收入，差不多250第纳里来支付房租。以补贴价格销售的粮食要超过一人所需的数量，这个事实暗示，人们往往群居在廉租公寓中，那里生活着城里的大多数人。

普通罗马人的社交世界取决于他或她的工作场所——除了怀孕或照顾孩子的时候，女性也会工作。如果有人去世，同伴会试图确保他们获得体面的葬礼。否则，遗体将被埋在城外不远处浅浅的群葬墓地里，狗会挖出尸体啃食。许多人以日租方式生活在廉租公寓的顶层，另一些人则住在城门外的茅屋里，甚至是墓穴中；他们睡在稻草上，除了他们身上的衣服之外一无所有。他们大多在食肆（tavernae）吃饭，食谱很简单——面包、橄榄油和葡萄酒，还有一些肉，可能是炖煮的，尽管这同样被视作时代和人口变化的标志。据说在公元前 2 世纪中叶之前，罗马没有公共面包师；在此之前，女人会在家里烤制所需的东西。富人们往往把发臭的食物同发臭的人联系在一起。城市本身也散发着臭味，排泄物到处都是。

街上并不安全，没有治安力量，火灾要么是由那些可能被殃及的人当场扑灭，要么被交给私人承包商。克拉苏因为他的个人消防队而臭名昭著，这支队伍会出现在着火的房子旁，要求房主用跳楼价将其出售，之后他们才会动手救火。房主不会很好地维护房子，只是把它们视作收益来源。西塞罗将在普特奥利（Puteoli）拥有一批廉租公寓，他自己也承认，它们状况糟糕。

罗马人口计划不足和服务不足的大幅扩张，以会让苏拉感到遗憾的方式对政治实践产生了重要影响——这就是他为何要确保不允许保民官向部落大会提交立法。随着立法权被交还给保民官，有大约 7 万人能够参加未来的选举。现在，选举通常在战神校场，而不是广场上更加拥挤的区域举行。投票者人数的增加显示了公元前 86 年的监察官任期之后，罗马城的人口和整个公民群体的扩大。加比尼乌斯在公元前 67 年的表演想来是在这样的集会上进行的，在这里穷人可以在投票上轻易压倒富人。

恢复保民官权力和改变陪审团构成的法律——公元前 70 年

的关键改革——并不是由部落大会，而是由百人队大会通过的。由于几个世纪以来，进入人口普查第一级别的财产要求都没有改变，百人队大会不再是一个特别有财阀统治色彩的舞台。在公元前 1 世纪 50 年代末的一部关于罗马理想制度的作品中（以西庇阿·埃米利阿努斯和朋友们的对话为形式），西塞罗让自己笔下的西庇阿指出，聪明的立法者会安排好选举，使得"人数最多者不会获得最大的权力"（西塞罗，《论共和国》，2.39）。但即便在西庇阿设想的制度中，第一普查级别也并不只由最富有的人组成。事实上，在描绘第一普查级别时，他提到其中有一个木匠百人队（他说那是有用的人），暗示进入第一级别无须特别富有。被登记为第一级别的财产数量仍然只是 6250 第纳里，相当于公元前 241 年时界定第一级别成员的 10 万阿斯铜币。

在恺撒的时代，第一普查级别的一边是像发饷人这样的群体，他们的财富与和他们一起参加陪审团的骑士，或者为像西塞罗这类人管理出租公寓者的区别不大。在另一边则包括商店老板、面包师和学校老师等群体，他们能够拥有自己的财产，但并不太多。接着是士兵，他们的出席可以改变执政官选举。为准备公元前 56 年的执政官选举，恺撒从他在高卢的军队派回的是现役士兵，但如果想要对结果产生影响，他们不可能属于最低的普查级别。在为一位遭到贿选指控的执政官选举胜利者辩护时，西塞罗表示"收入较微薄的人"（西塞罗，《为穆雷纳辩护》，71）通过在选举中支持元老来赢得他们的青睐，这些人能够提供的只有自己的选票。显然，他认为这些"收入较微薄者"（homines tenuiores）的选票有一定的分量。

在总结罗马的"好人"时，西塞罗将骑士、发饷人、商人、城市名流和释奴包括在内。对他来说，国家的健康归功于来自不同社会背景但有某些共同点的人组成的利益共同体——他们会在广场上听演说、去剧场并投票。决定选举结果的正是那些有足够的空闲时间在广场周围闲逛，不会骄傲地不愿同来自大人物家庭的奴隶谈话的人投出的选票，因为那些奴隶可能会透露他们主人生活的私密消息。西塞罗明白这点，他的弟弟昆图斯明白这点——后者在为马尔库斯写的一本关于如何竞选执政官的小册子中强调了善待奴隶的重要性，恺撒也明白这点。恺撒明白，罗马人民喜欢慷慨，并尊敬有良好作战记录的人。他意识到他们会支持一个愿意挑战苏拉统治圈子中最保守成员的人，即便他娶了苏拉的外孙女。对恺撒来说，相比苏拉主义，更重要的是对效率的迫切要求，以及国家对有投票权公众的有效回应。

以个人为中心的选举可以由公共辩论，常常还可以通过法律程序来决定，在广场上设立的法庭为控辩双方的公共形象提供了碰撞的舞台。只有在支持自己心目中的庇主时，穷人才会被调动。在中层，如果获得允许，部落和团体——无论是工匠行会，还是庆祝路口神节的群体那样的共同体——会被与他们有长期联系的领袖动员。被科尔内利乌斯动员的帮派背后很可能有这类群体的身影，他们将在公元前 1 世纪 50 年代重新出现，作为克洛狄乌斯和他的对手提图斯·安尼乌斯·米罗（Titus Annius Milo）等根基深厚的领袖背后特别有影响的力量。

不过，希望成为执政官的人知道，最好还是与这些人保持一定距离。在生涯早期，为了通过部落大会获得职务，可能有必要充当这些群体的庇主，但随着时间的推移，应该将范围扩大到罗马城之外的群体，扩大到那些（必要时）能够被带来加强第一普查级别支持的人。西塞罗谈到过这些"小人物"和"亲邻性"的重要性（西塞罗，《为普兰基乌斯辩护》，19），后者激励人们前来罗马，支持来自家乡的或是对那里有过恩惠的候选人。此外，西塞罗表示，为收入微薄者辩护能够在穷人中赢得好名声，后者的意见很重要。就这样，高级官员的竞选逐渐涉及了更广泛的意大利角度。

就像西塞罗的生涯表明的那样，提供支持的场所之一是法庭，那里的话语可能是高度具体和高度个人的，即便并不总是准确的。必须仔细挑选进行哪些战斗，以及与谁战斗。身为"新人"是件好事，他通过展现勤奋、正直以及致力于帮助被压迫者和受威胁者而崭露头角。但一个人可能会做得太过头。并非每个被告都会像公元前 1 世纪 70 年代末的维勒斯那样配合，在真正受审前就溜走了。这位起诉人可能被视作自命不凡的新贵，不清楚自己在生活中应有的位置，是对公共秩序的威胁，是爱撒谎、爱行骗的行省人的朋友。在一些人看来，西塞罗可能显得傲慢和刻薄。不过，他的敌人往往是杀人犯、恶棍、变态者和醉鬼（以及舞者）——都是依靠其贵族祖先的巨大财富的恶人。他知道，在法庭上旁听律师发言的民众的反应可以对判决产生巨大的影响，而他的一些法庭技巧显然是戏剧性的。法庭是影响公共舆论的好地方。

没有人是完美的。聪明人会坦诚一些精心选择的恶习。恺撒好色，但并不酗酒，而且生活朴素。酗酒是贵族的诅咒，苏拉就是个大酒鬼。尽管取得过巨大的荣耀，但卢库鲁斯没有经受住诱惑，在年复一年地等待被允许庆祝他当之无愧的凯旋式时（最终在公元前 63 年夏末举行），他挥霍着自己的战争所得。到了凯旋式举行时，他的宏大别墅和奢华宴会已经成了一个问题。庞培不涉足法庭，他并不擅长处理那里的混战，还很少在公共大会上讲话。这种策略是有意义的：世上最伟大的人必须超脱于传统政治之上。

如果说选战政治是高度个人化的，那么当时的重大问题——通过法案得到表达并在公共大会上在人群面前得到讨论——则最好被包裹在传统的抽象概念中。人群的反应很重要：如果表示认可，那么法案会不可避免地通过，而如果表示否定，那么法案将被撤回。但人民决定国家走向的权力是否会得到尊重？人民是否真的拥有那些世界统治者享有的自由（libertas）？行政长官们是否会遵守有序社会的概念，推崇所有人的共同利益［"阶级和谐"（concordia ordinum）］？新人和骑士等级成员常常主张自己拥有这种美德，以及仁慈（clementia）这种体面的品质。但仁慈可能沦为软弱和无序，而可能需要的反倒是严厉，只要它不变为残酷。

可以说，苏拉是严厉，而不是残酷的。体面的人会宣扬他们跨越社会界线的友谊的力量。友谊（amicitia）是维系等级社会的黏合剂。异邦人可能是罗马人的门客，但好罗马人想要其他罗马人做自己的朋友——对一个罗马人来说，被称为"门客"是"近乎死亡"。好人的对立面是那些寻求通过阴谋和派系主义剥夺人们自由的人。萨卢斯特表示，"这些东西（政治同盟）在好人间是友谊，在坏人间是派系"（《朱古达战争》，31.15）——尽管没有人会认定自己是坏人，而且派系划分是灵活的，总是在观察者眼中出现。不过，可以达成共识的是，国家的敌人总是以派系的形式共谋：仅仅几个人——派系总是如此——就有力量让人民沦为奴隶（servitium），建立专制，甚至是更糟糕的王政（regnum），后者是一种不久之前可以在堕落的东方国王身上看到的暴政，还让人回想起最后一位塔克文。最重要的是，用国家的权力来对付它的公民，不经审判地杀人是错的——当然，当公民放弃公民权，成为国家的敌人时除外。现在可以通过"最终决议"，让行政长官能够保护国家。也就是说，除非能够事后发现，最终决议是由某个派系或专制者强加的。

可以通过推进公共福祉的立法来确保友谊和良好的秩序，比如廉价粮食和土地分配。但到了不择手段的朋党手中，这些也可能成为专制的工具。成为"平民派"（popularis）意味着为人民的利益服务，保护他们免受派系专制。但成为"好"人（bonus）或"最好的人"（optimus）之一意味着尊重界限——任何看重有序社会的人都可以是"最好的人"。好人是一个可以让卑微者不带恐惧地仰慕的人，他们优人一等，却并不展现出轻蔑。最好的人能够认清不真诚的平民派的真面目：他们是挥霍者，他们的计划不是为公共福祉服务，而是为了他们自己的利益。

政治等级的派系主义限制了政治活动的公共话语中使用的术语。由于一个胸怀抱负的政客常常从某个方便的同盟转向另一个方便的同盟，用"友谊"的语汇来掩盖政治上的权宜，他的公共立场也变得越来越墨守成规。盖乌斯·格拉古在公众意识中灌输了一种话语，强调人民决定一切政策的权力，以及"贵族们"堕落粗暴的观念。人民有权获得土地和带补贴的粮食。他们能够通过控制惩罚无视他们意志的长官的法庭来保障那些权力，并利用通过的法律中的誓言条款来强迫对民众意志的遵从。虽然几十年来，为民众权力献身者的数量越来越多，但提比略和盖乌斯·格拉古仍然是大众文化中最重要的圣人。格拉古兄弟的稳固地位可能与一个事实有关，即虽然两人都是暴力的受害者，但他们都没有使用过暴力。他们的理念的继承者萨图尔尼努斯、格劳基亚和苏尔皮基乌斯则显然不是这样，他们使用了暴力，正中贵族的下怀。后者越来越多地宣称，稳定取决于维持"祖制"（mos maiorum），即先人们的习俗。据说先人们曾奖励那些杀死野心勃勃的专制者的公民，通过他们卓越的美德确保了对罗马敌人的胜利，将和平与稳定带入所有人的生活。

特定的群体会主张特定的美德。在贵族们自己看来，他们是"好的"或"最好的"，还是"著名的""有福的""显赫的""出众的"或"高贵的"。身为"贵族"或"领袖"就意味着这些。但他们也可以是"少数人""专制者""高傲者"或"鱼塘看护人"（这个词似乎在卢库鲁斯建造他的豪宅时变得流行）。骑士等级可以是非常"闻名的"和"突出的"；骑士会有自己的"领袖"和"荣誉"。平民是作为国家主权群体的"人民"，或者是"乌合之众""暴民""最低贱的人"或"最卑微的人"。负面词语的数量优势无疑反映了我们现存的文献中压倒性的上层阶级偏见。

在恺撒看来，最聪明的做法是建立跨界同盟，吸引罗马社会的广泛成员。他避开法庭，与祭祀同僚一起进餐，但也试图展现西塞罗表示选民们期待的那种对公众的慷慨。一边是他自诩为马尔斯、维纳斯和罗马诸王的后裔，一边是关于他必然能赢得罗马人民爱戴的想法，他试图将两者调和起来。他因为自己的好脾气、慷慨、口才、才智和为朋友效劳而声名鹊起。他是个被别人认为能够成大事的人。有人对这一前景感到高兴，有人则不那么兴奋。

第 20 章

公元前 63 年

对于我们正在追踪其生涯的三位个人来说，公元前 63 年是极其重要的一年。对格奈乌斯·庞培来说，那是他终结米特拉达梯战争的一年。对西塞罗来说，那是他成为执政官的一年。而对盖乌斯·尤里乌斯·恺撒来说，那是他赢得两场选举，确立了自己在高层政治中的新星地位的一年。那也是喀提林推翻政府的企图失败的一年。

公元前 67 年下半年，在取得对海盗作战的巨大成功后，庞培获得了与米特拉达梯交战的指挥权。他用了 6 个月时间就做到了受命镇压地中海海盗的前任们不曾完成的工作。虽然宣称——庞培是这样做的——威胁已被消除会是夸大其词，但之前那种广泛分布的非法船队已经不复存在。庞培拥有极其高超的行政才能，无论他的诋毁者怎么说（比如，他们说他曾是个"少年屠夫"），他并不是个杀人狂。他认识到对于生活在克里特和土耳其南部那些经济状况不好的地区的人来说，成为海盗是一种生活方式的选择，于是把前海盗社群重新安置到他们可以通过农业来维生的地区，有的远离他们的家乡——在昔兰尼加乃至意大利北部都发现过前海盗。克里特的社群认识到，他们能够同庞培达成的交易要远远好于冒险同他的副将交战，于是当他在奇里乞亚时向他派来了求和使团。

在庞培处理海盗问题的同时，米特拉达梯战争的形势急转直下。米特拉达梯在公元前 67 年回到了本都，于那年秋天打败了罗马驻军，然后击溃了一支由卢库鲁斯的副将特里亚里乌斯（Triarius，新总督格拉布里奥直到那年年末才会到来）指挥的部队。由于军队在罢工，卢库鲁斯无能为力；他被告知在格拉布里奥到来时要将一部分军队交给后者，解散哗变的芬布里亚军团，并带着那些抵达意大利后就将最终退伍的士兵踏上返乡旅程。现在，他无法在本都挑战米特拉达梯，而他作为奇里乞亚总督的继任者选择对安条克进行干预（那里残余的塞琉古政权已经陷入混乱），对于北方的情况什么也做不了。

特里亚里乌斯战败的消息传到罗马时，似乎爆发了恐慌，特别是在那些刚刚取得小亚细亚包税合同的人中间。显然，没有人认为格拉布里奥能够胜任这份工作。另一个方案不仅是必要的，而且是现成的。12 月 11 日，保民官曼尼利乌斯提出法案，将对"国王们"——底格拉内斯和米特拉达梯——作战的指挥权转交给庞培，后者正好已经到达奇里乞亚。按照这一法案，庞培将统辖比提尼亚和奇里乞亚两个行省，此外还拥有卢库鲁斯之前享有的权力，能够决定与谁作战；不过，任何行政安排都必须同元老院选出的十人委员会一起做出，并且在适当的时候得到他们的确认。这一次，法案面临的反对没有那么强烈——将担任公元前 66 年的法政官的西塞罗发表演说表示支持，恺撒同样如此，而一些前执政官也加入了庞培的阵营。1 月初，法案在部落大会上获得通过。

庞培的长处在于高效。预见了同米特拉达梯的敷衍谈判将会失败后，他调动军队进入本都，在那里与这位国王的军队遭遇。与在西班牙一样，他现在很乐于打阵地战，避免大会战，直到他能够预见规模比自己小得多的敌军已经丧失了士气。当战斗打响后，米特拉达梯的军队崩溃了。从罗马人的角度来看，这场胜利几乎是不流血的；至少，这是我们从叙述中所了解的，它们可能基于庞培本人或是其支持者的讲述。

带着剩下的财产和军队，米特拉达梯经由今天的格鲁吉亚，绕过黑海逃到了克里米亚，那里当时被他的一个儿子统治着。庞培追赶米特拉达梯一直到格鲁吉亚南端，在那里打败了当地国王们集结的军队。然后，他把注意力转向南面，对准了仍然逍遥法外的底格拉内斯。这也意味着将要对付帕提亚人，但那构不成大的挑战，因为后者刚刚经历了内战，新任国王弗拉特斯三世（Phraates III）急于避免同一个似乎正在实现自己成为新亚历山大大帝的主张的人发生冲突。弗拉特斯甚至支持由庞培的副将阿弗拉尼乌斯（Afranius）、梅特鲁斯·凯勒尔（Metellus Celer）和弗拉库斯（我们将还会听到这三个人的名字）统率的罗马士兵纵队入侵亚美尼亚。庞培本人同底格拉内斯之子达成交易——后者当时逃离他的父亲，在弗拉特斯的宫廷避难，承诺让他获得底格拉内斯的王国。

庞培食言了，他接受了底格拉内斯的投降，并将他的儿子逮捕。然后，他需要确定底格拉内斯王国的范围，于是派加比尼乌斯率军南下，前往探索今摩苏尔城附近的地区。弗拉特斯愿意允许庞培建立藩属王国，只要它们远离自己的都城泰西封（位于今巴格达附近），他可能对此做了干预，因此底格拉内斯的王国被限定为托罗斯山脉以北的地区。

重要的是，随着时间从公元前 66 年进入前 65 年，庞培认识到这不是罗马人世界的一部分。那里没有他们习惯于打交道的那种城市中心，而且把米特拉达梯之前的本都王国改造成一个罗马行省已经完全够了。这是一项防御举措，旨在确保那位国王永远无法卷土重来；其中涉及建立一批拥有自我祝贺性质名字的城市——这一传统可以上溯到亚历山大本人。庞培在本都——讽刺的是，那里将同比提尼亚合并（米特拉达梯原先的设想）——建立的新城是尼科波利斯（Nicopolis，"胜利城"）和庞培奥波利斯（Pompeiopolis，"庞培城"）。

对亚美尼亚王国的安排留给庞培又一个问题。如何处置叙利亚。这块塞琉古帝国昔日的中心地区曾被底格拉内斯吞并，然后又被卢库鲁斯解放，后者扶持一位塞琉古王室成员重登王位，称为安条克十三世，这位绅士的生涯暗示，几代人以来的近亲婚姻对王室产生了有害的影响。公元前 67 年，安条克十三世造成了某种麻烦，导致上一任奇里乞亚总督出现在那里。

庞培决定要适可而止。昔日的塞琉古王国的核心区域包括几座希腊式的城市，可以把那里变成一个行省，那正是他提议要做的。他留下自己的副将维持亚美尼亚的秩序，派财务官埃米利乌斯·斯考鲁斯进入叙利亚，那里陷入了混乱，当地的世袭豪强试图瓜分这一前塞琉古王朝的腹地——或者只是相互争斗，就像在以耶路撒冷为中心的犹太国家里那样。庞培强迫他们接受和平，并罢黜了安条克。他留下斯考鲁斯思考一个新的叙利亚行省应该是什么样的，自己则敲定对本都以及卡帕多奇亚王国和科马吉尼王国的安排，后两者将被留给它们自己的国王统治；此外还有加拉提亚，这片土耳其中部的凯尔特人地区也将由当地的世袭豪强控制。这些新的统治者不必向罗马纳贡，但他们似乎开始向罗马银钱商借钱——这些银钱商中有的（可能是大部分）同庞培有联系。很可能的情况是，任何税收收入都无法覆盖罗马人直接管理的成本，但国王们的需求能让庞培收获大笔利息。

在庞培为东方带来秩序的同时，恺撒和西塞罗也在西方推进他们的生涯。为了在公元前63年担任执政官，西塞罗将大量精力投入争取他所需的支持，以赢得公元前64年的执政官选举，而恺撒也在上演自己的表演。作为公元前65年的营造官，他重建了马略战胜钦布里人和条顿人后竖立的纪念碑，还承诺举办一场特别盛大的角斗表演。此举让那些开始怀疑他是否像表面上那样安于现状的人非常愤怒，他们设法通过元老院决议，禁止这场表演，而这造成了失望，因此他们遭到所有那些曾期待该活动的人的指责。这是恺撒让他的对手在两个不讨好的选项中做出决断的一系列事件中的第一个——因为他虽然没能真正举办那场盛大的表演，但仍然靠这一尝试赢得了赞美。

他继续伸张北方意大利人的利益，克拉苏在担任公元前65年的监察官时曾提出让他们成为公民，但被同僚卢塔提乌斯·卡图卢斯所阻挠。卡图卢斯还阻挠了一项吞并埃及的法案的通过：公元前88年，托勒密十世被推翻，为了寻求罗马人支持自己夺回王位，他在其遗嘱中将埃及留给了罗马。克拉苏与卡图卢斯的争执变得如此激烈，以至于他们还没有完成人口普查就双双离职；面对保民官的压力，新的监察官——被选出完成公元前64年的公民登记——也辞去了职务。

监察官的失败并非这些年里唯一的丑闻——当选公元前 65 年执政官的两人都被认定贿选，剥夺了就职资格，其中有一人是苏拉的侄子。那一年在凶兆和流言四起的背景下开始。没有根据的谣言声称，被定罪的执政官将试图谋害他们的接替者，而卡皮托山朱庇特的神庙也被闪电击中。当关于意大利战争的新兴史学作品开始回顾各种神明不悦的征兆时，这类事件可以引发真正的紧张——以至于多年后回想起它们时，人们仍然心有余悸。

政局的观察者可能也会发现，一些重要审判的结果曾变得不可预期（或者完全没有逻辑）。比如，苏拉的一伙朋党没能让公元前 67 年的保民官科尔内利乌斯（西塞罗为其辩护）被判犯有叛国罪，而受到某个相对无名的优秀律师起诉的曼尼利乌斯，因其提出授予庞培指挥权的法案时的行为而被判有罪。接着，对喀提林在担任阿非利加总督期间的贪腐行为的指控没能将他定罪。据说陪审团收受了贿赂，这对喀提林本就存疑的名声没有益处，这场审判还让他失去了竞选执政官的机会。西塞罗一度考虑与他共同参选，而不是作为对手，甚至想过为他出庭辩护，但辩护任务被交给了刚刚从东方冒险归来的克洛狄乌斯。

公元前 64 年的执政官选举在前一年的丑闻和重建马略纪念碑的背景下展开。苏拉的侄子需要诉诸行贿手段，这个事实意味深长——如果有人能靠自己的名字竞选，那么只能是他。他无法这样做表明，苏拉集团的裂痕已经有多深，以及传统政治的规则已经有了多大的改变，以至于极端的苏拉主义已经成为负担。但规则的改变是否已经足以让一个"新人"（也是唯一的祖先中无人担任过罗马的行政长官的人）在七个人的竞争中胜出？其他六人中有两人是贵族，两人的父亲担任过执政官，两人的祖先中有人担任过行政长官。如果西塞罗获胜，他将是三十年来第一位担任执政官的"新人"。

自从开始法律生涯以来，西塞罗就一直采取同样的策略，声称没有祖先可以依靠的"新人"必须特别有德性和能力。他只发起过一次诉讼，即在维勒斯的案件中，所有人都认同此人的行为超过了限度。西塞罗是个完完全全的辩护律师。通过其辩护技术，他在整个骑士等级和意大利市政当局建立了人脉，希望与可能前来为他投票的人确立良好的关系，更别提所有那些他为之辩护的人了。除了钱，影响人们投票决定的因素还有回报人情的义务，对更好事物的期待，以及候选人的个人亲和力。西塞罗为了争取支持而遍走意大利，让意大利人相信，作为潜在的新人，他们自己和他有着同样的价值观，即体面、执着和效率。

作为西塞罗最重要的对手，喀提林和盖乌斯·安东尼提出了截然不同的主张。喀提林是贵族，尽管他的家族从公元前 5 世纪以来就没有出过执政官，他最近的杰出先人已经是一百年前的一位法政官。安东尼则是执政官和著名演说家马尔库斯·安东尼之子，西塞罗曾经在后者门下学习演说术。不过，两人的名声都不好。安东尼曾因为在担任苏拉在希腊的骑兵指挥官时的不道德行为而被尤里乌斯·恺撒送上法庭。他被判无罪，但那是在元老陪审团的时代，而且人们普遍认同他行为不当。喀提林不仅在代表苏拉行事时表现得特别残忍，而且人们广泛认为，他是靠行贿才摆脱了阿非利加人民对他的勒索罪指控，他还卷入了对公元前 65 年执政官的所谓阴谋。在为被控选举舞弊的人辩护时，西塞罗会宣称，当原告（在他的案子中总是落败的候选人）开始讨论行贿时，他们已经承认自己在争取公众支持的战斗中落后了。这种辩护方式对西塞罗来说是有效的。但公元前 64 年，他用这种策略来为自己的政治利益服务，在元老院发表了言辞激烈的演说，指控安东尼和喀提林明目张胆地试图贿赂选民。这一次，他的指控唤起了其对手的法律问题的记忆。在选举日那天，西塞罗获得了胜利。安东尼排名第二，据说是因为人们还记得他的父亲。

即便执政官选举的关键是人而不是问题，这也并不意味着政治舞台上缺少值得讨论的严肃话题。这些问题将通过部落大会来处理，后者再次成为最重要的政策制定和人民意志表达的主体——即便关于世界应该如何运作，并没有统一的"人民的"观点。首要的问题仍然是苏拉的遗产，而在该问题上，尽管有他妻子的关系，恺撒仍然特别活跃。

恺撒关心的主要问题是随意判处死刑的不合法性。他认为，申诉权——即诉请罗马人民对行政长官的行为做出裁决的权利——是罗马公民的基本权利。在越来越多关于罗马早期的史学作品中出现了古老的"等级冲突"的概念，将贵族（类似于当时的 nobiles）与保民官对立起来，后者在扑朔迷离的公元前 4 世纪要求引入申诉权和债务减免。于是，恺撒在公元前 64 年——可能是其一生中唯一一次与马尔库斯·波尔基乌斯·加图合作——挑战了苏拉对凶手的豁免决定，而另一些人则试图恢复被通告为公敌者孩子的公民权。作为常设法庭的法官（iudex quaestionis，在法政官无法出席时主持法庭），恺撒允许对一些较为臭名昭著，仍然靠他们腐败行为的所得生活的人提出指控——直到喀提林被带到他的面前。由于与喀提林有某种关系，恺撒放弃了起诉。但他已经表明了立场。

随着新年的临近，将于公元前 64 年 12 月 10 日就职的保民官提出了一系列法案。其中一项看上去似乎并不重要，即更改选择大祭司团成员的制度。公元前 104 年，当马略的影响蒸蒸日上时，在保民官多米提乌斯·阿赫诺巴尔布斯的指示下，人民通过法案，将祭司团改为由选举产生。苏拉将此法废除，但现在，众所周知的格奈乌斯·庞培的支持者，保民官提图斯·拉比恩努斯（Titus Labienus）提议恢复多米提乌斯的选举制度。与此同时，另一位保民官卢鲁斯（Rullus）提出了任命一个十人土地委员会的法案，委员将拥有治权，可以为建立新的殖民市在意大利和行省分配土地，并使用公帑和战争所得。还有人提出恢复被通告为公敌者儿子的公民权——与之相对的是新任执政官安东尼支持的另一项法案，即恢复公元前 65 年的当选执政官的公民权，他们在失去公职时也丢掉了这一权利。

关于前当选执政官的法案没能通过，而西塞罗则致力于让人们相信，卢鲁斯的提案是个糟糕的主意。人民真正的朋友不会把施舍作为保证罗马公民福祉的方式，而是会考虑如何提升国家的稳定和财政资源。西塞罗找到了一位会否决该法案的保民官，卢鲁斯没有坚持。

虽然卢鲁斯的法案失败了，但其强大的土地委员会反映，各个政治阶层的成员越来越意识到，元老院不会允许任何有价值的东西通过。有效的行动需要不受传统职务束缚的官员。当卢库鲁斯仍然在罗马城外，等待元老院批准其战功应得的凯旋式时，这可以说是一种合理的观点。另一方面，他仍然在等待这个事实也可以被视作警告，表明庞培可能也无法得到自己想要的。卢鲁斯的法案沿袭了提比略·格拉古的先例，将土地委员的决定变成最终的，这与要求政府承担责任的其他策略存在矛盾。当庞培带着看似不可避免的胜利返回时，他将仍然需要元老院批准自己在东方的定居计划。

允许直接选举祭司的法案被证明要比预期的重要得多。如果没能通过，那么祭司团就会选择自己的一名成员入住广场中心的"国馆"。如果从公元前 80 年开始担任大祭司的梅特鲁斯去世时是这种情况，那么得到这个职务的将很可能是苏拉的某个老亲信。身份很合适，但对奇里乞亚海盗作战不力的塞尔维里乌斯是一种可能；另一个人选是卢塔提乌斯·卡图卢斯。卡图卢斯可能是最受青睐的，因为他负责过卡皮托山朱庇特神庙的重建。但情况并非如此。梅特鲁斯去世时，恺撒宣布自己参选，就在该法案刚刚通过不久。他成功当选。在某些人看来，这个结果令人震惊，但恺撒知道风险，并感受到了他近年来的反苏拉举动的反响。将马略的纪念碑复原的人，将比抱怨那样做的人（比如卡图卢斯）受欢迎得多。

37 岁时，恺撒已经巩固了他作为其时代最有能力的政治家之一的地位。他的当选还暗示，当涉及待定的候选人时，投票可能带有意识形态色彩。卡图卢斯代表了旧式的苏拉主义；恺撒则代表了应该承认过去错误的观点。

在恺撒看来，最大的错误是元老院一直有权暂停申诉权；在拉比恩努斯的帮助下，现在他再次提出了这个问题。除了提出关于祭司选举的法案，拉比恩努斯（他的叔叔与萨图尔尼努斯一同被害）还提出了针对名为 perduellio 的叛国罪的法案：这个词并非表示损害罗马人民的权威，那种罪行已经有了苏拉制度下的常设法庭，而是一种触怒神明，从而威胁国家存在本身的叛国罪。很可能是为这种事件而发明的程序包括两名法官主持的检控（其中一人是恺撒，另一人是他的表哥，公元前64年的执政官之一）。如果被告被认定有罪，他可以在部落大会上向人民申诉，大会上将选出17个部落进行投票——该程序也出现在卢鲁斯的法案和选举祭司的法案中。可以肯定的是，民众会被召集起来，因为对叛国罪的法定刑罚是钉十字架。

公元前63年，为了宣传这次审判，拉比恩努斯在广场上竖立了十字架，他的起诉对象是个名叫拉比利乌斯（Rabirius）的年长元老。西塞罗反对这一审判，指出从奥皮米乌斯的时代开始，命令长官采取任何必要的手段来保护国家的决议［现在被称为"元老院紧急决议"（senatus consultum ultimum）］是保护国家的必要工具。他对自己的表现感到骄傲，因为后来他发表了这篇演说——尽管拯救拉比利乌斯的不是他的演说，而是另一个人诉诸古老做法的举动。法政官梅特鲁斯·凯勒尔降下了飘扬在亚尼库鲁姆山上的红旗，而这在之前的时代表示敌军来犯，所有的公共事务都要结束。

恺撒可能不介意这点。他已经表明了自己的立场；此案再也没有被提起。此外，当夏天来临时，从东方传来了重要消息。

米特拉达梯死了。他的儿子迫使他在克里米亚自杀。与此同时，庞培仍然深陷叙利亚的复杂政治中，试图确保作为其新行省核心部分的希腊化地区不会遭到叙利亚南部和约旦的阿拉伯部落的袭击，他们近年来一直在劫掠该地区。此外，他还卷入了一场兄弟之间的难缠内战，这场战争正在吞噬巴勒斯坦地区的犹太人国家。庞培向耶路撒冷进军，扶植其中一个兄弟担任了大祭司，并逮捕了另一个——随即发现被逮捕者的支持者拒绝服从，并占领了圣殿山。他攻占了这座防御森严的神庙，屠杀了守卫者，拜访了耶和华，然后离开了。不过，他没有染指圣殿的财库——他已经有了足够多的钱，现在是时候回家了。

在庞培向西返回之时，公元前62年长官的选举开始了。恺撒成为法政官，而喀提林输掉了又一次执政官选举。他开始谋划对那些击败过他的人展开特别的复仇，而另一位败北的候选人则指控胜利者之一贪腐。西塞罗为其做了辩护。西塞罗承认可能有些小小的违规（事实上是对法规的公然违背），但因为当选执政官穆雷纳过着如此堪称榜样的生活——毕竟他是个军人，这些小细节无关紧要。重要的是人民喜欢他。这位辩护律师表示"军事荣誉高于其他任何东西"，而归根到底，罗马人民的确"像唾弃私人的奢侈一样"热爱"对公众的慷慨"（西塞罗，《为穆雷纳辩护》，22；76）。此外，落败的候选人是个乏味的法学家，而控方的律师马尔库斯·波尔基乌斯·加图也是个非常讨厌的家伙，过分拘泥于希腊斯多亚哲学的信条，在现实世界中做不了什么。

穆雷纳在一场国内危机中被判无罪，这场危机将给西塞罗的生涯带来巨大的阴影，尽管他一直宣称自己所做的是为了拯救国家。麻烦来自喀提林。10月27日，一个名叫曼利乌斯的人在伊特鲁里亚发动起义，其他几个地方也有叛乱开始发生的传言。西塞罗要求元老院通过决议，授权行政长官采取任何必要的行动来保卫共和国——这正是那种其合法性在对拉比利乌斯的审判上遭到质疑的决议。

曼利乌斯集结的军队在组成上很可能与追随斯巴达克斯的军队类似——主要是失去财产、能够自备武器的老兵。西塞罗把他们描绘成各类堕落者；萨卢斯特则明确指出，其中许多曾是苏拉派出的定居者——这表明苏拉的殖民者一直不受欢迎。曼利乌斯拥有马略军中曾经携带的银鹰，这不太可能对苏拉派产生感召力。在罗马，11月6—7日夜里，喀提林派自己的一名同伙去西塞罗家刺杀他。刺杀企图失败了，第二天，西塞罗召开元老院会议，在会上揭发了喀提林。作为回应，喀提林贬斥了西塞罗的出身，称其为"外来者"，然后气冲冲地离开（萨卢斯特，《喀提林阴谋》，31.7）。当晚，他离开了罗马城；朋友们说他自愿流亡到马萨利亚（Massalia，今马赛）。事实上，他前去加入了曼利乌斯的军队。

对曼利乌斯的军事回应最多也只能算是敷衍的，仅仅召集了在罗马城外等待元老院批准举办凯旋式的军队。12月初，喀提林在罗马剩下的支持者做了蠢事。他们领袖的计划显然是将曼利乌斯的军队带到法兰西南部；他的朋友们想要助其一臂之力，于是找到了联系阿洛布罗格斯人（Allobroges）的使者，那是高卢南部一个强大的部落。但阿洛布罗格斯人马上通知了西塞罗，后者安排几位法政官逮捕了那些使者，他们身上有证明其有罪的文件。12月3日，西塞罗出示了这些文件，并向元老院告发了这些罗马的阴谋者，后者要求将他们逮捕。12月5日，西塞罗再次召开元老院会议，提出将阴谋者处死。元老们按照级别发言：一位前执政官总是被指定首先发表观点（除了在执政官选举上，首先发言的将是当选执政官），然后是其他前执政官、当选法政官、法政官和前法政官等。

众人的立场都与西塞罗的一致，直到轮到恺撒发言。他发表了动人的演说，请求宽恕阴谋者：他表示，他们应该被终身监禁。他表达的观点很符合之前他对所谓的制度外的杀戮的批评。他的意见看上去可能胜出，直到当选保民官加图起身发言，表示支持处决。后一种意见最终获胜——演说技巧的政治重要性在这一天得到了充分的展示。

西塞罗将被判处死刑的阴谋者带到广场上的国家监狱，亲自监督他们被绞死。公元前 62 年冬天的某个时候，由现在是前执政官的安东尼率领的军队追上了喀提林，在皮斯托里亚［Pistoria，今皮斯托亚（Pistoia）］的一场激烈战役中击溃了后者的军队。喀提林死在了战场上。

公元前 63 年的事件显示了后苏拉时代的国家陷入的沉疴。国内政治在很大程度上是向后看的——中心问题一直是苏拉对谋杀的豁免是否有效。苏拉的法律和政令中有多少可以被保留？尽管宣称从喀提林手中拯救了国家，但西塞罗永远无法宣称提升了人民的福祉。他的声望的主要来源是在年末让人民团结起来对付喀提林，而他在那年最值得一提的行为是阻止了一些事的发生，成功为那些被控犯罪的人做了辩护。元老院很大程度上无法做出决定，而除了那些足够强大、能够推翻保民官潜在的否决决定的人，部落大会也没有用处。

东方的情况与此形成了鲜明的对比。庞培将"友好的"国王与行省结构结合起来，以此为基础创造了一种边境体系，这一安排将延续超过一个世纪。事实上，直到 150 多年后，他为新的比提尼亚-本都行省设立的管理体系仍然有效。同样重要的是他发展起来的跨越整个帝国的势力。当罗马可能仍然把家族或地区关系作为担任公职的决定因素时——就像喀提林会想要通过嘲讽西塞罗的出身来为自己加分，庞培雇用了一位西班牙和一位土耳其贵绅来作为自己的高级副手。他们并不担任正式公职，但谁都知道，想要办成事就必须通过他们。庞培的部属为后来的帝国管理提供了模板。与恺撒一样，他也有意无意地诉诸那些在过去让罗马获得成功的特点。

当喀提林死去时，苏拉的共和国还有十三年的寿命。

第21章

法律与混乱

在喀提林死后的十年间，基于独立财政-军事网络的各种宫廷式机构的发展破坏了罗马国家原有的结构。其中之一与胜利归来的庞培有关。公元前58年后，又增加了为了支持尤里乌斯·恺撒在法兰西的作战而发展起来的网络。这些以恺撒和庞培为中心的组织的发展并不意味着其他罗马人自视为二等公民。那些年的内部政治中充满了西塞罗、加图、克洛狄乌斯、克拉苏和加比尼乌斯等人通过传统制度来主张自身地位的努力。一边是高卢和西班牙的准君主制的支持者，一边是那些通过旧体系寻求权力的人，当罗马的一个派系攻击在高卢崛起的势力，违反了曾为创造这一势力而通过的法律时，两者的矛盾爆发，内战开始了。

国家从准民主统治形式向着某种准君主制的发展并非无法预见。公元前1世纪50年代中后期，西塞罗设想了一个更好版本的罗马共和国，其中有一位调停者，他认为格奈乌斯·庞培将扮演这一角色。他表示"所有人都认为，（庞培）是国家无可争议的第一人（princeps）"（西塞罗，《论他的宅邸》，66）。不过，西塞罗也认为，这位伟人不能独自承担这些。与西庇阿·埃米利阿努斯一样（他在关于共和国的对话中向其提出了这种观点），庞培也需要智慧的朋友。西塞罗永远乐意相助。

庞培缺乏在国内政治中取得成功所必需的耐心。在那些钟爱共和制度的人看来，他缺乏政治技巧这点特别不幸。对庞培来说，传统的共和国为他提供了炫耀自身伟大的剧场。实现这一野心的问题在于，他树立了许多敌人，其中最重要的是卢库鲁斯，后者知道如何破坏国家机器。因此，他要依靠在政治上更加精明的个人来实现自己的目标。这种依赖将很快让他受制于恺撒。

公元前 62 年 12 月，庞培抵达布伦迪西乌姆；8 个月后，从公元前 61 年 9 月 28 日他的生日开始，他用两天时间庆祝了对海盗、米特拉达梯和底格拉内斯的胜利。公元前 59 年 1 月，他仍在等待元老院批准他在东方采取的全部手段。这一延误在某种程度上是他自己的错，因为与卢库鲁斯不同（庞培毁弃了他与必要的十人元老特使委员会一起做出的安排），他不在乎去请求任命特使。卢库鲁斯坚持要求元老院审核他的每一项行动，虽然后者通过了与建立行省有关的全部措施，将国家收入从每年 5000 万第纳里提升到 8500 万第纳里，但没有讨论他与东方国王们达成的安排。卢库鲁斯等人可能意识到，那些安排的主要受益者是庞培，而不是国家。身为世界上最有名和最有权势的人需要大量金钱，对庞培来说，这使得获取东方王朝的财富变得必要。

除了以加图为首，并得到老一代人中的不同成员支持的直接阻挠外，丑闻和即将到来的危机混合在一起，也让人们的注意力离开了政府事务。公元前 62 年 12 月 5 日，克洛狄乌斯被发现参加了在恺撒家中举行的"仅限女性"的聚会。当时的活动是为良善女神（Bona Dea）举行仪式，参加者有维斯塔贞女和各位有身份的女性。克洛狄乌斯据说在那里与庞培娅偷欢。恺撒马上与她离婚，表示他的妻子必须是无可怀疑的——鉴于他本人的婚外情史，这看上去无疑是个糟糕的笑话［苏拉的前副手库里奥讽刺说，他是"每个男人的妻子，每个女人的丈夫"（苏维托尼乌斯，《恺撒传》，52.3）］。随后，恺撒离开罗马，成为远西班牙的总督。

西塞罗本可以明智地学习恺撒的做法，避免与良善女神的丑闻扯上关系。但他没能做到。当克洛狄乌斯请求他做不在场证明时，他拒绝了，并在审判中发表了对他不利的证词。克洛狄乌斯被判无罪，可能是因为陪审团成员受到了慷慨的金钱诱惑。随后，他宣布自己为西塞罗的死敌。

与此同时，西塞罗抱怨说，他为了打败喀提林而建立的同盟正在崩溃，原因是没能按照庞培的商业计划行事，以及拒绝调整承包亚细亚税收的团体开出的过高报价。加图对此横加阻挠，在元老院发表了无休止的演说，而西塞罗现在抱怨说，他似乎"生活在柏拉图的理想国，而非罗慕路斯的垃圾坑"（西塞罗，《与阿提库斯书》，2.1.8）。但这里没有什么可做的，同样，关于在法兰西正酝酿着的非常现实的问题也没有什么办法。

高卢南部的阿洛布罗格斯人曾在公元前 62 年发动叛乱，不过没有造成大的影响。随后，在公元前 61 年，生活在罗讷河和莱茵河之间的一个部落重创了埃杜伊人（Aedui），后者是罗马在罗讷河谷行省边界以北最重要的盟友。塞夸尼人（Sequani）从莱茵河对岸带来了雇佣兵队长阿里奥维斯图斯（Ariovistus），由此掌握了优势。埃杜伊人向罗马求助，后者尽管做出了一些同情的姿态（罗马人派出使者，并将高卢行省分配给公元前 60 年的执政官），但没有提供有意义的帮助。

当元老院陷入僵局，而高卢形势又变得日益紧张时，恺撒从西班牙归来。通过攻击卢西塔尼亚的部落，他从那里获得了大笔金钱。他要求举行凯旋式，并宣布将竞选执政官。那些讨厌他的人拖延了凯旋式投票，希望将他困在城门外，因为他必须放弃治权（从而也放弃举办凯旋式的权利）才能宣布参选。恺撒决定放弃凯旋式，而在投票中拔得头筹。

公元前 59 年 1 月 1 日就职时，他的执政官同僚是憎恨他的马尔库斯·卡尔普尼乌斯·比布鲁斯（Marcus Calpurnius Bibulus）。这无关紧要。比布鲁斯不是最聪明的人，他的坏脾气也正中恺撒下怀。在就职前的那个月，恺撒找到庞培，提出支持对其在东方成就的认可；然后，他邀请西塞罗加入一场实际上将导致立法式政变的行动。西塞罗拒绝了。他又找到克拉苏，后者没有拒绝。对恺撒来说，面前的路不止一条——他愿意交往、竞争和协商，直到他达到目的。他的首要目标是获得比他能够期待的——"意大利的丘陵和山谷"——更好的行省，前者只会让他去维持乡下的治安。主宰罗马国家会来得更晚。

恺撒的执政官任期开启了在立法的多样性和影响上无与伦比的十年。虽然在当选官员的职能和经常胜出的人选方面——对执政官来说只有贵族，这些立法方案并未改变基本的结构，但它们制定了新的规则，设立了新的官员委员会和新的行省。这些年中，较为值得一提的事件包括一次重大军事灾难，在未受元老院授权的情况下引发了与帕提亚的冲突；对埃及的入侵（同样没有授权）；以及一场先斩后奏的动议，将之前分成三个部分的高卢整个置于罗马国家的名义控制之下。

公元前 1 世纪 50 年代的全部法案都有一个共同点，即它们都是由格奈乌斯·庞培，以及代表他或者处在他的隐性支持下的人提出的。庞培的这种至高地位源于他和其他一些人认识到，真正的权力属于那些摆脱了传统元老院政治的喧嚣，却能够获得行省或王国资源的人。

为了保持权力平衡，恺撒——庞培现在拥有了比他更大的权力——在就职之初便在元老院宣布，后者的会议记录现在将会公开。他将提出法案，肯定庞培所有的出色举动；然后是关于在意大利分配土地的法案，包括由一个规模很大的委员会（包括庞培和克拉苏）向个人购买土地，并将其纳入分配中；另一项法案为亚细亚包税人将征税估值削减了三分之一。当加图威胁用持续一天的演说来拖延表决时，恺撒下令将他逮捕并投入监狱。由于许多元老选择退场并加入他，罗马民众很清楚地看到了谁在反对这项他们多数青睐的立法。

接着，恺撒将此事带到人民面前。他从自己的土地分配法案开始，在元老院前的讲坛上发言，庞培和克拉苏站在他的身旁。2月，议程的控制权被交给了保民官瓦提尼乌斯（Vatinius），因为现在轮到比布鲁斯主持元老院会议。瓦提尼乌斯推动了认可庞培对东方所做安排的法案。3月，恺撒提出了更多法案，包括修改亚细亚的税收竞标，以及承认托勒密十二世为埃及国王（他为此得到了一大笔报酬）。

5月初，恺撒提出了让西塞罗特别恼火的第二部土地法案，因为该法让第二次布匿战争中罗马从卡普阿没收的土地可以用于分配。公元前63年，当这一提议出现在卢鲁斯的土地法案中时，西塞罗表示强烈反对，声称罗马无法承担失去这笔地租收入的损失。恺撒的理由可能是，由于庞培带来的新收入，罗马不需要坎帕尼亚的地租。

他可能也有些私心。他在那不勒斯湾北岸的潮流度假胜地巴伊埃（Baiae）城外有一处别墅，还在卡普阿养着自己的角斗士；他的新岳父卡尔普尼乌斯·皮索在维苏威火山脚下的赫库兰尼姆有一处宏大的别墅。

第二部土地法案在 5 月通过，围绕着其通过的事件将产生深远的影响。该法案提出时遭到了恺撒的执政官同僚比布鲁斯的反对。他很可能没有想到自己会受到一桶粪便的欢迎。满身都是这些东西的比布鲁斯回到家，在那里度过了那年剩下的时间，宣称他在寻找无法进行公共事务的天象。此外，他还在门上张贴了关于恺撒的侮辱性内容。

考虑到罗马人通常不会带着粪桶进入广场，很可能是恺撒安排了此事，想让比布鲁斯看上去可笑——当然，后者也的确这样了。对于看不上比布鲁斯的人来说，这很可能是有趣的，但恺撒甚至更加高兴：没有了执政官同僚掣肘，他可以亲自主持所有的元老院会议。但另一方面，尽管这带来了便利，却可能让另一项关键立法的合法性受到质疑，那就是瓦提尼乌斯提出的法案，将一个包括山南高卢（位于阿尔卑斯山和卢比孔河之间的地区，位于今里米尼以北不远处）和伊利里亚（山南高卢以东一个边界不确定的地区）在内的行省交给恺撒。该指挥权将持续五年，并另外规定，结束日期将是公元前 54 年 3 月 1 日。

西塞罗再次拒绝了能让他离开罗马并不受起诉的邀请——第一个土地委员会中的职务，他对恺撒的国内立法有许多话要说，而且都不是正面的。不过，留存下来的他那年的书信中没有提到瓦提尼乌斯的法案（后来他将认识到它的重要性），或者后来将山外高卢（那里的总督在 6 月去世）加入恺撒指挥权的法案。也许谁都没有想到，恺撒凭着 4 个军团能够有多大建树，而高卢的形势看上去甚至在缓和。很可能是在 2 月，在比布鲁斯的主持下，元老院投票授予塞夸尼人的雇佣军首领阿里奥维斯图斯罗马人民的"朋友和盟友"的名号。将山外高卢交给恺撒并非让他或其他任何人来处理罗讷河谷令人沮丧的形势的任何宏大计划的一部分。

夏天快要结束时，西塞罗确信"三头怪"（他对庞培-克拉苏-恺撒集团的称呼）的权力正在削弱。当他发表了一篇特别不明智的演说来攻击他们时，恺撒可能有过的任何保护他的兴趣都消失了。恺撒和庞培监督了将克洛狄乌斯从贵族转为平民等级的程序，从而使他能够竞选保民官。

西塞罗将为他的一些决定感到后悔，但最让人吃惊的是他对正在发生的事的判断是多么错误。执政官选举的胜出者是恺撒的岳父皮索，以及提出法案授予庞培对抗海盗的指挥权的加比尼乌斯。两个与"三头怪"有如此明显关系的人获得了最多的选票，这非常有力地表明，最高普查级别的成员并不反对恺撒的行为。而部落大会的成员刚刚投票选举新近成为平民的克洛狄乌斯为下一年的保民官，他们同样似乎对事情的发展感到满意。

克洛狄乌斯在许多地方都深受怀疑。西塞罗只是认为他应该被判定为不虔敬的众人中的一个；卢库鲁斯恨他；还有人想起他曾在公元前 65 年的审判上为喀提林辩护，腐败在那场审判中似乎起到了不应有的作用。另一方面，克洛狄乌斯雄心勃勃，因此恺撒宽恕了他的不检点。此外，他也不无圆通：作为对不阻挠他向西塞罗寻仇的回报，恺撒和庞培将受益于克洛狄乌斯承诺推出的众多立法。其中一项法案规定，像比布鲁斯那样的观察天象的行为不合法，从而防止有人主张 5 月闹剧之后通过的一切立法均为非法，因为当执政官观察天象时，政府事务无法正当开展。

克洛狄乌斯计划的结构显示了相当的远见。他提出的第一批法案中包括恢复路口神节，这个节日在公元前 64 年被禁止，理由是对公共秩序构成威胁。从公元前 58 年 1 月 1 日开始担任主持执政官的皮索甚至允许在那天举行该节日，可能因为他认为克洛狄乌斯在 12 月 10 日提出的法案将会通过。同时提出的另一项法案将补贴供粮制度改成直接发放。这样做的资金来自接受托勒密·亚历山大一世遗嘱的合法性，他在遗嘱中将自己的王国留给了罗马——尽管这究竟意味着什么存在争议。在此之前，这一直被解读为埃及，当卢鲁斯在公元前 63 年提出他的土地法案时，有过关于吞并埃及的讨论。但鉴于托勒密十二世刚刚被承认为埃及国王，如果罗马准备接受托勒密·亚历山大的遗嘱，那么所涉及的王国将是塞浦路斯，那是后者去世时正统治的国度。

加图被指派监督该程序。与此同时，克洛狄乌斯提出法案，将各行省对调，把马其顿给了皮索，叙利亚给了加比尼乌斯——这两个地区都很可能发生军事行动。外交政策正在为了迎合政治野心而被改变。

公元前 58 年 3 月，许多罗马人可能会被一项法案震惊，该法案规定，任何未经审判就处死罗马公民者都将被流放——它只适用一个人，那就是西塞罗。当西塞罗逃离罗马后，另一项法案又点名将其流放。与此同时，恺撒从高卢得到情报。他将利用这些情报来宣布国家紧急状态，只有他带领自己的军队前往山外高卢以北才能将其解决。

恺撒北上征服高卢（我们很快将重新谈到此事）的第二年又

发生了其他立法危机。首先是西塞罗被从流放中召回，这与克洛狄乌斯在多个场合触怒了庞培不无关系。他大张旗鼓地回归，庞培的支持者们利用大批克洛狄乌斯的反对者来为西塞罗的回归投票，并借机通过法案，为他们的领袖创造了一个新职务。在 15 名军团长的支持下，他将负责粮食供应，在帝国的任何地方都拥有与任何行省总督相当的治权。鉴于罗马尚未控制或开发后来将为该城提供大部分粮食的土地——它们位于北非和埃及，而克洛狄乌斯法案的后果是自称有资格获得粮食的人数急剧上升（人们释放了自己的许多奴隶，好让国家来养活他们），这是必要的一步；这还表明了一个事实，即除了设立临时委员会，元老院无法解决结构性问题。

在新委员会设立的差不多同时，庞培处理粮食供应的能力遭受了质疑，他在罗马的总体地位无疑也受到挑战。事情的起因是托勒密国王的到来。被对罗马吞并塞浦路斯感到愤怒的臣民赶下宝座后，托勒密来到庞培位于阿尔巴山的豪阔别墅，想求主人为他夺回王位。他带来了女儿克娄帕特拉，后者将开始按照罗马人的方式接受教育。

对托勒密来说悲哀的是，他的行为引发了丑闻，还催生了该时期乃至罗马历史上其他任何时期最令人难忘的两篇拉丁语谴责作品。首先是西塞罗在为年轻的朋友卡伊利乌斯·鲁弗斯辩护时发表的演说，后者被控试图对克洛狄乌斯的妹妹下毒。让此案更加复杂的是，有暗示称，卡伊利乌斯参与了谋杀从亚历山大里亚而来，请求罗马不要允许托勒密回国的使者。另一作品是瓦雷利乌斯·卡图卢斯的一首特别有情色意味的诗。卡图卢斯是那个时代最伟大的诗人，恰好也是克洛狄乌斯妹妹的另一位昔日情人，他在诗中把对一位前代埃及王后的颂歌变成了对乱伦强暴的描绘。这些作品助长了一种观念，即托勒密是一个嗜杀的性变态，反映了受过教育的罗马人的部分观点。

庞培无法控制自己与托勒密的关系导致的名誉损失。因此，关于某人是否应该和如何让这位国王恢复王位，以及那个人应该是谁的讨论断断续续地延续了大半年。让情况更加复杂的是，圣礼十五人团（他们的职责是保护刚刚收集起来的西比尔神谕）的一位成员发布神谕，表示不能"用众人"（意为"军队"）帮助埃及国王恢复王位（西塞罗，《与亲友书》，1.7.4）。托勒密放弃了，于公元前56年末离开罗马，寻找新的人选贿赂。他找到的是加比尼乌斯，后者无视元老院对军事干预的禁令，于公元前55年帮助他恢复王位。

庞培在面对埃及事务时的软弱鼓励他的敌人产生了能够对政治权力平衡做出一定改变的希望，包括取代恺撒的行省指挥权。公元前56年春，恺撒和庞培在卢卡召开了紧急会议，在会上达成一致：庞培将参选执政官，克拉苏将再次成为他的搭档。两人不出意外地当选，而一位叫特雷波尼乌斯的保民官则通过法案，宣布西班牙（据说那里新近有一些骚乱）和叙利亚为公元前55年的执政官行省。两地的总督将有五年任期，并被允许对邻近民族采取任何他们认为必要的行动。随后，庞培和克拉苏提出法案，延长恺撒在高卢的指挥权。他们想的很可能是五年。但该法的措辞特别含糊，似乎表示恺撒的指挥权将"由该法［延长］五年"（quinquennium ex hac lege），导致有了不同的解读，既可能指从该法通过算起，也可能指从《瓦提尼乌斯法》规定的恺撒指挥权结束时算起。这两种解读将在短短几年内同时存在。

庞培满足于在公元前 55 年后留在罗马，通过副将统治西班牙。方便起见，他在今天的梵蒂冈城附近有一所宅邸，以避免住在罗马城中的居所（作为行省总督拥有治权时，他无法前往那里）。他还在战神校场出资建造了罗马的第一座永久剧场，其中有供元老院在城界外举行会议的空间（因此他能够参加）。不过，克拉苏选择了尽快离开，他接手了加比尼乌斯的指挥权，延续了由后者发动的同帕提亚人的战争。

恺撒在高卢的指挥权所定下的独立行事的程度是克拉苏渴望的。恺撒对那些年的叙述显示了元老院的控制在实践中和政治上的局限，以及在没有常设官僚人员的情况下管理帝国的结构性问题。政治上的局限之一在于，保民官的法律剥夺了元老院的监察权，因此在一些重要的例子中，后者不再拥有对任命官职的控制权，就像按照盖乌斯·格拉古关于执政官行省的旧法（严格来说仍然有效）所规定的那样。恺撒征战的最初阶段显示了这种结构性困难的程度。没有常设人员，就没有人对收集情报负责。来自欠发达地区的信息仍然是通过总督传给元老院，或者由使者传递的。但当没有使者和总督时会发生什么？公元前 58 年春天在山外高卢边境突发的情况（当时恺撒正在罗马城外，等待西塞罗流亡）就是这方面的例子。

由于总督去世（很可能是在公元前 59 年 4 月），山外高卢的行政管理被交给了财务官。这位官员——记录中没有留下他的名字——似乎不了解事态的发展。这些动态包括埃杜伊人和塞夸尼人领袖中的某些派系同赫尔维提人领袖中的一个派系达成协议，将大批赫尔维提人迁入埃杜伊人的土地，从而为摆脱罗马人的

"朋友和盟友"阿里奥维斯图斯提供了所需的额外兵力。为了完成这一迁移，赫尔维提人最好能够穿过位于罗讷河南岸的罗马领土。公元前58年3月28日，恺撒吃惊地获悉，赫尔维提人出现在日内瓦，请求过境。那天，他的三个军团位于400多英里外，正处在意大利东北部的阿奎莱亚。

虽然吃惊，但赫尔维提人的出现让恺撒有机会发动他梦寐以求的军事行动。但他严重准备不足。他必须全速调动自己位于阿尔卑斯山以北的军队，而且不知道兵力是否足够——他可支配的有大约2万人。在以每天大约90英里的速度从罗马赶往日内瓦的途中，他利用总督的权力紧急招募新兵。他本人将负责这些人的军饷，暗示他的确认为情况紧急。

就像他的《高卢战记》开头几章中描绘的发回元老院中报告所显示的，他需要用能让人想起从前可怕时刻的措辞来向罗马人烘托状况的紧急：即便恺撒对于当赫尔维提人到来时要做什么并没有清晰的计划，他很快决定，他的任何举动的意义都必须不只是局部的。他所面临的威胁将不可避免地成为对"全高卢"的威胁。

他不遗余力地夸大赫尔维提人构成的威胁。他们大批出现，拥有传奇般的武士技能，是与钦布里人和条顿人相提并论的威胁，他们的迁徙习惯让人想起了另一些民族翻越阿尔卑斯山的不友好的活动，正是那些民族在公元前390年洗劫了罗马。此外还有个人因素：大约五十年前，他妻子的祖父在自己服役的军队同一个赫尔维提人分支部落的灾难性冲突中被杀。这足以解释为何恺撒要率军越过边界追击赫尔维提人——说实话，后者并没有真正威胁罗马行省。后续的作战让人想起了马略同钦布里人的作战。正如马略在公元前 102 年所做的，恺撒首先打败了正在渡河的一个敌方分支部落——正是他们的先人杀害了他妻子的祖父！几天后，剩余蛮族的一个庞大方阵（恺撒在这里用了希腊语）向坡上发动攻击，但就像钦布里人在塞克斯提乌斯泉那样，他们被齐发的投枪击散并逼退。少数幸存者在投降后被送回了家。后来，恺撒根据赫尔维提人的统计（用希腊语写成）记录了这场屠杀。在当初迁徙的 36.2 万人中，只有 11 万人生还。

恺撒关于赫尔维提人的数字显然不实，但他声称他们使用希腊语这点则不然。地中海文化早就通过希腊定居者在公元前 6 世纪建立的马萨利亚传入了。巧合式的准确可能帮助掩盖了故意的编造，随着恺撒继续对公元前 58 年夏天的故事的叙述，这种编造将变得越来越有创造性。从 5 月中旬到月末，当代表"全高卢"的首领们前来祝贺恺撒的胜利时，一些人在私下会面时承认，阿里奥维斯图斯并不讨人喜欢（不要有这种想法！）。此人残忍、专制而狡诈，压迫多年的朋友和盟友埃杜伊人。人们很快发现，他并不明白，被接受为"朋友和盟友"意味着他必须按照罗马人的吩咐行事。他甚至没有意识到，由于法比乌斯·马克西姆斯和格奈乌斯·多米提乌斯·阿赫诺巴尔布斯在公元前 121 年的胜利，整个高卢都成了一个罗马行省。它那里只是还没有被占领——如果罗马想要保持安全，就需要改变这点。

恺撒提醒高卢人（和他的读者），仅仅两年前，元老院曾指示高卢总督，必须确保该省不受破坏——现在，这一点就像在当时一样重要。他们应该意识到，阿里奥维斯图斯与罗马的某些人有联系，而这些人想要恺撒的命；他还从莱茵河对岸带来了新的日耳曼人。他甚至在一次谈判中试图谋害恺撒，因此后者别无选择，必须干掉他［那年夏天结束前，恺撒在维松提奥（Vesontio）这样做了］。当恺撒回归以履行自己在阿尔卑斯山以南的司法职能时，似乎最好将军团留在莱茵河畔扎营。

恺撒将自己标榜为严格的传统主义者，尽管在对高卢战争的描绘中，他从不用"罗马元老院与人民"（Senatus populusque Romanus）这一传统表述来描绘罗马国家。他在那里只是为了代表"罗马人民"。他的事迹配得上他们。他的敌人包括诡计多端的高卢贵族，他们剥削家里的门客，图谋对本民族实行法外专制。他们热衷酷刑，完全不讲信义，崇拜惯常需要人祭的神明。他的敌人的行为让人想起了过去最骇人的事件；所有人都清楚地看到了灾难的可能。

公元前57年，贝尔加（Belgae，位于今天比利时和法国西北部的高卢国家联盟）共谋袭击已向罗马输诚的雷米人（Remi）（就像公元前264年的马麦丁人一样），因此罗马不得不防御他们。公元前56年，善于航海的威尼托人在英吉利海峡沿岸的某地囚禁了几名罗马使者，遭到恺撒军队的惩罚；公元前55年，一些日耳曼部落渡过莱茵河，不讲信义地同他谈判——或者他是这样说的，从而招致他们被消灭。这些人显然系流民，是最糟糕的那类蛮族，而恺撒的读者还会从之前的描述中得知，他们是原始的自然崇拜者，无法过务农或定居的生活。打败这些日耳曼人后，恺撒必须要渡过莱茵河，他建造了一座配得上自己和罗马人民威严的桥。当年晚些时候，不列颠甚至也得到了一次造访，那里的民族一直在高卢制造麻烦。

读了恺撒的前线报告后，卡图卢斯不为所动，他并不总是前者拥趸。他有关于恺撒的苦话要说，表示自己完全不在乎恺撒是谁——可能与这番话同样伤人的是，他声称恺撒与自己的幕僚长马穆拉（Mamurra，卡图卢斯称之为"受先生"）同床。卡图卢斯还大声抱怨了马穆拉的新财富。后来，恺撒拜访了卡图卢斯的父亲，然后与卡图卢斯本人共进午餐。发生了什么没有被记录下来，但不久之后，他写了一首诗，想象自己翻越阿尔卑斯山，目睹了"伟大恺撒的丰碑，高卢的莱茵河，可怕的大洋和最遥远的不列颠人"（卡图卢斯，11.9—12）。这个口径就一致多了。

不过，现在恺撒可以自诩将帝国扩大到了世界的最西端，就像庞培在东部所做的那样。已经公开同恺撒和解的西塞罗将在公元前55年3月一场关于执政官行省归属的辩论中赞美前者的成就。他表示，从前的将军把国家从对高卢居民迫在眉睫的恐惧中解救出来；伟大的马略凭着"神圣而杰出的美德"遏制了北方人流入意大利。但恺撒征服了从前只能被遏制的人。他打败的不仅是日耳曼人和赫尔维提人这些以战场勇武著称的人，甚至还有从未听说过的民族；在不超过两年的时间里，"通过恐惧、希望、惩罚、奖赏、武器或法律，他得以用永久的锁链束缚了整个高卢"（西塞罗，《论执政官行省》，34）。因此，他完全值得继续执掌高卢一两年来完成征服。恺撒不再被仅仅视作一个激进政治家，而是罗马的拯救者。

这是恺撒希望人民收到的讯息。西塞罗的弟弟和他的一位年轻门徒特雷巴提乌斯都加入了恺撒的麾下。

在发表对恺撒新的赞美时，西塞罗趁机指出，应该把加比尼乌斯和皮索从他们的行省召回。皮索在马其顿没有多少成绩；但在叙利亚，加比尼乌斯作为总督的肆意行为在许多方面要比恺撒的更加令人不安。恺撒可以用过去的危机和自己的成功来为本人的行为辩护，而加比尼乌斯甚至到现在仍然在为同帕提亚的战争谋求支持，从而显示了元老院不愿——或不能——约束一位咄咄逼人的总督。

加比尼乌斯毫不怀疑自己的价值。在他提出的一项授予提洛岛免税权的法案的序章中，他宣称，"多［年］来［破坏］世界，劫掠圣所、神庙和神像，以及最神圣场所的海盗……已经被《加比尼乌斯法》打败和消灭"（《罗马法规》，n.22）。作为叙利亚总督，他未与元老院协商就改变了税收制度，而在公元前55年初，他还自作主张，派自己的军队帮助托勒密恢复埃及王位。为了维护托勒密的王位，加比尼乌斯在埃及留下了大批人马。此外，国王雇用了另一个叫拉比尼乌斯的理财家——公元前63年，恺撒主持了对此人父亲的叛国罪审判——来负责征收他仍欠庞培和恺撒，以及现在欠加比尼乌斯的钱。托勒密的女儿克娄帕特拉接受的罗马政治教育又进了一步；她还似乎与加比尼乌斯的一位年轻军官马可·安东尼有过短暂的交谈。

远征埃及打断了加比尼乌斯从一年前开始的对帕提亚的干预。公元前57年，在公元前1世纪60年代被庞培欺负的弗拉特斯三世国王遇害。凶手是他的儿子奥罗德斯（Orodes）和米特拉达梯，两人现在正为王国的控制权相互厮杀。奥罗德斯很快占据上风，他想要恢复曾经从阿富汗延伸到希腊的古波斯王国。现在已经是伊朗西北部的阿特罗帕特斯米底（Media Atropatene）国王的米特拉达梯向加比尼乌斯求助。但他还没来得及做出回应，托勒密就出现了。在选择先帮助哪位国王复位的问题上，加比尼乌斯选择了托勒密。等到加比尼乌斯从埃及返回时，米特拉达梯那里的形势已经恶化，后者已经逃到了罗马境内。

加比尼乌斯在米特拉达梯入侵帕提亚时提供了支持，但仅此而已。考虑到罗马人对帕提亚人并不比对底格拉内斯的亚美尼亚人更加重视，痛击帕提亚人的可能对加比尼乌斯来说是不容错过的好机会。但他没有机会这样做。由于在埃及的冒险和叙利亚包税人对其行为的不断抱怨，他在罗马的各个政治阶层中变得很不受欢迎。公元前 54 年夏天回到罗马城后，他因为在埃及的所作所为而受到叛国罪指控。据说，庞培的影响力和金钱帮他脱了罪。但那年晚些时候，当他受到勒索罪审判时，这就不奏效了。西塞罗被迫为他辩护，不过于事无补。加比尼乌斯被流放。

虽然元老院没有正式对帕提亚宣战，一些元老也非常强烈地反对让克拉苏有机会为所欲为，但克拉苏还是集结了一支大军来入侵帕提亚。他的部分军队可能是常规驻军，除去那些留在埃及的托勒密身边的，也可以用国库的钱来把军团数量补足到之前分配给他的总数；此外，克拉苏还被允许在意大利征兵。后来的安排暗示，国家出资组建的部队是 2 个军团。不过，当克拉苏入侵帕提亚时，他统率着 7 个军团，暗示他投入了大笔金钱——可能足够组建 5 个军团。收回这笔钱的需要也许有助于解释为何他要如此行事——这场战争并非出于战略目的，而是作为私人冒险。当时就有人注意到，他特别在意钱。

克拉苏用公元前 54 年的下半年建立了通往美索不达米亚北部的奥斯罗埃内（Osrhoene）王国的桥头堡，同正在与奥罗德斯作战的亚美尼亚国王阿尔塔瓦斯德斯（Artavasdes）有了接触，还可能准备援助米特拉达梯，后者正被困在塞琉西亚。塞琉西亚位于帕提亚王国的腹地，就在都城泰西封对面，该城常常对帕提亚人怀有敌意，当地公民还记得他们在塞琉古王朝统治下的特权地位。不过，塞琉西亚人无法阻挡奥罗德斯的主将叙雷纳斯（Surenas），当克拉苏在美索不达米亚北部时，他们就投降了。公元前53年春天，克拉苏朝着塞琉西亚方向发动了全面入侵，尽管可能为时已晚。这意味着无视阿尔塔瓦斯德斯，后者曾表示愿意帮助，如果他要在美索不达米亚北部作战的话。克拉苏还与奥斯罗埃内的国王阿格巴尔不和，后者成了帕提亚人的代理人。

克拉苏向塞琉西亚的进军没能深入太远。6月9日，即离开卡莱一天后，他的军队在巴里苏斯河（Balissus）的河谷中被叙雷纳斯统率的帕提亚军队阻截。罗马军队无法应对帕提亚马弓手和重骑兵的强大力量，停滞不前进。经过损失巨大的一天，克拉苏下令撤回卡莱，此时他的军队已经崩溃。一部分人（至少有一个军团）在他的财务官盖乌斯·卡西乌斯的率领下逃走。克拉苏试图——或者说他以为的——前去谈判，在帕提亚人想要绑架他时遭到杀害，另一部分人也随即投降。

罗马人现在要面临一场真正的战争，尽管幸运的是，帕提亚的政局使其无法发动入侵。下面做什么？答案是什么也没有。卡西乌斯继续执掌指挥权长达一年多的时间，而国内政治危机几乎让罗马的政治制度遭遇灭顶之灾。

麻烦源自克洛狄乌斯。公元前52年1月19日，他被提图斯·阿尼乌斯·米罗谋害，后者是他长期的政治对手，与西塞罗很亲密。当晚，克洛狄乌斯的仆人把他的尸体送到他在帕拉丁山上的家中，他的妻子富尔维娅和支持者（包括苏拉的外孙，恺撒前妻的弟弟）在那里将其展示。第二天早上，当广场上已经聚集了一大批来看尸体的人时，克洛狄乌斯的一名亲信将其搬到了元

老院议事厅，人群随即将那里点燃。与元老院议事厅相连的波
尔基乌斯会堂也着了火。暴民在城中游荡，最终带着束棒——
官方权威的象征，通常在埃斯奎里努斯山的葬礼女神林（Lucus
Libitinae）举行的公共葬礼上使用——来到了庞培位于今天罗马
的波尔盖塞别墅（Villa Borghese）附近的花园，请求他担任执政
官或独裁官。

　　让情况更加复杂的是，当时没有在任的执政官。尽管东方发
生了危机，政治争执迫使选举被推迟到下一年。这场争执发生在
公元前 54 年骇人的选举丑闻之后，丑闻导致公元前 53 年的执政
官直到 7 月才就职。引发公元前 54 年的事端的并非两位候选人向
在任执政官提供了巨大的金钱诱惑和挑选行省的权力，以换取后
者操纵选举，而是因为其中一人愚蠢到在元老院会议上透露了这
笔交易。等到公元前 53 年的执政官就职时，公元前 52 年长官的
激烈选举（米罗参选执政官，克洛狄乌斯参选法政官）已经早就
开始，街道被混乱主导。

　　克洛狄乌斯的葬礼过去几周后，暴力仍在继续。在整整一个
月的时间里，连续几位过渡期摄政王都因为暴民的阻挠而没能任
命新的执政官。随后，元老院在 2 月 18 日开会，通过了"紧急决
议"，要求庞培、保民官和在任长官采取任何必要措施让城市恢复
秩序。作为回应，庞培招来了军队，同时对米罗和克洛狄乌斯的
支持者（包括富尔维娅）采取了法律行动，前者被控谋杀，后者
被控煽动混乱。但仍然没有最终决议，也没有执政官。原因在于，
当时恺撒身处的拉文纳与罗马相距遥远，必须等到恺撒和庞培达
成协议才能做出决定。西塞罗是中间人之一。

　　解决方案直到 3 月中旬才被敲定：庞培将成为唯一的执政官，

他将推行一系列法案来终结过去几年间的政治混乱，并保护恺撒的利益，后者宣布将参加公元前48年的执政官选举。这些法案中的第一项由全体保民官提出，规定恺撒可以在不放弃治权的情况下参加选举〔这次，他将获得"缺席选举权"（ratio absentis）〕。

另一项法案彻底改变了分配行省的方式。新的《庞培行省法》取代了旧的《森普洛尼乌斯法》，该法修改了一项作为对公元前54年丑闻的回应，但从未实施的提议，规定一个人不得直接在执政官或法政官任期后担任行省总督，并且在接下去的五年中，行省总督将从之前没有执掌过行省指挥权的前行政长官中选出。该法案的一个有趣的漏洞是，保民官可以否决对行省总督的任命（《森普洛尼乌斯法》禁止这样做）。此外，它强调政府服务只是服务，而不是为自己牟利的机会。其他法案包括控制刚刚发生的那种团体暴力的，以及限制选举腐败的——对两者都规定了更重的处罚和缩短审判过程的新条款；还有一项法案规定，想要参选公职者必须亲自现身宣布他们参加选举（虽然据说该法案通过后，庞培前往公共档案部门，加入了让恺撒豁免这些要求的条款）。

恺撒没有留在拉文纳观察庞培的全部表演，这可能解释了为何从十保民官法开始的势头良好的立法方案会偏离路线。但恺撒几乎没有选择：高卢的形势正在失控。事实上，困难的情况已经持续了一段时间，因为高卢部落的首领们对其统治的接受程度并不一致。有的觉得为恺撒效劳的机会能带来好处，有的认为同罗马合作是在家乡获得政治成功的最快途径，也有的对此深恶痛绝。公元前54年初，在准备第二次入侵不列颠时，恺撒暗杀了一名与他关系长期不睦的埃杜伊人的重要首领。那年秋天，由于收成不佳和需要在整个冬天为军队提供粮食，他将军团分散到高

卢北部,而不是将其集中在同一营地。这让一个叫安比奥利克斯
(Ambiorix)的当地首领有机会利用一场阴谋的谣言将一支驻军从
营地骗出,然后伏击和消灭了这支军队。贝尔加人中爆发了起义,
但在恺撒亲自来到后被平息。

恺撒在公元前 53 年剩下的时间里处理了叛乱的后续事宜和
其他不满的迹象,但他因为处决了另一名重要的高卢首领而引发
了相当大的反感。当他在意大利无法脱身的时候,高卢中部发生
了新的严重叛乱,当地的部落民众屠杀了为支持占领而发展起来
的罗马包税人社群。暴力愈演愈烈,有个叫维尔钦格托里克斯
(Vercingetorix)的人成为首领。那年夏末,他被迫在阿莱西亚
(Alesia)投降,但战事仍然激烈,恺撒对高卢小城戈尔格维亚
(Gergovia)的进攻出了岔子,他本人遭受了失败。他将用公元前
51 年来恢复对高卢的控制。

为了弥补公元前 53 年在安比奥利克斯手中损失的军队,恺撒
向庞培借了一个军团(可能来自西班牙的驻军),并又集结了自己
的两个军团。公元前 50 年夏天,元老院要求恺撒和庞培各自从他
们由国家出资的军队中贡献出一个军团,用于守卫叙利亚(可能
是代替在卡莱损失的由国家出资的军队)。庞培让恺撒交还他所借
的那个军团:因此,为响应元老院要求而做的贡献全部来自恺撒
的军队。

这不是庞培的妻子、恺撒的女儿尤里娅在公元前 54 年死于流
产后,两人关系降温的第一个迹象。甚至在她去世前,恺撒就小
心翼翼地开始在罗马城腹地用建筑物来显示自己的存在。随着时
间的推移,他修建的新广场(以始祖维纳斯神庙为中心)可能变
得更加显眼,似乎对庞培通过建造剧场取得的中心地位构成了挑

战。公元前 52 年，庞培再娶，这次他娶的是梅特鲁斯·西庇阿的女儿，后者被庞培安排与宠培本人一起担任公元前 52 年下半年的执政官，他非常讨厌恺撒。第二年，时任执政官，恺撒的另一个敌人马尔克鲁斯在新科穆姆（Novum Comum）鞭打了一名前行政长官，形势变得更加紧张。由于此人是罗马公民，因此不应受到这种对待，但马尔克鲁斯宣称，按照公元前 59 年的《瓦提尼乌斯法》——在他眼中是无效的，科穆姆的定居者并非公民。西塞罗和其他像他那样的人认为，这是一种极端的观点，但现在有大批极端者想要恺撒离开高卢。元老院中围绕着对《庞培–李基尼乌斯法》的解读发生了争论（恺撒指挥权结束的时间是公元前 50 年还是公元前 49 年的 2 月 28 日？）。但庞培在起草该法时想来知道自己的意思，他早在公元前 51 年 10 月就做出临时安排，推迟了公元前 50 年 3 月 1 日前任何关于恺撒继任问题的讨论。

公元前 50 年的夏天，在庞培向朋友们保证，只需他跺跺脚，就会有军队从意大利的土地上涌出后，他得了重病。到了那年年末，问题变得足够清晰：当恺撒利用自己的缺席选举权，参加公元前 49 年的执政官选举时，他还会拥有自己的军队吗？

经历了立法行为一次次导致异常的十年之后，对法律措辞的争论会顺理成章地被表达为导致内战的正式问题。

第 22 章

庞培与恺撒

公元前 50 年夏天举行的执政官选举没有解决恺撒的指挥权问题，两名强硬的恺撒反对者当选为下一年的执政官。支持恺撒的民众声称结果一定有造假，因为选民们很乐意支持恺撒的财务官马可·安东尼，他在那年夏天的占卜官选举中轻松击败了反恺撒的公元前 54 年的执政官卢基乌斯·多米提乌斯·阿赫诺巴尔布斯（也是加图的妹夫）。意大利人更希望一个与恺撒关系密切的人担任执政官，或者说他最信任的副将之一奥卢斯·希尔提乌斯（Aulus Hirtius）是这样回忆的。

奥卢斯·希尔提乌斯提供的信息非常重要。在他写作的时候，恺撒已经去世，而他则正等待在公元前 43 年 1 月 1 日就任执政官，面临与这位马可·安东尼开战的可能。而他表示，恺撒对安东尼曾经怀有深厚的感情。已故的恺撒的支持者们现在各自为政，希尔提乌斯提醒他们不要忘记仅仅几年前还一起拥护的东西。他回忆说，恺撒的敌人由"少数人"组成（希尔提乌斯，《高卢战争》，8.52.3），他们破坏了让整个意大利都有发言权的政治过程（就像整个意大利在公元前 43 年 1 月 1 日后都将起到一定的作用）。希尔提乌斯提到了罗马以外的舆论对罗马政治的重要性，这显示了在苏拉死后成熟起来的那代人中，政治圈子已经有了多大程度的扩张。这一变化的另一个标志是，公元前50年，希尔提乌斯在恺撒手下有个同僚叫普布利乌斯·文提狄乌斯（Publius Ventidius），后者在公元前88年还是个孩子时曾参加了庞培乌斯·斯特拉波的凯旋式游行，他的父亲是支持革命事业的领袖。

在希尔提乌斯的描绘中，公元前50年无疑被认为是恺撒任期的最后一个完整年份。如果国家的选举和立法机构能够按照人民的意志运作，这本不会是问题。希尔提乌斯对这点的强调掩盖了他的记忆在多大程度上受到某种需要的影响，即隐藏恺撒完全准备好了入侵意大利，如果情况并不像其预想的那样发展。希尔提乌斯表示，恺撒分别留下4个军团驻扎在贝尔加人和埃杜伊人那里，自己只带着第13军团在拉文纳，该军团取代了他派去参加帕提亚战争的那个。这是个谎言。

公元前49年1月，西塞罗抵达罗马城郊；他不会进入城中，因为他期待为自己在奇里乞亚取得的小小的军事胜利举行凯旋式——结果证明是他的失算。他在关于恺撒指挥权的辩论中没有扮演直接的角色，因此无法理解双方的焦虑程度。1月12日，他致信至亲，解释了他正步入的混乱形势：

> 1月4日，当我抵达罗马城时，没有什么比我得到的接待更令人高兴了。但我陷入了内部不和，或者说战争的火焰中。当我试图平息形势时（我认为自己能做到），某些人的欲望成了障碍（两边都有人想要动手）。简而言之，情况是这样的。我们的朋友恺撒给元老院写了一封威胁性质的、言辞激

烈的信，他不顾元老院的意志，仍然无耻地坚持要求保有他
的军队和行省。我的朋友库里奥怂恿他。我们的朋友安东尼
和昆图斯·卡西乌斯被驱逐（没有用暴力），同库里奥一起投
奔恺撒。然后，为了让国家不受伤害，元老院召集了执政官、
法政官、保民官和我们这些代执政官。国家从未处于更大的
危险中，坏公民从未有过准备更加充分的领导者。我们这边
的一切也都经过最认真的准备，是通过我们的朋友庞培的权
威和热情完成的，他刚刚开始恐惧恺撒。

（西塞罗，《与亲友书》，16.11.2—16.11.3）

在西塞罗描绘的 1 月 7 日的会议上，元老院宣布进入紧急状态，
因为恺撒的三位支持者已经北上。元老院没有宣布恺撒是正式的
国家公敌。仍有人希望可以通过谈判达成协议。但这没能实现。1
月 10 日夜，恺撒对第 13 军团发表讲话，号召他们捍卫他的尊严
和名誉，并保护保民官和罗马人民自己的权利。获得他们的认可
后，他率领他们渡过卢比孔河，于第二天早上占领了阿里米努姆。

恺撒在他自己对内战的描绘中没有提到渡过卢比孔河，但
另一些人会用关于神明介入的故事来为其增色，并回忆起他在渡
河时的感叹："骰子已被掷出（alea iacta est)！"（苏维托尼乌斯，
《恺撒传》，32）他也没有记录自己的准备状况。他显然预计到了
对自己书信（1 月 1 日在元老院宣读）的回应，除了第 13 军团，
他已经调动了其他 5 个军团，其中 2 个是久经战阵的，3 个是新
组建的。3 月初，当他紧追庞培抵达布伦迪西乌姆时，他很可能
带着那 6 个军团，在科尔菲尼乌姆（Corfinium）时（他在那里迫
使卢基乌斯·多米提乌斯·阿赫诺巴尔布斯投降）可能又增加了

3 个。阿赫诺巴尔布斯的父亲通过为苏拉效劳积累了庞大的地产，因此那 3 个军团是由阿赫诺巴尔布斯出资，从阿赫诺巴尔布斯的佃户中招募的。

庞培非常准确地预见了恺撒的动向，这就是为何渡过卢比孔河的消息刚刚传来，他就离开罗马，前往布伦迪西乌姆。他曾要求阿赫诺巴尔布斯在那里与自己会师，但后者拒绝了。留存下来的一封庞培写给阿赫诺巴尔布斯的书信告诉后者，如果他不遵从命令会发生什么：

> 我认为你在此事上投入了巨大的精力和勇气，但我们必须确保自己不被分开，因为我们无法与对手相提并论，他拥有庞大的军队，而且很快会有更多。以你的远见，不应只考虑恺撒现在拥有多少大队来对付你，而是要想到他在短时间内能集结多么庞大的骑兵和步兵。布森尼乌斯送给我的信证明了这些事；他在信中写了别人也向我提到的事，即库里奥集结了翁布里亚和伊特鲁里亚的驻军，并前去同恺撒会师。如果这些军队集中在同一地点，一部分被派去阿尔巴，一部分向你进发，他不会与你交战，而是将你从他的据点赶走。你将被困，只靠你的军队，你无法在面对如此众多敌人的情况下筹备补给。
>
> （西塞罗，《与阿提库斯书》，8.12c）

事情与庞培预计的差不多，阿赫诺巴尔布斯被困在了科尔菲尼乌姆。当收到庞培的另一封信，解释说无论如何都无法前来援助时，阿赫诺巴尔布斯表现得很奇怪，他的部下则协商向恺撒投降。无论庞培还是其他人都没能预料到接下来发生的事：恺撒征召阿赫诺巴尔布斯军中的普通士兵加入他自己的军队，将与阿赫诺巴尔布斯一起的大批元老和其他显贵放走。

恺撒的仁慈之举在整个意大利引发反响。他不是另一个苏拉。

即便无法预见和理解恺撒的仁慈，庞培为阿赫诺巴尔布斯做的形势总结也反映了他和恺撒在多大程度上常常会有相似的想法。撤到布伦迪西乌姆的计划甚至在提图斯·拉比恩努斯——过去九年间恺撒的副手——于卢比孔河横渡后变节之前就做出了，证明了庞培对恺撒军队的力量拥有准确的信息。他知道自己无法在意大利作战，因为恺撒掌握着更多老兵。但庞培在西班牙确实有一支军队，他知道恺撒在能够东进前需要让自己其他的老兵军团参战，而想要做到这点，他就必须打败庞培的西班牙军队。

等到庞培离开意大利时，恺撒的人马正向西班牙进发。为了支持一直能够用来入侵意大利的军队，庞培依靠的是东地中海拥有的比西部更丰富的经济资源，以及他本人遍及东部的网络。正如他有点不幸地表示道："苏拉曾能够，我为何不能（Sulla potuit, ego non potero）？"（西塞罗，《与阿提库斯书》，9.10.2）

在随后的 18 个月里，这两位战争大师将展开容错率非常小的对决。除了老兵军团，恺撒的巨大优势在于，他得到了想要其成为世界领导者的部属的支持。庞培的巨大劣势则是，他的部属中有像阿赫诺巴尔布斯、加图和比布鲁斯这样想恢复现状的人。他们最终迫使庞培打了一场他想要避免，而且很可能本可以避免的仗。

公元前 48 年 8 月 9 日，决定性的交锋在色萨利的法萨鲁斯打响。恺撒已经在公元前 49 年夏季结束前迫使庞培的西班牙军队投降，将其从北部城市伊莱尔达（Ilerda）周围的一个防守严密的阵地上逼出，然后切断了他们的供应。两位指挥官——阿非拉尼乌斯（Afranius，公元前60年的执政官）和佩特莱尤斯（Petreius，曾代行过杀死喀提林的那支军队的指挥权），两人都是庞培的长期支持者——被送回，加入了庞培的幕僚。南西班牙的总督、那代人中最伟大的学者泰伦提乌斯·瓦罗的过失被赦免，后来成为恺撒的谋士。公元前48年冬天，现在已经当选执政官的恺撒利用了比布鲁斯对庞培舰队的指挥不力，在杜拉基乌姆城［Dyrrachium，今阿尔巴尼亚的都拉斯（Durrës）］登陆（尽管不无事故），庞培正把那里打造成入侵意大利的基地。庞培发现自己被包围了，但这对他并未构成危害，因为他的补给要比恺撒的好，并且他能够选择进攻时机，消除恺撒的军队在战斗力上的优势。4月，他突破了对手的包围线。恺撒后来承认，如果庞培更勇敢些，他也许本可能在彼时彼地结束战争。

法萨鲁斯则是另一番情形。这将是一场正面对垒的战役，拥有更强步兵的一方将占据巨大的优势。庞培参战只是因为他与部属的纷争加剧了：人民指责他为了私利而延长战争，阻止他们收获胜利的奖赏——关于公敌通告的传言甚嚣尘上。西塞罗对此深感厌恶，他曾经因为个人对庞培的忠诚而拒绝了恺撒要其留在意大利的提议。法萨鲁斯战役后，他马上回家了，即便作为军营中硕果仅存的高级前执政官，他本可以成为反恺撒阵营名义上的领袖。

两位领导者都明白，如果恺撒更强的步兵能战胜庞培的军队，那么恺撒的胜利就指日可待。为此，庞培做了他唯一可做的事，试图用自己更强的骑兵包抄恺撒的侧翼。恺撒看出了对方在做什么，于是撤回 6 个大队组成特别后备队，等庞培的骑兵打败自己的骑兵时向其发起攻击。为了给自己的骑兵留下更多时间，庞培让步兵停止前进；而在发现自己已经迅速前进了超过通常距离的两倍时，恺撒的步兵停下脚步休息，然后继续进军。在恺撒的军队这样做的同时，他的后备队击败了庞培的骑兵——据说恺撒吩咐自己的人马瞄准会处于前排的富有年轻人的面部。当庞培看到自己的骑兵崩溃时，他知道自己输了。他没有等待步兵的行动结束，而是退回营帐，脱掉了将军斗篷。然后，当听说恺撒的人马逼近时，他逃走了。

庞培赶在追兵前来到海边，驾船前往莱斯博斯岛上的米提利尼，这是他的好朋友忒奥法内斯（Theophanes）的家乡，他把妻子科尔内利娅留在了那里。随后，他们前往埃及，向"吹笛者"托勒密十二世之子托勒密十三世寻求庇护。但小托勒密想要杀害庞培来讨好恺撒。9 月 28 日，他在亚历山大里亚附近的海滩上被刺死并斩首。科尔内利娅找回了他的遗体，将他的骨灰葬在波维莱附近他的乡间庄园旁的大墓里（可能仍然存在）。

庞培被打败了，但庞培派没有。公元前 49 年夏天，努米底亚国王朱巴宣布忠于庞培，消灭了一支被派去占领阿非利加的恺撒军队。当时，从法萨鲁斯的惨败中逃脱的人开始在北非集结，而西班牙很快将出现骚乱的苗头。意大利也并非平安无事。入侵引发了大规模的债务危机，短期信贷市场灰飞烟灭——庞培动身前往东方时很可能考虑到了这点。恺撒将要面对的经济形势与公元前 1 世纪 80 年代秦纳所面临的不无相似。但恺撒不是秦纳。在入侵意大利之前，他用在高卢战事中获得的白银打造了罗马历史上单次发行规模最大的一批第纳里，以确保无论国内经济遭遇什么问题，他的军队都能获得酬劳。而在动身前往东方前，他安排法政官马尔库斯·埃米利乌斯·雷必达（我们很快将听说此人的更多事迹）通过法律，任命他为独裁官。从西班牙返回 11 天后，他采取债务减免措施来缓解货币短缺；他还提出法案，恢复了除米罗（公元前 52 年被流放）和其他几个人（包括加比尼乌斯）之外者的公民权；另一项法案则恢复了公敌之子的权利。

但意大利的政权仍然没有稳固，希腊也有战事正在展开，而卡伊利乌斯——法政官和克洛狄乌斯的妹妹克洛狄娅的前情人——则试图破坏恺撒的债务减免计划。当企图失败后，卡伊利乌斯采取激进做法，免除了一年的租税，并取消债务。他还与米罗结盟，后者不请自来地返回意大利，纠集一些暴徒，试图赶走占据自己在帕拉丁山上旧宅的年轻女人（他们失败了）。这个女人的丈夫在庞培军中，她本人能够留下来反映了恺撒政权对任何不愿意制造麻烦者都格外宽容。最终，卡伊利乌斯被赶出罗马，投奔了米罗，后者正在坎帕尼亚图谋叛乱，两人后来都在那里被杀。

卡伊利乌斯和米罗之死并没有终结意大利的动荡，因为从希腊返回的军队要求退伍，而恺撒不见了踪影。他追赶庞培前往埃及，在其死后几天抵达那里，向托勒密十三世提交了托勒密十二世仍然欠着他的钱的账单。他承认对庞培的遭遇感到惊恐，还结识了克娄帕特拉，后者同她弟弟的共同统治被不满的浪潮席卷。当恺撒来到时，她正率领一批来自叙利亚的雇佣兵向亚历山大里亚进军。两人快速发展的友谊的结果之一是公元前 47 年 6 月 23 日出生的一个孩子，表明他们的关系几乎从恺撒一下船就开始了。这可能还解释了为何恺撒几乎立刻就卷入了埃及内战，被围困在亚历山大里亚。

前往埃及前，恺撒安排让几个曾经支持庞培的军团从小亚细亚前来与他会合。当他们赶到时，他马上废黜了托勒密十三世，将克娄帕特拉扶上王位，带着她坐船沿尼罗河而上，并获悉米特拉达梯之子法尔纳科斯（Pharnaces）正试图夺回父亲的王国。他没等到克娄帕特拉的孩子在夏天出生就离开了埃及，在本都的泽拉（Zela）截住法尔纳科斯，很快将后者的军队消灭。那句简短有力的名言完美概括了这场战事："我来，我见，我征服（veni, vidi, vici）。"（苏维托尼乌斯，《恺撒传》，37.2）现在，他需要应对意大利的问题和来自阿非利加的庞培派的新威胁。

恺撒的东方之行有一个意图。那里是庞培的地盘，他需要向那些由他刚刚被消灭的对手提拔起来的人介绍自己。他还需要养活罗马，他对埃及王位继承战争的干预很可能确保了会有一个愿意把富余粮食送到他的母邦城市的政权。

恺撒的东方之行可能是必要的，但意大利的问题仍然存在，而且它们的存在很大程度上是因为恺撒本人的领导风格。他的下属觉得他盛气凌人。认识他的人觉得他是他们见过的最聪明的人，不敢擅作主张。因此，意大利当局试图做的只是维持现状，尽管越来越担心来自阿非利加的入侵。到了7月，面对罗马的新骚乱，当局为了减免债务而陷入挣扎，而且没能控制住一场严重的哗变。从西班牙和希腊战场上返回的全部9个老兵军团都与他们所驻扎城市的人民发生了争吵，还要求获得拖欠的军饷和允许退伍。

回到意大利后，恺撒再次成为独裁官。他日程上的首要工作是处理他离开期间出现的乱局，首先是哗变。其次，他承认自己在公元前 49 年采取的保守的债务减免措施还不够。9 月回到罗马后，恺撒实行了更加激进的债务减免，并取消了一年的租金。他还命令自己手下中那些买了属于重要的庞培派成员（特别是庞培自己）的庄园的人向国库缴纳它们的战前评估价值的金额。他缺少硬通货，而终结哗变需要通货。尽管后来有人称恺撒用一个词，即"公民"而非"战友"平息了哗变——从而表示他让自己的部下退役，但似乎直到 4 个军团被解散，剩下的 5 个军团获得了大笔资金来让他们继续作战时，哗变才结束。

混乱的一个后果是，到了那年年底，恺撒不得不带着没有经验的军队前往北非，直到春天才重新拥有了他的老兵部队。终于达到满编的恺撒寻求打一场决定性的战役，在塔普索斯（Thapsus）击溃了庞培派的军队。他再次让自己的部下宽恕投降的敌人，但他们没有从命；相比贵族，普通士兵对恺撒的"仁慈"远没有那么热心。士兵们认为那会让战争延长，至少有一名关键的庞培派被处决；另一些人在战场上逃脱了杀戮，随后选择自杀——其中一位就是小加图。幸存者逃到了西班牙。

在字面意义上，公元前 46 年是罗马历史中最长的一年。由于恺撒在公元前 45 年 1 月 1 日引入了新的历法，那年有 445 天。当他作为当年的执政官回到罗马举行凯旋式，庆祝他在高卢、埃及、本都和北非的胜利，并接受为期十年的独裁官职务时，新历法即将实施。这四场凯旋式强调了对外族而非在内战中的胜利，但北非凯旋式中展示的庞培派自杀的图画被证明是公共关系方面的巨大败笔。

恺撒的想法是这些人在为朱巴效力，但许多人不这样看，而是将其视作是在庆祝对其他罗马人的胜利。火上浇油的是，恺撒随后又发表了对已故的小加图的恶毒攻击。在这点上，他的意思是，罗马国家的成员身份意味着接受他的权威。这不是说人民不能批评他——他允许自己的士兵在凯旋式上歌唱关于他的粗鲁歌曲，提拔了撰写关于加图，并在其中攻击恺撒本人的作品的作者，还从头到尾观看了公开批评他的戏剧表演，而是表示人民必须承认最高权威属于他。作为独裁官，他不是西塞罗设想的国家的调解人，而是其最高权威。

恺撒在公元前 46 年返回后开始的改革背后的驱动原则是，罗马应该作为一座帝国首都运作，而且应该看上去像个帝国的首都，行省社会则应该被纳入意大利社会。他在内战中取得的胜利不仅要归功于他的军团的忠诚，还得益于他们所来自地区——意大利北部和高卢——的坚定支持与贡献。希尔提乌斯极力强调的一点是，到了公元前 50 年夏天，高卢诸部落都已经统一在恺撒背后。罗马军队不再完全是意大利的。公元前 48 年，庞培的军队中有许多是从行省城市中招募的；恺撒暗示，庞培的西班牙军队已经"本土化了"。

将行省与意大利更好整合起来的方法之一是让更多的意大利人定居国外。在为他的军团寻找土地时，恺撒陷入了困境——意大利已经没有足够的土地供老兵大规模定居，而他又不愿复制苏拉大规模征用土地的做法。恺撒的高卢老兵中只有 1.5 万人得到了意大利的土地。差不多与此同时，他试图处理罗马城内的生活水平问题。两名新官员被任命负责城市的粮食分配，并修订了粮食领取者的名单，将有资格获得免费粮食的人数从 32 万降至 15 万。这项措施伴随着新的公共开支，因为恺撒的新广场的建设工作仍在继续。

有 8 万人被挑选出来，安置在大约 30 个新殖民市，包括迦太基和科林斯。对于统治阶层的部分成员来说，建立这两个殖民市的计划可能有着重要的意义。知识分子普遍认为，罗马的问题始于洗劫迦太基后流入的财富。迦太基的毁灭消除了对一个真正敌手的恐惧，或者按照另一种说法，消弭了对于被东方征服的恐惧。在这两座城市被毁百年后重建它们可以被视作是宣布了一个自我放纵的腐败时代的结束。更为实际的是，建立它们很可能会让帝国中以前与庞培关系较好的地区对恺撒产生一些感激之情。

在其他改革的背景中也能看到庞培和苏拉：一项改革将发饷人排除出陪审团，另一项将元老院扩大到 900 人，引入了许多来自意大利北部和高卢南部的新人，减弱了元老院的中部意大利元素，使其变得更有帝国色彩。考虑到被流放或新近在战斗中阵亡的元老院成员人数，恺撒新任命的元老可能占据了该等级的大约一半——尽管对许多人来说，如果他们并不长居罗马，这个头衔更多是荣誉性的，而非功能性的。

此外，恺撒还修改了庞培的行政安排，废除了行省总督的五年等待期，并将法政官总督的任期减少到一年，执政官总督的减少到两年。这不仅可以被宣示为限制腐败的举措，而且标志着恺撒继续致力于廉洁治理行省的理念，就像他在公元前 59 年的法案中阐明的。不过，一项新的发展是，他有权指定公职候选人（他们可以不受竞争地当选），并提前几年就安排好长官的选举，包括执政官的。

受命确保上述动议都获得通过的官员是恺撒内部圈子的成员，其中最重要的三人是巴尔布斯，以及另两位骑士奥皮乌斯和马提乌斯。这些人要处理的工作包括起草新定居点的章程。当西塞罗遇到技术问题时，他会致信巴尔布斯求教。过去，这种事会在元老院中讨论，就像小亚细亚神庙的权利这类问题（现在由恺撒本人裁决）。行政长官仿佛变得不那么重要，因为现在政府的真正事务都掌握在直接为恺撒工作的专业行政人员手中。恺撒认为当选长官只扮演着次要作用，这种想法特别明显地体现在公元前45 年 12 月 31 日法比乌斯·马克西姆斯去世时，当时后者的执政官任期只剩下一天：恺撒任命卡尼尼乌斯·雷比鲁斯（Caninius Rebilus）担任此职，给他的任期正好是一天。作为骑士等级成员，奥皮乌斯及其同僚并不像公元前 80 年时的克吕索格诺斯那样令上层阶级反感，但到了公元前 45 年末，在苏拉时代就已存在的宫廷内外圈子的矛盾变得明显起来。

图 13　"始祖"维纳斯神庙的墩座遗迹。这座神庙是恺撒的新广场的中心

恺撒的内部圈子的运作方式使得他的其他两项计划在象征意义上遇到了问题，即便它们有清楚的使用价值。那就是历法改革和建立公共图书馆的规划。

到了公元前 49 年时，之前的阳历年已经与季节严重脱节——采用每年 354 天的历法，通过每两年加入一个 22 天的闰月来调整（在近来的政治混乱中被忽略）——现在的偏差甚至更大。恺撒对此问题没有诉诸增加一个闰月（或者像这次一样，增加将近三个闰月）的传统调整方法，而是采用了 365 天一年，基于最先进的天文学学术成果的全新历法。该历法后来被称为儒略历，直到 20 世纪开始后几十年都是世界某些地方的标准历——直到 1924 年，东正教会采用 1582 年由教皇格里高利十三世制定的格里高利历后，它最后的主要使用才告终结。至于图书馆，恺撒邀请了泰伦提乌斯·瓦罗负责，但在他生前都没能建成。他显然受到与东方王国接触的启发，后者拥有自己的历法，那里的国王竞相建造图书馆。其中最好的在亚历山大里亚，或者曾经在那里——关于它是否在恺撒同托勒密十三世的战争期间被严重破坏存在一些疑问，而新历法背后的学术研究同样来自亚历山大里亚。

公元前 45 年，克娄帕特拉来到罗马。恺撒把她安置在台伯河南的一处庄园，并展示了他们的孩子恺撒里翁，同时亲自忙着将一座按照她的外貌铸造的维纳斯金像安放在他新建的“始祖”维纳斯神庙中。神庙与他正在修建的元老院议事厅连成一线，后者将取代公元前 52 年被毁的旧厅，它的新选址使得视线可以通过。

两起事件阻碍了恺撒政权的持续发展。一件是重燃的内战，这次是在西班牙。另一件是恺撒遇刺。西班牙战争由拉比恩努斯和庞培的两个儿子发起，起因不仅有那些地区长久以来对庞培的忠诚，也有恺撒的当地官员的无能。公元前 46 年冬天，恺撒意识到自己必须亲赴西班牙，他带上了自己寥寥无几的年轻男性亲属之一，甥孙盖乌斯·屋大维，后者给他留下了非常深刻的印象，让恺撒决定在遗嘱中收养他。

公元前 45 年 3 月 17 日的蒙达战役结束了随后打响的短暂但残酷的战事。最后的战斗是场险胜，恺撒被迫向上坡的拉比恩努斯军发动攻击。不过，在夏天返回罗马后，他举行了凯旋式。这没有得到普遍的认可：某些人认为那是对罗马公民的胜利。问题在于，在恺撒看来，反对他的人**不是**罗马公民。

这个阶段的战争结束后，恺撒重新开始了他的改革进程。他让自己成为终生独裁官，并发行了带自己头像的钱币。此举带有国王特权的意味，引发了对于是否会恢复罗马王政的疑问（这很可能不是第一次）。可能让这个问题更加重要的是，在蒙达战役中幸免于难的庞培幼子塞克斯图斯现在自称为 Magnus Pius（大致意思是"孝子"）。还有人怀疑，塔普索斯战役后，福斯图斯·苏拉被杀是因为他是苏拉的儿子。王朝的气息在空中弥漫，再加上克娄帕特拉的存在，有些人变得非常怀疑。

但恺撒不需要成为罗马国王。他已经公开把自己装扮成阿尔巴隆加国王的样子，这一服饰上的奇特想法源于他的家族自称与古老的阿尔巴城有联系，罗马正是发端于那里。不过，这并没有终结对于可能围绕着他产生的其他制度的猜想或质疑。其中为首的一个是建立对恺撒的国家崇拜，这方面的传言在公元前 45 年末到前 44 年初甚嚣尘上。将神圣荣誉授予凡人在东地中海是常见的做法。这是向城邦施惠者表达感激的方式；在托勒密王国，以及在曾经的塞琉古王国，这也是一种引导舆论的方式。事实上，恺撒在几个希腊城市已经获得过神圣荣誉——当时有其他一些元老同样如此，还在意大利被一些个人奉为神明。从塔普索斯和蒙达凯旋后，他获得了统治者崇拜的典型荣誉——尽管没有崇拜的组织。

恺撒完全清楚自己是凡人——在遇刺前夜，他还讨论过最好的死法，尽管他的确似乎在推动某种对个人的国家崇拜，很可能以托勒密王朝为模板。2月末或3月初，元老院显然投票设立了这样的崇拜——可能是为了支持恺撒入侵帕提亚的计划。这场战事将使他有机会在东方行省拥有更深的根基，那里对庞培的记忆仍很强大，而国家崇拜将通过例行的庆祝活动提供一个与行省群体沟通的机制，让他有机会传播关于政权的好消息。恺撒显然认定，需要对罗马国家管理帝国的方式做出一些深刻改变，那些近乎王政的改革正是它需要的——采用来自其他国家的经过检验的和可信的行政方式来提高罗马的效率。

恺撒似乎完全相信自己观点的正确性，认定人民会意识到（尽管他们对他不满），不这样做就会回归内战，那只能更糟。他承认自己遭人厌恶。西塞罗表示，当恺撒来自己家赴宴时，他带着武装卫队，仿佛预先得到了阴谋警告；有一次，在让西塞罗相陪时，恺撒亲口表示，他理解为何自己惹恼了一些人。但他不可能想到会有一个有60多人参与的阴谋，其中一些是他的前副手，对他没能给予他们足够的奖赏而感到愤怒——他们中有的甚至是他曾经宽恕过的人。有几个人可能相信，通过杀死"暴君"，他们将拯救世界。他们的领袖是恺撒的老情人塞尔维利娅之子马尔库斯·布鲁图斯，以及在公元前53年接管了叙利亚防务的盖乌斯·卡西乌斯。恺撒对暗杀传言习以为常，没有做什么防备，尽管随着他离开日期的临近，局势正变得日益紧张。

公元前 44 年 3 月 15 日，在他出发前往帕提亚之前的最后一次元老院会议上，阴谋者们刺杀了他。会议被安排在庞培剧场举行。恺撒倒在了老对手的塑像脚下。

第 23 章

恺撒派与庞培派

公元前 44 年 3 月 15 日之前形成的统治设想包括由恺撒担任国家的首席执行官，并配备行政人员，这些人最好是元老，至少在监督财政体系、管理罗马城、统治行省和指挥军队等传统角色上如此。随着选举被恺撒控制，传统政治失去了用武之地，而由于不再需要通过选举过程买官，行政人员也不必敲诈臣民。

类似地，由于恺撒能够举办无人能比的表演，试图竞争也就没有了意义。传统政治将会终结——而且是在罗马人民压倒性的支持下终结，相比之前政权的无能，他们更青睐恺撒的能力。恺撒解决了他入侵意大利引发的财政体系的问题，还在不干扰公民生活的情况下安置了老兵。原有的统治阶层成员——那些对机构失灵感到遗憾的人——是新政权效率的支持者。高效还是恺撒行政体系的内部核心所喜爱的东西，就像奥皮乌斯、巴尔布斯、马提乌斯和希尔提乌斯等人所做的。

但元老院将何去何从？它在新政权中是否会占有一席之地？这个问题在 3 月 15 日时仍未解决，造成了恺撒支持者的分歧——与苏拉一样，对于身为一名党派成员意味着什么并没有单一的定义。暗杀者用来为自己行动辩护的指控之一是，恺撒在迎接一个来自元老院的、告知他刚刚通过了为致敬他的决议的代表团时，没有站起身来。他之前没有同意接受所有经投票授予他的特殊荣誉，这方面存在一些矛盾。授予恺撒荣誉的权力也是对他做出评判的权力。他只得默许。

西塞罗有自己的质疑恺撒权力的方式。当他发表演说，请求恺撒允许公元前51年的执政官马尔库斯·克劳狄乌斯·马尔克鲁斯从流放中回归时，他是在要求恺撒通过提供一种传统制度在其中继续发挥作用的"被光复的共和国"的愿景来兑现自己所标榜的"仁慈"；他同时指出，有一些人憎恨恺撒。还有一次，西塞罗直截了当地告诉恺撒，在恺撒自己家中进行审判是非常不合规范的，即便他是在恺撒面前为被告辩护。这位独裁官不得不允许马尔克鲁斯归来，并释放了西塞罗的当事人，一个名叫德约塔洛斯（Deiotarus）的东方君主，我们将在下一章中再次说起此人。西塞罗精心措辞的挑战能够成功，不仅是因为恺撒喜欢他，也因为必须让身份最高的执政官有发言权。不过，有迹象表明，随着时间的推移，恺撒变得更加专制，而值得一提的是，刺杀者用来为自己行为辩护的抱怨都与恺撒从蒙达返回后的事件有关。

另一个在其与恺撒的关系上显示出政权的日益复杂性的个人是马可·安东尼，他曾因在债务危机期间的行为而受到恺撒的责备。恺撒任命他担任自己公元前44年的执政官同僚，尽管两人的脾性截然不同：作为克洛狄乌斯的遗孀富尔维娅现在的丈夫，安东尼是个酗酒者，喜欢与女演员鬼混。可以说，他因为在牧神节上（很可能是罗马最喧闹和最受欢迎的节日）献给恺撒一顶王冠而让后者尴尬。在那个节日上，半裸的祭司会在街上奔跑，用羊皮条抽打赤裸上身的女性，以增强她们的生殖力。安东尼是祭司之一，而这一事件不可能更加公开了。恺撒拒绝了王冠，因为他意识到接受它会招致巨大的不满。

公元前 44 年，当恺撒卸任执政官后（这是他想要做的，因为他准备出征帕提亚），科尔内利乌斯·多拉贝拉（Cornelius Dolabella）接任（作为"递补"执政官）。在债务危机期间，多拉贝拉曾是安东尼的主要对手。恺撒自己与两人的关系都不密切；因此任命这两人担任执政官可能是他试图帮助不同群体的领袖解决分歧。选择发动过叛乱的公元前 77 年执政官之子马尔库斯·埃米利乌斯·雷必达担任自己的独裁官副手，即骑兵长官，似乎同样是出于政治考虑。雷必达在过去曾经出过力，但不是才智出众的人。

传统贵族抱怨说，恺撒身边的"新人"太多了。而公元前 44 年的统治集团中有一位安东尼、一位科尔内利乌斯和一位埃米利乌斯，这又可能让另一些人觉得有太多的显贵。

恺撒派内部不同群体的分歧将被证明甚至比恺撒派与刺杀恺撒者之间的分歧更加重大。事实上，恺撒派中的一个群体加入了刺杀者的行列；另一些群体觉得可以同他们谈判；还有的觉得应该处死他们。上述不同立场（再加上安东尼与内部圈子的几乎马上决裂）为地中海历史上最不同寻常的政变埋下了祸根。到了公元前 44 年末，刺杀者将在东方集结军队，而安东尼则即将被宣布为公敌。在罗马的中心舞台上的将是恺撒在遗嘱中收养的那个年轻人。盖乌斯之子，19 岁的盖乌斯·尤里乌斯·恺撒（本名盖乌斯·屋大维乌斯）——从此称为小恺撒——将与内部圈子的成员合作（并得到其他人的默许）。在一些人看来，他将致力于保全共和国，在另一些人看来，则是保全恺撒的遗产。事实上，小恺撒正开始着手建立一种新的君主制。

　　恺撒遇刺几天后，他的阵营内部就出现了分歧。3 月 15 日夜，安东尼前往恺撒府上，从他的遗孀卡尔普尼娅手中拿走了一些文件和一大笔钱（这将是他把恺撒的钱转入自己小金库的过程的开始）。在第二天的会议上，他和希尔提乌斯同意（遭到巴尔布斯的反对）与躲藏在卡皮托山上的刺杀者达成协议。3 月 17 日，安东尼召开元老院会议，会上认定恺撒不是僭主，因此他的提案是有效的（甚至包括那些尚未发布，现在掌握在安东尼手中的），但杀害他的凶手将获得大赦。当天晚上，雷必达与马可·安东尼同布鲁图斯和卡西乌斯共宴。

　　不过，当恺撒的遗嘱在 3 月 19 日的葬礼之前不久（或者在葬礼上）被公开后，情况发生了巨大的改变。遗嘱中表示，恺撒不仅收养了盖乌斯·屋大维乌斯，而且指定其为自己的主要继承人，获得他四分之三的财产。恺撒将安东尼列入了自己第二顺序的继承人（只有当第一顺序的继承人拒绝时才能获得遗产）。除了对一些个人的遗赠，恺撒还为罗马的全体男性公民留下了丰厚的礼物。

　　葬礼本身是一场非同寻常的表演，包括由歌队为恺撒演唱颂歌，展示其伤口的死者蜡像，以及安东尼发表的令人印象深刻的演说。演说之后，人群发生了骚动，他们在广场上焚化了恺撒的遗体，并包围了刺杀者的宅邸，后者在几天后离开了罗马。

　　此时，安东尼同内部圈子决裂。他开始利用自己对恺撒的未公开提案的控制来施惠，而知情者知道那并非出自恺撒的意图：安东尼歪曲了他们的工作。此外还有恺撒去世前就出现的假马略的问题。恺撒放逐了此人，但现在他又回来了，鼓起了民众对那位已故独裁官的怀念。安东尼对马略的暴力镇压损害了他之前在罗马人民心目中的崇高地位。与此同时，埃特纳火山大爆发造成了大气条件的改变，影响甚至向北波及罗马，导致公元前44年夏成为记录上最冷的夏天之一。接着，在7月为致敬恺撒的胜利女神而举行的赛会期间出现了彗星。这被解读为恺撒的神圣灵魂进入天界，跻身诸神的行列。对于那些倾向于把这些征兆当真的人来说（许多人是这样），这证明了神明对那起谋杀的震怒。

4月抵达罗马时，盖乌斯·屋大维乌斯需要他能够获得的一切帮助，无论是否来自神明。安东尼起初想要无视他，后来又试图设置法律障碍来阻挠收养。那同样是个错误。奥皮乌斯、巴尔布斯和马提乌斯张开双臂欢迎这位年轻人，西塞罗也觉得他很有意思。7月，当安东尼和其他元老希望阻止举行献给恺撒胜利女神的赛会时，内部圈子确保了赛会的举办，并让小恺撒在其中扮演了重要的角色。

到了7月末，安东尼遭遇了麻烦。布鲁图斯和卡西乌斯仍在意大利鼓动"恢复传统的政府"，而恺撒最坚定的支持者和老兵中的怒火也在升温。他们寻求统一战线，要求安东尼和小恺撒公开和解。双方的关系继续恶化，直到8月1日时，恺撒的岳父，公元前58年的执政官皮索在元老院攻击了安东尼。到了次月，同样是在元老院，西塞罗表现出足够大的勇气，同安东尼相互攻击，尽管是在不同的会议上，以免造成个人冲突。9月，安东尼认定自己需要更多"肌肉"，于是从马其顿召来了4个军团。

前三个军团于10月中旬抵达罗马，当时小恺撒和安东尼都已经从尤里乌斯·恺撒的老兵中招募了部队。前者在安东尼的马其顿军团登陆后还向其发放传单。安东尼用一系列处决平息了潜在的哗变，然后开始向北进军。11 月中旬，他回到罗马，想要用自己的军队占领该城，但很快怒气冲冲地离开了。他获悉有两个军团哗变。现在，已经准备好全面内战的安东尼开始募集新的军团，并把他剩下的军队并入第四个马其顿军团。然后，他向山南高卢进军，有理有据地提出，那里公元前 43 年的总督职权已于 6 月转交给了他。在任总督德基姆斯·布鲁图斯是刺杀者之一。他不愿将任何东西交给安东尼。随着新年的到来，战争的威胁开始显现。

在公元前 50 年所做的亲安东尼的描述最后，希尔提乌斯承认，和解是不可能的。他致信巴尔布斯，表示自己已经写到了恺撒一生的最后，但没有提及那场"我们看不到终点"的内乱（希尔提乌斯，《高卢战争》8，序言 2）。他将尽到自己的职责。1 月，元老院派去安东尼那里的使者没能说服他下台，而随着局势的恶化，人们试图搬来阿尔卑斯山以北的两支恺撒派军队，由雷必达和穆纳提乌斯·普兰库斯统率，尽管他们声称忠于国家，但鲜有实据。2 月，执政官们和小恺撒率军北上，后者被授予法政官职位。

公元前 43 年开始时，消息传来，布鲁图斯夺取了马其顿行省，卡西乌斯攻占了叙利亚。在叙利亚，一位叫斯塔尤斯·穆尔基乌斯的恺撒派将军试图除掉有个叫巴苏斯的人，后者谋害了一位前任总督，自己攫取了该行省。当卡西乌斯到来时，穆尔基乌斯宣布效忠刺杀者；在随后的几年中，他将作为他们的舰队司令扮演重要的角色。还有关于土耳其西部爆发残酷内战的消息，本该管辖叙利亚的多拉贝拉袭击了一位当时担任亚细亚总督的刺杀者，将那人折磨致死。此人的消失方便了卡西乌斯的接管。

3 月末，法兰西南部的恺撒派军队对一场战斗袖手旁观：为了救援由一名刺杀者统率的军队，两位恺撒派执政官与恺撒的继承者将要与一位恺撒派的前执政官开战。与此同时，在有皮索和几位前恺撒派执政官参加的会议上，元老院投票承认了布鲁图斯通过政变夺取马其顿的合法性；4月，他们又承认了卡西乌斯占领叙利亚的合法性，并谴责了多拉贝拉令人反感的行为。他们还向"伟人"庞培之子塞克斯图斯·庞培·马格努斯·庇护示好，后者统率着 7 个军团在马赛观望，无视周围的恺撒派军队。这些会议代表了贵族政治及其所代表传统（即只有统治阶层的利益才是重要的）的低谷——随着受对已故的恺撒的忠诚驱使的军队强迫人们服从自己的愿望，这些利益将被推到一边。

军队暴动的序曲在穆提纳（Mutina）殖民市外响起，当时希尔提乌斯和他的执政官同僚潘萨在两场战役中打败了安东尼，迫使后者解除对该城的围困，向阿尔卑斯山撤退。希尔提乌斯和潘萨都在战斗中阵亡——据说小恺撒与他们的死有干系，尽管那可能只是个恶意的故事。安东尼的逃脱得益于执政官的军队（现在由小恺撒统率）与布鲁图斯的军队缺乏协调。虽然被元老院要求服从布鲁图斯，但小恺撒拒绝从命。他不愿与刺杀者对话。与此同时，安东尼越过了阿尔卑斯山。西塞罗、普兰库斯和布鲁图斯之间留存下来的大量书信充分记录了这三个人的错觉和口是心非。最终，当安东尼进入法兰西南部时，雷必达和普兰库斯的军队强迫他们的将领与安东尼达成协议。军队无法理解，为何他们要自相残杀，而刺杀者的力量却在东方越来越强。兵合一处的军队向南进发。布鲁图斯的处境变得难以维持，他趁着夜色逃走，后来被一名高卢酋长所杀。

面对从阿尔卑斯山对面涌入的更强大的军队，小恺撒选择了撤退。他要求担任执政官来提高自己的地位。元老院犹豫了，他们曾经授予卡西乌斯"叙利亚战争"的指挥权，还在穆提纳之战后给予了小庞培正式地位。小恺撒的一个百人队长代表团指出，元老院在此事上别无选择。在随后进行的选举中，小恺撒同一个叫佩蒂乌斯（Pedius）的人胜出。作为让他担任执政官的交易的一部分，佩蒂乌斯提出法案，要求审判杀害恺撒的凶手。于是，3月17日的大赦被取消。所有的审判都在一天内进行，刺杀者被判有罪。对卡西乌斯的起诉被交给一个名叫马尔库斯·维普萨尼乌斯·阿格里帕的年轻人。

现在，安东尼和小恺撒的军队在博诺尼亚遭遇，士兵们坚持要求将军面对面交涉。双方同意，小恺撒将卸任执政官（交给普布利乌斯·文提狄乌斯），同安东尼和雷必达组成负责恢复国家秩序的三人委员会（tresviri rei publicae constituendae）。委员会任期五年，获得了基本上相当于独裁官的权力。小恺撒同意与富尔维娅的女儿克洛狄娅订婚，从而巩固了与安东尼的同盟。让雷必达加入对于化解其他两巨头之间的反感至关重要。11月7日，保民官提提乌斯将设立该委员会的法案提交投票。三头马上下令处死37名个人，又于11月23日颁布政令，开始了新一轮的公敌通告。政令发布者名字的顺序和形式反映了委员会组建过程中的妥协：雷必达、安东尼、屋大维乌斯·恺撒。雷必达的名字排在首位表明了他对达成协定的重要性；小恺撒作为"屋大维乌斯·恺撒"出现表明了他的又一个让步——他是恺撒的继承者，而非恺撒本人。

西塞罗是公敌通告最早的受害者之一。他于公元前43年12

图 14 马尔库斯·埃米利乌斯·雷必达，出现在公元前 42 年发行的第纳里上。他生于公元前 89 或前 88 年，是三头中最年长的

月 7 日被杀害。公敌名单越来越长，最终达到 2000 人左右，他们都被判立即处死，财产被没收。随着士兵们追捕受害者，意大利陷入了恐怖，尽管他们似乎并不都那么高效。在大多数情况下，他们并不真正在乎。三头需要的是为即将到来的与布鲁图斯和卡西乌斯的战争筹钱。忠于那位已故者（普通罗马人认为他把他们的利益放在首位）记忆的军人恢复了在高层仍然各自为政的恺撒派。

《佩蒂乌斯法》和公敌通告将罗马国家的斗争从元老院内部对恺撒遗产的争夺变成了基于之前内战结果的军队公投。一边是刺杀者和小庞培，后者利用自己短暂被任命为共和国海军统帅的机会在西西里建立了基地。小庞培本人现在也被宣布为公敌，他的阵营成了其他在名单上且得以逃脱者的庇护所。另一边是三头，他们掌握着欧洲西部不容小觑的军事力量（大约 40 个军团）。此外，公元前 42 年 1 月 1 日，元老院承认尤里乌斯·恺撒为神明。三头为那个时代最杰出者的记忆而战，但这并没有给小恺撒带来

图 15　小恺撒像，出现在公元前 42 年发行的一枚带有雷必达像的钱币背面。他蓄起的胡须表示，他仍在悼念尤里乌斯·恺撒

额外的权威。也许是因为意识到自己的权威在下降，他现在自称"神明之子"，他确实有资格这样做。他还蓄起了胡须，并发誓为了自己的健康和精神力量而禁欲（至少他是这么说的）。

三头不得不采取攻势——他们的宏大事业的资金来自掠夺被通告为公敌者的财产，而那些资源是有限的。布鲁图斯和卡西乌斯募集了自己的 20 多个军团，资金主要来自卡西乌斯对小亚细亚城市的劫掠。他们没有资源入侵意大利，但可以寄希望于普遍的不安感会导致政权的不稳定。他们的军队同小庞培军队的协同海上行动将三头的军队困在了意大利，直到 9 月，后者在克娄帕特拉的舰队支持下最终突围。雷必达留在了罗马，他在那里欺凌平民，继续监督公敌通告。

刺杀者在腓力比集结军队，希望补给短缺会让三头掌握的人数大得多的军队无法行动。要不是安东尼作为将军的首要品质是特别大胆，这招本可能会奏效。他迫使卡西乌斯与自己交战，在持续一天的复杂战斗中击溃了对手的军队，而布鲁图斯的军队则打败了小恺撒的（后者自称生病，通过所谓的神明干预才没有随着自己的营帐一起被擒获）。卡西乌斯自杀，据说是阴差阳错。接着就轮到布鲁图斯。第一次战役后几周，公元前43年10月23日，安东尼再次迫使他与自己交战，并重创对手。布鲁图斯的自杀并非失误。

现在，三头要面临如何遣散一支他们无法供养的军队。微妙的行政变动让小恺撒控制了意大利、阿非利加、西西里岛和撒丁岛。被怀疑有某种政治不轨行为的雷必达现在陷入了某种暂时的政治困境。安东尼在巡视东方行省时对该地区的城市施加了新的罚款，并表明他本人的青睐会减轻具体的负担。他开始建立自己的行政体系，为此需要自己的人员。

遣散意大利的军队引发了混乱和内部纷争。小恺撒诉诸苏拉式的大规模没收：在博诺尼亚的会议上，有18个城市被选定接受大规模征用，为老兵定居点让路。人们震惊了。来自意大利中部（大部分目标城市位于那里）的领袖前来罗马抗议。小恺撒提出了有利于大地主的交易；安东尼的弟弟卢基乌斯（公元前41年的执政官）鼓动他们，宣称自己对恢复共和国的传统统治感兴趣——这是有点自欺欺人的说法，因为按照卢基乌斯的方案，他将仍然是执政官，而小恺撒将下台。他宣称的支持文官统治也是为了让意大利绅士和军队对立起来。阶层团结驱使最初对小恺撒存有疑虑的士兵们投入他的怀抱。接着，小庞培和他的盟友——格奈乌斯·多米提乌斯·阿赫诺巴尔布斯和斯塔尤斯·穆尔库斯统率的刺杀者舰队的幸存者——拦截了一些运粮船。三头没有可以争夺海上控制权的舰队。随着暴力的升级，雷必达逃走，留下小恺撒对付卢基乌斯。

公开的战争在夏天爆发，卢基乌斯·安东尼寄希望于他哥哥的三名助手——阿西尼乌斯·波里奥、普布利乌斯·文提狄乌斯和穆纳提乌斯·普兰库斯——的援助，他们在意大利北部握有军队。但卢基乌斯与他们的联系被切断，而马尔库斯·维普萨尼乌斯·阿格里帕现在成为小恺撒指挥官中最重要的一员。他在佩鲁贾包围了卢基乌斯，后者逃到那里避难。预期的支援没能实现：波里奥和普兰库斯相互仇恨，普兰库斯则曾经侮辱过文提狄乌斯。卢基乌斯阵营的缺乏协调和阿格里帕高人一筹的计划导致潜在的援军两次撤退。随后，卢基乌斯被允许投降，带着富尔维娅离开意大利。佩鲁贾遭到洗劫。一位当地的诗人后来写道：

> 图鲁斯，出于我们永恒的友谊，你询问我的氏族和我来自何方。如果你知道故乡佩鲁贾的座座坟茔，知道苦难日子里意大利的毁灭，当时罗马的不和女神驱使着自己的人民（伊特鲁里亚的土地，你尤其让我痛苦，因为你让我亲属被抛弃的肢体暴露，不给不幸者的尸骨盖上一点泥土），与下方的平原毗邻的翁布里亚养育了我，那里有大量的肥沃土地。
>
> （普洛佩提乌斯，《哀歌集》，1.22）

另一位诗人（来自曼托瓦）——波里奥和小恺撒的另一位密友马伊克纳斯的朋友——很快写了一首诗，宣扬小恺撒对待人民方式的进步。他在诗中想象有个人失去了农场，但去罗马后被归还了土地，他的施惠者（恺撒）对他来说像神明。

安东尼就没有那么高兴了。他中断了在埃及与克娄帕特拉开始的婚外情，同小庞培一起向西疾进。当他率军在布伦迪西乌姆登陆时，战争一触即发，但军队再次进行了干预。两位指挥官被迫接受了新的协议。雷必达几乎失去了全部权力，被送到阿非利加。9月，由于富尔维娅此时已经去世，安东尼同意迎娶小恺撒刚刚守寡的姐姐屋大维娅，而小恺撒则同意娶斯克利波尼娅，这个比他年长些的女人的侄女是小庞培的妻子。

小庞培参与布伦迪西乌姆的和谈产生了重要的影响。一边是三头方面，一边是与小庞培有关的各色人等，这为双方的进一步对话打开了空间。普兰库斯似乎与阿赫诺巴尔布斯进行了对话，后者的舰队曾经主宰着亚得里亚海。他通过商谈达成协议，赦免了阿赫诺巴尔布斯曾经为刺杀者效劳的行为，让他加入安东尼的阵营。没能为佩鲁贾解围的安东尼三巨头的另一位副手是波里奥，他现在成为执政官，也是有前途的艺术家的庇护者。布伦迪西乌姆协议让他的执政官任期有望成为一个新的和平时代的开始。曾经赞美过小恺撒的慷慨的那位诗人——维吉尔——又写了一首诗，他借鉴了来自东方的预言诗的主题，宣布随着波里奥担任执政官和波里奥儿子的出生，将诞生一个新的黄金时代。他的预言被证明为时过早——但由于三头和小庞培之间的下一轮冲突将在公元前36年终结，当维吉尔完成那十首将构成其《牧歌》的诗歌时，预言才会实现。

阿赫诺巴尔布斯加入三头的决定是导致更多冲突的直接原因。雷必达似乎留在了北非，而安东尼则与在罗马的小恺撒一起留在意大利。通过控制西西里岛、撒丁岛和科西嘉岛的港口，小庞培能够肆无忌惮地向意大利海岸发起突袭，阻断对罗马的粮食运输，几乎破坏了庆祝对刺杀恺撒者之胜利的全部努力。即便没有殖民计划造成的对农业的干扰，罗马城也需要依赖进口粮食。粮食通常来自西西里，现在也来自北非。除了食物短缺，还有因需要向规模过大的意大利军队支付军饷造成的财政危机，这导致开始征收新税，以及继续实行之前为了给同刺杀者的战争筹资的创收计划（不同于公敌通告）。在此期间，小恺撒发现他的一位最亲密的副手试图背叛自己。此人被处决。

当三头面临罗马的骚乱时，小庞培也有自己的新问题。斯塔尤斯·穆尔库斯开始同三头谈判。小庞培处决了他，但显然，现在他面临着结束冲突的更大压力。公元前 39 年春，他与三头达成协议，规定他被承认为西西里岛、撒丁岛、科西嘉岛和其他岛屿，以及伯罗奔尼撒半岛南部（对他之前的行动区域的扩大）的总督；在公敌通告中幸免于难的人将被允许回家（尽管根据《佩蒂乌斯法》被定罪者不在大赦行列）；他的士兵将与三头的士兵享有同等的特权；他还将被任命为公元前 35 年的执政官。在那不勒斯湾的米塞努姆举办的大规模庆祝确认了协议的达成。敲定协议的一场宴会在小庞培的旗舰上举行。据说他手下的一名军官梅诺菲鲁斯（Menophilus）暗示，他可以直接驾船离开，让安东尼和小恺撒成为他的囚徒（没有雷必达）。小庞培回答说，那将是不光彩的。

当安东尼在西部的时候，罗马的困局让帕提亚人大胆地发动了大规模入侵。在曾经为恺撒效劳，后来又背叛了他的拉比恩努斯之子的率领下，帕提亚军队的一翼兵临小亚细亚西部，另一翼则打败了叙利亚和巴勒斯坦的罗马藩属。仍然忙于意大利政治的安东尼无法前往比雅典更东面的地区。但他派普布利乌斯·文提狄乌斯率领西部的入侵部队出战，后者显然已经被原谅了对卢基乌斯支援不力一事。公元前 38 年，文提狄乌斯击溃了两支帕提亚军队，杀死了许多高级军官。这对安东尼来说太过头了，他亲自前往东方。与此同时，文提狄乌斯班师举行了凯旋式。

安东尼不遗余力地重组东方行省。与此同时，小恺撒意想不到地突然翻脸，与小庞培展开了你死我活的斗争。米塞努姆协定在差不多六个月后就被撕毁。安东尼从未兑现将伯罗奔尼撒半岛或其税收交给小庞培的诺言，而后者部属中的矛盾再次爆发。小庞培的撒丁岛和科西嘉岛总督梅诺多鲁斯（Menodorus）将那些岛屿、他的舰船和三个军团交给了小恺撒，后者现在自称英培拉多·恺撒（Imperator Caesar）和神明之子，把那个曾经只表示凯旋将军的头衔变成了自己的前名，就像小庞培对自己父亲曾经的别名所做的那样。当英培拉多·恺撒宣布小庞培为海盗时，后者以再次阻断粮食运输和袭击意大利西海岸作为回应。他的对手（可能真的对梅诺多鲁斯的投诚感到意外）缺少守卫海岸的舰船。他们在公元前 38 年终于集结起的舰队被小庞培更强大的军队和风暴共同击溃，英培拉多·恺撒的船只沉没，他被困在了卡拉布里亚的海岸边。

英培拉多·恺撒名誉扫地，遭到愤怒暴徒的袭击，而且有传言称，他参与了渎神的宴席。更糟糕的是，他还卷入了一桩个人生活的丑闻——为了迎娶里维娅，他与斯克利波尼娅离婚，前者是提比略·克劳狄乌斯·尼禄的妻子，卢基乌斯·安东尼曾经的一位活跃支持者。克劳狄乌斯与里维娅和他们年幼的儿子一起逃到希腊，但在布伦迪西乌姆会议后带着家人返回。当英培拉多·恺撒见到里维娅时（她正怀着这对不幸夫妇的第二个儿子），他不可救药地爱上了她。虽然按照标准惯例，里维娅在怀着第一任丈夫的孩子时不能离婚和改嫁，但英培拉多·恺撒说服祭司团宣布此事为特例。这是真正的两情相悦。里维娅直到他去世时都将是他的妻子。

公元前 37 年末，英培拉多·恺撒显然必须为自己赢得新的名声，他要设法打败小庞培，否则他的政治生涯就将结束。公元前 36 年夏，当雷必达开始行动，带着一支军队前往西西里时，这一切变得足够明显。此举表面上是为了三头，但很可能是为了加入海战中获胜的任何一方。战火得以重燃在一定程度上与安东尼有关，他曾短暂前往塔兰图姆，留下了大批舰船。作为交换，他得到了提供军团支持其入侵帕提亚的承诺。与此同时，两巨头同意将他们的职务延长五年（回溯到 1 月 1 日开始），并取消小庞培未来的执政官职务。

安东尼的舰船加入了阿格里帕在那不勒斯湾集结的，装备了一项新技术的新舰队。对作战有研究的他很可能熟悉盖乌斯·杜伊利乌斯的故事，后者在公元前 260 年打败迦太基人时采用抓钩战术，抵消了对方更胜一筹的海战技术。阿格里帕的计划是给舰船装备可以用战争机械发射的抓钩，从而将海战变成陆战。

尽管在夏初遭遇了挫折——当时舰队遭遇风暴，英培拉多·恺撒的西西里登陆失败（他留下部队，自己逃跑），但阿格里帕坚持了下来。夏末，他赢得了两场胜利，一场在穆莱（正是杜伊利乌斯取胜的地方），另一场在瑙洛科斯（Naulochus），摧毁了小庞培的舰队。与此同时，英培拉多·恺撒率领新的大军在梅萨纳渡海，而已经决定支持哪一边的雷必达也率领大军从南面进发。小庞培向东败走，经过一系列冒险后，他被安东尼的一名副将所杀。随着小庞培的死亡，对尤里乌斯·恺撒的计划的最后阻力也消失了。

图16 小恺撒对世袭权力的主张很早就清楚地显现在这枚钱币上，它发行于同塞克斯图斯·庞培最后战事的背景下。在钱币正面，小恺撒仍然蓄须，表示对恺撒的哀悼，反面描绘了仍在建设中的神圣的尤里乌斯·恺撒神庙，位于罗马广场上恺撒火葬柴垛处

现在，英培拉多·恺撒把注意力转向雷必达，他和安东尼都不信任此人。英培拉多·恺撒骑马走进雷必达的军营，说服军队抛弃他们的将军，此举与公元前43年安东尼对雷必达军队的颠覆有点相似，而且无疑预先与小队级别的军官有过广泛的谈判。失去权力后（尽管保留了在恺撒遇刺后取得的大祭司职务），雷必达被送到他在意大利沿岸的基尔克伊［Circeii，今蒙特齐尔切奥（Monte Circeo）］附近的别墅，开始了将被证明是长期的归隐生活。

英培拉多，神明恺撒之子已经登场了。

第五部分

君主制

公元前 36—公元 138 年

第 24 章

英培拉多·恺撒·奥古斯都

在布伦迪西乌姆和米塞努姆后，安东尼面临的问题也同样严峻，虽然乍看之下对他个人的威胁似乎比英培拉多·恺撒所面临的要少。腓力比战役后，安东尼的计划曾是通过对亚细亚的城市实行新的巨额罚款来支付军饷。现在，他需要做得更多，即重设罗马的边境体系，以及对帕提亚的入侵展开报复。他不得不成为新的格奈乌斯·庞培，利用东方来打造一个统治帝国的基地。如果做不到这点会产生严重的后果。

尤里乌斯·恺撒对东方行省的组织建立在格奈乌斯·庞培的基础之上。这不应完全让人意外，因为两人似乎都认为，地区安全取决于当地领袖和帝国总督的结盟。比如，恺撒满足于允许曾经以作为海盗巢穴著称的吕西亚保持独立，他还保留了庞培的藩属国王，即便他有充分的理由怀疑他们中的一位——土耳其中部的加拉提亚的四人共治者（tetrarch）德约塔洛斯——的忠诚。德约塔洛斯的孙子指控他在阴谋暗杀恺撒（当后者短暂出现在他统辖的地区时），但当德约塔洛斯在恺撒宅邸中受审时，西塞罗成功为其辩护。在其他地方，恺撒也保留了他曾遇到过的那些统治者，即便和德约塔洛斯一样，他们曾派兵与庞培一起作战，或者像西

图 17 公元前 36 年叙利亚发行的一枚四德拉克马银币上的安东尼和克娄帕特拉像。这些钱币反映了两个政权在帕提亚战争背景下的融合。安东尼被描绘成英培拉多和三头，克娄帕特拉则是"更年轻的女神"

塞罗可能会说的那样，他们更看重与庞培的友谊，而不是与恺撒的。恺撒对德约塔洛斯的处理方式显示了他想要维持现状，至少直到他有时间评估状况之前——他很可能会认同西塞罗的想法，即他本人的成就并不高于庞培的。

布鲁图斯和卡西乌斯破坏了现状。他们给东方的统治者和城市带去恐怖，暴行包括屠杀吕西亚人，以及洗劫罗得岛的城市。虽然安东尼在腓力比战役后抵达东方时意识到了当地体系面临的压力，但他几乎做不了什么实质性的事。德约塔洛斯的例子再次说明了这点。他曾派兵援助布鲁图斯和卡西乌斯，但为了确保王位，之前也给安东尼送去过厚礼——安东尼保留了他的王位，因为他的秘书阿明塔斯（Amyntas）统率的军队在腓力比战役前夕当了逃兵。此外，在从安东尼抵达到离开前往布伦迪西乌姆的一年多点的时间里，他遇到了克娄帕特拉。在土耳其南部的引人瞩目的那场相遇后，他陪同女王前往亚历山大里亚。等到他离开时，她已经怀上了双胞胎。

　　安东尼没能与东方的其他王朝统治者建立顺畅的关系，这可能解释了为何那些理论上的职能是保护西边的城市化纳税地区的统治者没有对拉比恩努斯做出抵抗。

　　现在，安东尼要变得更加主动，在从意大利归来前，他很可能已经制订了重组东部边境的计划。有证据表明，元老院在米塞努姆条约签订前后例行公事地批准了他对东方的人民和土地所做的决定。德约塔洛斯去世后，他的王国归了阿明塔斯，而安东尼也开始对安纳托利亚南部的国家重新做出安排，把它们交给在拉比恩努斯入侵期间证明过忠心的人。这些人中包括一名受人尊敬的公共知识分子劳底西亚的波列蒙（Polemo of Laodicea），以及据说曾是强盗的克里翁（Cleon）和安提帕特尔（Antipater）。在北部，通过为米特拉达梯的孙子达里乌斯（Darius）组建了新的王国，他将比提尼亚-本都以东的土地同该行省分割开。位于从幼发拉底河向西延伸的亚美尼亚高原以南，占据着重要战略位置的卡帕多奇亚的国王死于卡西乌斯之手，并没有对帕提亚人做出抵抗。现在，安东尼在那里扶植了已故国王之子阿利亚拉特斯（Ariarathes），后者曾经寻求过尤里乌斯·恺撒的庇护。在安纳托利亚高原东缘的科马吉尼，安条克国王被普布利乌斯·文提狄乌斯指控援助和支持帕提亚人（很可能有确凿的依据）。不过，文提狄乌斯很可能收受了安条克（曾经是庞培的藩属）的大笔贿赂，没有像通常那样积极要求将他废黜。安东尼无疑收受了大笔钱财，保留了安条克的王位。

　　安东尼不仅重建了与当地王朝统治者的联系，他还开始撤出那些城市化程度不够，无法支持标准化的罗马行政管理的地区。

于是，作为叙利亚和亚细亚之间的纽带，曾经是罗马东方战略关键的奇里乞亚消失了。在达里乌斯去世的安纳托利亚北部，本都王国落入了劳底西亚的波列蒙之手。吕西亚再次获得独立，而克里翁和安提帕特尔则获得了多罗斯山北坡的吕喀俄尼亚作为奖赏。克娄帕特拉获得了塞浦路斯以及巴勒斯坦的一部分，剩下的部分则归了希律，后者和他的兄弟一起被任命为四人共治者，支持哈斯蒙尼王室的大祭司希尔卡努斯。一支帕提亚军队后来干掉了希尔卡努斯和希律的兄弟，并支持一名冒牌的哈斯蒙尼王室成员担任耶路撒冷的大祭司。当帕提亚人被击退后，希律成为硕果仅存的那一位。约旦河以东地区仍然被治所位于佩特拉的纳巴泰国王控制。

安东尼的安排显示了通过藩属国王组成的屏障来提供有性价比的安全的策略。叙利亚仍然将是罗马人对付帕提亚的前沿基地，面对任何针对自己的军事冒险，叙利亚都可以得到这些国王的支持。给克娄帕特拉的礼物（恢复了从前托勒密王朝的领土）是减少边境土地上的罗马足迹的宏大计划的一部分，可以被视作对克娄帕特拉帮助对付刺杀者的报偿。此外，她非常富有，安东尼需要她的钱来支持自己入侵帕提亚的计划；如果想要确保东方行省的忠诚，同时继续维持自己的庞大军队，那么他就不能再依赖索取过多的现金。在帕提亚战争的筹划阶段，两人的伙伴关系得到了巩固。克娄帕特拉实际上成了罗马军队的发饷人。与安东尼育有两个孩子的屋大维娅带着他们的女儿，以及她和安东尼各自在之前婚姻中的子女留在了雅典。

在这个婚姻不忠盛行的时代，安东尼对屋大维娅的行为并不被认为特别出格。批评者后来强调的并非他的不忠，而是他嗜好像东方统治者那样举办酗酒宴会和自我展示。比不贞更严重的指责是，爱情生活影响了他的判断。据说，公元前 36 年取代阿利亚拉特斯成为科马吉尼国王的阿尔喀拉俄斯得到那个王国完全是因为安东尼与他的母亲格拉弗拉（Glaphyra）有奸情。在罗马，关于安东尼行为的报告可能让人想起了西塞罗在第二篇《反腓力辞》中对其放荡的描绘，这是他对安东尼早年生活别出心裁的谴责，曾在公元前 44 年夏末流传。

现在，安东尼需要证明他仍然处在其巅峰状态。于是，公元前 36 年夏，他最终做好了远征帕提亚的准备，那里再次出现了行政动荡。现任国王弗拉特斯两年前杀害了父亲奥罗德斯（卡莱战役时的统治者）和他的兄长。安东尼向亚美尼亚派出 4 个军团，以确保当地国王阿尔塔瓦斯德斯的忠诚。与此同时，他在叙利亚集结大军，要求弗拉特斯归还卡莱战役中幸存的战俘和在战斗中丢失的那些军旗，以及被拉比恩努斯夺去的那些军旗。这是军团旗帜第一次成为如此重要的符号。尤里乌斯·恺撒从未提及需要夺回他的一名副将在公元前 54 年冬失去的军旗，而在对上一代的赫尔维提人对罗马人的胜利的更加中立的描绘中——从恺撒的视角来看——也没有任何人提到丢失的军旗。从钦布里人和条顿人那里夺回军旗对马略来说并不重要；而像巴尔干的斯科尔迪斯基人这样的民族偶尔对罗马人取得的胜利无疑会给他们留下一大堆军旗。在对皮索的猛烈抨击中，西塞罗从未提到后者丢失了一面军旗（公元前 30 年被大张旗鼓地找回），而他在详细描述自己讨厌的人的尴尬事时是不会手下留情的。

批评者后来会表示，安东尼搞砸了入侵帕提亚的行动，是因

为对克娄帕特拉的迷恋影响了他的判断。这并非问题所在。问题
在于安东尼的漫不经心。尽管他可能很有魅力和勇气，但也容易
产生妄想。他对自己的看法不切实际，往往会把戏剧性的浮夸当
作周密的计划；他在细节方面可能很糟糕，且无法从自己以外的
任何角度看待世界。于是，出于不花太多力气就取得巨大成就的
希望，他让自己卷入了与弗拉特斯的一个兄弟进行的旷日持久的
谈判之中，后者在公元前 36 年春天曾短暂叛逃。随后，当他发
现帕提亚军队在他经过的路线上集结时，他不得不转而向北，在
亚美尼亚集结自己的全部兵力。他在那年夏末抵达目的地，本该
按兵不动，但他却决定经由亚美尼亚高原进入阿特罗帕特斯米底
（今天伊朗的东阿塞拜疆省）。

安东尼沿着阿尔河谷进军，然后向南前往乌尔米亚（Urmia）
湖；接着，他从注入该湖南面的巴兰杜兹（Barandouz）河的河谷
出发，转而向东前往王城弗拉斯帕（Phraaspa），让他的攻城部队
随后赶上。但弗拉特斯摧毁了攻城部队和保护他们的军队（并为
帕提亚收集的罗马军旗增添了新的藏品），使得攻城本身变得不可
能。安东尼不得不一路奋战回到亚美尼亚，他的军队受到冬季天
气和食物短缺的影响。这时，他的积极一面开始展现，他鼓舞了
自己的军兵，从而保住了原先兵力的三分之二。

在叙利亚沿岸闷闷不乐地待了几个月，并且获得了来自克娄
帕特拉的新的资金注入后，安东尼宣称战事的失利实际上是阿尔
塔瓦斯德斯的错，因为人数处于劣势的亚美尼亚骑兵没能挽救攻
城部队。现在，安东尼与米底国王（同样叫阿尔塔瓦斯德斯）结
盟，在随后的两个夏天里寻求对亚美尼亚的报复。在公元前 34 年
的作战季中，他终于俘虏了亚美尼亚的阿尔塔瓦斯德斯。而在公

元前 32 年，他从米底的阿尔塔瓦斯德斯手中取回了军旗，那是他的辎重部队两年前被歼灭时丢失的。

擒获亚美尼亚的阿尔塔瓦斯德斯成了在亚历山大里亚举行凯旋式的理由，安东尼在凯旋式上宣布要对东方行省进行重组，结果基本上是克娄帕特拉将获得更多的领地。他还宣布即将与屋大维娅离婚，并与克娄帕特拉结婚，而恺撒里翁是尤里乌斯·恺撒的亲生孩子（事实的确如此）。据说他还表示，他与克娄帕特拉的三个孩子（一对龙凤胎和一子）将在未来拥有自己的王国。其中两人（一个儿子和一个女儿）的王国将从现在属于罗马的领土上划出，而已经与米底的阿尔塔瓦斯德斯的女儿订婚的另一个儿子则将获得一个由帕提亚领土组建的庞大国度。至少传说是这样的。

如果对未来安排的这个故事是真的，那么安东尼似乎对这个世界有了新的设想，包括他和英培拉多·恺撒之间永久的地盘划分，以及对身为罗马长官意味着什么的新理解（长官此前无权送出帝国的某个部分）。安东尼可能有自己的盲点，但他完全清楚，任何安排都需要得到元老院的批准。第二年夏天，他将需要在罗马找到对他表示认同的听众——这使得关于宣布新王国的故事看上去至多只是不准确的夸大。

事实上，克娄帕特拉王国的行政体系与安东尼指挥权的关系正变得密不可分。她不仅对东方的战事做出了重要的贡献，而且还从她的王室财产中拿出一部分对安东尼的一些将军做了慷慨的赏赐；安东尼则与屋大维娅分道扬镳，后者于公元前 35 年夏天随着新的军队前往东方寻找丈夫，从此羁留在雅典。承认恺撒里翁的血缘，是对英培拉多·恺撒是尤里乌斯唯一继承人这一主张的直接攻击，可能与对某种新的领地划分的预期有关，因为三头的权力将于公元前 32 年 1 月 1 日到期。

英培拉多·恺撒也不闲着。他在巴尔干作战，也在阿尔卑斯山参加了成功的战事；在现在的克罗地亚，他镇压了一场重大的军队哗变，完成了一些营建项目，并在准备其政变的过程中试图广泛地迎合意大利民众。他知道，安东尼的两位副手将被安排成为公元前 32 年的执政官，安东尼在理论上可以通过他们设定元老院的日程。但他们这样做的能力正在被快速削弱。关于为安东尼的孩子建立新王国的传言令罗马人如此惊骇，以至于他在罗马的支持者试图阻止英培拉多·恺撒散布这个消息——这很可能就是英培拉多·恺撒编造的。他宣称，安东尼完全被克娄帕特拉迷惑，不再是个罗马人，过上了危害真正罗马美德的放荡生活。比如，有传言说，安东尼的一位随行者，前执政官普兰库斯脱掉衣服，把自己涂成蓝色，还在赤裸的身后粘上鱼尾，在晚宴上扮演起海神的角色！

英培拉多·恺撒把自己对权力的主张建立在一个技术问题上，即他作为三头的治权不会随着职务而消失（他和安东尼都会认同这点），只要他不越过城界。他没有参加新的执政官格奈乌斯·多米提乌斯·阿赫诺巴尔布斯（曾经是布鲁图斯、卡西乌斯和小庞培的海军元帅）主持的元老院会议，因为那是在城界之内举行的。但下一次会议并非如此，英培拉多·恺撒率领一队武装保镖进场，坐在了执政官中间——他通过这一象征举动主张了自己更高的权威，宣读了对安东尼和克娄帕特拉关系的声讨，称之为"不符合罗马行政长官的行为"。两位执政官和其他对安东尼怀有个人忠诚的元老被允许前往亚历山大里亚。似乎有数百人踏上了这一远行旅程。

随着夏天的深入，英培拉多·恺撒对安东尼发动了更多猛烈的攻击，甚至宣称他从维斯塔贞女那里获得了一份安东尼遗嘱的副本，后者在遗嘱中再次宣布他想要留在亚历山大里亚，和女王埋葬在一起。意识到战争不可避免后，安东尼开始为入侵意大利集结庞大的陆军和海军。克娄帕特拉再次为远征提供了许多舰船和大量钱财，当安东尼非常刻意地准备前往希腊西海岸的亚克兴时，她坚持要求同行。在某个时候，可能是在舰队靠近雅典时，安东尼向屋大维娅发出了正式的离婚通知，后者返回了罗马。

英培拉多·恺撒宣称"全意大利"都宣誓支持他，请求他在于年底宣布的战争（严格意义上是针对克娄帕特拉的）中担任统帅。但随后，在公元前 31 年打响的战事却有点让人失望。安东尼再次搞砸了后勤，导致他的军队被困在过长的补给线的一头。阿格里帕和英培拉多·恺撒在春天带着可以与安东尼相匹敌的军队渡过亚得里亚海。在那里随后展开的一系列交锋中，阿格里帕逐渐切断了安东尼的通信，后者部属中的一些高级成员抛弃了他，包括普兰库斯和多米提乌斯。

9 月 2 日，安东尼决定从亚克兴湾突围。我们无法确定接下去发生了什么，但最好的证据可能是来自坎帕尼亚的阿维利诺（Avellino）的一座引人注目的纪念碑，上面将这场战役描绘成一场艰难的战斗，该形象符合书面描述中关于这个故事的一个版本。这也是从后来英培拉多·恺撒竖立的一座纪念碑中获得的印象，纪念碑位于他在亚克兴附近为纪念这场胜利而建立的城市中，那里被恰如其分地命名为"胜利城"（Nicopolis）。纪念碑包含了交战中俘获的敌舰的船首。英培拉多·恺撒可能曾很接近于输掉这场战役，但此时克娄帕特拉升起风帆，率领埃及舰队从混战中逃走，后面跟着安东尼的旗舰。陆军在第二天投降，被编入英培拉多·恺撒的军队。

也许意识到未来的抵抗将被认为是徒劳的，英培拉多·恺撒没有急着追击安东尼。他首先镇压了战役结束后已经被送回西西里和意大利、现在想要被遣散的军队发动的哗变；然后在东方行省建立了自己的政府。在前往亚历山大里亚途中，他收到了安东尼扶植的各位国王的服从表态；最后，在亚克兴战役一年后，他在埃及边境集结了大军。

现在，安东尼经历了一系列背叛，他的支持者们一个个投向恺撒一边。事实上，级别越高的人背叛也越快，因此在埃及边境的那边，最值得一提的安东尼拥护者似乎是一伙从土耳其西部一路打到亚历山大里亚的角斗士。回到都城后，安东尼徒劳地寻求谈判。随后，作为最后的背叛，克娄帕特拉本人也瞒着安东尼同英培拉多·恺撒展开对话。

但不会有协议达成：英培拉多·恺撒真想要安东尼和克娄帕特拉两人的命，他已经拿克娄帕特拉的腐化影响做了太多文章，而且他还有其他代理人在工作。于是，当他的军队抵达亚历山大里亚时，安东尼的军队在进行了一些敷衍的战斗后就投降了。听闻克娄帕特拉已经自杀后，安东尼也剑刺了自己，然后却发现她只是让人将其带去墓地。他命人把自己带去那里，死在了她的怀抱中。除了克娄帕特拉也死了，我们不知道后来发生了什么。据说那是自杀，原因是在她的墓地外看守的人犯了巨大的疏漏，没能注意到有人把角蝰送进了她的房间。

埃及王国是战争的巨大奖赏。那里仍然很富有，产出富余的粮食，必须谨慎对待。英培拉多·恺撒决定，不让那里离开自己的直接控制。不任命元老级别的总督——相反，他将任命一名骑士，直接向作为那里统治者的他本人报告。第一任总督是科尔内利乌斯·伽卢斯，一位能干的军人和著名的诗人，此人是普洛佩提乌斯和维吉尔的朋友，也是安东尼的老相好之一、一个名叫沃鲁姆尼娅的女演员的情人。

确保了胜利后，英培拉多·恺撒可以开始逐渐重组和重新安排罗马军队。这意味着将军团数量从大约 80 个削减为更加容易管理和负担的 26 个，其中 12 个是长期为他效劳的（有的为他父亲），其余的是从雷必达，以及现在从安东尼那里接管的。当时，被遣散的安东尼老兵被安置在行省殖民市；而恺撒的老兵（其中许多人可能服役不超过一两年）也许会直接回到家乡，获得一笔现金奖赏和一块土地，以感谢他们的参与。新的士兵可能要服役16 年，那是之前几代人中理论上的最长期限。军团本身被部署在潜在的危险地区，诸如西班牙和高卢，以及叙利亚和埃及。有 2个军团被安排在阿非利加，若干被派驻在巴尔干。

就在军队重组的过程中，关于新的政治秩序会是什么样的问题开始有了答案。当亚历山大里亚被攻克的消息传到罗马后，元老院投票决定在广场修建一座凯旋门，以及其他许多荣誉标志。公元前 29 年初，他们又投票关闭雅努斯神庙的大门，象征国家现在赢得了和平：这个决定有点乐观，因为在行省仍然有几处战火没有平息。英培拉多·恺撒也获得了各种保民官权。从公元前 36年开始，他就被视作"神圣不可侵犯的"，这一身份被认为更多是荣誉性质的，而非实际的；现在，他获得了向整个帝国的公民提供援助的权力［保民官的援助权（ius auxilii）］；而如果任何地方的任何陪审团审判中有出现平局判决时，他的一票将被算作宣布无罪。

对东方行省的新安排占据了英培拉多·恺撒大半年的时间，包括发展向他表达崇敬的行省崇拜——可能就是恺撒死前为自己设想的那种东西，尽管不会有任何罗马城里的公共崇拜伴随着这些崇拜。建立新的人脉意味着漫长而缓慢的旅行；英培拉多·恺撒直到公元前29年8月13—15日才回到罗马，为他在达尔马提亚、亚克兴和亚历山大里亚的胜利举行了三场凯旋式。这一特别活动的其他特征是向公民和士兵慷慨地分发现金，以及非常令人吃惊的表演——出现珍奇动物的斗兽，包括最早出现在罗马的犀牛，以及角斗和戏剧表演。所有人都可以参与，庆祝新时代的降临。

取得了胜利后，英培拉多·恺撒需要决定自己的政治未来。

安东尼不是唯一喜欢唤起与东方统治者相关的形象的人。在之前的几年中，英培拉多·恺撒就采用了越来越带有君主和神明色彩的自我形象，直到在打败小庞培的前后，他最终选定了阿波罗作为庇护神明。对此来说，阿波罗是个新角色。苏拉、庞培和恺撒都强调他们受到作为幸运女神的维纳斯的保护；安东尼宣称赫丘利是自己的祖先。而作为预言和文化之神，阿波罗与狄俄尼索斯（安东尼常常将其与赫丘利一同提起）截然相反，还以蛮族的毁灭者著称。因此，在与克娄帕特拉的战争过程中，让大竞技场中观看车赛的人群抬头就能望见的新阿波罗神庙与英培拉多·恺撒的宅邸一起在帕拉丁山上拔地而起，这是完全合适的。这座神庙将在公元前28年10月9日正式落成。

这只是为了纪念恺撒父子在延续罗马之伟大的过程中所扮演的角色而展开的若干项目之一。神圣的尤里乌斯神庙于公元前 42 年在广场上开建，地点就是尤里乌斯·恺撒的遗体在其葬礼上被火化之处，十三年后落成；与卡皮托山朱庇特神庙一样（战利品通常的存放地），那里也将接收来自凯旋式的战利品。

无论在身体勇气还是智识能力上，英培拉多·恺撒与他父亲的差距可能都比较大，但这事实上是个优势。不同于尤里乌斯，他明白自己必须同他人合作，而且那些个人配得上公众认可。与阿格里帕一样，斯塔提利乌斯·陶鲁斯（Statilius Taurus）也没有先人担任过元老，他曾在亚克兴统率陆军，还被允许以自己的名义在战神校场建立罗马第一座永久的露天圆形剧场。普兰库斯（曾经的异装舞者、士兵和执政官）修缮了萨尔图努斯神庙。波里奥为自由女神修建了一座巨大的圣所，并附带了公共图书馆；在与小庞培作战中的一位重要指挥官昆图斯·科尔尼菲基乌斯（Quintus Cornificius）修复了阿文丁山上的狄安娜神庙；而马尔基乌斯·菲利普斯则修缮了古老的赫丘利和缪斯神庙。

英培拉多·恺撒鼓励举行过凯旋式的人为城市的美化贡献资金——随着和平的降临，罗马社会的领袖们开始集体改善罗马城和意大利的道路体系。阿格里帕无处不在，而在同克娄帕特拉的战争期间打理英培拉多·恺撒利益的马伊克纳斯也同样非常显眼。在又一幕政治剧中，恺撒老搭档的孙子马尔库斯·李基尼乌斯·克拉苏因为在巴尔干的胜利而要求获得凯旋式荣誉和敌方主将的丰硕战利品，是公元前 222 年马尔库斯·克劳狄乌斯·马尔克鲁斯之后第一个提出这种主张的人。但英培拉多·恺撒解释说，这是不可能的，因为小克拉苏是作为代执政官作战，只有低级治权。这点非常重要，因为英培拉多·恺撒现在正试图规范对治权有些混乱的理解，让他能够凭借自己作为执政官的治权来管理帝国。

克拉苏同意不对丰硕战利品提出主张，从而巩固了英培拉多·恺撒的制度主张。他这样做顺应了阿格里帕开创的潮流，即出于自我利益而让自己服从于和谐新时代的精神。克拉苏还在公元前 27 年夏天举行了凯旋式，他的行为后来受到对奥古斯都统治友好的史学家们的吹捧。他与别的在公元前 28 年和前 27 年举行凯旋式的人共同代表了在内战时代后重新统一的统治阶层，他们乐于在蛮族的尸体上建设一个新罗马。

共享胜利的理念与共享礼仪的理念有关，特别是在上层等级的成员中。阿格里帕与英培拉多·恺撒共同承担的任务之一是监察官职位，他们在公元前 28 年共同担任了监察官。对元老院的改革也是那年日程的一部分。将近 200 人被从名册上去掉——50 人接受暗示，自愿辞职，140 人的名字被公布在一张名单上。这场清洗可能与之前几年间的不满情绪不无关系，特别是牵涉雷必达之子的所谓的阴谋，后者在阴谋曝光后自杀。

通过对元老院进行清洗，监察官们还试图通过增加贵族数量来表现他们对祖制的关心，理由是需要更多的人来延续传统习惯（主要是宗教方面的）。作为一个群体，元老被禁止在未经允许的情况下离开意大利，并被要求定期召开会议。与此同时，监察官们还宣布了他们清点人口后得到的惊人结果：现在有超过 400 万罗马人！并不完全清楚这一人口奇迹是如何实现的（公元前 70 年的监察官的统计结果是大约 90 万人）。这个数字代表的很可能不仅是男性，也包括女性和儿童，后者常常会出现在各行省不同时间进行的人口调查中。

尽管恺撒的统计可能在人口学方面令人好奇，但它的确拥有理念与实践意义。增加的人口反映了罗马社会的健康。因此，当听说"共和国被光复"时（《图利娅颂》，col. 2.25—2.28），一对经历过艰难时代的贵族夫妇显然用热情的交合来庆祝这个令人兴奋的事件。不过，他们期待的孩子始终没能前来享受新时代的幸福。

在奉献帕拉丁山阿波罗神庙时，英培拉多·恺撒本人也正在经历一个没有痛苦，但绝不肤浅的转变期。现在，作为执政官统治（他从公元前 31 年开始每年都担任这一职务）的他最终放弃了三头的权力，就像他后来所说的，"将国家从我的控制下转交给元老院与罗马人民决断"（《奥古斯都功业录》，34.1）。公元前29 年打造的一枚钱币上描绘了他坐在长官的座椅上，手里举着的卷轴很可能就是他"恢复法律和规章"的政令。他后来表示，他取消了三头时期一切不公正的规定。卡西乌斯·狄奥是现在我们在这方面最好的材料来源，保留了上述政令的语言大意。他提到"在派系纷争和战争期间，特别是在［英培拉多·恺撒］与安东尼和雷必达共同统治之时的许多非法和不公正的规定"（狄奥，53.2.5）。现在，那已经是遥远的过去。三头时代可能也已结束了，但接下去会怎样？

公元前 27 年 1 月 13 日，英培拉多·恺撒宣布，现在选举将开放竞争；元老院向他致谢，并奖励了他"奥古斯都"这个新的家族名。从此，他将被称为英培拉多·恺撒、神明之子、奥古斯都（我们在下文将称他为奥古斯都）。他感谢了元老院，在他们的要求下同意以执政官或代执政官身份掌管多个行省（大多有驻军），为期十年。就像一位同时代的希腊人所说的：

> 当他的祖国授予他最高的领袖职务，让他成为战争与和平的终身主宰，他把整个国家分成两部分，一部分交给自己，一部分交给人民。他把所有需要驻军的地区（生活着蛮族的，或者靠近未被征服的蛮族的，或者贫穷或难以耕种的部分，因此虽然在其他方面都很匮乏，但那里有足够的要塞，容易发生叛乱）分配给自己，把其余的部分交给人民，只要那里是和平且容易治理的。
>
> （斯特拉波，《地理志》，17.3.25）

理论上，奥古斯都将是一名正常执政官，拥有几项额外的荣誉，诸如保民官权，以及对多个行省的指挥权，虽然其范围的确要超过卢库鲁斯、庞培或恺撒的，但仍然是按照前三头时期罗马的传统授予的。引人注目的是，在上面这位同时代人看来，没有被分配给奥古斯都的那些行省的统治权属于人民，而奥古斯都本人是"祖国"造就的。这显示了投票对罗马生活的象征重要性，因为恢复正常的执政官选举反映了公共生活中共识的恢复，这是恢复传统统治的本质。

现在，选举可能"开放"了，但执政官名单显示了胜利一派的权力。奥古斯都与他的外甥塞克斯图斯·阿普列尤斯一起担任了公元前29年的执政官。阿格里帕是他在公元前28年和前27年的执政官同僚，公元前26年是斯塔提利乌斯·陶鲁斯；公元前25年是尤尼乌斯·希拉努斯，此人的人生是此前几十年间危机的缩影。他年轻时是尤里乌斯・恺撒的副将之一；由于遭到雷必达嫉恨，他被宣布为公敌；他被小庞培救下，在米塞努姆和约签订后回归，为安东尼效力；因为遭到克娄帕特拉嫉恨（故事是这样说的），他又在亚克兴战役前改弦易辙。公元前 24 年，奥古斯都的执政官同僚是盖乌斯・诺尔巴努斯・弗拉库斯，此人的父亲在腓力比战役的获胜一方扮演了重要的角色；公元前 23 年的同僚则是瓦罗・穆雷纳，此人与马伊克纳斯有亲戚关系，刚刚随奥古斯都在西班牙征战。

西班牙的战事从公元前 26 年开始，在奥古斯都离开意大利的三年间（为了使人理解他范围庞大的总督权的重要性而计划的）是最重要的事件。不过，战争本身可能有点像是意外。据说，奥古斯都的目标原本是不列颠。但当西班牙北部爆发骚乱后，他意识到，与父亲的功绩一较高下的计划要推迟了。奥古斯都选择亲征，这似乎不是个好主意。比利牛斯山脚下和半岛西部的西班牙部落是难啃的骨头。他病倒了，就像出现危险时常常会发生在他身上的那样，于是撤到了塔拉科（今塔拉戈纳）。他可以从那里提出"战略建议"，而他的将军们则打了几个胜仗。到了公元前 24 年末，他觉得取得的战绩已经足够宣布胜利，便返回罗马，再次关上了雅努斯神庙的大门。

这场战事产生了两个结果。首先是一座新的西班牙城市，奥古斯都老兵殖民市［Augusta Emerita，今梅里达（Merida）］的建成，大批老兵被安置在那里；从此，使用新建立或重建为罗马殖民地的行省地点来安置老兵将成为标准做法。另一个结果是，奥古斯都意识到，他不是打仗的料。他再也不会直接指挥战斗了。

　　奥古斯都离开期间，阿格里帕继续着改变罗马天际线的过程，他修建了一些新的胜利纪念碑，以及建筑上的冒险之作"万神庙"，至今仍矗立在罗马的中心。他还重新设计了战神校场上的投票场，修建了别出心裁的新"围栏"，让投票者站着等待投出他们的选票。在"已被光复的共和国"里投票应该有序。

　　差不多在这个时候，奥古斯都本人似乎在战神校场上完成了一座新建筑，靠近台伯河：那是为他和家人修建的一座浩大陵墓，同样矗立至今。这是一个声明：在已被光复的共和国中，奥古斯都的家族将是**一个**世袭家族，就像西庇阿家族那样，但不一定是**唯一**的世袭家族。对奥古斯都来说不幸的是，公元前23年夏天，陵墓迎来了第一个使用者。这就是他的外甥马尔库斯·克劳狄乌斯·马尔克鲁斯，他的女儿尤里娅的丈夫，被认为是奥古斯都的国家地位（statio）的第一顺位继承人。他死于一种甚至曾在富人中传播的可怕疾病；事实上，那年夏天，奥古斯都本人也差点死于这种病。

　　疾病与西班牙战事让政权的稳定产生了疑问。埃及长官指挥的也门远征同样如此。此举的目的是控制印度洋和地中海之间利润丰厚的香料贸易中的一个重要前哨。远征没有取得完全的成功，后来被描绘成"试探之战"。这与克拉苏、梅萨拉（Messalla）、卡利纳斯（Carrinas）和奥特罗尼乌斯（Autronius）最终举行了凯旋式的作战，以及后来阿普列尤斯在西班牙，马尔库斯·维尼基乌斯对日耳曼人，卢基乌斯·安提斯提乌斯于奥古斯都生病期间在西班牙的作战形成了强烈的反差。马其顿的危机同样对奥古斯都的整体名誉没有帮助，当地的总督马尔库斯·普利姆斯（Marcus Primus）被控发动了一场非法战争。他受到叛国罪审判，尽管他的辩护人表示，马尔克鲁斯或奥古斯都授权了他的行动。辩护理由软弱无力，但奥古斯都拒绝为其开脱，这激怒了公元前62 年的执政官李基尼乌斯·穆雷纳（Licinius Murena）的一个儿子，也是普利姆斯的主辩护人。

公元前 22 年底前，曾经担任普利姆斯辩护人的穆雷纳设计了谋杀奥古斯都的阴谋。显然，尽管在罗马人民中的声望仍然不减，即便他在公元前 23 年夏天正式改变了自己在国家中的职能，但贵族中间正在出现不满。可能的原因是，在生病期间，他把印章指环交给了阿格里帕，从而暗示阿格里帕将继续担任与他类似的职务；但在传统的国家结构中，他没有办法如此行事。

为了定义奥古斯都主要部属的地位，有两个新的制度身份标志被创造出来。它们是保民官权，以及管辖多个行省的高级治权（maius imperium），后者很可能被定义为"在［掌此权者］要进入的任何行省的高级治权"，不同于奥古斯都在他直接管辖的那些行省中作为代执政官的治权。这些新权力可以长时间共存；因此，当奥古斯都在公元前 23 年卸任执政官后，元老院投票决定授予他为期五年的保民官权和高级治权。他们还授予了阿格里帕类似的荣誉，后者现在娶了尤里娅，而他自己的女儿维普萨尼娅则嫁给了提比略——里维娅之前婚姻中留下的长子。

写了公元 14 年到 96 年的后奥古斯都时代罗马精彩历史的塔西佗后来称保民官权为"最高地位的名称"（塔西佗，《编年史》，3.56.2），它确实会变成这样，尽管还需要一段时间才能变得明显。掌握它的人有权召开元老院会议，提出立法和召集各投票大会，在元老院否定动议，以及向帝国任何地方的罗马公民提供帮助。保民官权只有皇帝家族的核心成员才会拥有。

　　公元前 23 年的安排为之后几个世纪里皇帝权力的形式奠定了基础。那年年底，当有传言说即将发生粮食短缺时，骚乱爆发了。为了解决危机，人民要求奥古斯都担任独裁官——这个要求无疑表明，民众对他掌握着多少权力存在误解。奥古斯都拒绝担任独裁官（这个职务自从公元前 44 年被正式废止后就再也没有被重新设立）。不过，他接受了庞培时期的罗马城供粮长官的职位，任期五年。当时，他短暂地离开罗马城，因为尽管仍然受到罗马民众的欢迎，但必须把他的军事失利从同阶层的视线中抹去，以免对他是否合适担任国家总司令提出更多的疑问——然后，也许可以巧妙地调整政权的意识形态，淡化一直以来的黩武基调。

　　奥古斯都离开的直接原因是东方边界的一场潜在危机，这一情况将让他有机会声称自己是在试图弥补昔日的失败。就在奥古斯都与安东尼的内战走向尾声时，帕提亚正被内战肆虐，失败者再次逃到叙利亚避难。而奥古斯都也再次接纳了弗拉特斯的一个儿子作为人质。鉴于帕提亚王室兄弟相残的习惯，这对弗拉特斯来说是确保这个儿子存活的方式。公元前 23 年，弗拉特斯请求交还他的昔日对手提里达提斯（Tiridates）和他自己的儿子。奥古斯都拒绝了第一个请求，但同意了第二个，条件是弗拉特斯归还从克拉苏那里夺走的军旗和任何仍然活着的战俘。据说弗拉特斯默许了条件，但直到公元前 22 年仍然什么都没做。他没有遵守承诺让奥古斯都有了东征的借口。

　　这次远征将持续四年，与其说是军事行动，不如说是一次壮游。弗拉特斯对战斗不感兴趣，奥古斯都也不急于强行解决问题。他的很多时间在雅典或萨摩斯岛度过。他从未亲临幼发拉底河前线；军旗和幸存的战俘是由提比略接回的，后者现在是他

潜在的继承者。公元前 20 年，当亚美尼亚国王阿尔塔克西亚斯
（Artaxias），也就是死于克娄帕特拉之手的阿尔塔瓦斯德斯的儿子
遇刺时，提比略受命确保他的弟弟底格拉内斯能够继承王位。亚
美尼亚贵族似乎完全接受了这一安排，即便政权的更迭意味着效
忠的方向将从帕提亚转向罗马。

　　弗拉特斯把与罗马的新同盟视作防御其国内敌人的保障，因
此把甚至更多的孩子交给了奥古斯都。于是，通过利用弗拉特斯
的国内矛盾，奥古斯都确保了东部边境北面的安全。庞培为那一
带边境制订的计划终于实现。这是多么合适，因为奥古斯都有固
定期限的职权范围（源于法律授予他的庞大的制度以外的权力）
本身是从公元前 1 世纪 60 年代加比尼乌斯和曼尼利乌斯为庞培设
立的职务演变而来的。奥古斯都知道，如果想要统治，他就不得
不在共和国的传统制度的内部和四周开展工作，而不是凌驾于它
们之上，那是苏拉和恺撒青睐的专制版本。内战的结束代表了恺
撒的政治与庞培的愿景的妥协。

第 25 章

奥古斯都的帝国

公元前 19 年，奥古斯都在荣耀的光芒中返回罗马。军旗被找回，国王得到扶植，还有了王室成员作为人质——而且完成这一切都没有付出太多代价。元老院通过决议，要求执政官昆图斯·卢克莱提乌斯在一些法政官和保民官的陪同下一路前往坎帕尼亚，欢迎奥古斯都返回意大利。这是前所未有的庆祝。

在他离开期间，罗马并非真正平安无事。一想到奥古斯都不担任执政官，民众就会产生相当大的不安和焦虑。公元前 22 年，选民们只选出了一位执政官。当奥古斯都归来时，他不得不下令选出第二位（选举被腐败所破坏）。当年的当选监察官陷入争执，没能完成他们的任务。公元前 21 年，阿格里帕结束了东征归来（标志着已不再预期会发生重大战事），但被迫前往高卢和西班牙，那里有一些严重的冲突。这导致罗马的局势变得更加紧张，而到了公元前 19 年，又只有一位执政官当选。这次的问题是，有个叫伊格纳提乌斯·鲁弗斯（Egnatius Rufus）的人仰仗自己通过前一年组建了一支消防队赢得的民心，试图（非法地）从营造官跳级为执政官。这些选举争议背后的驱动力似乎是第一级别的选民想要确保秩序——这就是为什么像伊格纳提乌斯·鲁弗斯这样负责扑灭火灾的人可以成为严肃的候选人，尽管奥古斯都不喜欢他。在奥古斯都返回途中，伊格纳提乌斯被发现组织了一个阴谋小集团，想要刺杀前者。不清楚对此案是否进行过审判，但伊格纳提乌斯甚至没能活到奥古斯都正式归来。

一边是对有效行政管理的普遍向往，一边是对未来的持续不安，两者的结合构成了——奥古斯都对政府的愿景中——下一个重大转变的基础。这种愿景与其说基于公共法律和新职务的设立，不如说基于传统和婚姻的幸福（后来，这成了一种可以被立法实施的事务）。为了在这一计划中起到表率作用，奥古斯都不得不把自己的过去深深埋起。不仅是因为他与里维娅的婚姻是一桩丑闻——此事早已过去，人们逐渐习惯于她第一次婚姻中的儿子们开始扮演日益醒目的公共角色。问题在于，安东尼可以列出一长串奥古斯都不与她在一起时可能有过奸情的女子。他的好色倾向足够知名，以至于他的副手们不得不声称，他到处留情只是为了探听敌人的秘密。此外，他还有个男友。在亚历山大里亚举办的一次宴会上，安东尼的一个朋友让克娄帕特拉有些吃醋，当时他抱怨了糟糕的葡萄酒，猜测奥古斯都的娈童（paidiskos）萨尔门图斯（Sarmentus）喝的酒要更好。如果想要改革罗马世界，就必须消除一而再的通奸行为。性掠夺是暴君的行为，每一个深受古典思想传统熏陶的人都会知道这一点。奥古斯都不是一个暴君。只要问问他就知道了。

奥古斯都一从东方归来，严肃的道德改革进程就开始了。奥古斯都的行动原则与苏拉改革背后的一致，即认为好的制度会塑造出在其中表现良好的人。奥古斯都同样致力于缔造尽可能好的贵族来帮助管理国家。

公元前 19 年，元老院授予了奥古斯都在城界内行使执政官权威的权利（此举旨在平息因他不担任执政官而引发的不安），以及"习俗和法律的保护者"（cura morum et legum）的头衔，让他拥有了重塑国内等级的监察官权。在阿格里帕的辅佐下，他对元老和骑士等级开始了彻底的重组，该行动将持续那个十年的大部分时间。

针对元老院的是两个原则：首先，在元老同僚眼中的"体面"是元老身份的必要条件；其次是个人的财富。这样做的目的是造就一个由体面的富人组成的职能机构。为了排除掉一些人，奥古斯都发明了一种程序，由选定的 30 名"最优秀者"小组的每个成员选出 5 人，他们将确保获得元老院成员的资格，然后这 5 人中的一人将选出另外 5 人。① 此时，整件事似乎已经变得过于复杂，而且据称有人在保护不够格的朋友。于是，奥古斯都宣布，鉴于元老院没能监督自身，他将亲自负责此事（他的意图很可能从一开始就是这样）。他给出了一份 600 人的名单，并对成员资格提出了新的财产条件。现在，想要成为元老者必须拥有价值 25 万第纳里的财产；之前的最低要求是 10 万第纳里，这仍是被列入骑士名单的财产条件。元老们之前已经被禁止从事某些"不体面的职业"（比如表演），现在他们又被禁止与比他们"低"太多的女性结婚——比如他们的女释奴，或者几十年来他们一直在勾勾搭搭的女演员和高级妓女。

---

① 狄奥（54.14）的说法是：奥古斯都选出 30 名"最优秀者"，由他们各选出 5 人，被选出的每 5 人中再抽签选定一人确保成为元老。然后，这 30 名确保资格的元老将各自再选出 5 人，最初的 30 名"最优秀者"会被归入全体候选人之中。——译者注

在引入对元老院成员资格新要求的差不多同一时候，奥古斯都还重塑了对骑士等级进行公开审查的旧有仪式。这种"骑士审查"（probatio equitum）曾是监察官权的一个传统内容，当时骑士等级的成员资格是基于作为 18 个"公共马"骑士百人队的成员。但那些传统已经被废弃，而自从公元前 70 年庞培向监察官报到后，罗马已经有四十多年没有举行骑士审核了。公元前 28 年的监察官可能恢复了这种做法，但现在它成了截然不同的东西：一场每年举行的"骑士检阅"（transvectio equitum），与其联系在一起的是，在游行中将由一个三人元老委员会进行"骑士审核"（recognitio equitum），审核该等级成员的道德资质。骑士等级（现在有数以百计被逐出元老院的人加入）将不再是元老的法官和陪审员，甚至不再被认为是承包商阶层的喉舌。他们的宗旨是支持元老院，以及为下层阶级提供理想行为的榜样。在另一场仪式上，来自拥有支持元老生涯所必需财产之家族的 14 岁男童们将接受检阅，检阅者似乎是奥古斯都本人。如果通过了审查，他们就会获得"宽边"（latus clavus），这种紫色带子将被镶在他们的托袈上，表示当他们年满 20 多岁时有资格竞选元老级别的职务。与此同时，他们还将参加元老院会议，以便习惯合适的元老式举止。

"净化"元老院的工作占据了公元前 19 年下半年的时间，而对骑士等级的仪式性加强可能发生在同一年，或是一年后。最激进的措施无疑出现在公元前 17 年，旨在庆祝一个新的"世纪"（saeculum）的到来。与前两次的世纪赛会不同，这次罗马处在和平年代。这个新的世纪——罗马诞生以来的第七个（现在是这样认定的）——将是最好的一个。留存下来的当年的记录（刻在一根巨大的石柱上）显示，有一系列夜间游行，以及奥古斯都和阿格里帕主持的祭祀,由圣礼十五人团的成员协助。从 5 月 31 日晚上到 6 月 3 日下午,一共将举行六场祭祀,三场在夜间,三场在白天。白天的祭祀之后将是戏剧表演和车赛,而在祭祀结束后还有七天的此类表演。奥古斯都出席了每一场祭祀,在最后一天,父母仍然在世的 27 名男孩和 27 名女孩组成的歌队演唱了由著名诗人贺拉斯写的一首颂诗。在庆祝开始的那天晚上,奥古斯都本人做了如下的祈祷,其中既有听上去复古的情感(使用了对罗马人的古老称呼"奎里特斯"来表示臣属的拉丁人和罗马人民),又有完全是当下的内容,提到了他本人:

> 命运女神啊!就像那些书卷中对你们所规定的——凭着那些东西,愿增加罗马人民,"奎里特斯"的一切福祉,用九头母绵羊和九头母山羊向你们献祭。我恳求你们和向你们祈祷,就像在战争与和平中,你们扩大了帝国和罗马人民,"奎里特斯"的荣光,请让拉丁人也永远服从;把永恒的安全、胜利和健康赐予罗马人民,"奎里特斯";保护罗马人民,"奎里特斯",保护罗马人民,"奎里特斯"的军团,让罗马人民,"奎里特斯"的国家安全和壮大;垂青罗马人民,"奎里特斯",赐福给他们,还有圣礼十五人团,以及我、我的家和家族;接受这九头母绵羊和九头母山羊的献祭吧,它们是完美的祭品……
>
> [第五次世纪赛会注(*Commentarium Ludorum Saecularium Quintum*),92—98]

贺拉斯的诗歌同样如此,一方面唤起了对罗马建城的记忆,同时又赞美了规范婚姻的新法，该法延续了从每年对骑士等级进行审查和"清理"元老院中开始的主题，将国家的影响扩展到罗马公民的私人生活。现在，罗马女性被鼓励生三个孩子。妻子生育了必要数量的孩子的男性可以比法定的最低年龄更早地担任公职；那些没有孩子的将被排除出遗嘱。夫妻应该保持忠贞。通奸被宣布为公诉罪行，要在新的常设法庭上受到起诉。考虑到罗马上层阶级在之前半个世纪中的个人生活，这是重大的改变。但家庭生活现在成了公共生活。正是出于这样的精神，奥古斯都在世纪赛会上面对 110 名已婚女性做了开幕祈祷，这也是为什么歌唱贺拉斯颂诗的孩子们必须要求父母健在。

新的模范家族是奥古斯都的。公元前 23 年马尔克鲁斯去世的悲剧后，这个家族经过重组，现在由奥古斯都和阿格里帕代表了对当下繁荣的希望，提比略和他的弟弟德鲁苏斯则代表了下一代人的希望，而尤里娅——现在生了许多孩子——似乎确保了更加遥远的未来。这是一个理想的家族，致力于为国家服务，以祖先的职位为荣，而且不断对蛮族取得更多的胜利。需要从更大和更长的罗马历史的背景下来看待这个家族。为了强化这一讯息，奥古斯都可以仰仗的是各色文人。

贺拉斯是世纪赛会的记录中提到的唯一一个既非在任长官，又非圣礼十五人团成员的人。这无疑反映了他本人的突出声望，以及通常被赋予成功的公共知识分子的声望。一代人之前，西塞罗在为希腊诗人阿尔喀亚斯（Archias）辩护时——此人的公民身份受到了质疑，因为他写了一首（希腊语）史诗来纪念卢库鲁斯，描绘了曾有大批人前来听他吟诵（同样是用希腊语）。贺拉斯较为标准的出现方式包括表演从希腊语改编的不同格律的诗歌，主题既有爱情和美好生活，也有内战之恶、克娄帕特拉之死，还有向不同的公共人物提出的建议，诸如他特别的好友马伊克纳斯，以及普兰库斯、波里奥和萨卢斯提乌斯·克里斯普斯，后者是史学家萨卢斯特的养子，现在被奥古斯都委派承担机密任务。

阿格里帕似乎不喜欢贺拉斯，后者很少提及他。但贺拉斯还是能享有盛名。其他诗人——比如普洛佩提乌斯，他曾经如此令人难忘地哀叹佩鲁贾的被毁，赞美过与战争截然相反的爱情的欢愉（以及迷人的卿提娅）——也花时间写了奥古斯都喜欢的其他主题。普洛佩提乌斯专注于罗马的某些古代神话和亚克兴战役。虽然，最尊荣的地位属于维吉尔。

不过，奥古斯都从东方归来后不久，维吉尔在他位于那不勒斯湾附近的别墅中去世了。这是一场悲剧，且不说别的，只因为他最伟大的诗歌《埃涅阿斯纪》还没能完成，这首作品当时已经通过公众传诵而广为人知。这座别墅是里维娅的礼物，对冥府中的马尔克鲁斯的想象让她感动落泪：他身处亡魂队列的末尾，将作为罗马最伟大的英雄复活。"伟人"庞培和恺撒也出现在那里，后者因为发动内战而受到简短的告诫。波里奥不敢这样做，他的内战史将在那些年里问世。贺拉斯知道，波里奥将公元前60年恺撒、庞培和克拉苏的结盟作为冲突的开始。不仅如此，在《埃涅阿斯纪》中，维吉尔还把罗马的建立者描绘成凡人，他可能会误入歧途，对未来感到不确定，非常需要神明的指引。但埃涅阿斯完成了伟大的事业，将特洛伊的幸存者带到意大利，与拉丁人融为一体，他们的后代将建立罗马本身。

一边是对无尽的帝国荣耀的预期，一边是文明之神纷至沓来，在亚克兴赶走了埃及的可怖神明的想象，调和在它们中间的还有埃涅阿斯对于与迦太基女王狄多分手的哀痛——后者非常悲伤，在他扬帆离开时诅咒了他——以及他在看到拉丁人的首领图尔努斯戴着从他的一名部将身上夺来的腰带时的愤怒。正是这种愤怒驱使他杀死了图尔努斯。直到那时，和平才会降临，特洛伊人才能和拉丁人联合。奥古斯都让身为维吉尔朋友的两位著名诗人编订了《埃涅阿斯纪》的最终版本，也就是我们现在看到的那个。

在创作这部史诗的过程中，维吉尔不仅借鉴了意大利历史和神话的传统，还吸收了从荷马以降的希腊诗歌传统——就像从奈维乌斯开始的每位重要的拉丁语作家一样。了解希腊理论对于散文作者同样重要，但西塞罗使其具有了特别的意大利色彩。现在，这两种语言的传统开始相互影响。西塞罗借鉴了公元前 4 世纪的"阿提卡"演说家的风格——特别是德摩斯梯尼，他对马其顿的腓力二世的抨击成为西塞罗攻击安东尼的作品《反腓力辞》的标题，还吸收了当时土耳其西部流行的更加花哨的传统。总体上说，奥古斯都时代的品味明显偏向德摩斯梯尼，由此产生的阿提卡演说流派影响了当时的希腊语表达。

这种新风格的大祭司是来自土耳其西部的哈利卡纳苏斯的狄俄尼修斯。除了写给重要罗马人的修辞学作品，他还编集了卷帙浩繁的罗马古史，证明罗马人实际上是希腊人。现在，对希腊人和罗马人来说，将罗马的历史纳入更广大世界的历史非常重要。

甚至在"阿提卡风格"入侵东地中海之前，就有像波利比乌斯那样撰写当代史的历史学家从当地人的角度对罗马事务做了描绘。波塞冬尼乌斯就是一个典型的例子，我们看到，他对雅典的亲米特拉达梯派的描绘表现出与苏拉派叙事相同的政治倾向。后来，西塞罗请他写一部公元前 63 年事件的希腊史；他拒绝了，表示他无法匹敌西塞罗不朽的阿提卡风格的散文。庞培的强大助手，米提利尼的忒奥法内斯写过一部这位伟大人物事迹的历史；而在下一代人中，亚历山大里亚的提马根尼斯（Timagenes of Alexandria）的史书里对各种罗马人的描绘则不那么讨人喜欢。这些作品反映了政治化的当代历史，苏拉、恺撒和奥古斯都的回忆录同样如此，后者的自传向罗马公众呈现了他对从恺撒遇刺到公元前 1 世纪 20 年代的事件的看法。

萨卢斯特的史书——带有反苏拉色彩，尽管没有明显的反庞培色彩——是前一代人中最知名的历史作品，但他是在回应科尔内利乌斯·西塞纳（Cornelius Sisenna）关于同盟战争和内战的长篇史书，后者持坚定的右翼观点，曾在西塞罗面前为维勒斯辩护。萨卢斯特表示，西塞纳对苏拉的批评远远不及他能够做到的，而李基尼乌斯·马克尔（Licinius Macer）的作品则不是这样，这位公元前 1 世纪 70 年代的反当权派保民官在 60 年代初当选法政官。不过，李基尼乌斯可能没有完全做到这点——在听到自己被认定在担任阿非利加总督期间犯有勒索罪（由担任法政官的西塞罗主持审判）的那天，他猝然去世。接着是卢科尤斯（Lucceius），他曾与恺撒搭档参加了公元前 60 年的执政官选举，但没能成功。此人写了一部长篇史书，涵盖的时期与西塞纳的相同，而且和波塞冬尼乌斯一样，他拒绝了为公元前 63 年这关键的一年进行特别描述的机会，即便西塞罗向其提供了自己的笔记。

西塞罗对于成为一部特别历史的研究对象的兴趣反映了历史书写在贵族圈子里的重要性。即便带有深深的派系色彩，它仍然代表了真理的概念。西塞罗认可这点，他表示历史书写的第一原则是作者不得说谎；波里奥宣称改正了恺撒作品中的错误。当然，叙事也应有娱乐性。上一代的某些作家试图超越当代事件，涵盖整个罗马历史——典型的例子是瓦雷利乌斯·安提亚斯（Valerius Antias），此人在公元前1世纪70年代和60年代写作，以疯狂夸大敌方伤亡名单的人数著称。与他差不多同时代的克劳狄乌斯·夸德里加里乌斯（Claudius Quadrigarius）摈弃了罗马最早的历史，认为那都是想象，并从高卢人的洗劫开始写起。他快速跳过了从公元前390年到提比略·格拉古担任保民官的那段历史，但他的史书篇幅仍然大幅增加。

不过，无论对事件的看法如何，他们都认同，罗马历史在公元前2世纪后期改变了道路。它变得非常糟糕。奥古斯都时代的史学家面对的问题是：它会再次改道吗？李维将是回答那个问题的人。

与维吉尔一样，李维在他的作品完成——实际上要等到奥古斯都去世后——之前很久就已成名。据说，有个人为了能够说曾经见过李维而一路从西班牙远道而来。另一位西班牙人卢基乌斯·阿奈乌斯·塞内卡（Lucius Annaeus Seneca）是修辞训练的爱好者（也被称为老塞内卡，我们在几章后还会遇到小塞内卡），他通过一部了不起的作品向我们展现了当时的文学世界，作品中对其时代最好的修辞练习做了回顾。塞内卡当然清楚李维的荣耀，但也知道波里奥相信，他自己才是那些年里最出色的文人。当奥古斯都后来抱怨说，波里奥对其外孙之死的描绘并不合适时——指责他在养子死后马上就开始公开处理事务，波里奥足够大胆地做了反驳，而当梅萨拉暗示，西塞罗仍然是最出色的拉丁语文人时，他觉得受到了冒犯。波里奥指出，西塞罗令人讨厌；同样，他还说李维内心是个小镇男孩（尽管同样的话也可以用来说波里奥）。

不过，奥古斯都喜欢李维。他称其为"庞培派"——这个词在他口中的含义与他养父的用法截然不同。这是奥古斯都重塑自己时代公共记忆的计划的关键。

在奥古斯都口中，"庞培派"并非格奈乌斯·庞培的支持者，更不是那个现在被铭记为一名海盗的糟糕儿子的马格努斯（即Magnus Pius）的支持者。庞培在世时，它作为意识形态指称是毫无意义的——就像西塞罗所说，私下里，他想要的和恺撒想要的没有区别。它对波里奥来说可能也没有意义，这也许解释了为何他觉得李维如此让人讨厌。确切地说，这也不意味着不认同恺撒。从完整流传下来的公元2世纪的李维作品摘要中，我们获悉他曾经连篇累牍地赞美恺撒。从中可以看到，对于他和他的时代的其他历史学家来说，意大利战争是罗马历史上的决定性时刻，是一切改变之际。

但为何发生了改变？

在李维看来，改变源于保民官不负责任的行为。提比略·格拉古糟透了，盖乌斯也好不到哪儿去；萨图尔尼努斯是噩梦，李维乌斯·德鲁苏斯也是，意大利的叛乱完全是后者引发的。共和晚期保民官们做的可能唯一正确的事是提出授予庞培高级指挥权。李维无须翻检档案就能得出对保民官乱局的看法。他似乎和西塞罗一样对提比略的计划有所误解，认为后者是一场灾难，其计划破坏了同意大利人的协议。

总体而言，西塞罗重新流行起来。转述了关于此人的各种讨论的塞内卡——其中只有波里奥强调了负面观点——提到，他自己的老师科斯提乌斯·庇护（Cestius Pius）表示，如果恺撒和庞培听从了西塞罗的话，就不会发生内战。有个故事说，当奥古斯都发现自己的外孙盖乌斯试图把一本西塞罗的书藏起来，不让他看到时，他向那个年轻人保证，西塞罗是个伟大的罗马人。毕竟，西塞罗遇害是安东尼的错。李维把这点说得一清二楚——他的西塞罗有各种毛病，但"把缺陷和美德相比较，他是个伟大而令人难忘的人，如果一个人想要赞美他，需要请西塞罗本人担任称颂者"（塞内卡，《劝训辞》，6.22）。

李维对罗马早期历史令人满意的想象得以保存至今是因为它吸引了公元 4 世纪的元老，现存的抄本源于他们筹备的版本。保民官之类的内容对他们没有吸引力：他们想要关于国王和征服者的故事，而不是对共和晚期政治斗争的详细叙述，后者对李维来说才是关键；李维笔下的庞培支持清楚自己本分的保民官，所以他们对奥古斯都时代来说是理想的，因为现在，奥古斯都的地位规定了正确行使的保民官权。

在编排"从建城以来"的历史时，李维受益于奥古斯都对建城日期的看法，该日期由泰伦提乌斯·瓦罗计算得出。罗马史并非只是一系列给人启发的故事；它还必须把罗马人的经历放在对过去的有意义的描绘这一更大的背景下。为此，需要列出能够与其他名单相对照的名单。这种做法始于庞培生前。第一个将希腊人的四年奥林匹克周期体系同执政官名单对照起来的是罗得岛的卡斯托尔（Castor of Rhodes）；然后，罗马人接过了挑战，包括大诗人卡图卢斯的朋友科尔内利乌斯·奈波斯。通过将奥林匹克周期同执政官名单对应起来，他确立了罗马早期历史的重大事件和希腊历史中的对应事件之间的同步性。

西塞罗的著名朋友阿提库斯接手了这一工程，写了自己的编年体世界史。与卡斯托尔的一样，奈波斯和阿提库斯的编年史也没有流传下来，但通过西西里的狄奥多罗斯的作品——他的《历史丛书》为我们提供了关于第一次布匿战争的爆发，公元前 2 世纪西西里奴隶起义，以及同盟战争爆发的关键信息，我们对他们的成就有了一定的印象。他还评点了埃及人对猫的崇拜和恺撒的神化。

制定名单对奥古斯都来说很重要——他要求列出所有时代最伟大的罗马人的名单，以便把他们的形象加入他计划在新广场上同复仇者马尔斯神庙一起修建的柱廊，正在建设中的新广场位于恺撒的维纳斯神庙以北。罗马名人雕像上的铭文描绘每个人对国家的贡献。第二座柱廊中将是他自己家族成员的形象，包括尤里乌斯氏族的祖先罗慕路斯和埃涅阿斯。这两座柱廊共同将罗马的英雄变成了公共记忆和集体历史的内容。过去的所有英雄也许可以被视作与尤里乌斯家族是同等的。

在老广场上——元老院投票在那里修建了一座凯旋门来向亚克兴战役致敬，并对其加以扩建，以纪念对帕提亚人的胜利，将铭刻所有举行过凯旋式的罗马人的名单，从罗慕路斯开始。名单中包括被他们打败者的名字，以及发生在罗马建城以来的哪一年（按照瓦罗的定年体系）。奥古斯都还让人在旧王宫的墙上刻了一份执政官名单。此举的目的同样是将作为集体成就的罗马丰功伟绩整理成记录。

广场上的铭文为意大利其他地方树立了风尚，那里也开始出现《名录》（fasti）的铭刻，将罗马的时间和历史带到了罗马城市环境的中心，有时还会任用像维尔里乌斯·弗拉库斯（Verrius Flaccus）这样的杰出学者来负责此事。这些展示通常包括刻有解释重要日期的历表，并留有更改的空间。重要人物开始发布罗列他们职务的文字，其方式显然受到奥古斯都的英雄柱廊中的文字影响。

对年表的兴趣只是奥古斯都时代对度量的新的热情的一个特征。罗马政府在随后几十年间的逐步变革更多不是有意为之的政策，尽管有的改变无疑是有意的，比如将军团的参谋长官（praefectus fabrum）从由元老担任改为由骑士担任。在选择是否创造新的制度和做法时，奥古斯都往往选择是。

在亚克兴战役后的十五年间，他最重要的两项改变是设立驻扎在行省的长期服役的职业军队，以及建立相对一致的税收制度。现在，行省税收不再基于出价最高的包税人商团，而是基于定期举行的彻底的行省人口调查。根据当地的习惯，各行省的征收金额有所不同，但国家可以在一定程度上准确地预计收入和支出，即便它仍然常常需要依赖奥古斯都的个人财产。当福音书作者路加写道，拿撒勒的耶稣出生时，"居雷尼乌斯是叙利亚的总督"，而恺撒·奥古斯都下令对所有人征税时，路加反映的是行省人眼中的罗马政府。路加的"居雷尼乌斯"（Cyrenius）实际上是普布利乌斯·苏尔皮基乌斯·奎利尼乌斯（Publius Sulpicius Quirinius），我们今天称之为公元 6 年的叙利亚总督；他在担任总督的那年进行了行省人口调查。

对军队的改变并不比对税收制度的改变更加突然。不过，公元前 13 年，奥古斯都可能面临着一个不同寻常的问题，即亚克兴战役后不久入伍的军人将要退役，很难找到新的土地安置他们。经过与元老院磋商，普通士兵的新老交替让奥古斯都有机会改变

图 18　宏大的复仇者马尔斯（Mars Ultor）神庙于公元前 2 年完工，是奥古斯都新广场的核心

新兵的服役条件：他们被告知将在服役十六年后获得大笔现金，而不是像之前那样获得土地奖赏。前一年，奥古斯都为老兵的土地已经花费了大量个人财富。他可能引入了新规，禁止现役士兵结婚——这一规定很大程度上被无视，但在概念上声明，军团中的罗马公民应该如何与他们现在长期生活在一起的外省人保持距离。

　　就在招募新军队的同时，新的战事在高卢开始了，同时与罗马交战的还有一些顽固地保持独立的阿尔卑斯山部落。高卢的战事于公元前 16 年在莱茵河沿岸展开，起因是日耳曼人的突袭和丢失了一面军旗。情况足够严重，需要奥古斯都亲临处于安全距离外的后方提供支持。阿尔卑斯山战事的领导权被交给了提比略和他的弟弟德鲁苏斯，以证明如果奥古斯都或阿格里帕有什么不测，

图 19 这条在蒂沃利发现的铭文曾被认为是献给普布利乌斯·苏尔皮基乌斯·奎利尼乌斯的，最后一行"两次作为神圣奥古斯都的代法政官级别的副将，掌管叙利亚和腓尼基行省"被错误地解读为，暗示了他曾经两次担任叙利亚行省的总督，这是证明福音书中关于耶稣出生之描述的完整性的唯一方式，描述中将奎利尼乌斯与希律联系起来

他们愿意挺身而出。

　　莱茵河沿岸的战事被证明是成功的；阿尔卑斯山的同样如此。罗马的宣传也成功营造了积极的形象。在后方，雷必达姗姗来迟的离世让奥古斯都可以举行新任大祭司选举——他本人将会当选。奥古斯都后来说，大量民众从意大利各地赶来选举他担任这一职务。为了纪念此事，他在战神校场上他的家族墓地附近建成了一座新的和平祭坛。祭坛上装饰的游行队伍（游客们至今仍能看到）可能会让人回想起他就任这一祭司职位时的场景。

　　但接着，一切都开始被打乱。阿格里帕于公元前 12 年去世。奥古斯都在其葬礼上所做演说的一部分留存下来，强调了阿格里帕作为其副手所扮演的重要角色。

　　在两位兰图鲁斯担任执政官的那年，你被授予为期五年的保民官权，在你的女婿提比略·尼禄和昆克提利乌斯·瓦卢斯担任执政官的那年，你再次获得这项权力。在你为了罗马人民的事务而前往的任何行省，法律规定在那些行省里，没有谁的权力比你的更大。

（《来自铭文和纸草的希腊语早期罗马皇帝法令》, n. 294）

在这里，阿格里帕作为另一个奥古斯都出现，因此他的遗体被顺理成章地埋在奥古斯都的家族陵墓。很快，屋大维的姐姐和安东尼的遗孀屋大维娅也将加入他的行列。三年后，德鲁苏斯也将被埋葬在那里。悼慰失去儿子德鲁苏斯的里维娅的一首长诗的作者记录了那些年的不幸：

> 我们看到他［奥古斯都］为姐姐被夺走的孩子哀悼；与德鲁苏斯的一样，是公众的悲痛；马尔克鲁斯啊，他把阿格里帕放进你的墓地，那个墓已经接收了他的两位女婿，而墓门刚刚关上，阿格里帕才刚安息，看啊！他的姐姐又举行了葬礼。看啊！葬礼已经举行了三次，德鲁苏斯第四次让伟大的恺撒流泪。

（奥维德，《悼慰里维娅》, 65—72）

虽然德鲁苏斯的死是家族的悲剧，但他的成就被放在传统的语境下，因为我们被告知，他将身披执政官级别指挥官的荣誉服饰，带着从日耳曼人那里夺来的军旗投入祖先的怀抱。

德鲁苏斯被证明是个能干的军人，他参加了公元前12—前9年的战事，为位于日耳曼西部的莱茵河和易北河之间的一个新行省奠定基础。战事并非一帆风顺——当地部落一度在他行军时伏击了他，而一年后，他在率领舰队返回时又遇到了麻烦。与此同时，提比略在日耳曼南部和巴尔干作战，率领来自亚得里亚海的军队北上，前往位于当时被称为潘诺尼亚（今匈牙利南部）地区的多瑙河沿岸。在东方，帕提亚国王弗拉特斯担心自己家人在当地残酷的政治世界中的安危，于是让自己的四个儿子在罗马人的保护下长大。

提比略可能是个难以相处的人，不如他的弟弟受欢迎，尽管两人在履行职责方面都很能干。关于德鲁苏斯之死的那首诗中提到，提比略会精心控制自己的面部表情（vultus），这引起了争议，因为他在公众面前表现得喜怒不形于色的努力被认为是他习惯于欺骗的标志。但提比略是最年长的，在奥古斯都的计划中，他是最有资格的继承人。

可是，奥古斯都现在又怎样了呢？除了他是世界上最重要的人，对他的角色仍然没有定义。他谈到了自己的"地位"，但那仍然只是一系列需要续期的临时职务。变得像奥古斯都一样的方式是担任类似的职务，就像阿格里帕的例子所表明的：积累合适的履历来建立起像奥古斯都那样的地位需要通过一系列传统的职务。上面引用的诗中足够清楚地表明了这点，诗中提到，里维娅被告知应该非常高兴，尽管神明和凡人一起为她儿子的死哀悼，但德鲁苏斯担任过执政官，而且她的两个儿子都通过在帝国的疆域之外作战证明了自己的价值。

德鲁苏斯去世后，继承再次变得悬而未决；鉴于这个家族的死亡率，显然有必要准备多名成员来扮演继承者的角色。虽然提比略获得提拔，并在公元前 8 年被派回莱茵河前线，但他并非罗马城中唯一的焦点，而且他的频繁离开为更年轻的家族成员提供了吸引公众注意的空间。

对提比略来说，一个问题是他与尤里娅的关系。阿格里帕死后，奥古斯都迫使他娶了尤里娅（强迫他与真正所爱的阿格里帕之女离婚）。事实上，双方相互憎恶。尤里娅与阿格里帕所生的两个大儿子盖乌斯和卢基乌斯逐渐长大，前者在某些公共场合会取代缺席的提比略。公元前 6 年，盖乌斯在民众的拥护中当选为公元前 1 年的执政官；奥古斯都抱怨说他还太年轻，公开表示担心这种关注会影响他期望中这位年轻人应有的谦虚。提比略不是傻子：他可以预见到尤里娅的孩子，也是奥古斯都的血亲后代正被培养接任领导职位。顶层会有三个人的空间吗？三头统治往往会很快失去其中的第三个成员。

罗马是舞台所在。但提比略不断被派往战场——先是前往莱茵河；公元前 6 年，随着亚美尼亚的不稳定威胁到罗马的影响力，他又被派往那里。虽然获得了保民官权，但提比略认定他已经受够了。他拒绝按照奥古斯都对他的要求行事，而是退隐罗得岛，表示希望过平民的生活。

提比略的离开让奥古斯都面临了一个问题：战争还要继续，但盖乌斯年纪太小，无法领兵。有元老院的高级成员愿意接受这个机会，通过为国效力来赢取军事荣誉。如果是这样，那么奥古斯都究竟还有多重要呢？他现在已经六十出头，不再年轻——他痛苦地意识到这点。他对待继承的方式也许有点狭隘？有可能出现其他人吗？让盖乌斯有机会证明自己非常关键。甚至在担任公元前 1 世纪的执政官之前，他就将前往东方应对亚美尼亚的形势；与此同时，在一场精心策划的政治表演中，奥古斯都在元老院的赞美中含泪接受了罗马人民授予的"祖国之父"的称号。元老院曾发布决议称西塞罗为"祖国之父"，因为他粉碎了喀提林的阴谋。可能显得讽刺的是，奥古斯都本人将突然被卷入争议和阴谋之中。

盖乌斯大张旗鼓地离开罗马后，他的母亲遭到逮捕和流放。她被控违反了自己父亲的反通奸法，与一群引人注目的各色中年罗马精英有染，包括安东尼与屋大维娅所生的尤鲁斯·安东尼，后者在几年前担任过执政官。尤鲁斯自杀。尤里娅被流放到意大利西海岸边的潘达特里亚岛（Pandateria）。奥古斯都深感羞辱。

这还不是最糟的。他的养子卢基乌斯于公元前 2 年被派往西班牙，在马赛去世。盖乌斯仍然在东方，受益于帕提亚的政权更迭：弗拉特斯四世死于儿子发动的阴谋，后者登基成为弗拉特斯五世。虽然盖乌斯因为在幼发拉底河畔与帕提亚人的成功谈判而被荣誉笼罩，但除非提比略从罗得岛回来，否则现在继承将悬于一线。提比略不出意外地被召回，可能是他在罗马的朋友迫使奥古斯都这样做的，因为奥古斯都看见他时似乎并不特别高兴。提比略被要求避开公众视线，他照做了，直到公元 4 年 2 月 21 日，盖乌斯突然病故的消息传来。

来自比萨城的一段铭文记录了人们在他死后投票授予其的荣誉，反映了当时对盖乌斯的想象，以及对权力的表达仍然多么深刻地植根于之前世代的传统中。与之前的阿格里帕和德鲁苏斯一样，他可以被视作有点类似庞培那样的超级长官：

> 4 月 2 日，消息传来，祖国之父、大祭司、罗马帝国和整个世界的守护者奥古斯都之子，神明的孙子盖乌斯·恺撒，

在成功担任执政官，在罗马人民的最遥远边界外作战，在国家事务中表现出色，在战胜了最好战和最强大的民族，并使其输诚后，为国负伤的他被残酷的命运从罗马人民手中夺走，他已经被指定为元首，因为他是最正直的，在德性上最像他的父亲。

（《拉丁语铭文选》，140: 7—12）

直到现在，随着提比略从国内流亡中归来，可能是在这位后辈的帮助下，奥古斯都开始认识到改变不可避免。政府需要变得不那么有个人色彩，而是更加官僚化。此时，当重新想象过去的李维正在撰写内战时代的历史时，奥古斯都开始想象一个新的未来。

第 26 章

离经叛道与官僚制度

公元 6 年以一些"新生儿"著称。其中之一是来自巴勒斯坦的拿撒勒人耶稣。后来，他的出生时间被错误地认定为盖乌斯·恺撒和卢基乌斯·埃米利乌斯·保卢斯任执政官那年（我们的公元前 1 年），而我们的公元 6 年是普布利乌斯·苏尔皮基乌斯·奎利尼乌斯在叙利亚进行人口调查的时间，《路加福音》将其与耶稣的出生联系起来。那次人口调查的起因是奎利尼乌斯将昔日希律（公元前 4 年去世）王国的一部分变成了叙利亚行省的附属，由一名骑士官员或长官管辖。做出这一决定是因为希律之子亚基老令人惊骇的恶行严重激怒了他的臣民，以至于后者请求奥古斯都介入帮助他们。奥古斯都将他放逐到了罗讷河谷的维埃纳。

另一个诞生来自罗马，是比喻意义的，奥古斯都在那里设立了确保城市和帝国的长期行政管理所必需的制度。其中包括罗马城常设的治安和消防部门，以及保证士兵退伍奖金的新办法，确定了他们在现在常驻行省的部队中长期服役的条件。在接下去的一两年里还将出台和实行确保罗马粮食供应的安排。这三项制度直到公元 4 世纪时仍然在实行。

官僚制度是离经叛道的解药。它可能是乏味的，但它创造的系统即使在行政权力低效运作的情况下也能发挥作用。官僚性，而非政治性的，能够履行帝国运作责任的元老院从公元前19年之后开始发展起来。奥古斯都方案的关键内容是：元老必须定期参加工作；必须增加处于两个长官职位间的人可以被分派的工作数量；应建立一个特别的顾问委员会，元老以6个月为期轮换；应改变选举程序和任职标准（主要与个人行为和财产条件有关）。

上述改变中的一部分是为了应对人们不愿竞选市政官或保民官造成的问题，前者要求担任者资助对于推进他们政治生涯已经不再有价值的昂贵赛会，后者现在被认为有点失格，因为过去的骚乱被归咎于曾积极活动的保民官们。另一些改变，特别是与选举相关的，可能源于要求降低选举过程的风险，因为现在潜在的回报减少了。人们也许仍能担任执政官，但谁也无法想象自己拥有与奥古斯都及其家族成员一样的地位。与此同时，由于担任传统公职被用来界定君主的生涯，让那些职务看上去受人欢迎就很重要。事实上，作为一种国家服务的任职本身已经变成了一种身份标志。设立新职务是出现问题时的默认行政手段，而管理出勤、个人行为和财产条件的规定则是旨在提高该等级的总体威望。

奥古斯都的顾问委员会可能诞生于公元前18年，当时他正试图更加经常地生活在罗马，处理其对元老院的第二次"净化"的余波。委员会的首要功能不是让长官们有机会了解奥古斯都（反之亦然），而是起草法案；当时，一些元老院决议有了法律效力，主要是与行政问题有关。由百人队大会对授予重要政治任命之法案进行通过的传统被保留——授予奥古斯都及其家族成员治权是通过这一程序做出的，而且大会还处理诸如那些对婚姻做出规定的法律。

但在其他问题上，诸如腐败和一些公共道德事务——比如元老和骑士等级的男性和女性能否参加角斗或者出现在舞台上，元老院决议具有法律的权威。公元 8 年，奥古斯都可能是在元老院中宣布，国家可以强制出售可能因为提供对主人不利的证据而被拷打的奴隶。这是对之前介入家庭事务的规定的延伸：奥古斯都已经允许奴隶在通奸案中提供对主人不利的证据，以及曝光与粮食供应有关的犯罪行为。公元前 4 年，奥古斯都宣布了一个事实，即他的委员会拟订了审理勒索案的新程序，对行省人民更加公平；公元 13 年，他的委员会获得了立法权，因为现在他很难参加元老院会议。

公元前 28 年和前 27 年恢复"自由"选举象征着共和国的光复。对奥古斯都来说，选举代表了政治秩序的稳定和诸神对罗马国家的友好，因此让选举变得有序和包容非常重要。为此，阿格里帕在战神校场建造了一些精心设计的新投票站，奥古斯都也下令让整个意大利的文职官员送来他们的选票。最后一点可能在之前就做过了，当时"全意大利"很可能被要求宣誓效忠，并且用他的话来说，在与安东尼的"战争中请求他担任领导者"。同样是作为选举与奥古斯都地位之间的联系的象征，公元 5 年通过的一项法案在第一等级中增加了 10 个新的投票百人队，以向盖乌斯和卢基乌斯·恺撒致敬。

得益于记录了新规定的一条铭文中的细节，我们得以一窥奥古斯都时代选举的仪式性世界：我们被告知，在元老和骑士出席投票的当天，主持选举的长官（法政官和保民官坐在他身旁）会摆出 10 个柳条编成的大筐。铭文说：

> 选票板将被投入其中。他将下令在筐边摆放他认为必要数量的蜡版；他还将确保写有候选人名字的白板被放在最容易辨识的地方；接着，在全体长官和将要投票者的注视下，他坐在长椅上……
>
> （《罗马法规》，37—38：19—22）

然后，长官将下令将33个球放进一个旋转的罐子中，每个球代表一个部落（除去那两个没有元老或骑士登记的）。

> ［长官］宣布抽签，决定应该由哪些元老和骑士投票，以及投进哪个筐里。
>
> （《罗马法规》，37—38：24）

这里的理论是，将上层等级随机分配到最先投票的那些百人队能够显示谁受到神明的垂青——而且由于神明如此密切地参与其中，还能将操纵结果的机会降到最小。对奥古斯都来说，腐败仍然需要被视为潜在的问题，以便它能够看上去被成功地避免了，即便结果很少存在疑问。他逐渐获得了"提名"自己中意的执政官和大部分法政官候选人的权利，甚至可以"举荐"一些在没有对手的情况下参选的个人。他不会为所有的法政官职位提名自己中意的候选人，这最终造成了压力，因为人们想要得到如果参选就能胜出的保证。

尽管奥古斯都重视担任公职，但找到填补这些职位的人却成了问题。财产资格——拥有25万第纳里——似乎真是很高的要求。公元前13年，由于没有足够的保民官候选人，担任过财务官

的人也被允许参选，即便他们没有达到最低年龄（当时很可能是
30 岁）。奥古斯都还强迫一些满足财产条件的骑士成为元老。不
过，此举并不受欢迎，因此当第二年候选人数量太少时，他允许
具备合适的财产条件的骑士在没有担任过财务官的情况下就出任
保民官。

对于追求闲适生活的人，成为元老可能是个负担，因为现在
有太多新职务——与国库、道路监管和其他公共服务有关——需
要元老志愿担任，如果他们希望获得晋升的话。不过，即便怀有
抱负，他们中的大多数人仍然会止步于法政官级别，因为即使每
年任命两组执政官成为惯例——开年时任职，那一年以他们的名
字命名的"正选执政官"，以及从 7 月开始任职的递补执政官，每
年仍然只有 4 个空缺（甚至更少，如果奥古斯都或者他家族的某
个成员想要担任那个职务的话），而前法政官通常有 16 名。事实
上，一些后法政官职业路线正在扩大，很可能是因为很难找到愿
意在担任法政官后继续其政治生涯的人，这使得填补越来越多的
行政职位变得更加困难。同样重要的是，公元前 13 年，奥古斯都
将前元老职位（通常由追求元老职位的年轻人担任）从共和时代
的 26 个减少为 20 个。公元 5 年，他允许当年的执政官发布"通
知"，将他在公元前 18 年的婚姻法中规定的担任财务官和法政官
的最低年龄从 30 岁和 35 岁分别下调为 25 岁和 30 岁。

元老院处于变革之中，罗马城的行政管理也同样如此。公元
6 年的两项重大举措是在长期的实验后做出的。消防一直是个问
题——在之前的几代人中，这主要是私人团体的事，就像我们在
前文看到的（恺撒的合伙人克拉苏因为利用个人消防队来帮助自

己以极低的价格获得更多地产而臭名昭著）。公元前 26 年，奥古斯都下令由市政官接手防火工作（没有提供额外资金）；四年后，他安排了 600 名公共奴隶为他们工作，但此举同样不能令人满意。公元前 7 年，他把罗马分成 14 个区，将各区的消防职责交给了那里的长官；当此举没能奏效后，他又把 3500 人组织成 7 个"守夜人"（vigiles）大队，每队保护两个区，并将他们置于"治安长官"（praefectus vigilum）的指挥之下，后者将直接向宫廷报告。这是公元 6 年的重大改变之一。

粮食是另一个重要问题。公元前 18 年，奥古斯都将从公元前 22 年开始就一直由他个人掌握的粮食供应（annona）监督权交给了四名前法政官。这一制度后来似乎失效了，公元 6 年，他又任命两名执政官负责；一年后，一位骑士等级的"供粮长官"（praefectus annonae）接管了此事。与骑士等级的埃及长官和近卫军长官（praefecti praetorio，通常为两人）一样，供粮长官和治安长官也都是听命于奥古斯都的国家高级骑士官员。即便设立上述职务是对之前失败的逐步回应，而非某个总体计划的一部分，此举仍然代表了激进的改变。在过去七百年的罗马历史上，没有任何骑士等级官员担任过如此重要的职务。

罗马城的重要骑士职位都与宫廷有关，那里正发展出更加广泛的官僚体系。奥古斯都不仅需要管理正在日益成为他工作中心的各项表演（都需要管理人员），而且还要确保他地产的附属物达到标准，确保客人到来时桌上能有美食，确保为他服务的人能够衣着得体。尽管他的大部分侍从是奴隶，但他坚持让家人分担一些基本工作——比如，他要求家中的女性花时间纺织。此外，还有一批人打理他的通信，其中的关键人物是"拉丁语书信"及

"希腊语书信"秘书,他们常常会起草回信,交由奥古斯都批准。由于他面对的许多事务涉及法律,他还建立了一个法律班子。在之前的几代人中,司法作为一个知识学科变得日益重要,因此专业的法学家(通常是骑士,有时是元老)会受雇于宫廷。

宫廷网络大范围延伸到奥古斯都拥有庞大产业的行省,他的财务管理者作为国家和他本人的代表扮演了行政管理的角色。公元前 15 年左右的一份非常有趣的文件显示了地方城市、宫廷及奥古斯都在当地的代表(一位在亚细亚行省的代理官),以及并非由奥古斯都直接任命的代执政官总督之间的互动。总督写道:

> 代执政官盖乌斯·诺尔巴努斯·弗拉库斯(Gaius Norbanus Flaccus)向阿依扎诺伊(Aizanoi)的长官、市议会和公民致意。你们的使者墨涅克勒斯、希埃拉克斯和芝诺向我呈交了一封奥古斯都·恺撒的信。他在信中表示,代理官奥菲利乌斯·奥尔纳图斯(Ofilius Ornatus)允许你们召开会议,讨论因为祭祀仪式而免除一名祭司的纳税,但不允许该城支付其他费用。就我而言,我希望提高你们城市所享有的福利,所以我根据恺撒的授权允许……
>
> (《碑铭年鉴》,2011 n. 1303)

弗拉库斯在这里的礼节掩盖了一个事实,即阿依扎诺伊人背着他,通过代理官找到奥古斯都本人,请求免除他们的一名同胞公民的纳税。他们还希望此人获得更多的特权。奥尔纳图斯可能察觉到了不对劲,怀疑某个有钱人试图以自己担任的职务获得更大利益,于是限制了该城对税收豁免的回应。提到奥古斯都似乎对提供更多福利持开放态度后，我们的文本在总督似乎准备推翻代理官决定的地方中断了。从这一切可以看出，通过自己的财务官员，皇帝建立了独立于国家体系的网络。此外，想要推翻代理官决定的总督可以指出一个事实，即他是在按照奥古斯都之前裁决的精神行事的。

奥古斯都的财产利益遍及帝国各地，但他的资源不是无限的，随着军队的扩展——达到 28 个军团，他不得不将支出从个人的腰包转向国家预算。于是，他在公元 6 年设立国家财库，负责支付士兵的退伍金。公元前 13 年的亚克兴老兵的大规模遣散使得退伍福利完全由现金计算，但到了公元 2 年（又一个大规模退伍的年份），奥古斯都缺少所需要的现金。于是，他下令士兵在"紧急"状况下再服役四年。但现在，付款时间已到，士兵们开始公开哗变，因此他提出进行一次性拨款，设立以后由税收提供资金的新财库。当他要求元老院给出一个金额时，元老成员——他们将是出资人——无法给出答案。奥古斯都随后又提出征收 5% 的遗产税，并设立一个由 3 名前法政官组成的委员会来监督征收。对服役条件也做了重设，军团的服役年限定为二十年，近卫军为十六年，后者的成员还将比他们在前线的战友获得多得多的钱。

该法案背后的理论——富人应该为一项政府服务出钱，而不是因提供它而获得报酬——代表了彻底抛弃前内战时代的财政-军事国家的做法。

就在去世前不久，奥古斯都建议应该将帝国维持在东面的幼发拉底河，中欧的多瑙河，以及西面的莱茵河和易北河所划定的边界内。不清楚他究竟是在何时确定了这些边界，但公元 6 年，当提比略出征巴尔干，帮助镇压该地区突然不安分的民族时，边界已经确定。莱茵河以北开始兴建城市，3 个刚刚募集的军团被派驻到易北河附近的基地。德鲁苏斯确认，可以用船将军队从莱茵河口送到日耳曼中部。

罗马做出了战略决定，但做出它们的过程涉及奥古斯都和下属之间的大量沟通。通过该时期突然增加的档案记录，我们得以窥见这是如何做到的：行省城市一贯是反映罗马统治的文件的来源，它们在可以长久保存的材料上留下了关于自己同中央政府打交道的越来越广泛的记录。有两份文件尤其揭示了信息来回传递的机制。首先是公元前 15 年与一个西班牙部落达成协议的记录；第二份是公元前 6 年来自小亚细亚行省的克尼多斯的一条不同寻常的法律铭文。第一份文件是这样的：

> 英培拉多·恺撒，神明之子，奥古斯都，第八次执掌保民官权，代执政官表示：
>
> 我从我管辖外杜罗河行省（Transduriana）的全部副将那里获悉，苏萨里人（Susarri）中的卡斯特拉尼-派梅奥布里根西斯人（castellani Paemeiobrigenses）在其他部落都叛变时仍然忠于职守。因此，我授予他们全体豁免权，我命令他们毫无争议地掌管当我的副将卢基乌斯·塞斯提乌斯·奎里纳利斯（Lucius Sestius Quirinalis）管辖该行省时他们所占有的土地。
>
> 由于我之前给予了苏萨里人中的卡斯特拉尼-派梅奥布里根西斯人在一切事务上的豁免权，我让卡斯特拉尼-阿约布里吉埃基尼人（castellani Aiiobrigiaecini）替代他们，同苏萨里人一起履行所有义务……
>
> （《碑铭年鉴》，2000 n. 760）

外杜罗河行省是西班牙北部一个短命的行政实体，那里显然发生了叛乱，当地部落苏萨里人的一个分支没有参与。当地总督，奥古斯都的副将决定，因为这个名叫卡斯特拉尼-派梅奥布里根西斯人的部落的忠诚而给予他们特权，并调整该地区的边界，纳入了一个新的分支，由这个新分支一起承担分配给苏萨里人的任务——我们可以猜想，主要是纳税。虽然此事被描绘成奥古斯都的决定，但只有总督才对当地有必要的了解，能够做出这些安排，似乎是卢基乌斯·塞斯提乌斯·奎里纳利斯或他的继任者（或者是这两人）决定了应该做什么，并得到奥古斯都的许可。卡斯特拉尼-派梅奥布里根西斯人对所发生的事感到高兴，将这一决定记录在留存至今的铜版上。

从恺撒对他征服高卢的记述中可以看到作为一种统治方法的这一过程。当时他在意大利北部过冬，将军队交给副将。公元前54 年，他对自己的副将萨宾努斯和科塔非常失望，觉得他们应该写信给自己，寻求建议来应对他们所驻扎地区的民族的威胁——在他们离开营地时，其部属被屠杀，但表扬了副将昆图斯·西塞罗，因为后者按不动，向他通报了情况。恺撒暗示，他的副将本该清楚他会如何应对。与之类似，在此事上，如果不是考虑到会得到奥古斯都的认可，副将们不太可能这样做。事实上，很有可能在离开罗马前，他们就已经获得了一般性指示（mandata），这给出了大体的政策，以及如何请求获得指示。同样很有可能的是，在做出指示前，奥古斯都已经咨询过对所涉及地区有直接了解的人——在写给提比略的一封信中，他提到与西里乌斯·涅尔瓦（Silius Nerva）和马尔库斯·维尼基乌斯（Marcus Vinicius）掷骰子玩，这两位前执政官刚刚在巴尔干带过兵。

克尼多斯的案件与阿依扎诺伊的类似，即主要当事人绕过总督，直接找到奥古斯都。在做出决定时，奥古斯都既考虑了直接来自当地的信息，也考虑了他觉得政府应该秉持的原则。他写道：

> 你们的使者狄俄尼修斯之子狄俄尼修斯二世和狄俄尼修斯二世来罗马与我见面，向我递交了决议，指控现已去世的阿那克桑德里德斯（Anaxandrides）之子欧布洛斯（Eubulus）和他身在此地的妻子特吕菲拉（Tryphera）谋害了克律西波斯（Chrysippus）之子欧布洛斯。我命令我的朋友阿西尼乌斯·伽鲁斯（Asinius Gallus）施刑审问涉及此案的家庭奴隶，获悉克律西波斯之子菲力诺斯（Philinus）用暴力并以包围的手段连续三夜袭击了欧布洛斯和特吕菲拉家。第三天晚上，他带着自己的兄弟欧布洛斯一起到来。无论是通过与菲力诺斯谈判还是设置障碍，屋主欧布洛斯和特吕菲拉都无法确保自己在家中的安全，于是让一名奴隶把自己的屎泼向他们，就像人在义愤之下往往会做的，用意并不是杀了他们，而是想把他们赶走。无论是否情愿——他坚决否认，受命行事的奴隶扔出便壶，打死了欧布洛斯，尽管他的兄弟更加罪有应得。我已把审问记录交给你们。
>
> （《来自铭文和纸草的希腊语早期罗马皇帝法令》，n.6）

考虑到几年前的阿依扎诺伊的文件，我们对奥古斯都表示他"命令"元老级别的总督阿西尼乌斯·伽鲁斯（波里奥之子）负责调查不应感到意外。奥古斯都能知道此案是因为受害人逃到罗马，申诉了自己的遭遇。开头提到的克尼多斯使者的出现可能是因为奥古斯都要求知道他是否被告知了真相。奥古斯都把保护"所有人的共同安全"视为自己的工作，因此对所发生的事和攻击者没有被指控感到震惊。

这一程序对行省统治如此重要的原因之一是，它表明了谁该为公元9年的一场灾难负责。当时，提比略统率的大批军队正在完成对叛乱的巴尔干地区的重征和重组。与此同时，在日耳曼，阿格里帕的女婿，与皇帝家族关系非常密切的总督昆克提里乌斯·瓦卢斯（Quinctilius Varus）收到警告，在他位于今天德国中西部的明登（Minden）附近的军营以及位于今天荷兰奈梅亨和德国克桑滕附近的莱茵河畔驻军城市之间的地区正在酝酿叛乱。虽然身为有经验的官员，之前成功担任过叙利亚总督，但在那年秋天决定将他麾下的三个军团撤到莱茵河畔之前，他无疑咨询过奥古斯都。

但在离开基地后，瓦卢斯径直踏进了一个名叫凯鲁斯基人（Cherusci）的当地重要部落的首领尤里乌斯·阿尔米尼乌斯（Julius Arminius）设下的陷阱，后者通过在之前的战事中服役获得了罗马公民权。战役持续了几天，最终瓦卢斯的军队被全歼。获悉这一消息后，据说奥古斯都在宫中到处踱步，大喊："昆克提里乌斯·瓦卢斯，还我军团！"（苏维托尼乌斯，《奥古斯都传》23）从而将失利完全归咎于那位将军。罗马城的另一些人认同他的看法，对瓦卢斯之子进行了公开羞辱。但这无法改变一个事实，即将军团撤回莱茵河畔是奥古斯都的决定，或者说在巴尔干战争后，没有钱募集新的军队。提比略受命带着来自巴尔干的军队去扭转局势。

尽管提比略在巴尔干取得了胜利，但瓦卢斯的失败发生在一

图20　1987 年，英国军官托尼·克鲁恩（Tony Clunn）少校开始在德国奥斯纳布鲁克附近的地区用金属探测器发现了大量钱币。那里后来被认定为瓦卢斯军团覆没的地点（或者是部分地点）。图片中间可以看到重建的战地工事，日耳曼人从那里向罗马人发动进攻

个对奥古斯都来说有些艰难的时候。公元 5 年，民众的骚动迫使他允许女儿尤里娅回到意大利，在雷焦居住。尽管发生了公元前2 年的丑闻，但她仍然很受欢迎。公元 9 年，他迫于压力，允许通过《帕皮乌斯-波派乌斯法》（lex Papia Poppaea）对他的婚姻立法做出重大改变，法案由当年的执政官呈交元老院。他愿意这样做可能与前一年的另一桩家族丑闻不无关系。同样名叫尤里娅的奥古斯都的外孙女被发现怀孕了，但不是她丈夫埃米利乌斯·保卢斯的，后者拒绝承认她是个通奸者。两人都被流放，生下的男婴被处死——尽管他们幸免于难的女儿埃米莉娅被她的叔叔（提比略的盟友）收养，并将继续在那个时代的国内政治中扮演自己的角色。

此外，有暗示称，奥古斯都硕果仅存的外孙，自从公元 6 年因为乖张行为被排除出继承人行列后，就一直被软禁的阿格里

帕·波斯图姆斯图谋反叛奥古斯都（这一指控可能与正在爆发的骚动有关）。他被流放到那不勒斯沿岸的潘达特里亚岛，而且至少有另一个被视作与公共秩序为敌的人被放逐到黑海边的托弥斯〔Tomis，今康斯坦察（Constanta）〕。此人就是诗人奥维德，他将一直留在那里，直到公元 17 年去世，他创作了大量诗歌，在其中请求被允许回归。从这些诗中可以看出，公元 9 年后，他把提比略视作罗马政治中的主导力量，但发现对提比略的期待都落空后，他又开始向提比略的侄子和养子日耳曼尼库斯致意，后者接管了提比略在莱茵河的指挥权。

公元 13 年，提比略正式获得了在所有行省与奥古斯都相同的权力。第二年夏天，已经 76 岁的奥古斯都出现了病入膏肓的迹象。里维娅把他带到那不勒斯附近的家族别墅，并把提比略召唤到他的床边。正在前往巴尔干半岛途中的提比略匆忙赶来看他。他是否及时赶到不得而知。关于他登基的传言比比皆是——不喜欢提比略的人大有人在，他们暗示奥古斯都可能试图让阿格里帕·波斯图姆斯回归公共生活。当罗马政治的主导力量——尽管在奥古斯都晚年更多是象征意义的，而非实际的——不复存在时，谁都不知道会发生什么。公元 14 年 8 月 19 日，奥古斯都被宣布在他位于诺拉的别墅中去世，与父亲死在了同一个房间里。

以提比略登基开始其《编年史》的科尔内利乌斯·塔西佗认为，权力的成功交接标志着罗马历史上一个关键的转折点。他所言不虚，但奥古斯都可能没有完全意识到自己的遗产将是什么。去世前几年，他曾致信提比略（后者有点工作狂），表示如果他和里维娅听说提比略病了，他们自己可能也会死去，"罗马人民将在有关他们帝国最重要的方面受到震动"（苏维托尼乌斯，《提比略传》，21.7）。这番话表明，虽然奥古斯都相信自己创造了独一无二的"地位"，但并没有意识到自己建立了如此稳固的，将会持续1800年的统治框架。作为最后一位宣称自己的职位是继承了奥古斯都地位的人，末代神圣罗马帝国皇帝直到1806年8月6日才退位。具有反讽意味的是，迫使他退位的拿破仑皇帝同样从罗马历史中获得了灵感：他的军队在鹰旗的引领下行军；他研读过恺撒的战记；还自称是"恺撒一族中最出色的"。

现在，皇帝家族成员的公共葬礼已经成为一个多次练习过的事件，当提比略在广场上宣读悼词后，奥古斯都在战神校场被火化。他的骨灰被安葬在台伯河畔的宏大陵墓中，而他在去世前几个月写下的自己的功业录很快将被刻在墓地入口的两块铜版上，其中援引了向他致敬的法案，并罗列了他的许多成就。

葬礼的后续要比事件本身有趣得多。有个元老发誓说，他看见奥古斯都的守护神灵升上天界，加入了诸神的行列。元老院将不出意料地为他设立新的国家崇拜。在随后的会议上，提比略发表讲话，命人宣读了奥古斯都的遗嘱，以及他最后的备忘录，其中罗列了各项国家财产，并对未来提出了建议——即扩张战争应该停止。元老院吵嚷着要求听到更多，于是提比略发表了一篇真正糟糕的演说，让所有人都对他的意图感到疑惑。他是否愿意接受奥古斯都的地位？他同意这样做。随后，元老院通过法案，授予他的权力似乎既不是他的保民官权的一部分，也不是与奥古斯都在所有行省相同的权力。其中一些被保存在公元70年的一份文件中，该文件罗列了那年登基的韦斯巴芗皇帝的权力。

这次会议的结果是，第一次有文件详细定义了现在可以被称为"元首"的人的工作。

　　提比略与阿格里帕之女所生的儿子德鲁斯苏和他的养子、血缘上的侄子日耳曼尼库斯是这一职务顺位最高的继承人。德鲁苏斯要年轻几岁，因此日耳曼尼库斯被视作头号继承人，获得了最重要的指挥权，为（在日耳曼的）"罗马人民的军队遭诡计屠杀"复仇（《罗马法规》，37:14—15）。奥古斯都去世时，在意大利的德鲁苏斯被派往巴尔干。提比略的两个儿子现在都面临着军队的哗变，后者认为自己是奥古斯都的人——这么做并非没有理由，因为他们已故的领袖在汇编自己的功业时曾称他们为"我的军队"。在巴尔干，该军队抱怨服役条件糟糕，而且在军中的时间甚至超过了奥古斯都在公元 6 年规定的新年限——参与公元 14 年叛乱的一些人是超过四分之一个世纪前被招募进为入侵巴尔干而新组建的军团的。

　　在莱茵河，哗变的导火索似乎是统治者更迭的消息。没有理由认为提比略在这两个地方特别不受欢迎，但当地的某些管理不善可能引发了骚乱。最后，德鲁苏斯成功平息了巴尔干的哗变，只造成了很小的伤亡。日耳曼尼库斯遇到了更多的困难，经历了一大拨自相残杀的暴力后，他率领大军突袭日耳曼南部以恢复士气。

　　那一年，次级长官的选举从部落大会转向了元老院（虽然百人队大会在奥古斯都治下仍然发挥职能），还发生了几次令人不快但有益的暗杀，消灭了之前反对提比略登基的势力源头。阿格里帕·波斯图姆斯在奥古斯都的葬礼前被杀。他的母亲尤里娅在当年年末的某个时候死去；她所谓的情人之一，曾写信批评提比略的一名格拉古家族的后人在他的流放地，阿非利加沿岸的一个小岛上被杀。

最初，提比略面临的主要问题是如何处理日耳曼。奥古斯都倾向于收复瓦卢斯失去的一切，但这是不切实际的。几年来，日耳曼尼库斯率军队深入日耳曼境内，遭受了一些严重的伤亡，但没有赢得决定性的结果，于是提比略决定宣布胜利，并放弃努力。日耳曼尼库斯举办了凯旋式：他宣布自己打败了日耳曼人，将他们赶出了高卢，并夺回了丢失的军旗。他确实设法夺回了两面军旗，但根本不存在需要将日耳曼人赶出高卢的问题，因为他们从来就没有入侵过。

随着日耳曼战事的结束，东方又遭受到动乱的威胁。亚美尼亚国王去世了，而提比略是个记仇的人，想要清算同卡帕多奇亚

图 21　土耳其安库拉的罗马和奥古斯都神庙。保存最好和内容最完整的奥古斯都生平叙述《神圣奥古斯都的功业录》的文本被刻在该神庙的内墙上

国王的积怨，后者在他身处罗得岛的那些年里曾冒犯过他。让情况更加复杂的是，奥古斯都去世前，帕提亚贵族曾要求交还弗拉特斯四世之子沃诺内斯（Vonones），让他担任他们的国王（弗拉特斯五世已经去世）。但他们很快发现，沃诺内斯变得"过于罗马"，于是用一位远房亲戚阿尔塔巴努斯（Artabanus）取而代之。沃诺内斯逃到亚美尼亚，登上了空缺的宝座，但面对阿尔塔巴努斯的威胁，他无法保住王位。现在他在叙利亚。

日耳曼尼库斯被派去在不发动战争的前提下解决亚美尼亚继承权的问题。与他同行的是公元 8 年的执政官和提比略的密友格奈乌斯·卡尔普尼乌斯·皮索。不幸的是，皮索和日耳曼尼库斯相互憎恶：皮索显然曾宣称，虽然日耳曼尼库斯可能对元老级别的总督拥有高级治权，但无法违抗来自提比略的指示。皮索几乎不向日耳曼尼库斯提供支持，而是表达了对沃诺内斯的支持。这并非日耳曼尼库斯计划的一部分。他扶植安东尼时代的王朝统治者波列蒙同名的孙子成为亚美尼亚国王；然后他与阿尔塔巴努斯会面，并开始了对东方行省的大巡游，向南一直到达埃及，在那里沿着尼罗河而上。与此同时，皮索支持了一场旨在让沃诺内斯夺回亚美尼亚王位的失败政变。这是日耳曼尼库斯无法忍受的。回到叙利亚后，他以严重抗命为由罢免了皮索。但接着，他病倒了，于公元 19 年 10 月 10 日去世；有人怀疑他是被毒死的。

日耳曼尼库斯之死引发了危机。皮索宣称自己被错误地罢免，试图通过武力夺回叙利亚总督之职，但失败被捕。罗马陷入了巨大的悲痛，日耳曼尼库斯在那里是民众的宠儿。试图表达哀伤的提比略非常不幸地说了类似"我不会掩饰自己的悲伤"（《罗马法规》，37 col. Ⅱ, 16）这样的话，导致有人认为他实际上在掩饰对日耳曼尼库斯之死的喜悦。公元 20 年 5 月，对皮索的作秀式审判以被告的自杀告终。当年年末发布的一份洋洋洒洒的决议解释了他的"罪行"，宣布现在秩序已经恢复。皮索所谓的罪行包括唤醒了被奥古斯都和提比略"埋葬"的内战的幽灵，以及腐化奥古斯都制定的军纪。决议最后列举了皇帝家族成员为教化罗马人民而表现出的各种美德。随后，决议感谢元老院和骑士等级用支持的喝彩平息了平民的怒火，感谢士兵们忠于那些对"奥古斯都家族"表现出最大忠诚的军官。①

尽管提比略努力坚称他只是国家的看护人和教育者，但仍然有许多不确定的因素，而叛国罪指控的频繁程度现在让人深感不

---

① 此处与决议原文有不同，*item equestris ordinis curam et industriam unice senatui probari, quod fideliter intellexsisset, quanta res et quam ad omnium salutem pietatemq(ue) pertinens ageretur, et quod frequentibus adclamationibus adfectum animi sui et dolorem de principis nostri filiq(ue) eius iniuris ac pro r(ei) p(ublicae) utilitate testatus sit; plebem quoq(ue) laudare senatum quod cum equestri ordine consenserit pietatemq(ue) suam erga principem nostrum memoriamq(ue) fili eius significaverit, et cum effusissumis studis ad repraesentandam poenam Cn. Pisonis patris ab semet ipsa accensa esset, regi tamen exemplo equestris ordinis a principe nostro se passa sit; item senatum probare eorum militum fidem, quorum animi frustra sollicitati essent scelere Cn. Pisonis patris omnesq(ue), qui sub auspicis et imperio principis nostri milites essent, quam fidem pietatemq(ue) domui Aug(ustae) praestarent, eam sperare perpetuo praestaturo*，见 W. Eck, Antonio Caballos, and Fernando Fernández, *Das senatus consultum de Cn. Pisone Patre*, Vestigia, Vol. 48, p.48。见熊莹译文：元老院要特别嘉许骑士阶层的关切与热忱，因为他们从心底里懂得这件事的重要性以及它如何关系到每一个人的安全和忠诚。他们一再通过口号表达对我们元首及其子所受伤害的感同身受与哀思，他们这样做完全是从国家利益出发。元老院同样要表扬平民，因为他们选择同骑士（转下页）

安。所有人都认同皮索有罪，斯克利波尼乌斯·利伯·德鲁苏斯（Scribonius Libo Drusus）——此人因为试图通过黑魔法杀害许多贵族而受审，同样选择了自杀——是危险的疯子，但在其他案件中，罪行就不那么明显了。提比略试图制止将这种指控用作更传统指控之外的附加；他觉得出席这类案件的审判（总是在元老院进行）令人尴尬，但难以约束起诉者的热情，因为这类指控为那些想以牺牲对手的利益为代价获得晋升的人提供了职业机会。

提比略现在已经 60 岁了。日耳曼尼库斯的死加剧了他对未来的担心；但德鲁苏斯仍然在世，有一个年幼的儿子，他还收养了日耳曼尼库斯年岁较大的孩子们，他们在公元 22 年开始了公职生涯。情况在第二年恶化，德鲁苏斯突然病故。现在，帝国由一位日渐老迈的皇帝统治，他对自己的角色和养孙们越来越不感兴趣。

官僚政府又前进了一步。现在，唯一的近卫军长官埃利乌斯·塞扬努斯开始越来越多地承担帝国日常管理的责任。尽管没有军事荣誉，但对皇帝日程表的控制让他得以掌控整个政局，他由此希望自己成为提比略的阿格里帕。公元 27 年，他的权力得到了进一步加强，当时提比略去了卡普里岛，在那里与学者交往，吃素食，并有（虚假的）传言称其参与了大规模的娈童。提比略再也没有回到罗马。造访过他青睐的居所，位于卡普里岛上的朱

庇特别墅的现代游客会因为那里非凡的自然美景和相对较小的别墅规模而吃惊。那里完全不像是能够容纳管理一个帝国所需要的人员。现在，这一切由驻扎在那不勒斯湾周围的官僚完成。

利用提比略与外界接触有限，塞扬努斯在皇帝和日耳曼尼库斯的家人之间制造嫌隙，导致后者的遗孀阿格里皮娜和两个年长的儿子被囚禁。到了公元 31 年，提比略唯一可能的继承人是盖乌斯，更多以他的绰号卡里古拉（Caligula）——"小靴子"，源自他随父亲日耳曼尼库斯出征时穿的靴子——为人所知，以及德鲁苏斯之子，"双生子"（Gemellus）。卡里古拉只有十多岁，"双生子"还不到十岁。此时，野心让塞扬努斯昏了头。他开始与德鲁苏斯的遗孀尤里娅·里维拉通奸，后来又图谋杀害卡里古拉，但以失败告终。除掉一位年轻的"皇室成员"会对他或她的家庭侍从产生不好的影响，他们会突然发现自己丢了工作，遭到降职和 / 或被分配别的工作。塞扬努斯在宫廷僚属中也不受欢迎，后者的朋友随着大量的此类逮捕而遭殃。另一些家庭也可能被毁，而他则专注于通过更多策略性的起诉和控制有限的竞争机会来管理元老院。

里维拉的侍从无疑注意到了塞扬努斯同她的关系，他们可能拥有自己的网络，独立于他所控制的那些。廷臣们意识到他们是在为自己的生存而战，这使得日耳曼尼库斯的母亲安东尼娅得以让自己的两名释奴联系到卡普里岛上提比略身边的人，曝光了塞扬努斯想要杀害盖乌斯的计划。她的这两位代理人安东尼娅·卡伊尼斯（Antonia Caenis）和安东尼乌斯·帕拉斯（Antonius Pallas）后来都获得了特别有影响力的地位，完全不次于最有权势的元老。

提比略对官僚体系的控制超过了塞扬努斯的想象，而且他知道在哪里可以找到这位近卫军长官的敌人。10 月，在写给元老院的一封关于塞扬努斯的长信最后，提比略指示治安长官苏托利乌斯·马克洛（Sutorius Macro）逮捕和处决了此人。完成任务后，马克洛马上取代塞扬努斯，成为官僚体系的负责人，开始处理国家事务——征税、任命总督、保卫边境。他对元老们的行为袖手旁观，后者一方面宣称与塞扬努斯为敌，一方面却继续干着通过案件来让自己的生涯获得晋升的勾当，这些案件现在往往以死刑判决和没收财产（一部分会落入成功的起诉者手中）告终。提比略没有兴趣对此采取强硬立场。

不过，虽然令帝国精英深感不安，但从长期来看，元老院中的起诉都被证明没有在遥远的犹地亚行省发生的一桩起诉重要。不时发生的叛乱可能让帝国官员特别愿意审理指控有人威胁公共秩序的案件。这一次，帝国官员是个长期任职的长官，名叫本丢·彼拉多。彼拉多通常与耶路撒冷的祭司当局意见不合，但在公元 30 年的逾越节那天，他和他们在一件事上达成了共识：激进的宣教者，拿撒勒人耶稣无疑是个危险分子，应该被处决。

几年后，耶稣之死在他的追随者中激发了影响巨大的想象，特别是世界即将终结，耶稣已经死而复生。新的官僚阶层的一位代表无意间要对提比略统治时期最重要的事件负责，这再恰当不过了。

第 27 章

三起谋杀与帝国社会的兴起

本章标题所指的事件涉及两位罗马皇帝和一位皇后。可能还应该加上第四起暗杀，但这样做就等于接受了提比略在睡梦中被时任近卫军长官的马克洛闷死的故事是真实的。我们不知道事实是否如此，或者这只是后来为了给马克洛自己的死刑找理由而编造的故事。重要的是，这些事件所体现的明显的不稳定对帝国的发展影响很小。

尽管出现了一些动荡和不愉快，但新兴的官僚体系被证明有能力管理帝国的日常事务。这一点和地中海中部的普遍和平推动了地方贵族被顺利地纳入罗马的体系，保护了他们的利益，实现了总体繁荣程度的提高。罗马势力的扩张很大程度上不受帝国的监管，可以被归功于那些因为自己的利益而确保地方层面上的问题得到了有序解决的官僚。偷窃、劫掠和黩武不再是通往政治权力的道路。

除了允许行省人加入行政结构，帝国体系还将地方经济纳入网络，通过旨在确保罗马的粮食供应和前线军队给养的机制来实现一些资源的再分配。稳定地区的地方经济将把更多的安全带来的盈余用于城市发展，而作为其他地区的税收盈余的接受者，边界地区也发展出了自己的经济和文化力量形式。现在，部落生活的欧洲区域进入了地中海世界，那里出现的同质化城市定居模式促进了经济的成功和文化间的交流。

提比略对罗马帝国发展的重要贡献在于，他表明，皇帝不需要战争来证明自身存在的必要性。公元16年的日耳曼战争结束后就再没有重大战事。就连公元35年爆发的亚美尼亚继承危机也不需要向叙利亚要塞部署军队——因为帕提亚人内部一如既往地存在巨大的不稳定。当帕提亚国王要求返还被亚历山大大帝夺走，曾属于阿契美尼德王朝的祖地，即帝国的整个东部时，帕提亚贵族的领袖们则要求送返一位被弗拉特斯四世交给罗马人监护（出于安全考虑）的帕提亚王子。这位候选人（也叫弗拉特斯）在登上王位后不久就死了，据说是因为罗马人奢华的生活方式让他不适应帕提亚国王的艰苦生活。

不过，罗马总督卢基乌斯·维特利乌斯还是很好地让帕提亚人自相残杀，从而维持了罗马一侧边境的和平。维特利乌斯还因为本丢·彼拉多在处理撒玛利亚一起宗教示威时过度的暴行而罢免了他。我们不知道维特利乌斯是否听说了几年前拿撒勒人耶稣的遭遇。尽管耶稣后来的追随者们编造了各种故事，但可以认定提比略从未听说过此人。

公元36年春天，提比略面临着一个难题。他不久于人世，但不喜欢自己显而易见的继任者卡里古拉。另一个选择德鲁苏斯之子"双生子"仍然太小。就像他习惯的那样，提比略寻求通过占星术来找到解决办法，他相信自己善于此道。他没能找到。卡里古拉周围形成了一个强大的派系，以马克洛为首。公元37年3月16日，提比略咽下了最后一口气。

在罗马，提比略死去的消息引发了大批民众的欢呼。这并不奇怪。提比略一直缺乏人气，人们已经十年没有见过他出现在城中了。阿文丁山不久前遭遇了大火，但他对减轻人们的痛苦没有表现出任何兴趣。城中的粮食供应运行良好，但提比略对于出资举办公共表演并不慷慨，而且众所周知，有高级元老因为叛国罪指控而被捕。不过，尽管提比略不受欢迎，但元老院领袖、宫廷和罗马人民都一直认为，元首职务应该继续存在。为了有效地实现这点，元老院投票决定搁置提比略的遗嘱（任命卡里古拉和"双生子"为自己的共同继承人），因为皇帝神志不清。

卡里古拉有很多优势——特别是在宫廷的小圈子之外很少有人知道他，因此不了解他不稳定的脾气。作为出色的演说者，他可以用提比略所不能的方式打动听众；人们把他看成是他父亲日耳曼尼库斯的再生，而且卡里古拉拥有提比略所不具备的表演意识。他为养父安排了盛大的公共葬礼，后者的骨灰被安葬在奥古斯都陵；然后，他命人重新安葬了母亲和哥哥们的骨灰，把他们和提比略一起埋在家族墓地中。他出资举办了三个月的赛会，将提比略遗嘱中留下的财产分给了近卫军和罗马人民——虽然严格来说他并不欠他们什么，因为遗嘱已经被宣布无效。此举为卡里古拉赢得了慷慨之名。

卡里古拉想要被视作"提比略的反面"。为此，他宣布部落大会将按照其传统选出官员，而且他不会试图以叛国罪审判元老。他还召回了提比略治下遭到流放的人，并寻求解禁那些因为其作者被控叛国罪而被公共图书馆禁止的文人的作品。其中一位是克雷姆提乌斯·科尔杜斯（Cremutius Cordus），这个令人同情的人物因为在自己的史书中称赞过布鲁图斯和卡西乌斯（他对西塞罗也曾相当粗鲁）而受到叛国罪审判。奥古斯都对此并不介意，但科尔杜斯触怒了塞扬努斯，这就是为什么他受到了指控。另两人在奥古斯都统治时期受到叛国罪指控，为科尔杜斯的受审提供了先例。他们是卡西乌斯·塞维鲁（Cassius Severus），以及内战期间那位亲帕提亚的将军之子提图斯·拉比恩努斯（Titus Labienus）。这两人不那么值得同情。

对卡里古拉最初的热情很快就冷却了。经过一场据说与过于放纵的生活有关的病后，他的举止变得日益乖张。他处决了"双生子"，并与马克洛争吵，然后将他也处决了。马克洛被处决是他的政权陷入麻烦的直接原因。人们觉得卡里古拉令人不安地乖张，而且尤其对自己的神性感兴趣。有一次，他修建了一座超过 3.5 英里长的浮桥，把巴伊埃（他在那里有处别墅）同位于那不勒斯西面的普特奥利港入口的防波堤连接起来。

在公元 2 世纪 20 年代或稍早一些写作的苏维托尼乌斯（他是一系列很有影响的被称为《十二恺撒传》的传记的作者）表示，他从高级廷臣那里听说，卡里古拉这样做是为了打破特拉叙鲁斯（Thrasyllus）的预言，这位深受尊敬的提比略的占星家曾预言，他成为统治者的可能就和他骑马穿过巴伊埃湾一样。在这里，苏维托尼乌斯使用了在奥古斯都时代不可想象的语言，因为他用的是拉丁语动词 imperare（"统治"）（苏维托尼乌斯，《卡里古拉传》19.3），与奥古斯都和提比略认为皇帝的职责是"保护"国家截然不同。而在一份总结叙利亚驻军在公元 20 年"镇压"皮索的过程中所扮演角色的决议中，元老院感谢了士兵们对奥古斯都家族的"信念与忠诚"，希望他们能永远表现出这种忠诚，因为他们知道帝国的安危取决于对那个家族的守护（《审判皮索的元老院

决议》，161—163）。传说卡里古拉曾听取的关于专制的建议来自
他在卡普里岛时遇到的东方君主的孩子。

随着卡里古拉开始展现出对儿戏婚姻和观看人死去的兴趣，
他的行为变得越来越有争议。登基之初，他娶了尤尼娅·希拉娜
（Junia Silana），后者有巨大影响的家族自夸通过奥古斯都的曾外
孙女埃米莉娅·雷必达同奥古斯都攀上了直接关系。这场婚姻破
裂后，卡里古拉指控自己的前岳父犯有叛国罪，尽管他曾经承诺
避免这种过度行为。有暗示称，他与自己三个妹妹中年龄最大的
德鲁希拉通奸；还有人说他与她们都有奸情。公元 38 年德鲁希拉
去世时，他表现出非同寻常的悲痛，这只会让流言坐实。他还很
容易感到厌烦，在公共场合喜怒无常，而且很快遭遇了现金流问
题，因为他花光了提比略在被称为"皇帝财库"（fiscus Caesaris）
的个人账户中留下的大笔储备金。

公元 39 年，对卡里古拉来说，离开罗马前往高卢，让形势冷
静下来似乎是个好主意。不过，他在高卢的行为并没有让人心安。
他发现了一桩涉及兰图鲁斯·盖图里库斯（Lentulus Gaetulicus）
的阴谋，后者多年来手握被称为上下日耳曼的两个行省的控制权。
盖图里库斯的地位得益于他与塞扬努斯的友谊。他得以留任只是
因为提比略担心撤掉他会引发内战。上日耳曼总督是盖图里库斯
的女婿，他们共同控制着帝国三分之一的军队。

那一年，卡里古拉不仅杀害了盖图里库斯，还下令处决了他
的亲密伙伴之一马尔库斯·埃米利乌斯·雷必达，此人是他已故
的妹妹德鲁希拉的丈夫，也是那位三头之一的曾侄孙。卡里古拉
曾宣称，雷必达是他显而易见的继任者，但后者似乎参与了同盖
图里库斯一起针对他的阴谋。卡里古拉还流放了他仅剩的妹妹里

维拉和阿格里皮娜，因为她们与雷必达有联系（阿格里皮娜是他的情人）。在莱茵河畔草草打了几仗，并无力地试图组织一次不列颠入侵后，卡里古拉班师，举办了凯旋式。

日耳曼的事件显示了帝国体系几个有意思的特征。首先，皇帝及其最亲密副手日益明显的无能仍然没有让人们质疑其意识中对元首的需要；其次，在没有儿子的情况下，同有奥古斯都血脉的女人有关系被认为是继承的充分条件。卡里古拉在成为元首之前几乎没有过公职生涯，这个事实显然表明，皇帝在登基前不再需要拥有引人注目的记录。这种想法随着提比略之子德鲁苏斯的死而终结。但还没有人能够想象，日耳曼尼库斯的弟弟，有畸形足和其他残疾的克劳狄乌斯可以被视作候选人。奥古斯都认为他令人难堪，提比略则干脆无视他；卡里古拉任命他为执政官，然后羞辱了他。在思考克劳狄乌斯的早年生涯时，塔西佗带着事后之明评价"人的设计在一切事务中的可笑"（塔西佗，《编年史》，3.18.3—3.18.4），因为他知道那个谁都对其没有任何期待的人将成为皇帝。

就在公元 40 年末卡里古拉回到罗马后不久，将让克劳狄乌斯成为皇帝的阴谋开始酝酿。近卫军和宫廷僚属对他们主人的乖悖已经受够。根据来自亚历山大里亚的犹太要人派去觐见卡里古拉的使者的描述，我们能够感受到他们不得不忍受什么。这些犹太要人想要向卡里古拉抗议埃及长官给自己的可怕待遇，更别提一条关于在耶路撒冷的圣殿中安放卡里古拉的塑像的威胁。但元首并不感兴趣：

> 我们开始说话和向他通报情况，当他对我们的诉求有所

了解，明白那并非不值一提时，他打断了我们之前的要点，不让我们提出更有力的那些，然后冲进了屋里的一个大房间，绕着房间走，下令在窗户上重新安装透明的石头，就像玻璃那样，它们不会挡住阳光，但可以隔绝风和烈日。接着，他不慌不忙地再次走近，温和地问："你们在说什么？"当我们谈到接下去的要点时，他跑进另一个房间，要求挂上原来的画。

（斐洛，《觐见盖乌斯》，364—365）

卡里古拉最后回答说，他们的迫害者似乎不像那么坏的家伙，这让惊恐的使者庆幸逃过了一劫。

参与阴谋的包括一个叫卡西乌斯·喀伊利亚（Cassius Chaerea）的人招募的近卫军成员，这位宫廷管理者厌恶被迫充当卡里古拉个人拷问者的角色；一些有权势的宫廷释奴，特别是与卡里古拉关系亲密的尤里乌斯·卡里斯图斯（Julius Callistus）；还有一些元老院成员。暗杀计划进行的同时，近卫军还将突袭控制住克劳狄乌斯。

公元 41 年 1 月 24 日，喀伊利亚和一小群同伴在卡里古拉看完帕拉丁山上的戏剧表演后杀死了他。在他之前刚刚离开的克劳狄乌斯被从宫中带到近卫军营地，近卫军在那里向他宣誓效忠。

没有参与阴谋的元老在卡皮托山上召开会议，讨论恢复没有元首的传统政府。广场上聚集了抗议的人群，担心记忆中前奥古斯都时代的混乱。来自犹地亚的一位君主，也是克劳狄乌斯朋友的希律·阿格里帕参与了一些小心翼翼的谈判来平息事态，让元老院可以向克劳狄乌斯宣誓效忠——紧张的几天过后，后者同意了。随后，元老院通过决议，就像它曾经为提比略和卡里古拉所做的，将元首必要的传统权力授予克劳狄乌斯。治权将由百人队大会授予，保民官权由部落大会授予，把久远过去的惯例同以宫廷和近卫军作为最高权力的体系的现实结合起来。

克劳狄乌斯认识到自己的地位并不稳固，尽管他获得了一些最有权势的宫廷释奴和近卫军的效忠。他登基几个月后，达尔马提亚总督企图发动的叛乱让他确信需要赢得自己的军事荣誉。对尤里乌斯·恺撒着迷的克劳狄乌斯着手完成前者未完成的一些国内计划，他选择了不列颠作为展示自己军事才能的场所，开始进行必要的人马调动。他任命奥卢斯·普劳提乌斯（Aulus Plautius）指挥远征，这位忠诚的将军与旧贵族没有明显的关系，因此在取得非凡胜利的情景下也不太可能争夺皇位。

普劳提乌斯是个出色的选择。这位有才干的将军得到了一些出色下属的支持，包括有个叫韦斯巴芗的人，此人是一名骑士拍卖师之子，和他的哥哥一起成了元老。与普劳提乌斯一样，韦斯巴芗也是那种来自意大利落后地区的"新人"，愿意利用这条元老院快车道来展示自己的勇气。正如指挥官是新人一样，这也是新模式罗马军队的第一次重要出击，他们主要来自西班牙北部和莱茵兰。因此，具有讽刺意味的是，入侵凯尔特不列颠的将是一支主要由凯尔特人后裔组成的军队。

最初的入侵足够顺利，在南不列颠的统治者们的支持下，普劳提乌斯的军队一路打过了泰晤士河，进入伦敦地区，韦斯巴芗在那里表现出色。公元43年9月，克劳狄乌斯离开罗马，在不列颠岛上住了两周（身边带了一些战象），然后撤到更加宜居的里昂地区过冬。公元44年春天，他回到罗马，举行了凯旋式。

凯旋式固然是一场庆祝，但也表明克劳狄乌斯无意从不列颠撤军——作为一项政策而言，这算不上是什么好计划。后卡里古拉时代捉襟见肘的财政意味着，现在仍然由 25 个军团组成的军队，其中只有不超过 3 个能够被用于这场征服。这点人马不足以完成任务——即便再加上主要来自与这些军团相同地区的大批辅助军。因此，普劳提乌斯不得不依靠大约 3 万人在岛上推行全新的政治秩序。

军事征服既然不可能，那么需要的就是外交与温和的劝说——这是城市文化中更有吸引力的方面。得益于人们常常在可以擦除的木底蜡版（保存在不列颠的大量泥炭沼泽中）上书写这个事实，我们可以发现大陆文化的证据，因为有定居点开始形成，而笔在蜡上划过为我们留下了通信的痕迹。科尔切斯特是作为退伍老兵殖民地而建立的，伦敦则迅速发展为重要港口。在伦敦发现了那段时间留存下来的几块写字板，其中一块为软实力的传播提供了重要证据：

> 他们在整个广场上夸耀，你借给了他们钱，因此，为了你自己的利益，我请求你不要显得不光彩……这对你自己的事没有好处。
>
> ［《罗马伦敦的初啼》，30，汤姆林翻译（改写）］

在最初的征服过去仅仅几年后，这里就出现了一座拥有可以被称为广场的商业中心的城市，而且——对伦敦的腹地来说足够合适——有位银行家的经理担心他的行事方式不够得体。我们无从知道写字板上提到的人究竟来自何方，但他们更可能来自莱茵河畔的定居点，而非意大利本土。夸耀自己借到了钱的人应该是本地人；获得贷款证明他们得到了新当局的信任。那将成为一种有争议的身份。

奥古斯都的扩张停止了，因为罗马没有资源来弥补在日耳曼的损失。克劳狄乌斯的扩张也出于类似的原因而熄火了。在这里应该承认，虽然本书的主要论点之一是，帝国的成功是因为它有能力把不同民族整合进自己的治理体系（我们在本章结束之前将看到这个过程的一些很好的例子），但最初的占领阶段对于那些无法马上获利的人可能是残酷的。

作为罗马行省化的基本工具，合作与人口调查本质上是破坏性的。即便在叙利亚这样拥有官僚统治政府的地方，罗马人口调查官员（他们还将在那里设定基本的税率）的到来也非常令人讨厌。苏尔皮基乌斯·奎利尼乌斯的总督任期如此令人难忘的原因之一在于，公元 6 年他在叙利亚开展的人口调查导致了叛乱。人口调查官不会无所事事地坐着，同时听人们瞒报自己的财物和牲口。他们会窥探和打听，想方设法提高政府的收入。对于生活在温饱线上，并无有权势的朋友保护自己的人来说，这额外的负担可能是痛苦的。

爆发叛乱的不仅是叙利亚。对罗马税收评估的争议也是在巴尔干开始的叛乱的主要原因，还是阿尔米尼乌斯起义背后的因素之一。但那只是罗马行省化这场近乎完美的风暴的一部分，还包括推行罗马式的司法制度、经济改革和对当地政治的干预。献给公元 30 年执政官的一部罗马简史的作者维勒伊乌斯·帕特尔库鲁斯（Velleius Paterculus）告诉我们，在阵亡之前的那个夏天，瓦卢斯试图"用法律来软化那些他无法在战场上打败的人"（维勒伊乌斯·帕特尔库鲁斯，《罗马简史》，2.117.3）。"软化"并不总是人们在面对罗马法时会想到的。维尔钦格托里克斯反叛恺撒的原因之一是，恺撒在将一名部落酋长斩首前，对其施加了残酷的鞭笞这种罗马式的刑罚，而有位希腊显贵因为帮助自己的公民同胞免受"罗马式的死亡"而获得公开感谢。差不多与此同时，在日耳曼中西部的瓦尔德基尔梅斯（Waldgirmes）发展起来的一座罗马式的城市，则标志着罗马正在某些人中鼓励新的经济活动方式。恺撒曾表示他不屑于征服那些人，因为他们的农业化程度不足。此外，就在瓦卢斯的任期开始前不久，卢基乌斯·多米提乌斯·阿赫诺巴尔布斯（我们在内战时期提到过的那位格奈乌斯·多米提乌斯·阿赫诺巴尔布斯之子）一直在干预各民族在该地区的流动。塔西佗向我们提供了关于阿尔米尼乌斯所在的部落卡提人（Chatti）的政治形势的细节。该部落的两名首领是阿尔米尼乌斯本人和他的岳父赛格斯特斯（Segestes），"两人都很著名，一位是因为守信，另一位是因为背信弃义"（《编年史》，1.55.2）。赛格斯特斯甚至在起义前夕试图警告瓦卢斯危险迫在眉睫。阿尔米尼乌斯的弟弟将在日耳曼尼库斯麾下效力，而赛格斯特斯的儿子则站在阿尔米尼乌斯一边。公元19年，在日耳曼尼库斯死后的某个时候，阿尔米尼乌斯本人将被暗杀。

在提比略统治时期的努米底亚，罗马当局与越过撒哈拉边缘的部落之间爆发了七年的冲突。后者的领袖是个叫塔克法利纳斯（Tacfarinas）的人，和阿尔米尼乌斯一样曾在罗马军中服役。罗马行政官员很可能干预了传统的部落迁徙，就像他们在日耳曼所做的。公元28年，当提比略对统治失去兴趣时，生活在莱茵河口的弗里西亚人（Frisians）选择了反叛，而不是向罗马人支付他们负担不起的税金。提比略认定，他们不值得被重新征服。

弗里西亚人并非罗马唯一统治不起的民族。罗马体制的运作的确需要城市和合作者，而帝国内部的某些地区被认为过于麻烦，无法严密管理。土耳其南部的托罗斯山高原就是这样的一个地区——许多个世纪以来，那里以强盗活动著称，生活在乡间的强盗形象作为最可怕的国内恐怖分子进入了罗马人的意识。另一方面，在福音书对耶稣遭到处决的描绘中，人群希望赦免一个叫巴拉巴的强盗，这表明在某些地方，人们对强盗的看法很不一样。

在帝国的城市化程度较高和占领时间较长的地区，情况就截然不同了。在帝国各地，人们修建和改造建筑物，创造出符合他们需求的独特城市。在意大利，共和晚期时结合了宗教和商业空间的广场现在具有了更加明显的公共色彩，新建的神庙被用来崇拜皇帝家族和地方神明。此外还出现了凯旋门、新的市场建筑、改良的供水系统和其他参照罗马城原型的公共空间。更多的改善包括现代化的公共浴场（而且数量增加），石头砌的圆形剧场（公元1世纪至少有38座城市新建了这种剧场）和甚至更多的剧场——已知从公元前1世纪中期到克劳狄乌斯统治时期至少建成了175座。从富人的私人城市住宅的风格中也能看到改变，其中融入了微缩版的大型城郊别墅中的元素。

在西班牙、高卢和北非，改变则较为零星。当奥古斯都打败安东尼的时候，受意大利影响的城市定居点概念在那里还相对较新。在西班牙和高卢，罗马风格的城市形成的第一个标志是规划过的网格，用于在城墙之内容纳广场和神庙，公共浴场和剧场。这些网格可能受到在地中海东部早已流行的直线型风格影响，那是公元前5世纪的城市规划师希波达摩斯（Hippodamus）的创造；

在曾经是军事城镇的地方，它们也可能受到罗马军营的基本布局影响，用两条主街将城市分成四块。造访这些地区的人可能会注意到，圆形剧场仍然很少见，而且当地人通常对罗马凯旋门风格的建筑物不那么感兴趣。

在从迦太基时代起就有过一些重要城市的北非，对城市空间的改变将是在以广场为中心的新网格周围加上城墙。广场的一边通常是神庙，对面是长方形会堂，另两边则是商业建筑。广场之外的神庙往往位于主要街区的边缘，尽管浴场会被纳入生活区。其他地区差异是，北非城市更可能拥有圆形剧场，而不是精心设计的浴场，而西班牙城市可能有竞技场，以符合当地出色的牧马传统。

西欧的城市可能是在大部分被毁掉的凯尔特人定居点之上建立的。而欧洲东南部已经有了城市定居点的悠久传统，那里的情况截然不同。希腊城市往往已经拥有清楚的网格规划和它们自己的公共建筑形式，包括神庙、市议会厅和剧场。公元 1 世纪期间，许多此类城市的主干道上新增了柱廊，为商铺和献给杰出公民的雕像提供了空间。那里没有的是与意大利式发展具体相关的建筑类型——浴场、圆形剧场和竞技场。事实上，已知公元 1 世纪上半叶该地区仅有的两座浴场中，一座来自土耳其的库迈，由一位罗马长官捐赠，另一座由一名皇帝释奴在土耳其乡间的小城建造。

希腊城市的领袖既不愿用意大利风格的建筑来填充他们的公共空间，也对在公共或私人生活中使用拉丁语不感兴趣，因此意大利定居者学会了用希腊语交流。这条语言分界线始于杜拉基乌姆（Dyrrachium）周围的亚得里亚海沿岸，在罗马剩下的历史中将一直延续。从那里开始，直到北非昔兰尼地区（今利比亚的一部分）的宽半圆形区域内，希腊语将是主导语言。而在杜拉基乌姆以北，在伊利里亚和延伸到多瑙河的地区，拉丁语将占据主导，直到顺着多瑙河南下到达色雷斯北部地区，希腊语才开始重新占了上风。

在西部，虽然罗马政府愿意允许人们用凯尔特语和布匿语同他们的长官交流，但软实力的压力，再加上对能够参与有统治权的城市文化的迫切渴求，都往往会让人们采用拉丁语作为公共表达和书面语言，即便他们继续用传统语言交谈。

在现代希腊所在的地区，几乎所有人都说希腊语。在今天的土耳其地区，希腊语是城市的首选语言，就像几个世纪以来那样，但也说其他语言，诸如吕西亚语、卡利亚语和吕卡翁语（路加提到，土耳其南部的吕斯特拉人用吕卡翁语向保罗打招呼）。在传统的闪米特语地区和埃及，当地语言继续与希腊语一起被用于书面和口头交流。采用这些语言的传统表达不仅仅是为了方便起见，也是在面对希腊化时代的希腊王国经常采取的公然的种族主义政策时的一种身份政治手段。罗马人在闪米特人土地上的统治有一个特异之处，即尽管有越来越复杂的本地方言作品，但希腊语在日常生活中的使用却越来越多。使用希腊语和阿拉姆语的能力让公民能够在帝国的官职体系中获得一席之地。

由于东方城市的文化传统得以保全——而且在一定程度上还得到罗马官员的推动，他们乐于看到自己统治的民族拥有令人印象深刻的过去，这些城市的领袖找到了许多方式来表达他们同帝国政权的联系。在亚细亚行省最重要的城市以弗所，位于城市中心的市场区的北侧新增了一座凯旋门，由奥古斯都的两名释奴马泽乌斯（Mazeus）和米特拉达梯建造。在阿芙罗狄西亚斯，尤里乌斯·恺撒极其富有的释奴盖乌斯·尤里乌斯·佐伊鲁斯修建了一座带柱廊的新剧场，以庆祝他从奴隶变成富人。还有人开始建造向奥古斯都致敬的宏大神庙，神庙前有一座精美的柱廊，上面装饰的图像回顾了奥古斯都的胜利，并用当地有代表性的习语描绘了皇帝家族的成员。阿芙罗狄西亚斯这座城市得名于希腊版本的维纳斯（尤里乌斯·恺撒家族的始祖），还拥有重要的大理石采石场，它通过自己的雕塑师群体与罗马连接起来，而且作为"自由市"，它在技术上独立于罗马的统治。

城市有的是自由的，就像阿芙罗狄西亚斯那样，有的要向罗马纳税；乡间地区有的被城市控制，有的是皇帝的个人财产，其收入被纳入他的个人财库，并由像我们在上一章看到的奥菲利乌斯·奥尔纳图斯这样的代理官管辖。

纳税城市中，有的要比其他的更加平等，它们被选为行省公

图 22　阿芙罗狄西亚斯的奥古斯都神庙

民大会（conventus）中心，意味着它们实际上成为地区治所，总督将每年一次出现在那里，开设巡回法庭。取得超过其他城市的地位的另一种方式是被认可为皇帝家族的行省崇拜中心。所有的城市可能都有皇帝圣所——在意大利和其他地方都是如此，但在意大利以外，行省是围绕着被皇帝认可的中心组织起来的，在当地召开的大会上要向皇帝致敬。统治者崇拜的地方组织在托勒密王朝和塞琉古王朝统治下有过重要的先例，但这种组织现在得到了加强，因为行省公民大会将与帝国官员协商决定他们将要采取的行省崇拜形式。崇拜由此具备了巨大的实际价值，因为被承认为行省崇拜的大祭司标志着那个人具备了非常重要的地位，而这通常是渴望在帝国统治体系中占据一席之地的家族热衷选择的跳板。

虽然在公元14年时已经完全确立，但与奥古斯都政权的其他方面一样，行省崇拜发展缓慢。公元前12年，是德鲁苏斯在里昂发起了这种崇拜，他可能受到奥古斯都当选大祭司的启发。当他对三个行省——涵盖了恺撒在描述自己的征服时提到的那三个高卢地区，即北面的贝尔吉卡，西南面的阿基塔尼亚，以及罗讷河谷和大西洋之间的高卢本土——进行人口调查时，不满情绪开始涌动。公元前12年8月1日，可能是借当地显贵召开定期会议（始于恺撒时代，也可能更早）之机，德鲁苏斯在索恩河和罗讷河的交汇处建起了一个祭坛，那里将成为每年由一位从高卢领袖人物中选出的大祭司举办的节日的中心。李维提到——他认为这是重要的发展——他们中的第一位是个叫盖乌斯·尤里乌斯·维尔孔达里杜布努斯（Gaius Julius Vercondaridubnus）的埃杜伊人。

三年后，亚细亚总督保卢斯·法比乌斯·马克西姆斯（Paullus

Fabius Maximus）致信行省大会，指示后者如何正确地崇拜奥古斯都。在这份充斥着帝国政权意识形态的文件中，他强调说，统治者崇拜的发展是当地群体和帝国政府代表之间的辩证过程，而非出自奥古斯都本人头脑的某种宏大计划。在这篇非常长的文件的一个关键段落中，法比乌斯写道：

> 无论最神圣的恺撒的生日是更快乐，还是更加有用的日子，都有理由将其作为一切的开始，他将一切陷入混乱和不幸的东西恢复用途，即便没有恢复它们的天然状态，他让整个世界具有了不同的面貌，如果不是恺撒造福所有人的降生，这世界很可能会毁灭……由于谁也找不到比他的生日这一所有人的幸事更加幸运的日子来开始任何工作，无论是对于公众，还是作为个人，而且它还差不多是亚细亚所有城市的执政官就职的时间……而且一方面很难向他的善行致以相应的敬意，除非设法对它们分别采用不同的方式；另一方面，如果通过他的统治能让人们增加快乐，那么他们就会更高兴地庆祝这个所有人共同的生日。
>
> （《来自希腊东方的罗马文献》，65）

法比乌斯继续表示，因此新年应该从 9 月 23 日，即奥古斯都的生日开始。亚克兴战役后召开的行省大会已经在士麦那和帕加马设立了对罗马的崇拜，而且由于大部分地方已经将奥古斯都的生日作为新年的开始——这种做法源于之前对希腊国王的崇拜，让整个行省将 9 月 23 日作为元旦是合理的。大会随后通过决议，接受了总督的建议。在不同寻常的修辞的背后是实际的行政观点，几年后的公元 11 年，恺撒开始自己征服生涯的山外高卢行省接受了同样的做法。

　　克劳狄乌斯急于创造出能让不列颠恢复和平的制度，在科尔切斯特为自己设立了行省崇拜。由于这一崇拜是强加的，而非有机发展起来的，因此并不太成功。但后来，在回顾克劳狄乌斯的统治时，塔西佗看到了文化的发展。公元 48 年，在与卢基乌斯·维特利乌斯（就是我们在本章开头提到的那位叙利亚总督）共同担任监察官的任期最后，克劳狄乌斯敦促元老院允许通过在作为罗马自治市的高卢城市担任公职而获得公民权的人有资格进入元老院。一些元老担心自己的地位会被更富有的人取代，反对高卢人加入，声称因为他们是罗马祖先的敌人的后代。克劳狄乌斯驳斥了他们的抱怨，他援引了历史上的各种例子——有的来自他本人于自己在政治上寂寂无闻的时期写的史书，有的是来自李维的片段。塔西佗引述了他的演说，将其变成关于罗马是如何从一个拉丁城邦变成地中海共同体的声明。"我并非不知道"，他笔下的克劳狄乌斯表示：

　　　　尤里乌斯氏族来自阿尔巴，科伦卡尼乌斯氏族来自卡梅里亚，波尔基乌斯氏族来自图斯库鲁姆，而且不必查阅古老的历史就能知道，伊特鲁里亚、卢卡尼亚和整个意大利都被纳入了元老院，最终意大利本土扩展到了阿尔卑斯山，因此不仅是个人，而且各个国度和民族都被统一到罗马人的名下……平民长官取代了贵族长官，平民长官之后是拉丁人长官，拉丁人之后是来自意大利所有其他民族的长官，这一切我们现在认为是最为古老的；有朝一日，我们认为是新的东

西会变成旧的，我们今天依据旧例抵制的东西也将变成人们
所用的例证。

（塔西佗，《编年史》，11.24—11.25）

历史的确站在克劳狄乌斯一边，但在他担任监察官的时候，
他的确也面临着一些个人问题。当他登上皇位时，他的妻子是瓦
雷利娅·梅萨利娜，与他育有两个孩子：女儿屋大维娅和一个名
叫不列颠尼库斯的儿子，以纪念不列颠战争。对双方来说不幸的
是，他们的婚姻在公元 48 年时已经处于非常糟糕的状态。克劳狄
乌斯和梅萨利娜都有各自的情人，后者据说还是一个向富有的行
省人兜售罗马公民权的宫廷团伙的核心成员。有传言说她与一名
头牌妓女比赛谁能在一晚上与更多的男人交欢，并赢得了竞赛，
即便这个故事是假的，她的确在设法摆脱婚姻，而她困难的根源
在于，她与一名释奴闹翻了，后者和维特利乌斯决定了她丈夫能
够听到建议。

那年秋天，她与下一年有望担任执政官的西里乌斯成了相好，
搬进了他的家，还举行了戏仿婚礼。戏仿罗马生活的制度（特别
是贵族婚礼）和性放纵的宴会并非鲜为人知——奥古斯都时代的
禁欲主义早已真正成为历史，但此举有让皇帝显得愚蠢之嫌，后
者当时在奥斯提亚。他的释奴很快安排将梅萨利娜处决，并逮捕
了她的几个情人，以叛国罪名将他们处死。

不过，在其最亲密的副手看来，没有了妻子的克劳狄乌斯并
不安全。当时，宫廷当权派的成员——包括帮助扳倒塞扬努斯
的安东尼乌斯·帕拉斯，参与推翻卡里古拉的卡里斯图斯，以及
被克劳狄乌斯释放的奴隶那喀索斯——对于谁应该成为他的新

妻子展开了争论。帕拉斯非常青睐日耳曼尼库斯的女儿，马尔库斯·埃米利乌斯·雷必达曾经的情人，也是克劳狄乌斯侄女的尤里娅·阿格里皮娜。她和第一任丈夫格奈乌斯·多米提乌斯·阿赫诺巴尔布斯（三头时代那位海军元帅的孙子）育有一子，比不列颠尼库斯大四岁；她与梅萨利娜关系恶劣，而且身体健美（她喜欢游泳）。维特利乌斯认同帕拉斯的意见，克劳狄乌斯也对她神魂颠倒。元老院通过决议，批准了这一按照任何标准都是乱伦的结合。两人在公元49年初结婚，克劳狄乌斯收养了阿格里皮娜的儿子，后者从此被称为尼禄，这是克劳狄乌斯家族典型的名字（尽管当时只有10岁，但不列颠尼库斯已经认识到威胁，坚持称他的新哥哥为多米提乌斯）。

　　阿格里皮娜高调而高效地扮演起新角色。到了公元51年，她已经用自己的人阿弗拉尼乌斯·布鲁斯（Afranius Burrus）取代了被控与梅萨利娜关系过近的近卫军长官；她还将塞内卡从流亡中召回，让这位个人名誉有点问题的著名知识分子成为尼禄的老师；她还在自己出生的那座位于莱茵河谷的城市建立了殖民地。那个地方曾经叫作乌比人（Ubii）祭坛，从此被称为阿格里皮娜殖民市（colonia Agrippensis），即今天的科隆。在罗马，她加紧推动尼禄被宣布为长继承人，并安排他与10岁的屋大维娅订婚（尽管他们严格说来是兄妹）。她打造了炫目的公共形象：人们将记得她在公元52年穿的金色服装，当时克劳狄乌斯为庆祝排干弗基纳湖（Fucine lake）而举行了模拟海战，他们也会记得她出席公元50年的盛大军事庆典，那是为了庆祝擒获不列颠罗马军队的抵抗者领袖卡拉塔库斯（Caratacus）而举行的。这次活动被与"阿非利加征服者"西庇阿对迦太基人和埃米利乌斯·保卢斯对马其顿的伟大胜利相提并论。

公元 53 年，皇位更迭的基础已经就绪。尼禄开始接管越来越多的公共角色，而且凭着塞内卡提供的材料，他用自己的演说风格打动了人们。从来不喜欢阿格里皮娜的那喀索斯一直试图设法阻止尼禄登基并保护不列颠尼库斯，这让阿格里皮娜有点不安，因为克劳狄乌斯对此人言听计从，随着自己健康的恶化，他表现出青睐不列颠尼库斯的迹象。皇帝的日渐衰弱造成了一个后果，其重要性在当时被低估：由于没有皇帝的指示，东方行省的罗马官员没有干预亚美尼亚反复出现的动荡。这个问题将会加剧，很快需要设立特别的指挥官职务。但那还要留待以后。

公元 54 年 10 月 13 日夜，克劳狄乌斯突然昏厥。据说他在为祭司举办的宴会上晕倒了，但这似乎是为了掩盖真相而散播的故事：阿格里皮娜不久前咨询过一名专业下毒者，喂皇帝吃了毒蘑菇。10 月 14 日，当已经确保皇帝死去，葬礼的必要准备也已完成后，宫门开放，尼禄被带到近卫军营地，接受了他们的宣誓效忠。元老院随后通过了赋予他皇帝权力的习惯法。据说当天尼禄给卫队的口令是"最好的母亲"。克劳狄乌斯获得了精心准备的葬礼，被宣布为神明；他的骨灰被安葬于奥古斯都陵。

17 岁成为皇帝的尼禄对这个角色没有什么兴趣。阿格里皮娜则不是这样，她要干掉一些对手。那喀索斯在克劳狄乌斯的葬礼前不久死去，她还派刺客去对付亚细亚总督马尔库斯·尤尼乌斯·西拉努斯。西拉努斯的母亲埃米莉娅·雷必达是奥古斯都的曾外孙女，阿格里皮娜担心西拉努斯会比尼禄更受青睐，因为他有血统，年龄更长，而且有公共生活的经验。塔西佗宣称，布鲁斯和塞内卡此时介入，阻止了阿格里皮娜屠杀其他她不喜欢的人。

尼禄本人对不列颠尼库斯下了毒手，后者在第二年年初的宴会上被毒死。据说人们表示此事并不那么糟糕，因为权力是无法分享的。韦斯巴芗的长子提图斯是赴宴者之一，他本人有朝一日也需要考虑这些问题。

作为太后，阿格里皮娜的角色是避开聚光灯，但她觉得那很难。她勉强同意不亲自接见前来通报亚美尼亚问题恶化的使者。不过，虽然身处幕后——完全的字面意义，使者觐见尼禄时，她就藏在帘子后面，但她不太可能没有对所发生的事施加影响。

选择多米提乌斯·科尔布洛（Domitius Corbulo）担任增兵后的叙利亚军队的统帅就是一个例子。作为父亲从未担任过执政官的第二代元老，此人不会是尼禄的明显对手；但与韦斯巴芗、普劳提乌斯和苏维托尼乌斯·保利努斯（Suetonius Paulinus）一样，他也非常能干。

当科尔布洛在东方作战，逐渐恢复了罗马对亚美尼亚的控制时，罗马的一些动向对于尼禄事实上是否适合统治，或者能否在没有他母亲的情况下统治提出了疑问。两人的关系迅速恶化。尼禄的举动之一是淡化了自己被收养的重要性。与此同时，塞内卡写的一部作品取笑了克劳狄乌斯的封神，而为纪念他建造的神庙的工程也停滞了。

尼禄也不喜欢自己的妻子屋大维娅，很快与女释奴阿克特（Acte）有了外遇。阿格里皮娜感到震惊，明确表示了不认同。后来，他又开始与波派娅·萨宾娜有染，那是提比略最信任的一位下属的孙女，同样热衷于成为皇后。阿格里皮娜担心儿子忘记了他对皇位的主张是通过克劳狄乌斯获得的；她一生都在宫廷中活动，非常明白如果没有关键的血缘关系，这个家族就没有什么理由主张皇

图 23　波派娅·萨宾娜像，来自公元 62/63 年在叙利亚塞琉西亚打造的一枚钱币

位。她坚持要他保持婚姻关系，不管还和谁上床。尼禄并不把这当回事。为了方便与波派娅的关系，他让后者与自己的朋友奥托假结婚——奥托曾指导他在脚上涂香水的调情手法。但这并没有奏效。公元 59 年的春天，尼禄彻底沮丧了。他决定谋杀自己的母亲。

　　这次暗杀本该看起来像一场意外。尼禄邀请阿格里皮娜和自己一起去巴伊埃，告诉她想要修复两人的关系。然后，他让母亲坐船游览那不勒斯湾。船被做了手脚，一旦出海，她所坐的船尾就会脱落。事情也确实这样发生了。但结果并不是尼禄想要的。阿格里皮娜仍然是个有力的体育健将，而且足够聪明地意识到何时有人试图害她。她游到了岸上，被她在当地拥有的一处别墅的仆从救下。他们给她的儿子传信说，她从一场意外中生还。慌乱中，尼禄派出一队卫兵去杀害她，并放出风声，称其曾试图谋害**他**。这次他成功了。

　　人们为阿格里皮娜举行了私人葬礼；她的仆人们收藏了骨灰，等到尼禄被推翻后，他们为她竖立了纪念碑。塔西佗提到，这纪念碑在他的时代类似于一个旅游景点。

第28章

王朝兴亡

阿格里皮娜的遇刺最终被证明对他的儿子也是致命的。一边是能干的宫廷部属，一边是元老院中的活跃元素，主要由依靠现政权获得显赫地位的新家族组成，阿格里皮娜认识到，需要通过两者的结盟来行使皇帝权力。老家族是危险的，因为他们可能会声称，自己祖先对于赢得帝国的贡献不次于尤里乌斯、克劳狄乌斯或多米提乌斯家族，甚至犹有过之。尼禄将永远无法解决的问题是，能干的人希望他们的上级有一定的能力。

就像他已经厌倦了阿格里皮娜，他也厌倦了后者安排在他身边的官员，尽管他们能干且过分忠诚——他们没有揭穿他关于母亲的谎言。但如果他摆脱了塞内卡和布鲁斯，谁会接替他们呢？尼禄的个人嗜好——酒色、赛车和表演艺术——让他不可能每天与擅长管理复杂官僚体系的人联系起来，或者能够保持对他们的紧密控制，因为他们是通过迎合皇帝的心血来潮而获得自己的地位的。

公元62年将发生剧变。布鲁斯死了，塞内卡退隐，帕拉斯也死了，后者在公元55年的被黜是尼禄对自己的傀儡角色不满的警告。人们认为他是被毒死的。现在，那些获得提拔的人中最重要的是奥佛尼乌斯·提格里努斯（Ofonius Tigellinus），出身性服务和赛车马匹的行当。他从治安长官（由阿格里皮娜授予，她和自己的第一任丈夫分享了此人的特色业务）被提拔为近卫军长官。屋大维娅的未来显然处于危险中，但由于人们对尼禄谋害母亲的丑闻记忆犹新，他还不敢对她下手，无论波派娅多么急切地想让他娶自己。

提格里努斯有一批盟友，包括两位元老，他们是他的岳父科苏提亚努斯·卡皮托（Cossutianus Capito）和以演说才能闻名的伊庇鲁斯·马尔克鲁斯（Epirus Marcellus）。在宫廷中，卡皮托与马尔克鲁斯同新近得势的释奴结盟，比如来自秘书部门的以巴弗提（Epaphroditus），以及财政部门的波吕克里托斯（Polyclitus）和赫里俄斯（Helius），后者在管理亚细亚的皇帝土地时为阿格里皮娜执行了一桩政治谋杀。

随着尼禄的小圈子发生变化，将削弱他的控制的一系列危机从不列颠拉开帷幕。如果塔西佗所言属实，此事的直接原因是皇帝私人财库的一位行政官员的不端行为。由于塔西佗未来的岳父当时正随不列颠驻军服役，塔西佗很可能是对的，这就是直接原因。但也有我们在上一章中讨论的其他因素。不列颠社会内部存在深刻的分歧，一边是从罗马人的到来中受益的人，一边是没有得到好处的人。此外，罗马行政当局对当地的权力结构完全缺乏尊重。

当时的总督苏维托尼乌斯·保利努斯可能不太关心行省内部的分歧和动荡。苏维托尼乌斯（与那位传记作家不是亲戚）自认为可以与多米提乌斯·科尔布洛竞争"本时代最伟大将军"的头衔。两人都着手撰写回忆录，这是自西塞罗时代以来没有过的事情，表明贵族文化发生了微妙的变化，从把一切胜利归功于皇帝转向元老可以期待个人成就得到认可的氛围——作为国家的公仆，而非元首的竞争者。对不列颠人来说，有一位适合前奥古斯都时代的总督让情况变得更糟。

苏维托尼乌斯的目标是完成对威尔士的征服，那里聚集了出于宗教动机而反对罗马统治的人，以莫纳岛（Mona）为基地。作为凯尔特人世界的宗教领导者，德鲁伊教徒与罗马国家的对立由来已久，后者的兴趣不在于宗教上的一致性——在一个地方身份与地方崇拜紧密相连的世界里，这是荒谬的概念，但罗马国家对它认为是破坏社会稳定的宗教持否定态度。公元前186年，以不道德为由对酒神崇拜的镇压就是一个例子；更新的例子是在与克娄帕特拉的冲突中，元老院禁止了"埃及的仪式"。

亚克兴战役后，随着罗马现在五方杂处的人口带来了自己的崇拜形式，埃及的仪式回归了意大利，特别是伊西斯和塞拉皮斯崇拜。提比略再次禁止塞拉皮斯崇拜，将其信徒与罗马城的部分犹太人社群一起流放到撒丁岛，命令他们镇压当地的强盗。这发生在公元19年，当时人们对涉及元老等级妇女的公共道德问题感到担忧：有个元老等级的妇女公开登记为妓女，另一个被扮作埃及神明的男子欺骗（我们不知道犹太人社群在其中扮演了什么角色）。禁令并非非常有效，意大利再次出现了庞大的犹太人和埃及人社群。事实上，欧洲的犹太人社群很早就与拿撒勒人耶稣的信徒有了接触。

鉴于罗马在打压宗教团体方面通常兴趣有限，国家对德鲁伊教徒的态度令人吃惊。克劳狄乌斯查禁了德鲁伊教，显然是因为这些教徒进行罗马憎恶的人祭。恺撒曾提到，他们会把人装在柳条笼子里烧死。此外，有考古学证据表明，凯尔特人的宗教场合上会有仪式性地将人溺死的例子。苏维托尼乌斯将大部分军队派往莫纳，意图消灭德鲁伊教徒。

不过，在他发动进攻的时候，在科尔切斯特城外工作的皇帝财库管理官德基亚努斯·卡图斯（Decianus Catus）犯下了一桩暴行。伊克尼（Iceni）部落的首领去世后，他的王国被留给了罗马。当他的遗孀布狄卡（Boudicca）抗议卡图斯的人在接管她丈夫财产时的野蛮时，她遭到鞭笞，她的女儿们被强暴。凌虐某个地位尊贵的人通常可能不会引起叛乱，但只会加剧对科尔切斯特定居者的积怨，以及像我们在上一章中提到的银行家那样的人的活动所引发的经济动荡。

作为一位充满魅力的领袖，布狄卡开始着手消除罗马文化的全部痕迹。卡图斯逃往高卢后，她的军队摧毁了科尔切斯特，伏击了一支被派来守卫该城的部队，造成大量伤亡，还焚毁了罗马人在伦敦的新兴定居点。从考古学记录中仍能看到她的军队放火的猛烈程度，但在自己的家乡之外，她的追随者并不太多，因此苏维托尼乌斯不费力地用相对较小的兵力消灭了她的军队。不过，第二年冬天他对她的人民的野蛮行径导致他被撤换，因为新任代理官尤里乌斯·克拉希基亚努斯（Julius Classicianus，有不列颠血统）向宫廷提出了控诉。

布狄卡的叛乱从公元 60 年开始，一直持续到公元 61 年。当时，科尔布洛已经解决了亚美尼亚的继承问题，扶植从罗马派来的另一位提里达提斯成为新的国王。科尔布洛战术的野蛮程度不次于苏维托尼乌斯的，两人行动的残暴与在行省中兴起的军队文化不无关系。

军队正在成为一个特权阶层。士兵们的报酬相对很优渥，奥古斯都对婚姻的禁令没能阻止他们同当地人口的大规模互动。不过，由于他们的存在基础是他们代表了一种远方势力的这种观念，士兵们属于一个封闭的共同体。他们来自帝国的不同部分，由军官统率，百人队长级别以上的军官则来自建立时间较长的行省的城市贵族。军官和行伍士兵的差距很难被消除，这加强了军团社会自我依赖的特点。

辅助军成为军队中日益重要的组成部分。军团和辅助军之间出现了可见的对立，后者通常在离家乡更近的地区服役，由在和平时代可能是地方城邦领袖的人统率。辅助军与军团一样善战，但他们不是罗马公民；此外，他们要服役 25 年，而不是 20 年，军饷也要低得多。虽然他们自认为代表了帝国的价值体系，但与当地人口的联系让他们可以在自己的城邦和整个帝国之间扮演桥梁的角色。

不列颠的杀戮和亚美尼亚的胜利可能让尼禄有勇气去做他多年来一直想做的事：与屋大维娅离婚。由于布鲁斯已死，而塞内卡被迫退休（有人暗示，他的放贷习惯是不列颠灾难的导火索之一），屋大维娅在宫廷中没有了盟友。她受到通奸指控，被流放并谋杀。但尼禄有点误读了形势：骚乱爆发，对罗马人眼中明显的不义提出了抗议。尼禄还是娶了波派娅，而她的前夫被派去担任卢西塔尼亚总督。皇帝的宴会变得越来越奢华，而且尽管已经与一个他似乎钟爱的女人结婚，他却开始公开进行性实验，比如同一名释奴举办模拟婚礼。他还鼓励上层阶级打破其他惯例——有些人会追随尼禄登上舞台，有的则签约成为角斗士。

在尼禄举办宴会的同时，东方的形势急转直下。被尼禄任命协助科尔布洛的凯森尼乌斯·帕埃图斯（Caesennius Paetus）搞砸了在亚美尼亚的一次行动，那里遭到了帕提亚军队的大举进攻。帕埃图斯的军队在科尔布洛的援兵到来前就投降了，现在帕提亚控制了亚美尼亚的王位。随后，科尔布洛获得了对全部东方行省的指挥权，被形容为"与'伟人'庞培相当"（塔西佗，《编年史》，15.25.3）。公元 64 年，他用自己的新权力协商达成协议，由尼禄在罗马为帕提亚人的亚美尼亚国王人选加冕。等到他的使者在两年后抵达罗马时，尼禄的统治已经岌岌可危。

那年夏末的一场大火烧毁了罗马的大片区域，即便尼禄没有像某些人声称的那样在灾难发生时吟唱了一首关于特洛伊被毁的诗歌，他的信誉也遭受了严重质疑。假消息可以变成真的，人们相信是他放的火。尼禄决定在帕拉丁山、卡伊利乌斯山和埃斯奎里努斯山的山坡上为自己建造名为金宫的宏大新居所，这分明表示，他将从火灾中获益。新建筑的进度快得令人吃惊。与此同时，尼禄遭遇了一次组织糟糕的政变企图，由元老院的高级成员盖乌斯·卡尔普尼乌斯·皮索发起，此人是半个世纪前同日耳曼尼库斯发生过争执的那位皮索的孙子。皮索在宫廷中没有其需要的人脉，而阴谋暴露让尼禄的支持者有机会干掉自己的大批对手。塞内卡被勒令自杀；他的侄子，被尼禄嫉妒的著名诗人卢坎遭遇了类似的命运。

皮索的阴谋让尼禄不安。第二年，有更多的人被逼自杀——这是干掉贵族的首选方法，包括盖乌斯·佩特罗尼乌斯，结束元老生涯后（包括作为叙利亚总督时的殊功），他曾为宫廷宴会的重要问题提出过建议。另一个人是特拉西亚·帕伊图斯：他总是因为坚持要求元老院认真关注被许多人认为是微不足道的事情而激怒尼禄和很多元老同僚，后来为了抗议阿格里皮娜被暗杀而退出了公共生活。他招摇地奉行品德高尚的生活方式，还自诩效仿尼禄的祖先小加图的行为举止（他为其写过一本书），这无情地反射出尼禄公开的反传统主义行为。如此明目张胆地拒绝遵守奥古斯都传统的人能够合法地主张奥古斯都创造的职位吗？

现在，关于帝国体系并非传统共和国的体系已经没有疑问，后者的运行方式在某些圈子里被和"自由"（libertas）联系起来。对某些人来说，自由意味着没有皇帝宫廷；另一些人认为新制度是对纷争不断的过去的必要改进。像小加图或庞培这样的人物可能成为新秩序成员的道德楷模，而恺撒被杀可能被认为是应得的下场。不过，即便这些观点在宫廷中得到支持，在一个宫廷不断掩盖丑行的世界里，自由能否出现，仍然是个问题。

当尼禄害死波派娅时，他的精神稳定性受到了更多质疑。波派娅当时正怀着他们的孩子，他对她进行了肢体攻击，导致她流产而死。他表现出极度的悔恨，据说在她的葬礼上大量焚香，让罗马城都变得刺鼻。

但可以相信他吗，即便是他自己的部属？公元66年末，他踏上了希腊之行，准备参加奥林匹亚、德尔斐、地峡和尼米亚的盛大的艺术和竞技节日，这些节日都为了迎合他而更改了日程。途中，他征召科尔布洛在科林斯见面，后者此时已经卸下了指挥权。科尔布洛到来后，尼禄让人暗杀了他。这成了最后一根稻草。人们将发现帝国的重大秘密，就像塔西佗所说的，"皇帝来自罗马以外"是可能的（塔西佗，《历史》，1.4.2）。

在尼禄前往希腊的同时，犹地亚爆发了叛乱。这场叛乱再次显示了罗马人在与不按照帝国体系推行的城市文化规则运作的高度传统社会打交道时面临的困难。这一次，罗马行政官员没有采取任何措施来解决非犹太和犹太人口之间长期的地区矛盾，作为一个派系林立的共同体，后者方便了激进派别的兴起。由于在统治该地区一部分的希律·阿格里帕国王的宫廷之外没有统治群体，情况变得更糟。没有人具备足够的影响力，能够在犹地亚内部斡旋，或者通过协商要求罗马实行合格的统治。结果，经过几个月的日益激烈的冲突，一个在耶路撒冷掌握了权力的激进团体说服圣殿祭司们停止为尼禄和罗马献祭。这等同于宣战。公元 66 年 11 月，局势进一步恶化，科斯提乌斯·伽鲁斯（Cestius Gallus）在耶路撒冷城郊的贝斯霍隆（Beth Horon）被彻底打败。

由于科尔布洛已死，而伽鲁斯明显无法胜任，尼禄的谋士们着手寻找新的将军来重启犹太战争，并为叙利亚寻找一位新总督。他们选择了韦斯巴芗接手战争的指挥权，由李基尼乌斯·穆基亚努斯（Licinius Mucianus）取代伽鲁斯在叙利亚的职务。穆基亚努斯与伽鲁斯被认为不睦。已经十五年没有登上战场的韦斯巴芗可能不是最好的选择，特别是因为据说他在尼禄的一场艺术表演中一直在睡觉，但他在宫廷内有人脉。他的哥哥弗拉维乌斯·萨宾努斯（Flavius Sabinus）在宫中深受信任，他多年的伴侣安东尼娅·卡伊尼斯帮助揭发了塞扬努斯的阴谋。

但韦斯巴芗可不笨。他与宫廷打交道的时间足够长，明白赢得战争是危险的——他可能想到了苏维托尼乌斯·保利努斯被逼退休，科尔布洛被杀害。公元 67 年，在率军进入加利利作战的同时，韦斯巴芗与其他想要推翻尼禄的人建立了联系。到了当年年末，阴谋可能早就在准备中了，参与者包括了尼禄所谓的朋友奥托，以及年老无子的北西班牙总督加尔巴。

虽然只是一个释奴，却在罗马负责管理皇宫的赫里俄斯听到风声，于是致信尼禄，建议他马上返回意大利。但尼禄无视他的建议，在希腊一直待到秋天。公元 68 年 3 月，阿基塔尼亚总督尤里乌斯·温德克斯宣布对罗马元老院与人民效忠，因此声讨了尼禄。韦斯巴芗马上停止作战，因此他无疑知道将要发生什么。罗马出现了骚乱的迹象，近卫军副长官宁菲狄乌斯·萨宾努斯（Nymphidius Sabinus）与阴谋者有联系；与此同时，提格利努斯突然停止行动，坐视温德克斯的谴责布告在城中流传。一个小插曲是，当上日耳曼总督维尔吉尼乌斯·鲁弗斯（Verginius Rufus）率军在维松提奥［今贝藏松（Besançon）］城外与温德克斯交战时，他对自己的部下失去了控制。温德克斯的人马被屠杀，他本人也自杀了。军队要求维尔吉尼乌斯·鲁弗斯担任元首，但他拒绝了，宣布自己忠于加尔巴。

公元 68 年 6 月 9 日，尼禄正确地猜到自己被背叛了，于是逃离皇宫，前往一名释奴家中。这可能是个陷阱。听到追兵到来，担心受辱的尼禄选择了自杀。在宁菲狄乌斯·萨宾努斯的鼓动下，近卫军拥立加尔巴为皇帝。元老院也照做了。尼禄被埋在多米提乌斯·阿赫诺巴尔布斯家族的墓地，被象征性地逐出了奥古斯都王朝。

加尔巴没有孩子这点非常重要，因为这让他可以通过协商来寻找继承人。各个派别都提供了自己的候选人。其中之一是宁菲狄乌斯，他自称是卡里古拉的私生子，开始以临时皇帝自居。当他发现自己无法永久获得这一职位时，他试图在近卫军营地发动政变。正在经历一丝买家后悔症的近卫军杀死了他。

其他认为自己应该成为候选者的人包括奥托，他得到了来自宫廷内部的支持。另一个人似乎是韦斯巴芗的长子提图斯，他被派往罗马，他的舅舅弗拉维乌斯·萨宾努斯正在那里为他制造舆论。加尔巴是个社会地位方面的势利眼，不愿选择在家族历史方面不如他家悠久的人作为继承者。他可能还是个目光短浅的人。帝国最强大的军队来自上下日耳曼，有足足 8 个军团，而加尔巴更换了两地的指挥官，从而引发了混乱。他将维尔吉尼乌斯·鲁弗斯从上日耳曼调离（声称这是因为其背叛了尼禄，而非表示他不完全信任此人），用一个年老的无名之辈取而代之。然后，他又默许杀害了下日耳曼总督，后者据说在密谋反对他。他任命克劳狄乌斯老朋友的儿子卢基乌斯·维特利乌斯接替死去的总督，用一个真正的密谋者替代了所谓的密谋者。

维特利乌斯知道，想要夺得皇位，自己需要邻近行省的军队支持。他开始进行准备，与同加尔巴不和的副将卡伊基纳和瓦伦斯活动，利用上日耳曼总督的软弱无能，并拉拢那些认为自己没有因背叛尼禄而得到足够回报的士兵。维特利乌斯认为出身仍然重要，他可以标榜自己三次担任执政官和监察官的著名父亲给了他像维尔吉尼乌斯这样的人所没有的地位。

公元 69 年 1 月 1 日，当上日耳曼的军团拒绝向加尔巴宣誓效忠，而是表示忠于罗马元老院与人民时，叛乱开始了。这确保了维特利乌斯在向意大利进军之前不会面临地区内战。此时，他本人还没有自立为元首，而是自称罗马的代表。支持者给了他一柄尤里乌斯·恺撒本人用过（！），被安放在科隆的马尔斯神庙的剑。

一切都按照计划进行，到了 1 月中旬，入侵意大利的计划已经在准备中了。此时，加尔巴已经死去，维特利乌斯面对的将是奥托。

加尔巴拒绝了所有人的建议，选择皮索作为养子。此人刚刚从流放中回归，并非来自公元 65 年的密谋者所代表的那个家族分支。他是恺撒的岳父——公元前 58 年执政官——的重孙。塔西佗描述了加尔巴的一次演说——与塔西佗笔下的其他演说一样，这只是概括了发言的大意，而非实际说过的话，后者在演说中对将这两个历史悠久的家族联系起来感到高兴，宣称收养让他有机会找到最好的人作为自己的继承人，国家不再像尤里乌斯和克劳狄乌斯家族的个人财产那样被继承。塔西佗的话中带有强烈的反讽，因为虽然他在这里描绘的可能是当时的皇帝收养的理念，但他显然看到，经历如此匮乏的人完全无法应对危机。在维特利乌斯叛变的消息传到罗马后的几小时内，收养的决定得到确认。

奥托马上在近卫军中组织了一个集团，用他能够信赖的人去拉拢其他人。1 月 15 日，他的阴谋得以实现。获悉近卫军拥立了其他人为皇帝后，加尔巴犹豫不决，然后让人把自己带到广场上，奥托的人拦截了他的坐辇，把他斩首。不久，皮索也被杀害。在总结加尔巴的职业生涯时，塔西佗指出，所有人都认为，"他有当皇帝的能力，如果他没有当过皇帝的话"（capax imperii nisi imperasset）（塔西佗，《历史》，1.49.4）。

形势发展得很快。公元 69 年 4 月初，维特利乌斯（他无所事事的老饕之名更多是谣言，是内战宣传的结果）在阿尔卑斯山对面集结起一支 2 万人左右的可观的作战部队，由卡伊基纳和瓦伦斯统率，而奥托只是在罗马周围拼凑起一支部队。在波河河谷进行了一些小规模的战斗后，双方军队有一些意外地遭遇了。奥托的人马因为长途行军而疲惫不堪，接着又在艰苦的战斗后被打败，逃到了附近的小城贝德里亚库姆（Bedriacum）。这完全算不上决定性的失败，而且巴尔干的驻军正赶来援救奥托，来自默西亚（今天塞尔维亚、罗马尼亚和保加利亚的一部分）的那部分军队已经抵达了意大利北部。但奥托的意志崩溃了。与高级官员会面后，他自杀了。塔西佗指出，他第一个"将皇帝权力交给了新的家族"（塔西佗，《历史》，2.48）。①

维特利乌斯登基的障碍解除了，他将以尊重政制规范的方式来实现这点。他直到 5 月才称帝，当时他按照法规被授予了皇帝权力。但早在那之前，他就曾给了自己的政权致命一击。他还没有抵达意大利，贝德里亚库姆大捷的消息就已传来。在里昂举行的胜利庆典上，他宽恕了奥托的将军们，他们公开承认，背叛他们的皇帝是因为后者给他们部下的糟糕待遇。他还赦免了奥托的弟弟，但下令处决了默西亚军团中最坚定支持奥托的百人队长们。不清楚他如何知道这些人是谁，或者指控是否属实，但谁都注意到了他对下级官员和高级官员的区别对待。与之类似，他决定清洗奥托的近卫军，代之以来自北方军团的人，尽管这是明智的预防措施，却给人以地位越不重要的人受到的痛苦越大的印象。他试图宣扬一个新的"团结政府"，却播下了自己毁灭的种子。

这些处决让他失去了多瑙河军队的支持，三个军团中已经抵达意大利北部的那些人举行了短暂的反维特利乌斯示威，然后返回军营，听命于另一个皇位争夺者。他就是韦斯巴芗，7 月 1 日，

---

① 塔西佗说，继尤里乌斯、克劳狄乌斯和塞尔维乌斯家族之后，他第一个将皇帝权力交给了新的家族（post Iulios Claudios Servios se primum in familiam novam imperium intulisse）。——译者注

他在亚历山大里亚安排了对自己的第一次拥立，由埃及长官领头。两天后，巴勒斯坦的军团也拥立了他。那一周的最后，叙利亚驻军也加入了他的阵营。

韦斯巴芗已经为政变准备了几个月。他的哥哥弗拉维乌斯·萨宾努斯曾是加尔巴手下的罗马城市长官，而在加尔巴遇害后的几个月内，韦斯巴芗又与叙利亚的穆基亚努斯达成共识，两人将共同行动。现在，他开始散布关于神迹的故事。对他来说，被视作神明的选择非常重要。为此，他释放了前一年在加利利俘虏的犹太人领袖约瑟夫斯。这位约瑟夫斯后来将成为犹太社群的重要历史学家，他预言韦斯巴芗将成为皇帝。在塞浦路斯岛上的帕福斯，古老的阿芙洛狄忒圣所做出了同样的预言，而在叙利亚迦密山的一个祭祀活动中也出现了这样的预言。塔西佗表示，当韦斯巴芗在宣布起兵后进军亚历山大里亚时，"发生了许多神迹"（塔西佗，《历史》，4.81.1），他治愈了病人。

韦斯巴芗实际遇到的麻烦并不像他想象的那么多。由于坐镇亚历山大里亚，如果战斗旷日持久，他可以控制前往罗马的运粮船。提图斯被留下应对巴勒斯坦的叛乱，而穆基亚努斯则带着来自叙利亚军队的大军入侵意大利。韦斯巴芗还致信莱茵河畔的辅助军将领，怂恿他们反叛——此举有点反讽意味，因为严格说来，他正在指挥一场镇压民族主义叛乱的行动，却试图在帝国的另一个部分煽动民族主义叛乱。这一切被证明是过虑了：他低估了多瑙河驻军对维特利乌斯的怒火，以及维特利乌斯手下的两员大将瓦伦斯和卡伊基纳对彼此的厌恶。

8月初，巴尔干军团的指挥官们在波伊托维奥〔Poetovio，今斯洛文尼亚的普图伊（Ptuj）〕开会讨论了韦斯巴芗发来的信件。由奥托任命的年老的行省总督们让有过不光彩过去的安东尼乌斯·普利姆斯（Antonius Primus）和皇帝代理官科尔内利乌斯·福斯库斯（Cornelius Fuscus）来推进此事。两人确保了对韦斯巴芗的普遍支持，在普利姆斯的敦促下，他们准备入侵意大利，没有等待正在快速进军的穆基亚努斯。普利姆斯想要在维特利乌斯从日耳曼军团获得增援前赶到那里，而且因为他的人马不久前去过意大利，他知道那里有一些群体担心因为支持过奥托而被报复。

9 月 7 日，就在维特利乌斯的生日过去后不久，当巴尔干军团正在进军的消息传来时，意大利的防御开始崩溃。嫉妒瓦伦斯的卡伊基纳与普利姆斯有了接触；10 月 12 日，罗马两大舰队之一的拉文纳舰队——另一支驻扎在米塞努姆——宣布效忠韦斯巴芗。10 月 18 日，卡伊基纳试图让他的两个军团效仿，但遭到逮捕，被关押在克雷莫纳。六天后，普利姆斯的军队与卡伊基纳曾经的军队遭遇，地点距离后者几个月前打败奥托军队的地方很近。经过彻夜的殊死战斗，维特利乌斯的军队被打败了。通过卡伊基纳的斡旋，他们在普利姆斯占领和洗劫的克雷莫纳投降。听到消息后，瓦伦斯逃走了。他后来被俘并被处决。卡伊基纳活了下来，还在韦斯巴芗的宫廷中红火了一段时间。

普利姆斯停留了一段时间，好让穆基亚努斯赶上来。11 月末，他们合兵一处，向罗马进军。维特利乌斯无法阻止他们。当米塞努姆的舰队也投向另一方后，他只剩下了近卫军，这支近卫军继续作战也不会失去什么，可以想象当维特利乌斯败亡后会从服役中被迅速解散——事实上，他们是维特利乌斯最后日子里的主要驱动力。与弗拉维乌斯·萨宾努斯（同韦斯巴芗的次子图密善仍然留在罗马）谈判后，维特利乌斯安排自己在 12 月 18 日退位，但近卫军拒绝从命。萨宾努斯带着侄子和一伙人占领了卡皮托山。他们坚守了一天，直到近卫军冲破障碍，并在此过程中烧毁了大神庙。萨宾努斯被杀，图密善躲了起来。

12 月 20 日，韦斯巴芗的军队攻入罗马，维特利乌斯被暴民所杀。韦斯巴芗是公元 69 年的第四位皇帝。

第 29 章

重塑罗马

韦斯巴芗梦见他和自己的儿子们被放在天平上，另一头是克劳狄乌斯和尼禄，两头完全平衡。他的立传者苏维托尼乌斯认为这非常神奇，因为韦斯巴芗的王朝与克劳狄乌斯和尼禄的统治时期一样长，都持续了二十六年。

这个梦的最初解释有所不同。韦斯巴芗向元老院透露了这个梦，以"证明"诸神决定了他和他儿子们的未来。这对他是有用的，但对我们来说，这个梦的有趣之处在于，它向我们透露了一些他关于新近历史的看法。尼禄和克劳狄乌斯仍然重要，奥古斯都和提比略是遥远的人物，也许最好只忘记卡里古拉。韦斯巴芗无疑乐于这样做，因为他元老生涯的前期以对卡里古拉厚颜无耻的奉承著称。但现在，关键问题是他能否应对官僚君主制，后者取代了奥古斯都和提比略设想的受管治的共和国。韦斯巴芗把克劳狄乌斯视作这一君主制的缔造者，他的许多努力都旨在恢复克劳狄乌斯的计划，同时废除尼禄的。

不过，在韦斯巴芗能够恢复任何事之前，还有其他许多工作要做。犹太人的叛乱有待平息，而他为了破坏莱茵兰对维特利乌斯的支持而采取的行动引发了一场奇特的叛乱，在穆基亚努斯向罗马进军的同时愈演愈烈。

莱茵河口的政治形势甚至在维特利乌斯向南进军之前就不稳定了。莱茵河以南的地区是巴塔维亚人的家乡，这个部落以自己的好战为荣，他们和自己南边的邻居一起为罗马军队提供了大量辅助部队。不列颠战事期间，这些群体的领袖之间的接触很可能催生了一个韦斯巴芗将不得不应对的网络——来自伦敦的一块蜡版上提到，布狄卡的起义被镇压后不久，叛乱的领导者之一尤里乌斯·克拉西库斯（Julius Classicus）在该定居点附近统率着一支辅助军。当地的骚乱在反对尼禄的叛乱之前就在酝酿了，因为下日耳曼总督丰特尤斯·卡皮托（Fonteius Capito）指控一个名叫尤里乌斯·基维里斯（Julius Civilis）的巴塔维亚贵族图谋造反，将他送交尼禄。加尔巴释放了此人，卡皮托被部下所杀。要不是基维里斯引发了维特利乌斯的怀疑，一切可能平安无事。问题在于，基维里斯与安东尼乌斯·普利姆斯是朋友，8月或9月，他收到了来自普利姆斯的信，敦促他发起对维特利乌斯的叛乱。

犹太人叛乱的领袖很少与罗马的权力体制有联系，与他们不同，基维里斯的人脉很广，正在酝酿的这场叛乱的领袖主要来自罗马行政当局。独眼龙基维里斯喜欢将自己比作汉尼拔和塞多留。另一位叛军领袖尤里乌斯·萨宾努斯自称是尤里乌斯·恺撒私生子的后代，卡皮托山朱庇特神庙遭到焚毁被认为是罗马人的统治可能将要终结的标志。克拉西库斯在发动叛乱后宣称要建立"高卢人的帝国"，这场叛乱与其说是反对罗马的，不如说是想要另立一个罗马。在内战的混乱中，基维里斯显然希望建立一个横跨莱茵河口的飞地，能够由他亲自统治；在很大程度上，这似乎也是克拉西库斯的想法。

基维里斯得到了下日耳曼总督霍尔德奥尼乌斯·弗拉库斯（Hordeonius Flaccus）的助力，后者曾经不情愿地支持维特利乌斯，现在则是韦斯巴芗的热情盟友。由于霍尔德奥尼乌斯的部下仍然忠于那些随维特利乌斯南下的战友，他协助韦斯巴芗的方式是允许基维里斯不受干预地增强自己的力量。基维里斯这样做了，并把巴塔维亚人同胞的部队同边境以北的人联系起来——与一个叫维勒达（Velada）的圣女结盟让他更方便地实现了这点，后者被认为善于预知未来。当克雷莫纳的消息传来时，形势变得更加复杂。获得消息后，霍尔德奥尼乌斯试图要求他的部下宣誓效忠韦斯巴芗，但他们反而杀死了他。

霍尔德奥尼乌斯的被杀让基维里斯有借口继续攻击军团，并取得了一些重要的胜利。他夺取了维特拉［Vetera，今北莱茵-威斯特法伦的克桑滕（Xanten）］，那里由两个消耗严重的军团镇守：虽然向"高卢人的帝国"宣誓效忠，他们还是遭到了屠杀。打扮成罗马皇帝样子的克拉西库斯还接管了另外三个军团，即上日耳曼的驻军，他们忠于维特利乌斯的指挥官被暗杀。到了春天，叛军已经控制了莱茵河边境的很大一部分。

韦斯巴芗不清楚发生的情况，负责罗马事务的穆基亚努斯正试图组建新的政府，这意味着韦斯巴芗要与自己不太信任的人打交道。图密善还年轻，而且有人觉得他很讨厌。元老院在罗马城法政官赫尔维迪乌斯·普里斯库斯（Helvidius Priscus）的领导下强硬地主张自己的观点，虽然通过了授予韦斯巴芗大权的法律，但普里斯库斯强调了一个事实，即这样做是元老院的决定。过于大胆的安东尼乌斯·普利姆斯被指要为几乎所有的问题负责，包括克雷莫纳的破坏，他被要求低调地退隐到法兰西南部。另一名近卫军长官被降职；近卫军剩下的成员，维特利乌斯的死忠们被遣散。韦斯巴芗家族的一个老朋友被任命为近卫军长官，但他与图密善的亲密关系导致了与穆基亚努斯的摩擦。

在意大利的军队数量本身也是个问题，如果要避免麻烦，就必须把他们送回行省。由于穆基亚努斯在意大利脱不开身，在政治上唯一可以信任的是韦斯巴芗的女婿，候任的不列颠总督佩提利乌斯·克雷亚利斯（Petilius Cerealis）。除开与韦斯巴芗的关系，佩提利乌斯并非高级指挥官的理想人选。他以鲁莽著称，一个例子是，在布狄卡叛乱期间，他派去科尔切斯特援救的一支军队遭到伏击，损失惨重；而在不久前的战斗中，他过于急切地率领一支骑兵部队向罗马进发，损失了许多人马。

不过，佩提利乌斯还是率领一支大军北上，联合了维特利乌斯的军队、普利姆斯的巴尔干军团和来自西班牙的一个军团。他利用人数上的优势，并展现出一定的外交技巧，成功收复了上日耳曼的要塞。到了夏末，他已经大体上平息了莱茵河畔的形势。穆基亚努斯则在图密善的陪同下前往高卢，在那里组织了对巴尔干和莱茵河各个军团的换防，以便重组莱茵河的驻军，并把维特利乌斯的效忠者调离他们的大本营。从此，辅助部队只能部署在他们家乡行省以外的地方成了标准做法。在叛乱的领袖中，克拉西库斯被杀，基维里斯和维勒达逃进了日耳曼的森林。

公元69年，韦斯巴芗的长子提图斯被留下执掌犹地亚。公元70年3月，他开始包围耶路撒冷。该城坚固的城墙和城内可防御的设施（特别是圣殿）使其顽强的守卫者在城内部分地区一直坚守到8月底，最终提图斯的军队攻破了圣殿。他们彻底洗劫了那里，搬走了圣殿中最重要的宝物，并在当年11月于罗马举行的凯旋式上展示了它们。在犹地亚的一些地方，抵抗还将持续四年，直到罗马人攻破其堡垒时，马萨达的守卫者选择了自杀，而不是投降。

韦斯巴芗于公元 70 年秋天抵达罗马，并再也不会离开意大利。他把精力集中到恢复被尼禄和接下来的战争摧毁的国家财政上，还将监督罗马的一些庞大的建筑项目，以及重组帝国的防御。将让他被长久铭记的还有他增加收入的创造性举措（包括对尿征税），以及他总体上是个好统治者这点。了解他在卡里古拉统治时期的行为举止的塔西佗表示，他是唯一一个在成为皇帝后品行真正改善的人。塔西佗强调了他的个人风格对于劝阻元老们不要大肆挥霍的重要性，并赞赏韦斯巴芗提拔新的家族升至权力上层。塔西佗通过岳父尤里乌斯·阿格里古拉同宫廷建立了联系，后者曾随克雷亚利斯驻守莱茵河和出征不列颠，并将在不列颠长期任职，试图为那里的北方边界带来秩序。

个人关系非常重要。从犹地亚归来后，提图斯担任了近卫军长官一职，此变动极不寻常，因为此前还没有元老担任过此职，但他利用这一职务充当着父亲的副手。在东方，马尔库斯·乌尔皮乌斯·图拉扬努斯（Marcus Ulpius Traianus，后来的皇帝图拉真的父亲）扮演着类似科尔布洛的角色，在犹地亚叛乱平息后负责监督对波斯边境的彻底重组。

犹地亚的战争结束后，曾经是叛乱者，后来成为罗马代言人和韦斯巴芗个人占卜者的约瑟夫斯搬到了罗马。他在那里著书，否认自己是本民族的叛徒。这些作品包括他留存下来的犹太战争史，书中将这场冲突描绘成犹太内战，而罗马是为了捍卫公共秩序才被卷入的。他表示，犹太人被激进分子引入了歧途，而他在担任加利利的指挥官时也曾是这样。后来，他又写了一部 19 卷的本民族历史和一部自传，前者从最古老的时代一直写到叛乱爆发，后者驳斥关于他曾对自己叛乱煽动者的角色撒了谎的指控（由另一个犹太人提出）。他还为犹太教做了辩护，回应了有个叫阿皮安的希腊文法学家和智术师写的激烈反犹的小册子。《犹太古史》《自传》和《驳阿皮安》都是在韦斯巴芗（公元 79 年）和提图斯（公元 81 年）死后，在图密善（公元 81—96 年在位）和有权势的释奴以巴弗提的庇护下完成的。

约瑟夫斯并非唯一通过在犹太叛乱期间同当局建立的关系而春风得意的人。提图斯深深爱上了犹地亚国王希律·阿格里帕的妻子贝瑞尼克。返回罗马时，他被迫把她留在了犹地亚，但几年后就将其接到罗马，作为自己的伴侣。她将留在那里，一直到他去世。另一位幸存者是卡伊基纳，他在公元 69 年的反叛获得了充分的回报；同样有权势的还有伊普里乌斯·马尔科鲁斯（Eprius Marcellus），此人是提格利努斯的老朋友，我们有理由怀疑他也是韦斯巴芗的老友。伊普里乌斯以公元 70 年 1 月他在元老院中回应对他的人格攻击而著称。塔西佗回忆说，他提醒自己的同僚，"我们渴望好皇帝，也要容忍现有的"（塔西佗，《历史》，4.8.2）。不过，到了公元 75 年，两人都冒犯了提图斯。卡伊基纳被迅速处决；伊普里乌斯在走过场的叛国罪审判后自杀。

公元 70 年对伊普里乌斯的攻击的发起者是赫尔维迪乌斯·普里斯库斯，就是触怒了尼禄的那个特拉西亚·帕伊图斯的女婿（伊普里乌斯是逼迫帕伊图斯自杀的人之一）。普里斯库斯似乎讨厌一个事实，即被他视作尼禄谄媚者的人在韦斯巴芗的统治下仍然春风得意。但他的直言不讳导致他遭到流放，后来被提图斯下令处决。由帕伊图斯和普里斯库斯推动的加图崇拜是这个时代特有的对传统叙事的重新思考的特征之一。在韦斯巴芗统治末期进行创作的诗人瓦雷利乌斯·弗拉库斯对伊阿宋和阿尔戈号船员的神话做了长篇的重新解读，在神话中的科尔喀斯王国的剧情中增加了一场内战，其中充斥着多瑙河地区让罗马人觉得越来越麻烦的部落的形象。因此，重述神话可以被用来强调永恒的真理，比如内战是个坏主意。

那个时代最伟大的诗人之一帕皮尼乌斯·斯塔提乌斯（Papinius Statius）——他赞赏卢坎关于恺撒和庞培内战的未完成诗作——写了自己的内战诗，重述了七雄攻忒拜的神话，讲述了特洛伊战争之前的那代人中的伟大希腊英雄们如何帮助波吕尼刻斯夺回被他弟弟夺走的王位。他还转向当代主题，创作了一首关于图密善在日耳曼作战的史诗，以及大量向同时代人致敬的短诗。另一位元老西里乌斯·伊塔利库斯（Silius Italicus）是尼禄统治时期最后的两位执政官之一，他的长篇诗歌对同汉尼拔的战争做了重新解读，不仅用维吉尔的风格重写了李维笔下的大段内容，还把汉尼拔时代的元老院推崇为一群品德高尚的原始人。

西里乌斯对元老院的想象在主题上与韦斯巴芗统治时期最值得一提的作品之一存在联系，那就是老普林尼37卷的《博物志》。普林尼之前写过关于日耳曼战争和后期尤里乌斯-克劳狄乌斯王朝君主的重要历史。在《博物志》中，他关注的核心问题是人为了自己的快感而扭曲天性，以及奢侈对个人道德的危险影响。他是韦斯巴芗的亲密副手，还在提图斯治下担任米塞努姆的舰队指挥官，这部作品就是献给后者的。普林尼厌恶苏拉，认为他是个屠夫，他对马略的看法则更加积极，钦佩后者对钦布里人和条顿人的胜利。他对"阿非利加征服者"西庇阿的生平非常感兴趣，对老加图的评价也很高，并对遥远过去的其他英雄表达了敬意，比如曼利乌斯·丹塔图斯（Manlius Dentatus）和"盲者"阿皮乌斯·克劳狄乌斯。他描绘了尤里乌斯-克劳狄乌斯王朝君主的许多事，包括他们的葡萄酒品味，提比略佩戴桂冠以避免在雷雨中被闪电烧焦的习惯，以及据说与他们的兴衰有关的神奇事件。他对阿格里皮娜的评价似乎不太高——他喜欢克劳狄乌斯，后者被毒杀让他惊骇，并认为尼禄是对自然的冒犯，卡里古拉也同样如此。

上述回忆表明，帝国内部圈子成员的言语中对个别皇帝并非没有批评，即便他们支持帝国政权。皇帝会被相互比较——这种想法与奥古斯都时代的截然不同——意味着不得不把好皇帝和坏皇帝放在一起。在授予韦斯巴芗皇帝权力的法律中，只有三位之前的皇帝——奥古斯都、提比略和克劳狄乌斯——被提及，作为配得上这一身份的先例。

弗拉维乌斯王朝活跃的文学和思想环境不仅限于罗马。图密善时代该城的一位来访者是喀罗尼亚的普鲁塔克，他返回家乡后创作了关于著名的希腊人和罗马人的比较传记，以及从奥古斯都开始直到公元69年的皇帝列传。他还留下了大量主题从个人的理想行为和美好婚姻——在他看来，女性应该完全服从自己的丈夫——到文学批评、宗教和政治的作品。他为政治家写的两部指南强烈反对可能引起帝国当局注意的活动。竞逐民众的青睐、组织表演和赛会的人不应忘记，总是存在更高的权威。这与约瑟夫斯表达的观点并无不同：只要犹太共同体的领袖承认自己在罗马体系中的位置，他们就能保持其完整性；对于能够庆祝自己的文化传统，**并且**作为帝国共同体成员的希腊城市领袖也是这样。反过来，帝国行政官员认为自己提供了当地官员所缺乏的专业知识。在理想状态下，他们既是推动当地文化，也是维持法律和秩序的导师。

普鲁塔克代表了对罗马的反应的一个极端。忠诚和成功体现在对共同的城市文化的兴趣上，但那种文化仍然不是所有人的。犹太人（至少在某些东方行省）觉得自己遭到排斥，阿皮安等人狂热的反犹主义暗示，他们要在某些地区继续面对强烈的敌意——主要是在埃及、昔兰尼和巴勒斯坦本土。在其他地方，情况可能有所不同，比如在萨迪斯，那里优雅的犹太教堂坐落在竞技训练场附近，代表了当地犹太群体对邻居的开放和他们向共同体的融入。

在小亚细亚，不同群体之间的对话使得人们对最高神明的概念越来越感兴趣，其形象似乎来自犹太经文中亚威的概念。在连接犹太人和非犹太人的犹太群体边缘，是发展中的基督教运动。这个群体以其成员对所谓的世界之虚伪（善和财富被轻易地等同起来）的敌意著称，他们正在创造自己的文学。《马太福音》《马可福音》《路加福音》《约翰福音》和《使徒行传》都是弗拉维乌斯时期的产物，约翰的《启示录》同样如此，它把罗马的历史同基督徒相信即将到来的末世的想象融合起来。约翰这样写道：

> 我又看见一个兽从海中上来，有十角七头，在十角上戴着十个冠冕，七头上有亵渎的名号。我所看见的兽，形状像豹，脚像熊的脚，口像狮子的口。那龙将自己的能力，座位

和大权柄，都给了它……我又看见另有一个兽从地中上来。有两角如同羊羔，说话好像龙……它在头一个兽面前，施行头一个兽所有的权柄。并且叫地和住在地上的人，拜那死伤医好的头一个兽……在这里有智慧。凡有聪明的，可以算计兽的数目，因为这是人的数目。它的数目是六百六十六。

（《启示录》，13）

第 666 号兽是尼禄，用亚兰语（阿拉姆语）写的他的名字可以表示 666，而他在这里出现表明，弗拉维乌斯王朝把尼禄宣扬为终极的反面皇帝。

我们关于基督徒和邻居间的互动，以及不同群体的分隔的最早证据来自小普林尼（我们在上文提到的老普林尼的外甥）和图拉真皇帝（公元 98—117 年在位）的通信。这些书信是小普林尼在公元 111—112 年担任比提尼亚行省总督时写的，二人就解决当地人制造的混乱做了大量交流。那些直接涉及罗马利益的问题需要来自罗马的直接回复，关系到皇帝更大荣耀的问题同样如此；另一些事项则被认为不需要帝国当局的全部注意。在基督徒一案——普林尼刑讯逼供了两名女性基督徒领袖——中图拉真决定，虽然罗马不会鼓励他们的信仰，但总督也不应浪费时间试图抓捕他们。

更加实际的事项包括，普林尼觉得锡诺普（Sinope）城需要额外的供水，他认为可以把 16 英里外的泉水作为水源。图拉真同意了：这类工程是罗马国家擅长的。此外，虽然无继承人者的财产通常会进入皇帝财库，但普林尼发现尼西亚［今伊兹尼克（Iznik）］人声称，奥古斯都允许他们占有这些财产。图拉真指示

图 24　图拉真皇帝（公元 98—117 年在位）的头像旨在描绘一种与图密善截然不同的个人风格，并展现出涅尔瓦的短暂统治期间所没有的年轻活力

他向行省代理官问询，后者想来拥有更完备的记录。

在另一个案例中，普林尼遇到了著名的知识分子狄奥·科凯亚努斯（Dio Cocceianus），他想要把自己已经开始的一些营建计划转移到家乡普鲁萨［Prusa，今土耳其布尔萨（Bursa）］，从而将他原先承诺支付的一部分开支转嫁给那里。普鲁萨市议会成员表示反对，并指出狄奥将一座图拉真雕像放在了自己的家族墓地——这属于谋反和黑魔法，因为他把皇帝和亡者联系起来。普林尼调查了此事，发现图拉真雕像被放在了图书馆而非墓地，但他想知道如何处理这桩显然是地方政治争执的案件。图拉真指示他停止调查谋反和追踪钱款——皇帝不希望"通过公众的恐惧和担心"来为自己的名字"赢得尊敬"(小普林尼,《书信集》,10.82),也不希望一位帝国官员卷入他眼中的臣民的个人问题。

对城市开支的恰当管理是官员通常能够应对的技术事宜。狄奥在普鲁萨遇到的麻烦源于基本公共财政问题,这在所有其薪俸来自公私合作模式的城市都很常见。在尼西亚,普林尼发现一座用公共资金建造的剧场工程质量糟糕,造价大幅超支,而且已经开始崩塌——这使得承包商无法按照承诺完成增建部分。他还发现该城在一座新的竞技训练场上开支超标,而克劳狄奥波利斯[Claudiopolis,今波鲁(Bolu)]人在糟糕的选址上建造了一座浴场。当普林尼请求图拉真派一位建筑师来查看情况时,皇帝的回复是,肯定有当地人能做此事。相反,当他发现重要城市尼科美狄亚[今伊兹梅特(Izmet)]附近的一条未完工运河能够让通向海上的交通更方便时,他请示是否应该将其完工。与锡诺普的案例一样,此事被认为足够重大,值得派出一位罗马建筑师。

由政府负责重大项目是韦斯巴芗思维的一个特色。他在罗马的营建项目都规模宏大,首先是新的卡皮托山朱庇特神庙,韦斯巴芗亲手参与了清理旧神庙的废墟。其他计划包括完成宏大的神圣克劳狄乌斯庙(没能完成这座神庙曾给尼禄带来了糟糕的影响)、位于奥古斯都广场附近的和平广场上庞大的和平女神庙,还有一些公共浴场,而最壮观的是一座新的圆形剧场。该圆形剧场的选址是尼禄金宫所在地之上的一个人工湖,紧邻日神的巨像:神像原本采用尼禄的面容,被韦斯巴芗改成更加传统的模样。

新的弗拉维乌斯圆形剧场的建造资金来自洗劫耶路撒冷所得的财物,最终这座剧场将根据那尊日神巨像命名,被称为哥罗塞姆(Colosseum,斗兽场)。剧场在韦斯巴芗去世时仍未完工,由提图斯完成并启用，他为此举行了一百日的盛大赛会。图密善将增加一座巨大的宫殿，今天其遗址占据了帕拉丁山的北端，分成带宴会厅和接待厅的正式的国家会堂、一座体育场和皇帝的私人生活区。新宫殿呈现出的对专业政府的设想与奥古斯都、里维娅和提比略的截然不同，后者的风格反映了上一个时代的贵族情感，至今仍能在帕拉丁的山南端看到它们的遗迹。

虽然韦斯巴芗关于政府的设想是宏大的，但他对皇帝应该如何行事的看法却完全不是这样。他非常勤劳，黎明时就起床处理信件——其中许多是来自城市和个人，请求他介入的信，并会见亲密谋士，其中之一是老普林尼。他甚至会亲自穿衣——这对皇帝来说很不寻常，此举表明他只会在公开场合接受建议。早上的工作完成后，他会坐车兜会儿风，吃一顿朴素的午饭。在安东尼娅·卡伊尼斯去世后，下午他会和自己的某个年轻的女人上床。洗完澡后，他会吃晚饭，同样有人陪侍。他试图限制他眼中的之前时代的极端放纵，他在品味上故意表现得朴素。他的统治基调是彬彬有礼、平易近人和公开宣传。一定程度上，他在强调自己不同于尼禄的风格，甚至是克劳狄乌斯暗中行事的倾向。在他看来，皇帝就是皇帝所做的行为。

公元 79 年，当 69 岁的韦斯巴芗去世后，提图斯顺理成章地继位。年轻几岁的图密善从未被韦斯巴芗平等对待，仅仅在他的父亲和哥哥担任监察官的那年才出任正选执政官。父亲死后，提图斯提高了一些图密善的曝光率，因为他没有儿子。但在重大的赛会上，他仍然占据着前排中心。而 10 月后，当维苏威火山喷发，掩埋了庞贝等城市时，他为受灾者带去了救援物资。老普林尼在随米塞努姆的舰队前往救援遇险者时去世。火山喷发时只有

17 岁的小普林尼同舅舅一起身处米塞努姆，他留在家里阅读李维，但在塔西佗的敦促下，他为我们留下了对于此事的惊人描述。

哥罗塞姆的启用和维苏威火山的喷发为现代世界留下了两大最令人难忘的古代纪念碑，它们发生在罗马最短命的皇帝统治期间的同一年。在位两年两个月又二十天后，提图斯于公元 81 年 9 月 13 日去世。他的弟弟继承了皇位。

图密善是个不易相处的人。如果相信小普林尼所说的许多话的字面意思——他在书信集的整个前 9 卷中都生动描绘了图密善统治的可怕岁月，图密善是个傲慢、自命不凡和有点偏执的人，喜欢臧否别人的习惯，而且常常和几个马屁精一起阴谋对付正直的人。小普林尼甚至宣称，要不是图密善先遇害，自己可能会被其所杀（这不太可能——小普林尼在图密善统治时期过得很得意）。塔西佗为他的岳父尤里乌斯·阿格里古拉写的传记把在坏皇帝统治下做一个好人的艰难作为主题，他认为图密善非常嫉妒那些证明过自己价值的能干下属。这就是当阿格里古拉在苏格兰各地作战，为不列颠带去和平时，图密善却抛弃了苏格兰的领土，并拒绝重新任用他的一个原因。

塔西佗承认他本人被图密善"大幅提拔"（塔西佗，《历史》，1.1.3）：他赢得了一流演说家的名声，在公元 88 年获得了重要的祭司职务，在公元 97 年担任了执政官。此外，他对那些故意激起皇帝坏脾气的人表达了反感。诗人斯塔提乌斯是图密善的拥趸；另一位该时期的出色诗人马提亚尔显然可以写几乎所有他想要写的东西；伟大的修辞学家和一部修辞术作品的作者昆体良同样如此。不过，该时期最杰出的讽刺诗人尤维纳利斯形容图密善是个破坏了世界的"秃头尼禄"（《讽刺诗》，4.38）。苏维托尼乌斯讲述了一系列关于图密善的令人讨厌的故事，他和其他人都声称，图密善喜欢折磨苍蝇。公平地说，人们对此人的反应很可能源于他们同他打交道的方式，以及他抛弃了自己的父亲在公开场合的礼貌举止。他是个属于宫廷，而非属于人民的人。

不过，比图密善的性格更重要的是在罗马边界之外出现的变化，以及他对此的反应。在积极方面，虽然同波斯仍有周期性的紧张局势——这几乎不算新闻，但不需要发动大规模战事，即便帕提亚国王声称有个自称尼禄的人是其本尊（这发生在 1 世纪 80

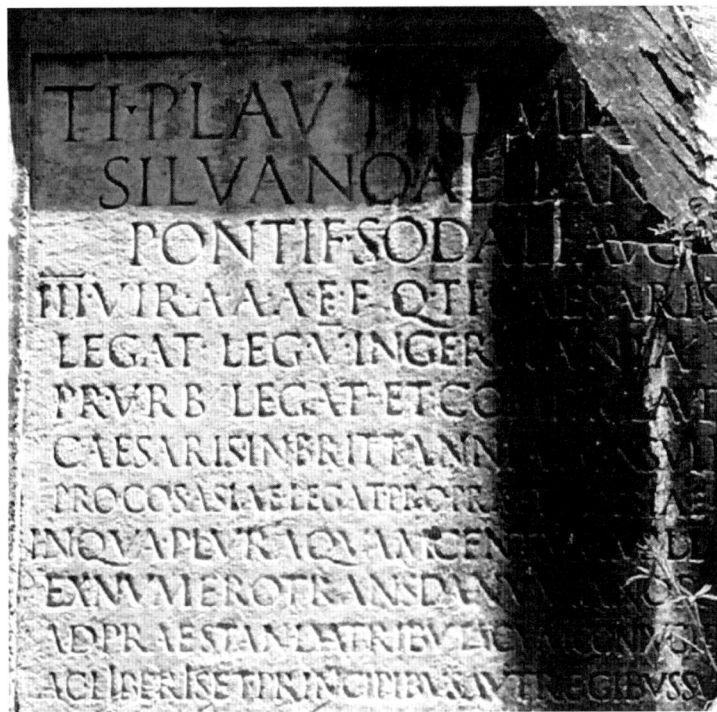

图 25　提比略·普劳提乌斯·西尔瓦努斯·埃里亚努斯在他位于蒂沃利外围的大型墓葬上的荣誉铭文

年代，距离尼禄之死已有将近二十年）。虽然塔西佗坚称苏格兰本
可以永久成为不列颠的一部分，但很难知道这是不是一个实际的
提议。图密善亲自前往的日耳曼边界似乎相当稳定，他参加那里
的军事行动主要是为了弥补自己军事荣誉的欠缺。

真正的问题在巴尔干。图密善继承的边界基本上就是奥古斯
都时期的，以达尔马提亚、默西亚和潘诺尼亚为基础，那里的驻
军在公元 69 年的内战中扮演了非常重要的角色。从韦斯巴芗向
他的朋友，公元 60 年到 67 年长期担任默西亚总督的提比略·普
劳提乌斯·西尔瓦努斯·埃里亚努斯（Tiberius Plautius Silvanus
Aelianus）致敬的一篇演说中可以看出该地区面临的压力：

> 当［提比略·普劳提乌斯·西尔瓦努斯·埃里亚努斯］
> 担任默西亚总督时，他带来了超过 10 万多瑙河对岸的人，以
> 及他们的妻儿、领袖和国王前来纳贡。他挫败了萨尔马提
> 亚人的入侵威胁，尽管他把自己的大部分军队派去参加亚
> 美尼亚的战事；他让此前未知或敌视罗马人民的国王向他守
> 护的河岸边的罗马军旗致敬，他把孩子归还给巴斯塔尔奈人
> （Bastarnae）和洛克索拉尼人（Rhoxolani）的国王，把兄弟
> 们归还给达契亚人，他们是被敌人抓捕和劫走的。他从那些
> 敌人中抓了一些人质，由此加强和扩大了行省的和平。他还
> 从波吕斯特涅斯（Borysthenes）那边的半岛上解救了被围困
> 的斯基泰国王，他还是用大批来自那里的粮食支持罗马人民
> 的粮食供给的第一人。

> （《拉丁语铭文选》，986）

波吕斯特涅斯是俄罗斯第聂伯河口周围的地区，而上文中提到的其他民族生活在今天的罗马尼亚（达契亚人）和保加利亚。在普劳提乌斯的时代，主导边界以北的民族是萨尔马提亚人。在韦斯巴芗时期，权力平衡倒向了新国王德科贝鲁斯（Decebelus）领导下的达契亚人，这位国王统一了边界以北相互交战的民族，开始袭击罗马领土，并于公元 85 年和 86 年两次击溃了罗马军队，其中后一次指挥罗马人的是二十五年前曾帮助韦斯巴芗登上皇位的科尔内利乌斯·弗斯库斯。有个叫尤利亚努斯的人（可能是弗斯库斯同一集团的上了年纪的成员）被证明是个更好的将军，公元 88 年，他在罗马尼亚萨米泽杰图萨（Sarmizegetusa）附近的塔帕伊（Tapae）击败了达契亚人，为一年后图密善亲征提供了机会。图密善在那次行动后举行了凯旋式。

不过，这两场失败损害了图密善的威望，而倾向于依赖一小群老迈的谋士让他无法建立起更广的朋友网络。此外，一系列丑闻给人们留下了不好的滋味。公元 83 年，他起诉的一起案件中涉及三名维斯塔贞女，有充分证据表明她们失去了贞洁。她们遭到处决。接着，在上日耳曼总督发起的一场未遂的军事叛乱后，又发生了一桩维斯塔贞女丑闻，牵涉到贞女领袖。她无疑是有罪的，但很难让人相信这些是两个世纪以来第一次出现的不守清规的贞女。

图密善对起诉此类案件的兴趣可能与他的军事惨败和瘟疫暴发不无关系，与之相伴的是自从安条克三世被打败后就闻所未闻的流言——有人在大规模下毒（这一次是使用毒针）。雪上加霜的是，他与妻子关系糟糕，有传言说他与侄女尤里娅关系过于密切。公元 92 年，他再次在德科贝鲁斯手下遭受惨败，然后与对方签订和约，却试图将其伪装成胜利。假胜利对其威望的伤害可能与失败一样大：失败可以忍受；公然撒谎就没那么容易可以原谅了。

图密善觉得自己对权力的控制在减弱，而没有儿子则让未来陷入了疑问。公元93年，他出手打击了他的"敌人"，包括特拉西亚·帕伊图斯的支持者。成为他怀疑的受害者的高级元老名单达到了二十多人，人们甚至担心自己的奴隶会变成告密者。图密善越来越把自己封闭在阿尔巴山的别墅中；他为人民举办的精彩赛会可能因为他过度展现出的党派性而受到影响。他试图改变赛车比赛的基本结构体系，除了传统的四队外，另外再加入两队，这一尝试没有得到热情的欢迎。人们很可能觉得，新的队伍同宫廷的关系太过密切；而且他们讨厌图密善在表演最后上演哑剧这个事实。

哑剧在奥古斯都时代变得非常流行，在这种形式的戏剧中，表演者会按照基于神话的配乐脚本起舞。不同舞者的粉丝之间的冲突司空见惯，但此类表演的初衷是给予普通公民一些掌控感，并提供表达意见的渠道。由于同这些表演有关的暴力，曾经发生过取消演出的情况，但通常时间都很短，不同于图密善统治时期。总而言之，他的普遍干涉和无能造成了越来越大的社会压力；用当时的话来说，图密善从"元首统治"（principatus）沦为"专制"（dominatio）。

两起处决让矛盾达到临界点。首先，皇帝把矛头对准了自己的堂弟弗拉维乌斯·克莱蒙斯（他收养了后者的儿子），罪名是渎神。其次，在公元95年，他又处决了曾经为尼禄效劳的释奴以巴弗提。他的部属受够了。两名近卫军长官和他的妻子，大总管帕尔特尼乌斯（Parthenius）和其他部属成员一起寻找愿意取代图密善的元老。这被证明很困难，因为元老们在不同的圈子里活动，有人认为这是个陷阱。最终，一位来自翁布里亚、没有子嗣的年长元老科克尤斯·涅尔瓦同意扮演这一角色。他被保证，他的星座显示他可以成为皇帝。因此，他没有什么可失去的。

暗杀图密善的都是宫廷部属的成员，公元 96 年 9 月 28 日，他们在他的私人宫殿中伏击了他。随后，涅尔瓦被拥立为皇帝。

第 30 章

蒂沃利的风景

涅尔瓦是个幸存者。他不仅与尼禄，而且也和韦斯巴芗关系亲密，与后者一起担任了公元 71 年的执政官。他自知能做的最有趣的事就是任命一名继承人，于是他没有着急，让自己那代人围绕在他身边，包括维尔吉尼乌斯·鲁弗斯——仍然因为在公元 68 年拒绝成为元首而闻名——以及曾担任不列颠总督的尤里乌斯·弗隆提乌斯。弗隆提乌斯还是两部留存至今的书籍的作者，一部关于谋略，另一部关于引水渠，后者创作于公元 96 年，涅尔瓦在那年任命他负责罗马城的供水。涅尔瓦还允许降低富人的税，并削减了公共开支——这两个举动传递的政治信号都是"我的前任是个败家子、骗子和糟糕的国家管理者"。

并非他所有的朋友都活了那年。他想要安排加入农业委员会的那一位还没来得及做些什么就死了，仅仅说自己很高兴比图密善活得长。另一位是西里乌斯·伊塔利库斯，他病得太重，无法前往罗马。后来，维尔吉尼乌斯·鲁弗斯在练习对涅尔瓦任命他担任公元 98 年的执政官搭档的致谢演说时因为滑倒而去世。在他的葬礼上，塔西佗做了悼词——这无疑是他地位崛起的标志，代表新一代人的时代已经到来。

塔西佗是公元 97 年的递补执政官。当时，他为自己的岳父尤里乌斯·阿格里古拉创作了短篇传记。传记中强调了不问政事的军人的价值，它问世之时正值涅尔瓦即将决定谁将成为下一任皇帝——这几乎已经太晚。那年秋天，近卫军发动叛乱，他被迫做出选择；新皇帝将是当时的上日耳曼总督图拉真。

公元 98 年 1 月 28 日，涅尔瓦去世，当时图拉真正在科隆。2 月，他从自己的表侄哈德良那里听说了皇帝的死讯，后者被派去通报这一消息。图拉真的地位足够稳固，觉得没有必要马上前往罗马，而是去了多瑙河，他已经事先将反叛涅尔瓦的近卫军招到了他的指挥部。这些密谋者将再也不会回到罗马，而他本人直到公元 99 年秋天才冒险前往那里。

公元 100 年，图拉真得到了当年的递补执政官小普林尼等人的致敬。他的就任演说的现存版本（经过普林尼的扩充，远远超过了最初的篇幅）描绘了一个完全符合韦斯巴芗行政管理风格的人的形象。诚然，对图拉真未来的伟大有许多神迹预言，但他足够讨人喜欢，而且容易接近。他对元老们的成就表现出敬意，减少了遗产税，还赞助了支持意大利乡村地区男童的计划。他有过长期的元老生涯，他的父亲同样如此，且在韦斯巴芗的行政体系中拥有重要的地位，他似乎真正认同普林尼详细描绘的价值体系。此外，他是第一个家族之根在意大利以外的皇帝——他的父亲来自西班牙，因此他可以指望得到加入了行政体系的新家族的支持。

图拉真来到罗马时，他的妻子是庞培娅·普罗提娜，后者的智慧和简单的生活方式被普林尼标榜为其他所有女性的模板，尽管这对夫妇结婚多年仍然没有孩子。普林尼还称赞了普罗提娜同图拉真的姐姐乌尔皮娅·马尔基亚娜的关系。马尔基亚娜的外孙女萨宾娜嫁给了图拉真表哥的儿子哈德良。普罗提娜与马尔基亚娜都获得奥古斯塔的头衔（从"皇后"被重新定义为"最尊贵的女性"）这个事实突显了两人的友谊，成为在未来的关键因素。

图拉真行事审慎，表现出对先例的尊重，我们从他与普林尼的书信中已经对此有所了解。他只想按照"好"皇帝的传统来界定自己的位置，普林尼描绘了有一次他少见地在周末与皇帝一起去乡下办事，让我们得以一窥图拉真的世界观。没有什么能够暗示卡西乌斯·狄奥的指控——他声称自己有确凿的信息，即皇帝喜欢喝酒和与男孩交欢（关于这点，狄奥澄清说，他从未对任何人造成过伤害）。相反，普林尼提到，他很高兴看到皇帝的"正义和尊严"及其私下的谦虚。

周末的日程上有三个案子。

有个案子涉及某个来自以弗所的人，他的敌人指控其叛国。此人被宣布无罪。下一个案子与奥古斯都的通奸罪条款有关。一位将要寻求元老级别职务的退伍军政官的妻子被指与某个百人队长有奸情（由于百人队长通常是骑士，她并没有越过自己的社会地位）。图拉真开除了那个百人队长，但遭到背叛的丈夫似乎仍然爱着妻子，试图避免让她受到依法判决，那会要求她离婚，并使她失去结婚时带来的嫁妆。在图拉真看来，法律就是法律；他下令对妻子进行惩罚，并发表声明，大意是他希望以后不要再碰到这类案子，情欲不会再破坏军纪。

第三个案子涉及伪造遗嘱。继承人（遗嘱人没有子嗣）宣称，遗嘱中后来新加的几项遗赠是伪造的。如果遗嘱被认定无效，那么按照法律规定，没有合法继承人的这部分财产将进入皇帝财库。在这件事中，图拉真的两名官员被指控舞弊：

被指控的是一名罗马骑士森普洛尼乌斯·塞内基奥，以及一名皇帝释奴和代理官欧律特摩斯。当皇帝在达契亚时〔参加他在那里的第二次战争〕，继承人们共同致信，请求他进行调查。他同意了……当他发现一些继承人出于对欧律特摩斯的害怕而不愿出庭，想要撤诉时，他非常合宜地宣称"他〔欧律特摩斯〕不是波吕克里托斯〔尼禄的释奴〕，我也不是尼禄"。不过，他准许了休庭。现在……他亲自审理此案。只有两名继承人出庭，提出应该强制让所有继承人出庭，因为他们都要对起诉负责，或者应该允许他们撤诉。当塞内基奥和欧律特摩斯的律师表示，如果不进行审判，他的代理人就会受到怀疑时，皇帝的回答令人印象非常深刻："我更关心的不是他们的处境，而是我自己会受到怀疑这个事实。"

（小普林尼，《书信集》，6.31）

图拉真"受到怀疑"，是因为判决结果涉及他的金钱利益，但更有意思的是他在总结形势时的措辞：他不是尼禄，他的释奴也不像尼禄的那样。在承认如果没有确凿的证据，就不应该让被告受到未决指控的影响之前，他首先回应的是当人们发现自己与皇帝的下属发生纠葛时的恐惧。

今天，罗马的游客可以在一根矗立于图拉真建造的庞大广场中央的石柱上看到关于他的达契亚战争的一种叙事。一场接一场的战争的图像合并为一体，描绘了皇帝和其部属率领军队为蛮族的国度带去文明。我们看到图拉真扮演了各种角色——犒赏手下、与使者和俘虏打交道、为有需要的士兵提供援助。形形色色的罗马军队也被描绘成在进军途中一路修筑。德科贝鲁斯被分别描绘成躲在森林里、投降、最后在第二次战争末尾自杀（这是他背信弃义攻打罗马要塞的结果）。

战事的起因是图拉真决定削减图密善在公元92年的战争结束时同意提供给德科贝鲁斯的补贴。作为报复，德科贝鲁斯入侵了罗马领土，他很可能依靠分发罗马的黄金来让追随者保持忠诚。图拉真很可能预见到了麻烦，已经在该地区派驻了一些经验丰富的指挥官，并于公元101年末亲征。他率领一支7.5万人左右的军队，于第二年夏末确保了胜利。作为让他的王国继续存在的条件，德科贝鲁斯同意交出武器、战争机械和逃兵，与罗马人同仇敌忾，并停止从帝国领土上征兵。

和约让德科贝鲁斯的统治受到巨大的压力，公元105年，他试图通过袭击罗马领土来缓解压力。图拉真再次指挥罗马军队，这一次他决定终结达契亚王国。第二年秋天，当一位名叫提比略·克劳狄乌斯·马克西姆斯的罗马骑兵将德科贝鲁斯的首级献给皇帝时，罗马人宣布取得了胜利。他们在阿达姆克里希（Adamclisi）建造了一座纪念碑，那里既是伟大的战时胜利的地点，也是之前图密善为他战争中英勇战死者所建的纪念碑的所在地。这两次强调的关键点都是，作为罗马人民的传统美德的维护者，军队是从帝国各地征召来的。图拉真将王国变成了一个新的行省。

与此同时，叙利亚总督科尔内利乌斯·帕尔马（Cornelius Palma）正在吞并阿拉伯的纳巴泰王国（大致相当于今天的约旦）：这顺理成章地结束了由韦斯巴芗开启的将东方的藩属王国变

帝国时期的广场

公元前 27—公元 117 年

图拉真神庙

图拉真记功柱

乌尔皮乌斯会堂

卡皮托山

集会主神柱廊

韦斯巴芗神庙

图拉真广场

农神庙

和谐女神庙

始祖女神维纳斯神庙

恺撒广场

提比略拱门

讲坛

尤里乌斯元老院议事厅

罗马广场

奥古斯都广场

复仇者马尔斯神庙

尤里乌斯会堂

圣道

涅尔瓦广场

密涅瓦神庙

埃米利乌斯会堂

双子神庙

神圣的恺撒庙

奥古斯都拱门

维斯塔神庙

旧王宫

和平女神庙

维斯塔贞女之家

法比乌斯拱门

和平广场

圣道

北

0   50   100 米

成行省的进程。从罗马人的角度来看，吞并达契亚也是德科贝鲁斯在多瑙河流域制造麻烦的顺理成章的后果。设立突出于多瑙河以北（尽管有一些金矿），延伸至阿拉伯沙漠的那些行省的决定符合罗马人一贯的理念。对罗马来说，达契亚既是德科贝鲁斯昔日的王国，也是一个与夸迪人、马尔科曼尼人和萨尔马提亚人的土地接壤的地区。在现代地图上，没有明显的自然界限的行省可能不是非常有道理，但图拉真不使用现代地图。罗马人的地理观念是由边界决定的——在这个例子中，行省边界被设定为夸迪人的边界。自从阿皮乌斯·克劳狄乌斯渡过海峡进入西西里，对行省的地理定义就曾以罗马人到来前的地缘现实作为基础。

罗马行省是由之前存在的政治结构定义的，这一事实反映了罗马边境政策的一个重要特征。那就是，虽然决定取决于当地的形势，但它们是在一致的框架内做出的。图拉真计划第二次入侵达契亚的方式与克劳狄乌斯计划入侵不列颠，或者提比略决定放弃奥古斯都时代在莱茵河以北土地的方式如出一辙。韦斯巴芗特意将维特利乌斯的军团调往巴尔干，把巴尔干的军队调往莱茵河，就像图密善决定阿格里古拉必须放弃对苏格兰的征服一样。

与之类似，上述皇帝都根据他们的财政资源和当时的需要来决定罗马军队的规模——现在是 28 个。他们能够做出大范围的战略决定，因为他们有能够收集必要数据的专业人员。当图拉真决定放弃对父母留给子女或者子女留给父母的地产征收 5% 的遗产税时，他想来知道自己大致会损失多少钱。事实上，帝国的数据收集最令人印象深刻的例子之一来自 3 世纪的法学家埃米利乌斯·马刻尔（Aemilius Macer）对继承法的注解，他使用了现成的公式来计算每年支付的金额。这些预估是基于对预期寿命相当准确的计算，暗示相关人员经常使用人口调查数据来估算收入。决策的过程很大程度上是被动的，但那些回应是基于经验和数据。

理性思维、可靠的数据使用和彬彬有礼都是图拉真行政风格的信条，关于皇帝威严的意识同样如此。公元 99 年，他回到罗马后最先采取的行动之一是扩建了大竞技场，为罗马的这一最古老的娱乐场所增加了一排排新的大理石座位。他用这种方式把自己

图 26　蒂沃利城外的哈德良宫殿宏大的接待区，显示了帝国政府希望用宏伟堂皇来打动自己的臣民

介绍给城中的居民，做出关心他们福祉的姿态。后来，在达契亚战争结束后，他又计划修建宏伟得多的东西——以他著名的记功柱为中心的广场。这个广场远比之前皇帝的要大，入口位于北侧，从一个仪式性的门道通往记功柱所在的广场，两侧分别是藏有希腊语和拉丁语作品的公共图书馆，与一座巨大的长方形会堂毗邻。会堂南面是另一个大广场，通过凯旋门进入，顶部装饰着图拉真乘坐战车的雕像。广场本身的东西两侧有半圆形建筑（exedrae），中央是巨大的图拉真骑马雕像。

　　新广场的工程进展很快——到了公元 112 年就已完工。此时，图拉真已经确立了自己的内部圈子的组成，它由一群将军构成，其中一些人作为固定的同伴，可以从记功柱的饰板上看到。他们包括李基尼乌斯·苏拉（Licinius Sura）、索西乌斯·塞内基奥（Sosius Senecio）、科尔内利乌斯·帕尔马（他吞并了阿拉伯）和马里乌斯·刻尔苏斯（Marius Celsus），在他统治的末期还有卢西乌斯·奎埃图斯（Lusius Quietus）。图拉真提拔所有这些人两次担任执政官，除了奎埃图斯，他还在自己的广场上为他们立像。他们都是"新家族"的成员。奎埃图斯可能是第一代罗马人，在引起图拉真注意前曾是北非的一个部落酋长。通过把公元112年去世的姐姐马尔基亚娜封神，图拉真还宣示了自己统治的性质。她是第一个获此荣誉的皇帝的姐妹，无论多么彬彬有礼，图拉真显然希望人们承认他们的家族和他的是不同的。与此同时，普罗提娜在宫中仍然极有权势，正在那里为哈德良的生涯护航。

马尔基亚娜去世一年后，图拉真又开始了行动，原因是亚美尼亚的王位继承再次引发争执。现任国王是个坚定的亲帕提亚派，因此图拉真决定改变游戏规则。狄奥暗示，他这样做是为了赢得永恒的军事荣耀。这不无可能，但可能性不大。此外，他直到生命最后似乎都保持着现实地看待问题的能力。更可能的是，他认为这两个帝国已经跳了一个多世纪的舞蹈，需要一些新舞步。

公元114年末，图拉真的军队占领了亚美尼亚。第二年，他追随庞培和卢库鲁斯的脚步，率军进入美索不达米亚北部，把奥斯罗埃内王国变为一个行省。然后，他进军伊拉克，沿着幼发拉底河而下，来到位于底格里斯河畔的波斯都城泰西封的对面。这时，他下令开挖运河，将两条河连接起来，大大方便了他的给养运输。随后，他攻占了泰西封，建立了新的美索不达米亚省。当他南下前往位于两河河口的梅塞内（Mesene）地区时，他获悉自己重建东部边界的计划失败了。

被罗马人占领的前景破坏了从帕提亚王国诞生时就存在的网

图 27　哈德良皇帝，公元 117—138 年在位。与图拉真的雕像一样，他的形象中体现了改变。哈德良是第一个通过蓄须来对希腊文化价值表示欣赏的皇帝

络，而公元 115 年发生在安条克的一场地震（图拉真本人也险些在地震中丧生）让埃及和巴勒斯坦的犹太人充满了关于罗马统治的终结的弥赛亚式想象。当奥斯罗埃内的阿布加尔（Abgar）打败了阿皮乌斯·马克西姆斯·桑特拉（Appius Maximus Santra）统率的一支军队，加之攻占伊拉克北部的哈特拉（Hatra）城的努力遭遇了失败时，图拉真放弃了。他留下奎埃图斯为奥斯罗埃内的失利复仇，并屠杀了巴勒斯坦的犹太人，然后与帕提亚国王帕尔塔马斯帕特斯（Parthamaspates）达成协议，撤销了新行省，准备返回意大利。他没能成行。公元 117 年 8 月 8 日或 9 日，他在奇里乞亚的塞里诺斯（Selinus）去世，普罗提娜在他身边。

图拉真临终时还没有指定继承人。来自家族内部的显而易见

的候选人是哈德良——但他是显而易见的候选人吗？图拉真提拔了许多高级官员，他们可能觉得自己有资格继任。甚至有传言说，皇帝去世后，普罗提娜让一个释奴偷偷爬上他的床，装成他的样子，下达了收养哈德良的必要指示。图拉真交给元老院的最后一封书信上无疑是她签的名。她的盟友是近卫军长官阿提亚努斯（Attianus），冲突的关键集中在是否继续由宫廷选出皇帝，还是说如果皇帝本人没有表态，选择权可能被交给元老院或者将军们的小团体。图拉真的确似乎没有拿定主意，而且一些高级军官不认为皇位应该归哈德良。登基后的几周内，哈德良处决了全部四名图拉真最高级的军官：刻尔苏斯、帕尔马、奎埃图斯和尼格里努斯。然后，他致信元老院，表示这些人都曾阴谋反对他。

　　杀害如此高级的官员平息了可能的反对，哈德良开始在帝国留下自己的痕迹。他沿着帝国的一些边界修建了城墙，包括扩建日耳曼边界上的草皮土墙。在不列颠，他新建了石头长城，从北海的泰恩河口一直延伸到与爱尔兰相望的索尔威湾。在一代人的时间里，人们将开始把帝国称为文明的壁垒。扩张画上了句号。这同样是有意的选择。同波斯的战争以失败告终，达契亚也需要重新调整（事实上，该行省的一部分被抛弃了）。鉴于他开启自己统治的方式，这并不意外，哈德良对成功的将军有点猜疑。他与元老院的关系有时会变得有些冰冷，因为他加速转型过程，不断为来自行省的人将罗马的大门敞得更开。他热衷于希腊文化，一反罗马贵族一直以来剃光胡须的传统，他蓄起了胡须来表明自己的哲学兴趣。

　　哈德良最喜欢的是旅行。他将统治二十一年，直到公元138年。他这段时间中有很多是在罗马以外度过的，尽管并没有大规

模的战争。他花了大半年时间从东方归来，直到公元 118 年 7 月
9 日才抵达。他在罗马一直停留到公元 121 年春天，然后出发前
往高卢和不列颠，在不列颠开始修建以他名字命名的长城。从不
列颠返回后，他经由高卢去了西班牙，然后坐船前往叙利亚，在
那里同帕提亚国王进行了某种谈判。他将在土耳其和希腊一直停
留到公元 125 年，然后返回罗马。公元 128 年，他再次出发，造
访了北非、希腊、土耳其、叙利亚、巴勒斯坦、犹地亚、埃及和
巴尔干，于四年后回到罗马。

　　了解他的臣民知道，与哈德良打交道的最好方法是迎合他对
深奥学问的喜好。能够用自身久远历史的细节打动他的城市更可
能获得他的垂青。他还设立了一个重要机构来加强帝国的希腊文
化遗产的重要性，那就是总部设在雅典的希腊同盟。他还非常自
豪地完成了宏大的奥林匹亚宙斯神庙的修建，这项工程是七百年
前由雅典僭主庇西特拉图计划的。

　　哈德良对罗马法律的发展产生了重要影响，对法政官的政令
做了标准化。就像在共和时代那样，该文件罗列了法政官管理法
庭的原则。公元 134 年，他还对赛会的安排做出了改变，为此设
计了新历，用于希腊世界的重要节日。与此同时，他开始推行将
行省内的重要城市设为都会（metropoleis），作为享有特权的行省
中心。

　　他无疑喜欢秩序井然的样子，欣赏风雅之物。当生活在吕西
亚山区的俄诺昂达（Oenoanda）的前皇帝代理官盖乌斯·尤里乌
斯·德摩斯梯尼（Gaius Julius Demosthenes）希望赞助的为期一
个月的自我庆祝活动遭到当地人的反对时，哈德良介入，让他可
以如愿。有个叫波列蒙的修辞学家给他留下了很深的印象，因此

他向收留此人的城市士麦那（今伊兹密尔）提供了很多好处；他还对演员特别有好感，关心他们的利益要超过关心邀请他们表演的赛会赞助人的利益（有一次，他推翻了图拉真的一项判决）。

不过，无论他多么喜欢井井有条的样子，哈德良并不是个容易相处的人。苏维托尼乌斯被突然罢黜时已经在他手下升任拉丁语司信官，一同被贬的还有苏维托尼乌斯的庇护人，近卫军长官塞普提基乌斯·克拉鲁斯（Septicius Clarus）。据说他们与哈德良的妻子萨宾娜关系过于密切。不清楚为何他们与皇后的关系在此时会成为问题，当时两人都在不列颠，而她与哈德良的关系足够恶劣，不太可能也在那里。还有人讲述了他脾气暴躁的故事，马可·奥勒留（哈德良将设法确保其最终继承皇位）认为他特别难以相处。

不过，这一切并不意味着他无法建立深厚的友谊。他与那些在思想或运动上兴趣相投的人——他喜欢打猎——能够成为好友。他对希腊赛会的安排发布新规定的原因之一是，他想要纪念自己死去的情人安提诺俄斯。公元 130 年，他们在埃及时，安提诺俄斯神秘地死去。他决定鼓励各场所在进行皇帝崇拜时将安提诺俄斯也加入其中，尽管他们在一起已经好几年，但这一行为还是那么引人注目。

哈德良对传统犹太文化没有同情或理解，这使得他在巴勒斯坦问题上犯了两个严重错误。首先，他将帝国关于对阉割奴隶的禁令扩大到包括割礼。其次，他在耶路撒冷建立了罗马殖民地埃利亚卡皮托利纳（Aelia Capitolina），从而压低了该城的犹太遗产。其结果同样带有明显的末世色彩，并被证明特别血腥。西缅·巴尔·科赫巴的军队首先占领了耶路撒冷，然后由于无法守住它，他们又占据了死海周围的小山，在那里抵抗住了哈德良的大军。

虽然哈德良推行建立在东地中海传统之上的统一的帝国文化的设想并未完全成功，但他的观点无疑是真正的地中海式的。他认为皇帝是自己世界的文化主导者，没有什么比他为自己建造的宫廷庄园（坐落在今天罗马以东 20 英里的小城蒂沃利附近的山丘上）更能展现这种想法。

占地大约半平方英里的宏大宫殿是作为政府的枢纽和帝国的象征性中心而建造的。"他在蒂沃利建造了一处非凡的庄园，园中的不同地方刻有行省和最著名地点的名字，比如吕开昂、阿卡德米学园、主席厅、克诺珀斯、彩绘柱廊和泰姆佩（Tempe）。"（《罗马皇帝传·哈德良传》，26）在上面列出的著名地点中，吕开昂、学园和彩绘柱廊位于雅典（前两者是著名的哲学学校所在地），克诺珀斯指亚历山大里亚，泰姆佩是色萨利的一处著名峡谷。这些是定义了哈德良的古典文化概念的思想和艺术成就的理想，它们被集中在皇帝生活的壮观空间中。在这里，不受罗马制约的宫廷能够成为文明世界的家园，而哈德良就在这里处理政府事务。

公元 136 年，哈德良的健康开始恶化。与图拉真不同，哈德良不会让继承人问题悬而未决。他尤其想要确保一个他特别不喜欢的甥外孙不会成为候选人。因此，他收养了一个叫科尤尼乌斯·康茂德（Ceionius Commodus）的元老，他喜欢此人的儿子和十多岁的女婿。公元 137 年，哈德良以叛国罪为由处决了那个不幸的甥外孙（连同他的外公，哈德良同样憎恶此人），并公布了他的星图，以证明他的死不可避免。但随后，情况变得棘手。

康茂德不是一个多么健康的人。他在公元138年1月去世，当时哈德良本人的健康状况也彻底恶化。他邀请一个名叫奥雷利乌斯·安敦尼的人成为继承人，条件是要收养康茂德的儿子卢基乌斯和那个十多岁的女婿，后者将成为马可·奥勒留皇帝。2月25日，安敦尼同意成为法定继承人。7月10日，哈德良在蒂沃利去世。有位传记作家表示，他去世时被所有人憎恶，这可能并不太夸张——但他很有效率。

虽然有些困难，安敦尼还是说服元老院将哈德良封神。从此，他将被称为安敦尼·庇护，一直统治到公元161年。他和统治到公元180年的马可·奥勒留将作为罗马最优秀的皇帝中的两位被人铭记。他们都有意识地跳过哈德良，把图拉真作为自己的模板。更重要的是，两人都明白支配帝国的强大力量：对和平的需求；将罗马曾经的臣民带入政府的需求；以及对罗马政府支持它的臣民能够相信的价值观的需求。在四十多年的时间里，安敦尼和马可将成功完成这些任务。我们自己关于理性思想、正义和公平的概念在很大程度上要归功于他们的成功。

第 31 章

发生了什么

当哈德良成为皇帝时，塔西佗仍在写作《编年史》，即他关于尤里乌斯-克劳狄乌斯时期的历史，他很可能在蒂沃利的宫殿朝见过皇帝，那里大部分是在哈德良登基之初建造的。他甚至还可能造访过讽刺诗人尤维纳利斯，后者与他有许多共同的观点，会引用他的作品。他们对罗马历史的看法让我们对这些进程——自从阿皮乌斯·克劳狄乌斯从雷吉乌姆渡海前往梅萨纳以来，它们塑造了地中海世界——有了广泛的了解。塔西佗写道，"我并非不知道"共和时代的历史学家可以叙述"大战、城市被劫掠、国王被俘虏或打败，或者当他们转向国内事务时，可以叙述执政官和保民官的争执、土地法和粮食法、平贵冲突，随心所欲地记录这些"（塔西佗，《编年史》，4.32.1）。相反，他探索的是"看上去无足轻重，却决定了更重要事情"的主题（塔西佗，《编年史》，4.32.2）。

塔西佗的主题之一是皇帝们如何影响了他们生活的世界，以及他们的性格对统治阶层行为的影响。在塔西佗的世界中，改变是自上而下的。

此外，在塔西佗的世界中，帝国体系向新的人才开放，未来并不只属于意大利人；在这个世界中，帝国社会将由罗马历史上对外来者的开放性所塑造。帝国得以发展是因为罗马贵族曾将自己变得对意大利的邻居们有用。就像塔西佗所看到的，当胜利者同盟因为对庞大新资源的分配问题而陷入内部不和时，帝国就会陷入麻烦。他问道，当亚克兴战役于公元前31年打响，而长期的相对和平与繁荣紧随其后，那时"还有谁记得从前的共和国呢"？（塔西佗，《编年史》，1.3.7）

对罗马历史的宏大叙事描绘了一个将延续多个世纪的庞大国家的发展，它统一了不同的文化，让跨越时空的对话成为可能，至今仍影响着我们的思想。这个故事还讲述了民主统治如何分裂，并最终投票让自己消失，好让君主统治统一那个被它劫掠过的世界。等到奥古斯都去世的时候，作为国家主权团体的人民不仅已经沉睡——他们还把自己的权力和对公职者的控制交给了宫廷官僚。尤维纳利斯写道，曾经决定战争与和平的事项的人民现在满足于帝国慷慨提供的食物和娱乐。

共和国无法解决自己的成功带来的问题，也无法在陷入其罗网的人眼中证明自己的存在意义。社会中的富人变得更富，成功被等同于自利，而非公共的福祉，就像塔西佗指出的，"凡人中间有一种古老和天生的支配欲望，随着帝国的权力成熟并爆发；当资源有限时，平等是容易维持的，但当世界已被征服，敌对的城市和国王已被摧毁时，就有空安全地觊觎财富……那之后只剩下争夺最高的权力"（塔西佗，《历史》，2.38）。

材料说明

一般性说明

下面所列的作品包含了对本书多个部分产生影响的讨论。除了本书开头的缩写说明中所列的，其他缩写见《牛津古典学词典》（*Oxford Classical Dictionary*）第三版中的标准列表。[①]

一般性研究： F. W. Walbank, A. E. Astin, M. W. Frederiksen, R. M. Ogilvie, eds., *The Cambridge Ancient History*, 2nd ed., 7.2 *The Rise of Rome to 220 BC* (Cambridge, 1990); A. E. Astin, F. W. Walbank M. W. Frederiksen, R. M. Ogilvie, eds., *The Cambridge Ancient History*, 2nd ed., 8 *Rome and the Mediterranean to 133 BC* (Cambridge, 1989); J. A. Crook, A. Lintott, E. Rawson, eds., *The Cambridge Ancient History*, 2nd, ed., 9 *The Last Age of the Roman Republic 146–43 BC* (Cambridge, 1994); A. K. Bowman, E. Champlin and A. Lintott, eds., *The Cambridge Ancient History*, 2nd ed., 10 *The Augustan Empire 43 BC–AD 69* (Cambridge, 1996); A. K.

[①] 在本节中，因为涉及的现代文献少有被翻译，所以保留了文献和其作者的原文名，方便读者参考。——编者注

Bowman, P. Garnsey and D. Rathbone, eds., *The Cambridge Ancient History*, 2nd ed., 11 *The High Empire AD 70–192* (Cambridge, 2000)。

经济结构：H. C. Boren, 'Studies Relating to the Stipendium Militum', *Historia* 32 (1983), 427–60; M. H. Crawford, *Roman Republican Coinage* (Cambridge, 1974); W. V. Harris, *Rome's Imperial Economy: Twelve Essays* (Oxford, 2011); S. Hin, *The Demography of Roman Italy* (Cambridge, 2013); D. Hollander, *Money in the Late Roman Republic* (Leiden, 2007); M. Kay, *Rome's Economic Revolution* (Oxford, 2014); W. E. Metcalf, *The Oxford Handbook of Greek and Roman Coinage* (Oxford, 2012); D. W. Rathbone, 'The Control and Exploitation of ager publicus in Italy under the Roman Republic', in J.-J. Aubert, ed., *Tâches publiques et enterprise privée dans le monde romain* (Geneva, 2003), 135–78; J. Rich, 'Lex Licinia, Lex Sempronia, B. G. Niebuhr and the Limitation of Landholding in the Roman Republic', in L. de Light and S. Northwood, eds., *People, Land and Politics: Demographic Developments and the Transformation of Roman Italy, 300 BC–AD 14* (Leiden, 2008), 519–72; S. T. Roselaar, *Public Land in the Roman Republic: A Societal and Economic History of Ager Publicus in Italy, 396–89 AD* (Oxford, 2010); J. Tan, *Power and Public Finance at Rome 264–49 BCE* (Oxford, 2017). P. J. E. Davies, *Architecture and Politics in Republican Rome* (Cambridge, 2017)。

历史编纂学：D. C. Feeney, *Caesar's Calendar: Ancient Time and the Beginnings of History* (Berkeley, 2007); R. Syme, *Tacitus*

(Oxford, 1958); R. Syme, *Sallust* (Berkeley, 1964); F. W. Walbank, *A Historical Commentary on Polybius*, 3 vols. (Oxford, 1957–79); F. W. Walbank, *Polybius* (Berkeley, 1972); T. P. Wiseman, *Unwritten Rome* (Exeter, 2008)。

帝国主义: D. C. Braund, *Rome and the Friendly King* (London, 1984); P. J. Burton, *Friendship and Empire: Roman Diplomacy and Imperialism in the Middle Republic (353–146 BC)* (Cambridge, 2011); P. S. Derow, *Rome, Polybius and the East*, A. Erskine and J. C. Quinn, eds. (Oxford, 2015); D. Dzino, *Illyricum in Roman Politics 229BC–AD 68* (Cambridge, 2010); A. M. Eckstein, *Mediterranean Anarchy, Interstate War and the Rise of Rome* (Berkeley, 2002); J. L. Ferrary, *Philhellénisme et impérialisme: aspects idéologiques de la conqûete romaine du monde hellénistique, de la seconde guerre de Macédoine à la guerre contre Mithridate* (Paris, 1988); E. Gruen, *The Hellenistic World and the Coming of Rome* (Berkeley, 1984); W. V. Harris, *War and Imperialism in Republican Rome* (Oxford, 1979); W. V. Harris, *Roman Power: A Thousand Years of Empire* (Cambridge, 2016); R. M. Kallet-Marx, *Hegemony to Empire: The Development of the Roman Imperium in the East from 148 to 62 BC* (Berkeley, 1996); D. Magie, *Roman Rule in Asia Minor to the End of the Third Century after Christ* (Princeton, 1950); S. Mitchell, *Anatolia: Land, Men, and Gods in Asia Minor* 1 (Oxford, 1993); A. N. Sherwin-White, *Roman Foreign Policy in the East 168 BC to AD 1* (London, 1984); F. W. Walbank, *Selected Papers: Studies in Greek and Roman History and Historiography* (Cambridge, 1985); F. W.

Walbank, *Polybius, Rome and the Hellenistic World: Essays and Reflections* (Cambridge, 2002); G. Woolf, *Rome: An Empire's Story* (Oxford, 2012)。

意 大 利: J. N. Adams, *Bilingualism and the Latin Language* (Cambridge, 2003); E. Bispham, *From Asculum to Actium: The Municipalization of Italy from the Social War to Augustus* (Oxford, 2007); M. H. Crawford, *Imagines Italiae: A Corpus of Italic Inscriptions* (London, 2011); M. Torelli, *Studies in the Romanization of Italy*, H. Fracchia and M. Gualtieri, eds. and tr. (Edmonton, 1995); M. Torelli, *Tota Italia: Essays in Cultural Formation of Roman Italy* (Oxford, 1999); A. Wallace-Hadrill, *The Roman Cultural Revolution* (Cambridge, 2008)。

社 会 与 政 治 制 度: H. Beck, *Karriere und Hierarchie: Die römische Aristokratie und die Anfänge des* cursus honorum *in der mittleren Republik* (Berlin, 2005); H. Beck, A. Duplá, M. Jehne and F. Pina Polo, eds., *Consuls and Res Publica: Holding High Office in the Roman Republic* (Cambridge, 2011); T. R. S. Broughton, *The Magistrates of the Roman Republic*, 3 vols. (New York/Atlanta, 1951–86); P. A. Brunt, *Italian Manpower 225 BC–AD 14* (Oxford, 1971); P. A. Brunt, *The Fall of the Roman Republic and Related Essays* (Oxford, 1988); E. Dench, *Romulus' Asylum: Roman Identities from the Age of Alexander to the Age of Hadrian* (Oxford, 2005); F. Hinard, *Les proscriptions de la Rome républicaine* (Paris, 1985); L. Hodgson, Res Publica *and the Roman Republic: 'Without Body or Form'* (Oxford, 2017); A. Lintott, *The Constitution of the Roman*

Republic (Oxford, 1999); F. Millar, *The Roman Republic and the Augustan Revolution* (Chapel Hill, 2002); T. Luke, *Ushering in a New Republic: Theologies of Arrival at Rome in the First Century BCE* (Ann Arbor, 2014); C. Nicolet, *L'ordre équestre à l'époque républicaine (312–43 av J.-C.)* (Paris, 1974); C. Nicolet, *Le métier de citoyen dans la Rome républicaine*, 2nd ed. (Paris, 1976); H. H. Scullard, *Roman Politics 220–150 BC* (Oxford, 1951); R. Syme, *The Roman Revolution* (Oxford, 1939); L. R. Taylor, 'Forerunners of the Gracchi', *JRS* 52 (1962), 19–27; L. R. Taylor, *Roman Voting Assemblies* (Ann Arbor, 1966); L. R. Taylor, *Roman Voting Districts*, rev. ed. with additional material by J. Linderski (Ann Arbor, 2013); S. Treggiari, *Roman Marriage:* Iusti Coniuges *from the Time of Cicero to the Time of Ulpian* (Oxford, 1995); C. Williamson, *The Laws of the Roman People* (Ann Arbor, 2005)。

第一部分　战　争

该时期主要的一手文献包括波利比乌斯的 40 卷《历史》，只有 5 卷完整留存下来，可以方便地在 F. W. Walbank 和 C. Habicht 修订的洛布版中找到；西西里的狄奥多罗斯的作品见 P. Goukowsky, *Diodore de Sicile: bibliothèque historique. Fragments*, Tome Ⅱ, Livres ⅩⅪ–ⅩⅩⅥ (Paris, 2006)；J. C. Yardley, *Hannibal's War* (Oxford, 2009) 提供了李维《罗马史》第 21—30 卷（描绘了第二次布匿战争）的现成翻译。李维第 16—20 卷的描述以摘要（*Periochae*）形式保存下来（见洛布版，以及 J. D. Chaplin, *Rome's Mediterra-*

nean Empire, Books 41–5 和 *Periochae* , Oxford, 2010 ），被后来
的 Florus，Eutropius 和 Florus 等人的文献所使用。普鲁塔克的马
尔克鲁斯和法比乌斯·马克西姆斯传记保存了一些不见于其他地
方的重要细节（关于某种对弗拉米尼乌斯有点不那么负面的传统
的证据），可以在 I. Scott-Kilvert, *The Rise of Rome*, revised with
notes by J. Tatum (London, 2013)，以及旧版洛布中找到。最早的
罗马史学家作品见《罗马史学家残篇》；没有完整流传下来的希
腊史学家的作品可以通过《希腊史学家残篇》（*FGrH*）找到。还
有数量有限的同时代文件，其中最重要的可以在《拉丁自由共
和国的铭文》（*ILLRP*）或《古代国家条约》（*SVA*）中找到。J.
Prag, 'Bronze rostra from the Egadi Islands off NW Sicily: the Latin
inscriptions', *JRA* 27 (2014), 33–59 做了关键的补充。关于与外交
相关的宝贵的文本集，见 F. Canali de Rossi, *Le relazioni diploma-*
tiche di Roma 2 Dall' intervento in Sicilia fino all'invasione anni-
balica (264–216 a.C.)(Rome, 2007) 以及 *Le relazioni diplomatiche*
di Roma 3 Dalla resistenza di Fabio fino alla vittoria di Scipione
intervento in Sicilia fino all'invasione annibalica (215–201 a.C.)
(Rome, 2013)。

一般性介绍：A. Goldsworthy, *The Punic Wars* (London, 2000);
D. Hoyos, *A Companion to the Punic Wars* (Oxford, 2011); D. Hoyos,
Mastering the West: Rome and Carthage at War (Oxford, 2015)（该书
对汉尼拔的用兵之术持有些罕见的批判态度）; N. Rosenstein, *Rome*
and the Mediterranean, 290 to 146 BC: The Imperial Republic (Edin-
burgh, 2012)。

迦太基与西地中海：J. Prag and J. C. Quinn, *The Hellenistic*

West: Rethinking the Ancient Mediterranean (Cambridge, 2013); J. C. Quinn, ed., *The Punic Mediterranean: Identities and Identification from Phoenician Settlement to Roman Rule* (Cambridge, 2014)。

文化史：D. C. Feeney, *Beyond Greek: The Beginnings of Latin Literature* (Cambridge, MA, 2016); C. Watkins, 'Latin Tarentum Accas, the Ludi Saeculares and Indo-European Eschatology', in W. P. Lehman and H.-J. Jakusz Hewitt, eds., *Language Typology 1988: Typological Models in Reconstruction* (Philadelphia, 1991), 135–47。

历史编纂学：C. A. Baron, *Timaeus of Tauromenium and Hellenistic Historiography* (Cambridge, 2013); C. Champion, *Cultural Politics in Polybius' Histories* (Berkeley, 2004); E. Dench, *From Barbarians to New Men: Greek, Roman and Modern Perceptions of the People of the Central Apennines* (Oxford, 1995); J. Dillery, 'Quintus Fabius Pictor and Greco-Roman Historiography at Rome', in J. F. Miller, C. Damon, K. S. Myers, eds., *Vertis in Usum: Studies in Honor of Edward Courtney* (Munich and Leipzig, 2002), 1–23; A. Erskine, *Troy Between Greece and Rome: Local Tradition and Imperial Power* (Oxford, 2001); M. Gelzer, 'Nasicas Widerspruch gegen die Zerstörung Karthagos', *Philologus* 88 (1931), 261–99; M. Gelzer, 'Römische Politik bei Fabius Pictor', *Hermes* 68 (1933), 129–66; M. Gelzer, *Kleine Schriften* 2 (Wiesbaden, 1963), 39–72; M. Gelzer, *Kleine Schriften* 3 (Wiesbaden, 1964), 51–92（对本书中关于第二次布匿战争爆发的描述非常重要）; B. Gibson and T. Harrison, eds., *Polybius and His World: Essays in Memory of F. W. Walbank* (Oxford, 2013); P. Pedech, *La méthode historique de Polybe*

(Paris, 1964)。

布匿战争： B. Bleckmann, *Die römische Nobilität im Ersten Punischen Krieg: Untersuchungen zur aristokratischen Konkurrenz in der Republik* (Berlin, 2002); T. Cornell, B. Rankov and P. Sabin, eds., *The Second Punic War: A Reappraisal* (London, 1996); S. Dimitriev, *The Greek Slogan of Freedom and Early Roman Politics in Greece* (Oxford, 2011); M. P. Fronda, *Between Rome and Carthage: Southern Italy during the Second Punic War* (Cambridge, 2010); J. F. Lazenby, *The First Punic War* (Palo Alto, 1996); C. Vacanti, *Guerra per la Sicilia e Guerra della Sicilia: il Ruolo delle Città Siciliane nel Primo Conflitto Romano-Punico* (Naples, 2012)（强调了与叙拉古人的关系的重要性）。

现代早期对罗马政制的解读： D. Lee, *Popular Sovereignty in Early Modern Constitutional Thought* (Oxford, 2016); F. Millar, *The Roman Republic in Political Thought* (Boston, 2002); B. Straumann, *Crisis and Constitutionalism: Roman Political Thought from the Fall of the Republic to the Age of Revolution* (Oxford, 2016); R. Tuck, *The Sleeping Sovereign: The Invention of Modern Democracy* (Cambridge, 2016)。

罗马国家： J. M. Bertrand, 'À propos du mot provincia: Étude sur le elaboration du langue politique', *Journal des Savants* (1989), 191–215; E. Bispham, 'Coloniam Deducere: How Roman was Roman Colonization during the Middle Republic', G. Bradley and J. P. Wilson, eds., *Greek and Roman Colonization: Origins, Ideologies and Interactions* (Swansea, 2006), 73–160; F. Drogula, *Commanders* *and Command in the Roman Republic and Early Empire* (Chapel Hill, 2015); M. Gelzer, *The Roman Nobility*, R. Seager, tr. (Oxford, 1969); A. Giovannini, *Les institutions de la République romaine des origins à la mort d'Auguste* (Basel, 2015); K. J. Hölkeskamp, *Die Entstehung der Nobilität. Studien zur socialen und politischen Geschichte der Römischen Republik im 4. Jh v. Chr.,* 2nd ed. (Stuttgart, 2011); J. Linderski, 'The Augural Law', *ANRW* 16.3 (Berlin, 1986), 2147–312; F. Münzer, *Roman Aristocratic Parties and Families*, T. Ridley, tr. (Baltimore, 1999); S. Northwood, 'Census and Tributum', in L. de Light and S. Northwood, eds., *People, Land and Politics: Demographic Developments and the Transformation of Roman Italy 300 BC–AD 14* (Leiden, 2008), 257–70; N. Rosen-stein, Imperatores Victi*: Military Defeat and Aristocratic Competition in the Middle and Late Republic* (Berkeley, 1990); N. Terrenato, 'Private Vis, Public Virtus. Family Agendas during the Early Roman Expansion', in T. D. Stek and J. Pelgrom, eds., *Roman Republican Colonization: New Perspectives from Archaeology and Ancient History* (Rome, 2014), 45–59; A. Ziolkowski, *The Temples of Mid-Republican Rome and Their Historical and Topographical Context* (Rome, 1992)。

第二部分　帝　国

在上一部分讨论的材料之外增加的主要是李维第 31—45 卷，可以在 J. C. Yardley, tr., with notes by W. Heckel, *The Dawn of the Roman Empire, Books 31–40* (Oxford, 2009) 和 J. D. Chaplin, *Rome's Mediterranean Empire, Books 41–5 and the Periochae* (Oxford, 2010) 中找到，而除了沃尔班克对波利比乌斯的评注，J. Briscoe, *A Commentary on Livy Books XXXI – XXXIII* (Oxford, 1973), J. Briscoe, *A Commentary on Livy Books XXXIV – XXXVII* (Oxford, 1981), J. Briscoe, *A Commentary on Livy Books 38–40* (Oxford, 2008), J. Briscoe, *A Commentary on Livy Books 41–45* (Oxford, 2012) 也都是对与拉丁语文本相关的历史和历史学问题的宝贵指南。F. Canali de Rossi, *Le relazioni diplomatiche di Roma 4 Dalla 'liberazione della Grecia' alla pace infida con Antioco III (201–194 a.C.)* (Rome, 2014) 是重要的文本集，并附有讨论。关于罗马东方关系的发展，见 R. K. Sherk, *Roman Documents of the Greek East* (Baltimore, 1969); Sherk 此书的 2、3、40 号文件对第三次马其顿战争的事件尤为重要。

文化与经济史：L. Ceccarelli and E. Marroni, *Repertorio dei santuari del Lazio* (Rome, 2011); F. Coarelli, ed., *Studi su Praeneste* (Perugia, 1978); F. Coarelli, 'I santuari del Lazio e della Campania tra I Gracchi e le Guerre Civili', in M. Cébeillac-Gervasoni, ed., *Les 'bourgeoisies' municipals italiennes aux IIe et Ier siècles av. J.-C.*, Centre Jean Bérard, Institut Français de Naples 7–10 décembre 1981 (Naples, 1983), 217–36; F. Coarelli and P. G. Monti, *Fregellae 1: Le Fonti, La Storia, Il Territorio* (Rome, 1998); J. Elliott, *Ennius and the Architecture of the Annales* (Cambridge, 2013); J. A. Hanson, *Roman Theater-Temples* (Princeton, 1959); C. Howgego, 'The Supply and Use of Money in the Roman World 200 BC–AD 300', *JRS* 82 (1992), 1–31; A. M. Ramieri, *Ferentino dale origini all'alto medioevo* (Rome, 1995); C. Rowan, 'The Profits of War and Cultural

Capital', *Historia* 62 (2013), 361–86; O. Skutsch, *The Annals of Q. Ennius* (Oxford, 1985)。

罗马帝国主义：Bar-Kochva, *Judas Maccabaeus: The Jewish Struggle against the Seleucids* (Cambridge, 1989); J. Briscoe, 'Q. Marcius Philippus and Nova Sapientia', *JRS* 54 (1964), 66–77; P. J. Burton, *Rome and the Third Macedonian War* (Cambridge, 2017); M. Cottier, M. H. Crawford, C. V. Crowther, J.-L. Ferrary, B. M. Levick, O. Salomies and M. Wörrle, eds., *The Customs Law of Asia* (Oxford, 2009); B. Dreyer, *Die römische Nobilitätsherrschaft und Antiochus III (205 bis 188 v. Chr.)* (Hennef, 2007); A. M. Eckstein, *Rome Enters the Greek East: From Anarchy to Hierarchy in the Hellenistic Mediterranean, 230–170 bc* (London, 2008); R. M. Kallet-Marx, *Hegemony to Empire: The Development of the Roman Imperium in the East from 148 to 62 BC* (Berkeley, 1996); P. J. Kosmin, *The Land of the Elephant Kings* (Cambridge, MA, 2014); J. Ma, *Antiochus III and the Cities of Western Asia Minor* (Oxford, 1999); A. R. Meadows, 'Greek and Roman Diplomacy on the Eve of the Second Macedonian War', *Historia* 42 (1993), 40–60; J. S. Richardson, *Hispaniae: Spain and the Development of Roman Imperialism, 218–82 BC* (Cambridge, 1986); P. Thonemann, ed., *Attalid Asia Minor: Money, International Relations, and the State* (Oxford, 2013)。

罗马内部的历史：A. E. Astin, *The Lex Annalis before Sulla*. Collection Latomus 32 (Brussels, 1958); A. E. Astin, *Scipio Aemilianus* (Oxford, 1967); A. E. Astin, *Cato the Censor* (Oxford, 1978); L. Grieve, 'Livy 40.51.9 and the Centuriate Assembly', *CQ* 35 (1985): 417–29。

第三部分　革　命

这部分的材料传统有了很大变动，因为波利比乌斯的描述到此为止，而李维的作品只保存在摘要和后世作者对其传统的引用中（见本书第一部分的材料说明）。从这里开始，阿皮安和普鲁塔克变得至关重要，在这部分的后面几章中，卡西乌斯·狄奥同样如此。比代系列中有非常有用的阿皮安作品，附有出色的评注；英语方面有洛布的英译本。比代系列中同样有很好的普鲁塔克版本，洛布版同样有英译本。萨卢斯特的《历史》（全本）有出色的洛布版本，P. McGushin, *Sallust: The Histories* 1 (Oxford, 1992) 对作品的第 1—2 卷提供了非常有用的评注和译文。西塞罗的全部演说都有洛布版。本书第 15 章中对阿斯库鲁姆铭文的讨论是根据 N. Criniti, *L'Epigrafe di Asculum di Gn. Pompeo Strabone* (Milan, 1970)。

包税人与军事-财政复合体：这些术语借鉴自关于现代早期的作品。我对该时期的理解是基于对 C. Tilley, *Coercion, Capital, and European States AD 990–1992* (Oxford, 1992) 的应用，通过 D. Parrott, *The Business of War: Military Enterprise and Military Revolution in Early Modern Europe* (Cambridge, 2012); J. Glete, *War and the State in Early Modern Europe: Spain, The Dutch Republic and Sweden as Fiscal-Military States, 1500–1660* (London, 2002) 的改写。

经济结构：J. Andreau, *The Economy of the Roman World*, C. Kesler, tr. (Ann Arbor, 2015); C. T. Barlow, 'The Roman Government and the Roman Economy, 92–80 BC', *AJP* 101 (1980), 202–

19; P. Garnsey, T. Gallant and D. Rathbone, 'Thessaly and the Grain Supply of Rome during the Second Century BC', *JRS* 74 (1984), 30–44; W. V. Harris, 'A Revisionist View of Roman Money', *JRS* 96 (2006), 1–24; J. Hatzfeld, *Les trafiquants Italiens dans l'orient hellénique* (Paris, 1919); J. Rich, 'The Supposed Roman Manpower Shortage of the Second Century BC', *Historia* 32 (1983), 287–331; N. Rosenstein, *Rome at War: Farms, Families, and Death in the Middle Republic* (Durham, 2013)。

对外事务与同盟战争：M. Dobson, *The Army of the Roman Republic: The Second Century BC, Polybius and the Camps at Numantia, Spain* (Oxford, 2008); H. Mouritsen, *Italian Unification: A Study in Ancient and Modern Historiography* (London, 1998); D. S. Potter, 'Caesar and the Helvetians', in G. G. Fagan and M. Trundle, eds., *New Perspectives on Ancient Warfare* (Leiden, 2010), 305–30; S. T. Roselaar, ed., *Processes of Integration and Identity Formation in the Roman Republic* (Leiden, 2012)。

历史编纂学和其他材料：H. van der Blom, *Cicero's Role Models: The Political Strategy of a Newcomer* (Oxford, 2010); D. C. Earl, *The Political Thought of Sallust* (Cambridge, 1961); E. Rawson, 'The First Latin Annalists', *Latomus* 35 (1976), 689–717; E. Rawson, *Roman Culture and Society* (Oxford, 1991), 245–71; T. P. Wiseman, *Clio's Cosmetics* (Leicester, 1979)。

思想与文化史：J. Becker and N. Terrenato, *Roman Republican Villas: Architecture, Context, and Ideology* (Ann Arbor, 2012); G. Bradley, *Ancient Umbria: State, Culture and Identity in Central Italy* *from the Iron Age to the Augustan Era* (Oxford, 2000); G. Bradley, E. Isayev and C. Riva, *Ancient Italy: Regions Without Boundaries* (Exeter, 2007); S. Capini and G. De Benedittis, *Pietrabbondante: Guida agli Scavi Archaeologici* (Campobasso, 2000); F. Coarelli, *Fregellae 2 Il Santuario di Esculapio* (Rome, 1986); T. Cornell, 'Cato the Elder and the Origins of Roman Autobiography', in C. Smith and A. Powell, *The Lost Memoirs of Augustus and the Development of Roman Autobiography* (Swansea, 2009), 15–40; G. Fagan, *Bathing in Public in the Roman World* (Ann Arbor, 1999); P. Gros, *L'architecture romaine du début du IIIe siècle av. J.-C. à la fin du Haute-Empire 2 Maisons, palais, villas et tombeaux* (Paris, 2001); M. Mogetta, 'A New Date for Concrete in Rome', 105 (2015), 1–40; E. Rawson, *Intellectual Life in the Late Roman Republic* (London, 1985); L. Robert, 'Catalogue agonistique des Romaia de Xanthos', *Revue Archeologique* 1978, 277–90 [L. Robert, *Opera Minora Selecta 7* (Amsterdam, 1990), 681–94]; R. Roth, *Styling Romanization: Pottery and Society in Central Italy* (Cambridge, 2007); R. Scopacasa, *Ancient Samnium: Settlement, Culture, and Identity between History and Archaeology* (Oxford, 2015); N. Terrenato, 'Tam Firmum Municipium: The Romanization of Volterrae and Its Cultural Implications', *JRS* 88 (1998), 94–114; N. Terrenato, 'A Tale of Three Cities: The Romanization of Northern Coastal Etruria', in S. Key and N. Terrenato, *Italy and the West: Comparative Studies in Romanization* (Oxford, 2001), 54–65; P. Zanker, *Pompeii Public and Private City*, D. L. Schneider, tr. (Cambridge, MA, 1998); M. Zarmakoupi,

Designing for Luxury on the Bay of Naples: Villas and Landscapes (c.100 BC–79 CE) (Oxford, 2015)。

内部历史：A. E. Astin, *Scipio Aemilianus* (Oxford, 1967); T. J. Cadoux, 'Catiline and the Vestals', *Historia* 54 (2005), 162 –79; E. Gabba, *Republican Rome, the Army and the Allies* (Berkeley, 1976); T. W. Hillard, 'Scipio Aemilianus and a Prophecy from Clunia', *Historia* 54 (2005): 344–8; A. Lintott, *Judicial Reform and Land Reform in the Roman Republic* (Cambridge, 1992); A. N. Sherwin-White, 'The Lex Repetundarum and the Political Ideals of Gaius Gracchus', *JRS* 72 (1982), 18–31; S. Sisani, *L'ager publicus in Età Graccana (133–111 A.C.) Una Rilettura Testuale, Storica e Giuridica della Lex Agraria Epigraphica* (Rome, 2015); C. Steel and H. van der Blom, *Community and Communication: Oratory and Power in Republican Rome* (Oxford, 2013); D. L. Stockton, The Gracchi (Oxford, 1979)。

第四部分　独　裁

在洛布丛书中可以找到西塞罗留存下来的大量作品，洛布版的西塞罗书信由 D. R. Shackleton Bailey 翻译，他的西塞罗书信集学术译本（Cambridge, 1965–80）堪称杰作。许多单篇作品都有出色的评注本，特别是 A. R. Dyck, *A Commentary on Cicero,* De Officiis (Ann Arbor, 1997); A. R. Dyck, *A Commentary on Cicero,* De Legibus (Ann Arbor, 2004); A. R. Dyck, *Cicero, Catilinarians* (Cambridge, 2008); A. R. Dyck, *Cicero* Pro Roscio Amerino (Cambridge, 2010); H. Gotoff, *Cicero's Caesarian Speeches: A Stylistic Commen-*

tary (Chapel Hill, 1977)。关于西塞罗没有流传下来的作品，见 J. W. Crawford, *M. Tullius Cicero: The Lost and Unpublished Orations* (Göttingen, 1984)。除了出色的阿皮安作品系列（不仅是内战部分，特别见关于米特拉达梯战争的那部分），比代版中还有同样出色的卡西乌斯·狄奥的《罗马史》第 36—49 卷。J. Rich, *Cassius Dio: The Augustan Settlement, Roman History 53–55.9* (Warminster, 1990) 和 P. M. Swan, *The Augustan Succession: An Historical Commentary on Cassius Dio's Roman History Books 55–56* (Oxford, 2004) 对狄奥关于亚克兴战役后那段时间的描述很有价值。

恺撒的作品版本众多，在洛布丛书中可以找到译文。本书中使用的版本是 W. Hering, *Bellum Gallicum* (Leipzig, 1987) 和 C. Damon, *C. Iuli Caesaris Commentariorum libri III de Bello Gallico* (Oxford, 2015)。关于萨卢斯特和维勒尤斯·帕特尔库鲁斯，见第三部分的材料说明。关于波塞冬尼乌斯的内容引自 L. G. Edelstein and I. G. Kidd (eds.), *Posidonius, vol. 1 The Fragments* (Cambridge, 1989)。关于阿斯科尼乌斯对西塞罗演说的注疏，B. A. Marshall, *A Historical Commentary on Asconius* (Columbia, MO, 1985) 很有价值。C. B. R. Pelling, *Plutarch Caesar: Translated with Introduction and Commentary.* Clarendon Ancient History Series (Oxford, 2011) 极为有用，而 M. Toher, *Nicolaus of Damascus: The Life of Augustus and The Autobiography* (Cambridge, 2017) 方便了读者读到这一对恺撒生命最后阶段和公元前 44 年来说极为重要的文本。

一般性介绍：C. Steel, *The End of the Roman Republic, 146–44 BC* (Edinburgh, 2013)。更为详细的，对该时期做了极其重要的描述的三部作品是 E. Gruen, *The Last Generation of the Roman*

Republic (Berkeley, 1974); E. Meyer, *Caesars Monarchie und das Principat des Pompejus: innere Geschichte Roms von 66 bis 44 v, Chr.* (Stuttgart, 1922); T. Rice Holmes, *The Roman Republic and the Founder of the Empire 2* (Oxford, 1923)。本书中的总体解读深受 P. A. Brunt, *The Fall of the Roman Republic and Related Essays* (Oxford, 1988) 和 R. Syme, *The Roman Revolution* (Oxford, 1939) 影响。

对重要人物的讨论：M. Gelzer, *Pompeius* (Munich, 1949); M. Gelzer, *Caesar: Politician and Statesman*, P. Needham, tr. (Oxford, 1968); M. T. Griffin, ed., *A Companion to Julius Caesar* (Oxford, 2009); J. Osgood, *Turia: A Roman Woman's Civil War* (Oxford, 2014); R. Seager, *Pompey the Great: A Political Biography,* 2nd ed. (Oxford, 2002); M. B. Skinner, *Clodia Metelli: The Tribune's Sister* (Oxford, 2011); D. L. Stockton, *Cicero: A Political Biography* (Oxford, 1971); K. Welch, *Magnus Pius: Sextus Pompeius and the Transformation of the Roman Republic* (Swansea, 2012)。

经济与军事事务：C. T. Barlow, 'The Roman Government and the Roman Economy, 92–80 BC', *AJP* 101 (1980), 202–19; L. De Ligt, *Peasants, Citizens and Soldiers: Studies in the Demographic History of Roman Italy 225 BC–AD 100* (Cambridge, 2012); B. W. Frier, 'Cicero's Management of His Urban Properties', *CJ* 74 (1978), 1–6; B. W. Frier, *Landlords and Tenants in Imperial Rome* (Princeton, 1980); E. Lo Cascio, 'Carbone, Druso e gratidiano: la Gestione della Res Nummaria a Roma tra la Lex Papiria e la Lex Cornelia', *Athenaeum* (1979); C. Virvoulet, *Tessara frumentaria: les procedures de la distribution du blé public à Rome à la fin de la République et au début de l'Empire* (Rome, 1995)。

　　骑士等级：本书中强调了公元前 86 年监察官的角色，这不同于主流观点。我觉得，公元前 70 年的《奥雷利乌斯陪审员法》（lex Aurelia iudicaria）中使用的划分要早于当年的监察官就职，因为在起诉维勒斯期间，该法已经即将实行，而公元前 70 年的监察官还没有对元老院点名（lectio senatus），那通常是就任监察官后的第一个行动。因此，我觉得，"骑士等级"（ordo equester）的定义要超出 18 个公共马（equo publico）百人队（这种用法出现在《竞选指南》[*Com. Pet.*] 33；另见阿皮安《内战史》1.442；482）。我认同 T. P. Wiseman 的观点，即 "发饷人"（tribuni aerarii）可能是被登记在 18 个公共马百人队之外的骑士，我的理解与 他 在 'The Definitions of Eques Romanus in the Late Republic and Early Empire', *Historia* 19 (1970), 67–83 [也在 T. P. Wiseman, *Roman Studies* (Liverpool, 1987), 57–73] 中的最为相似；我对公元前 70 年事件发生顺序的理解来自 J. L. Ferrary, 'Cicéron e la loi judiciaire de Cotta (70 av. J.-C.)', *MEFR* 87 (1975), 321–48。

　　高卢战争：K. Christ, 'Caesar und Ariovistus,' *Chiron* 4 (1974), 251–92; H. Delbrück, *Warfare in Antiquity*, W. J. Renfrew, tr. (Westport, CT, 1975); J. Thorne, 'The Chronology of the Campaign against the Helvetii: A Clue to Caesar's Intentions', *Historia* 56 (2007), 27–36; G. Walser, *Caesar und die Germanen: Studien zur politischen Tendenz römischer Feldzugsberichte*, Historia Einzelschriften 1 (Stuttgart, 1956)。

　　政治结构综述：K.-J. Hölskeskamp, *Reconstructing the Roman Republic: An Ancient Political Culture and Modern Research*,

H. Heitmann-Gordon, tr. (Princeton, 2010); F. Millar, *The Crowd in Rome in the Late Republic* (Ann Arbor, 1998); R. Morstein-Marx, *Mass Oratory and Political Power in the Late Roman Republic* (Cambridge, 2004); H. Mouritson, *Plebs and Politics in the Late Roman Republic* (Cambridge, 2001); C. RosilloLópez, *Public Opinion and Politics in the Late Roman Republic* (Cambridge, 2017); P. J. J. Vanderbroek, *Popular Leadership and Collective Behavior in the Late Roman Republic* (ca. 80–50 BC)(Amsterdam, 1987); T. P Wiseman, *New Men in the Roman Senate 139 BC–AD 14* (Oxford, 1971); A. Yakobson, *Elections and Electioneering at Rome: A Study in the Political System of the Late Republic*, Historia Einzelschriften 128 (Stuttgart, 1999)。

历史编纂学（古代）与其他文学问题：V. Arena, *Libertas and the Practice of Politics in the Late Roman Republic* (Cambridge, 2012); H. van der Blom, *Cicero's Role Models: The Political Strategy of a Newcomer* (Oxford, 2010); A. M. Gowing, *The Triumviral Narratives of Appian and Cassius Dio* (Ann Arbor, 1992); J. Hellegouarc'h, *Le vocabulaire Latin des relations et des partis politiques sous la République* (Paris, 1963); A. W. Lintott, *Cicero as Evidence* (Oxford, 2008); C. B. R. Pelling, 'Plutarch's Method of Work in the Roman Lives', *JHS* 99 (1979), 74–96; A. M. Riggsby, *Caesar in Gaul and Rome: War in Words* (Austin, 2006); C. Smith and A. Powell, *The Lost Memoirs of Augustus and the Development of Roman Autobiography* (Swansea, 2009), 65–85; H. Strasberger, *Caesars Eintritt in die Geschichte* (Munich, 1938); K. Welch and A. Powell, cds., *Julius Caesar as Artful Reporter* (London, 2008); T. P. Wiseman, *Catullus and His World: A Reappraisal* (Cambridge, 1985).

内部政治（公元前 59 年之前）: M. C. Alexander, *Trials in the Late Roman Republic 149 BC–50 BC* (Toronto, 1990); D. H. Berry, 'The Publication of Cicero's Pro Roscio Amerino', *Mnemosyne* 57 (2004), 80–87; B. W. Frier, 'Sulla's Propaganda: The Collapse of the Cinnan Republic', *AJP* 92 (1971), 585–604; M. T. Griffin, 'The Tribune C. Cornelius', *JRS* 63 (1973), 196–213; F. Hinard, 'Le "Pro Quinctio", un discours politique', *REA* 77 (1975), 88–107 [= *Rome, la dernière République*, 179–202] ; F. Hurlet, *La dictature de Sylla: monarchie ou magistrature républicaine* (Turnhout, 1993); M. Lovano, *The Age of Cinna: Crucible of Late Republican Rome*, Historia Einzelschriften 158 (Stuttgart, 2002); P. Moreau, *Clodiana religio: un procès politique en 61 avant J.C.* (Paris, 1982); C. Nicolet, ed., *Insula Sacra: la loi Gabinia-Calpurnia de Délos* (58 av J.-C.) (Paris, 1980); S. I. Oost, 'Cyrene, 96–74 BC', *CPh* 58 (1963), 11–25; D. S. Potter, *Prophets and Emperors: Human and Divine Authority from Augustus to Theodosius* (Cambridge, MA, 1994); D. S Potter, 'Holding Court in Republican Rome (105–44)', *AJP* 132 (2011), 59–80; J. Reynolds, 'Cyrenaica, Pompey and Cn. Cornelius Lentulus Marcellinus', *JRS* 52 (1962), 97–103; M. A. Robb, *Beyond Populares and Optimates: Political Language in the Late Republic*, Historia Einzelschriften 213 (Stuttgart, 2010); F. Santangelo, *Sulla, the Elites and the Empire: A Study of Roman Policies in Italy and the Greek East* (Leiden, 2007); F. Santangelo, 'Roman Politics in the 70s BC: A Story of Realignments', *JRS* 104 (2014), 1–27; C. Steel, 'Rethinking Sulla: The Case of the Roman Senate', *CQ* 64 (2014), 657–68; A. Thein, 'Sulla the Weak Tyrant', in S. Lewis, *Ancient Tyranny* (Edinburgh, 2008), 238–47; F. J. Vervaet, 'The Lex Valeria and Sulla's Empowerment as Dictator (82–79 BCE)', *Cahiers Glotz* 15 (2004), 37–84。

内部政治与内战（公元前 **59**—前 **44** 年）: P. A. Brunt, 'Cicero's Officium in the Civil War', *JRS* 76 (1986), 12–32; S. G. Chrissanthos, 'Caesar and the Mutiny of 47 BC', *JRS* 91 (2001), 63–75; P. J. Cuff, 'The Terminal Date of Caesar's Command', *Historia* 7 (1958), 445–72; G. K. Golden, *Crisis Management during the Roman Republic: The Role of Political Institutions in Insurgencies* (Cambridge, 2013); I. Gradal, *Emperor Worship and Roman Religion* (Oxford, 2002); H. Heinen, 'Kaiser un Kaisarion', *Historia* 18 (1979), 181–203; L. Keppie, *Colonization and Veteran Settlement in Italy 47–14 bc* (London, 1983); A. Lintott, 'Cicero and Milo', *JRS* 64 (1974), 62–78; H.-M. Ottmer, *Die RubikonLegende: Untersuchungen zu Caesars und Pompeius' Strategie vor und nach Ausbruch des Bürgerkrieges* (Boppard am Rhein, 1979); T. Rising, 'Senatorial Opposition to Pompey's Eastern Settlement: A Storm in a Teacup?' *Historia* 62 (2013), 196–221; C. Steel, 'The *Lex Pompeia de Provinciis* of 52 BC: A Reconsideration', *Historia* 61 (2012), 83–93; R. Syme, 'The Allegiance of Labienus', *JRS* 38 (1928), 113–25 [= *Roman Papers* 1, E. Badian, ed. (Oxford, 1979), 62–75]; W. J. Tatum, *The Patrician Tribune: Publius Clodius Pulcher* (Chapel Hill, 1999); L. R. Taylor, 'The Chronology of Caesar's First Consulship', *AJP* 72

(1951), 254–6; S. Weinstock, *Divus Julius* (Oxford, 1971)。

内部政治与内战（公元前 44 – 前 36 年）: R. Alston, *Rome's Revolution: Death of the Republic and Birth of the Empire* (Oxford, 2015); H. Fritsch, *Cicero's Fight for the Republic: The Historical Background of Cicero's Philippics* (Copenhagen, 1946); E. Gabba, 'The Perusine War and Triumviral Italy', *HSCP* 75 (1971); J. Lobur, Consensus, *Concordia, and the Formation of Roman Imperial Ideology* (London, 2008); J. Osgood, *Caesar's Legacy: Civil War and the Emergence of the Roman Empire* (Cambridge, 2006); J. T. Ramsey, 'The Senate, Mark Antony, and Caesar's Legislative Legacy', *CQ* 44 (1994), 130–45; G. Sumi, *Ceremony and Power: Performing Politics in Rome between Republic and Empire* (Ann Arbor, 2005); A. Wright, 'The Death of Cicero: Forming a Tradition: The Contamination of History', *Historia* 50 (2001), 436–52。

米特拉达梯战争: A. R. Bellinger, 'The End of the Seleucids', *Transactions of the Connecticut Academy of Arts and Sciences* 38 (1949), 51–102; G. R. Bugh, 'Athenion and Aristion of Athens', *Phoenix* 46 (1992), 108–23; J. Camp, M. Ierardi, J. McInerney, K. Morgan, G. Umholtz, 'A Trophy from the Battle of Chaeronea of 86 BC', *AJA* 96 (1992), 443–55; J.-C. Gauger, 'Phlegon von Tralles Mirab. III: zu einem Dokument geistigen Widerstandes gegen Rom', *Chiron* 10 (1980), 225–62; C. Habicht, *Athens from Alexander to Antony*, D. L. Schneider, tr. (Cambridge, MA, 1997); B. C. McGing, *The Foreign Policy of Mithridates VI Eupator, King of Pontus* (Leiden, 1986); E. Schürer, *A History of the Jewish People in the*

Age of Jesus Christ 1 rev. ed., G. Vermes and F. G. Millar, eds., (Edinburgh, 1973); R. Syme, *Anatolica: Studies in Strabo* (Oxford, 1995)。关于公元前 89 年屠杀的受害者人数，我参照了西塞罗《论格奈乌斯·庞培的治权》第 7 节；另见 P. Goukowsky, *Appien: histoire romaine* vol. 7 (Paris, 2003), 152, n. 216。关于亚历山大的斗篷，见阿皮安《米特拉达梯战争》577。

帕提亚： P. Arnaud, 'Les guerres parthiques de Gabinius et de Crassus et la politique occidentale des Parthes Arsacides entre 70 et 53 av. J.-C.', in E. Daprowa, ed., *Ancient Iran and the Mediterranean World*, Electrum 2 (Warsaw, 1998), 13–34; J. Curran, 'The Ambitions of Quintus Labienus Parthicus', *Antichthon* 41 (2007), 33–53; E. Noé,'Province, Parti e Guerra: Il Caso di Labieno', *Athenaeum* 85 (1997), 409–36; P. Roussel, 'Le miracle de Zeus Panamaros', *BCH* 55 (1931), 70–116。

斯巴达克斯： K. R. Bradley, *Slavery and Rebellion in the Roman World 140 BC–70 BC* (London, 1989); P. Piccinin, 'Les Italiens dans le "Bellum Spartacium"', *Historia* 53 (2004), 173–99; Z. Rubinsohn, 'Was the Bellum Spartacium a Servile Insurrection', *Rivista di Filologia e di Istruzione Classica* 99 (1971), 290–99; A. Schiavone, *Spartacus*, J. Carden, tr. (Cambridge, 2013); B. D. Shaw, *Spartacus and the Slave Wars: A Brief History with Documents* (Boston, 2001); T. Urbainczyk, *Spartacus* (Bristol, 2004)。

社会和文化问题： G. W. Bowersock, 'A Date in the Eighth Eclogue', *HSCP* 75 (1971), 73–80; H. Evans, *Water Distribution in Ancient Rome: The Evidence of Frontinus* (Ann Arbor, 1994); E.

Fantham, H. Foley and N. Kampen, *Women in the Classical World: Image and Text* (Oxford, 1994); P. M. Fraser, 'Mark Antony in Alexandria – A Note', *JRS* 47 (1957), 71–3; J. Griffin, 'Augustan Poetry and the Life of Luxury', *JRS* 66 (1976), 87–105; W. D. Lebek, 'Moneymaking on the Roman Stage,' in W. J. Slater, ed., *Roman Theater and Society* (Ann Arbor, 1996), 29–48; K. Milnor, *Gender, Domesticity and the Age of Augustus: Inventing Private Life* (Oxford, 2005); R. G. M. Nisbet, *Collected Papers on Latin Literature*, S. J. Harrison, ed. (Oxford, 1995); J. Rüpke, *The Roman Calendar from Numa to Constantine: Time, History and the Fasti*, D. M. B. Richardson, tr. (Oxford, 2011); T. P. Wiseman, *The Roman Audience* (Oxford, 2015). 书中关于恺撒广场的观点借鉴自 Davies, *Architecture and Politics in Republican Rome*, 247–9。

第五部分　君主制

对于奥古斯都的统治，卡西乌斯·狄奥的作品仍然是最重要的叙述（版本见第四部分的材料说明）。此外还有苏维托尼乌斯的《罗马十二皇帝传》（有众多译本），以及古罗马最伟大的历史学家科尔内利乌斯·塔西佗，其《编年史》和《历史》曾经涵盖了从公元 14 年到 96 年的时期（现存部分为公元 14—37 年，47—66 年，69—70 年）。他的三部较短的作品是《演说术对话》《阿格里古拉传》（他岳父的传记）和《日耳曼尼亚志》，同样有众多译本。维勒尤斯·帕特尔库鲁斯继续提供了有关提比略统治的情况。老普林尼的《博物志》（在洛布版中可以方便地读到）对整个该时期做了大量介绍，他的外甥小普林尼的书信集有洛布版和企鹅版。D. Wardle, *Suetonius: Life of Augustus* (Oxford, 2014) 和 Dio, Rich, *Cassius Dio: The Augustan Settlement* 以及 Swan, *The Augustan Succession*（见第四部分的材料说明）为该时期的第一阶段提供了极为有用的指南。由于文件材料在该时期变得常见得多，难以一一列举，见此处引用的版本中的讨论。关于与葬礼有关的文件，见 J. B. Lott, *Death and Dynasty in Early Imperial Rome* (Cambridge, 2012)。

一般性历史：R. Syme, *Tacitus* (Oxford, 1958)（另见历史学书目）；R. Syme, *The Augustan Aristocracy* (Oxford, 1986). P. A. Brunt, *Roman Imperial Themes* (Oxford, 1990) 包含了大量重要研究，而 F. Millar, *The Emperor in the Roman World,* 2nd ed. (London, 1992) 对罗马国家的运作方式提出了关键的模型；另见 F. Millar, *Government, Society and Culture in the Roman Empire* 和 H. M. Cotton and G. M. Rogers, eds. (Chapel Hill, 2004) 中的论文。

亚克兴：R. Gurval, *Actium and Augustus: The Politics and Emotions of Civil War* (Ann Arbor, 1995); P. Petsas, *Octavian's Campsite Memorial for the Actian War* (Philadelpia, 1989)。

内战后的军队和军事事务：P. Allison, *People and Spaces in Roman Military Bases* (Cambridge, 2013); P. Conole and R. D. Milns, 'Neronian Frontier Policy in the Balkans: The Career of Ti. Plautius Silvanus', *Historia* 24 (1983), 183–200; S. Dillon, 'Women on the Columns of Trajan and Marcus Aurelius and the Visual Language of Roman Victory', in S. Dillon and K. Welch, *Representations of War in Ancient Rome* (Cambridge, 2006), 244–71; W. Eck, 'Herrschaftssicherung und Expansion: Das römische Heer unter Augustus', in

G. Negri and A. Valvo, *Studi su Augusto: In occasione del XX centenario della morte* (Turin, 2016), 77–93; I. Haynes, *Blood of the Provinces: The Roman Auxilia and the Making of Provincial Society from Augustus to the Severans* (Cambridge, 2013); F. Lepper, *Trajan's Parthian War* (Oxford, 1948); F. Lepper and S. Frere, *Trajan's Column* (Gloucester, 1988); C. S. Lightfoot, 'Trajan's Parthian War and Fourth-century Perspective', *JRS* 80 (1990), 115–26; E. Luttwak, *The Grand Strategy of the Roman Empire,* rev. ed. (Baltimore, 2016); R. McMullen, *Change in the Roman Empire: Essays in the Ordinary* (Princeton, 1990); F. G. Millar, 'Emperors, Frontiers and Foreign Relations, 31 BC to AD 378', *Britannia* 13 (1982), 1–23; T. Mommsen, *Res Gestae Divi Augusti* (Berlin, 1883); D. S. Potter, 'The Mysterious Arbaces', *AJP* 100 (1979), 541–2; D. S. Potter, 'The Inscription on the Bronze Hercules of Mesene: Vologaeses IV's War with Rome and the Date of Tacitus' Annales', *ZPE* 88 (1991), 277–90; D. S. Potter, 'Empty Areas and Roman Frontier Policy', *AJP* 113 (1992), 269–74; D. S. Potter, 'Emperors, Their Borders and Their Neighbors: The Scope of the Imperial Mandata', in D. L. Kennedy, ed., *The Roman Army in the East* (Ann Arbor, 1996), 49–66; E. Ritterling, 'Legio', *RE* 1216–18; M. P. Speidel, 'The Captor of Decebelus: A New Inscription from Philippi', *JRS* 60 (1970), 142–53; R. Syme, 'Some Notes on the Legions under Augustus', *JRS* 23 (1933), 14–33; B. Turner, 'War Losses and Worldview: Reviewing the Roman Funerary Altar at Adamclisi', *AJP* 134 (2104), 277–304。

文化史：M. T. Boatwright, *Hadrian and the City of Rome* (Princeton, 1987); M. T. Boatwright, *Hadrian and the Cities of the Roman Empire* (Princeton, 2000); G. W. Bowersock, *Greek Sophists and the Roman Empire* (Oxford, 1969); G. W. Bowersock, 'Historical Problems in Late Republican and Augustan Classicism', in *Le classicism à Rome aux Iers siècles avant et après J.C.* (Geneva, 1979), 57–75; G. W. Bowersock, 'The Pontificate of Augustus', in K. A. Raaflaub and M. Toher, eds., *Between Republic and Empire: Interpretations of Augustus and His Principate* (Berkeley, 1993), 380–94; E. Gabba, *Dionysius and the History of Archaic Rome* (Berkeley, 1991); A. M. Gowing, *Empire and Memory: The Representation of the Roman Republic in Imperial Culture* (Cambridge, 2005); C. P. Jones, *Plutarch and Rome* (Oxford, 1971); R. Laurence, S. Esmonde Cleary and G. Sears, *The City in the Roman West c. 250 BC–c. AD 250* (Cambridge, 2011); C. Marek, *In the Land of a Thousand Gods: A History of Asia Minor in the Roman World*, S. Rendall, tr. (Princeton, 2016); R. McMullen, *Change in the Roman Empire: Essays in the Ordinary* (Princeton, 1990); D. S. Potter, 'Cultural Archaism and Community Identity: The Case of Xanthus and Paphos', *Μελέται και Υπομνήματα Ιδρυματος Αρχιεπισκόπου Μακαρίου Γ' Κύπρου* (Nicosia, 1994), 427–41; R. R. R. Smith, 'The Imperial Reliefs from the Sebasteion at Aphrodisias', *JRS* 77 (1987), 88–138; A. J. Spawforth, *Greece and the Augustan Cultural Revolution* (Cambridge, 2012), 18–26; R. J. Tarrant, 'Poetry and Power: Virgil's Poetry in Contemporary Context', in C. Martindale, ed., *The Cambridge Companion to Virgil* (Cambridge, 1995), 169–87; P. Veyne, *L'empire gréco-romain* (Paris, 2005); G. Woolf, *Becoming Roman: The Origins of Provincial*

Civilization in Gaul (Cambridge, 1998); P. Zanker, *The Power of Images in the Age of Augustus* (Ann Arbor, 1987)。

经济结构：P. F. Bang, *The Roman Bazaar: A Comparative Study of Trade and Markets in a Tributary Empire* (Cambridge, 2008); K. Hopkins, 'Taxes and Trade in the Roman Empire (200 BC–AD 400)', *JRS* 70 (1980), 101–25; P. Horden and N. Purcell, *The Corrupting Sea: A Study of Mediterranean History* (Oxford, 2000); A. Tchernia, *The Romans and Trade*, J. Grieve with E. Minchin, tr. (Oxford, 2016); P. Temin, *The Roman Market Economy* (Princeton, 2012)。

元首制的演化：A. R. Birley, *Hadrian: The Restless Emperor* (London, 1997); G. W. Bowersock, *Roman Arabia* (Cambridge, MA, 1983); G. W. Bowersock, 'Augustus and the East: The Problem of the Succession', in F. Millar and C. Segal, *Caesar Augustus: Seven Aspects* (Oxford, 1984), 169–88; P. A. Brunt, 'Lex de Imperio Vespasiani', *JRS* 67 (1977), 95–111; E. J. Champlin, *Nero* (Cambridge, MA, 2005); A. Dalla Rosa, 'Dominating the Auspices: Augustus, Augury and the Proconsuls', in J. Richardson and F. Santangelo, eds., *Priests and State in the Roman World* (Stuttgart, 2011); W. Eck, 'The Administrative Reforms of Augustus: Pragmatism or Systematic Planning', in J. Edmondson, *Augustus* (Edinburgh, 2009), 229–49; W. Eck, 'Die Lex Troesmensium: eine Stadtgesetz für ein Municipium Civium Romanorum', *ZPE* 200 (2016), 565–606（公元 5 年修订《尤里乌斯法》的证据）; J.-L. Ferrary, 'À propos des pouvoirs d'Auguste', *Cahiers du Centre Gustave Glotz* 12 (2001), 101–54［reprinted in shortened form in Edmondson, *Augustus*］;

H. I. Flower, 'The Tradition of Spolia Opima: M. Claudius Marcellus and Augustus', *CA* 19 (2000), 49–53; M. T. Griffin, *Nero: The End of a Dynasty* (London, 1984); H. Halfmann, *Itinera principum: Geschichte und Typologie der Kaiserreisen im Römischen Reich* (Stuttgart, 1986); O. Hekster, 'All in the Family: The Appointment of Emperors Designate in the Second Century AD', in L. de Blois, ed., *Administration, Prosopography and Appointment Policies in the Roman Empire* (Amsterdam, 2001), 35–49; O. Hekster, *Emperors and Ancestors, Roman Rulers and the Constraints of Tradition* (Oxford, 2015); P. Hermann, *Der römische Kaisereid* (Göttingen, 1968); R. A. Kearsley, 'Octavian and Augury: The Years 30–27 BC', *CQ* 59 (2009), 147–66; W. K. Lacey, *The Augustan Principate: The Evolution of a System* (Liverpool, 1996); C. Lange, *Res Publica Constituta: Actium, Apollo and the Accomplishment of the Triumviral Assignment* (Leiden, 2009); B. Levick, *Claudius* (London, 1990); B. Levick, *Tiberius the Politician*, rev. ed. (London, 1999); B. Levick, *Vespasian* (London, 1999); J. F. Matthews, *Roman Perspectives: Studies in the Social, Political and Cultural History of the First to Fifth Centuries* (Swansea, 2010), 57–84; J. W. Rich, 'Augustus and the Spolia Opima', *Chiron 26* (1996), 85–127; J. W. Rich and J. H. C. Williams, 'Leges et Iura P.R. Restituit: A New Aureus of Octavian and the Settlement of 28–27 BC', *NC* 159 (1999), 169–213; G. D. Rowe, *Princes and Political Cultures: The New Tiberian Senatorial Decrees* (Ann Arbor, 2002); R. Syme, 'The Crisis of 2 BC', *Bayerische Akademie der Wissenschaften: Philosophisch-Historiker*

Klasse: Sitzungsberichte 1974, 7, 3–34 ［also in *Roman Papers* 3 (Oxford, 1984), 912–36］; S. Thakur, 'Tiberius, the Varian Disaster and the Dating of Tristia 2', *MD* 73 (2014), 69–97; F. Vervaet, 'The Secret History: The Official Position of Imperator Caesar Divi Filius from 3–27 BCE', *AS* 40 (2010), 114–52; A. Wallace-Hadrill, 'Civilis Princeps: Between Citizen and King', *JRS* 72 (1982), 32–48。

历史编纂学：R. Ash, *Ordering Anarchy: Leaders and Armies in Tacitus' Histories* (Ann Arbor, 1999); D. S. Potter, 'The Greek Historians of Imperial Rome', in A. Feldherr and G. Hardy, eds., *The Oxford History of Historical Writing 1, Beginnings to AD 600* (Oxford, 2011); T. Rajak, *Josephus*, 2nd ed. (Bristol, 2002); R. Syme, *Tacitus* (Oxford, 1958); R. Syme, 'Livy and Augustus,' *HSCP* 64 (1959), 27–87 [= *Roman Papers* 1 (Oxford, 1979), 400–54]; A. Wallace-Hadrill, *Suetonius: The Scholar and His Caesars* (London, 1983); L. M. Yarrow, *Historiography at the End of the Republic: Provincial Perspectives on Roman Rule* (Oxford, 2006)。

帝国行政：C. Ando, *Imperial Ideology and Provincial Loyalty in the Roman Empire* (Berkeley, 2000); G. W. Bowersock, 'Syria under Vespasian', *JRS* 63 (1973), 133–40; G. W. Bowersock, 'Hadrian and Metropolis', *Bonner Historia-Augusta-Colloquium 1982–83* (Bonn, 1985), 75–88; G. Burton, 'Proconsuls, Assizes and the Administration of Justice under the Empire', *JRS* 65 (1975), 92–106; D. Fishwick, *The Imperial Cult in the Latin West: Studies in the Ruler Cult of the Western Provinces of the Roman Empire* 1.1 (Leiden, 1987); B. W. Frier, 'Roman Life Expectancy: Ulpian's Evidence',

HSCP 86 (1982), 213–51; M. T. Griffin, 'The Lyons Tablet and Tacitean Hindsight', *CQ* 32 (1982), 404–18; F. G. Millar, *The Roman Near East 31 BC–AD 337* (Cambridge, MA, 1995); S. Mitchell, 'The Treaty between Rome and Lycia of 46 BC', in R. Pintaudi, *Papyri Graecae Schøyen. Papyrologica Florentina* 35 (Florence, 2005), 166–259; C. Nicolet, *Space, Geography, and Politics in the Early Roman Empire* (Ann Arbor, 1991); S. R. F. Price, *Rituals and Power: The Roman Imperial Cult in Asia Minor* (Cambridge, 1984)。

元老院与骑士等级: P. A. Brunt, 'The Role of the Senate in the Augustan Regime', *CQ* 34 (1984), 423–44; S. Demougin, *L'ordre équestre sous les Julio-Claudiens* (Paris, 1988); F. Millar and C. Segal, *Caesar Augustus: Seven Aspects* (Oxford, 1984); R. J. Talbert, *The Senate of Imperial Rome* (Princeton, 1984)。

叛乱: P. A. Brunt, *Roman Imperial Themes* (Oxford, 1990); W. Eck, *Rom und Judaea* (Tübingen, 2007); G. Gambash, *Roman and Provincial Resistance* (London, 2015); M. Goodman, *The Ruling Class of Judaea: The Origins of the Jewish Revolt against Rome AD 66–70* (Cambridge, 1987); A. Heinrichs, 'Vespasian's Visit to Alexandria', *ZPE* 3 (1968), 51–80; W. Horbury, *Jewish War under Trajan and Hadrian* (Cambridge, 2014); R. McMullen, *Change in the Roman Empire: Essays in the Ordinary* (Princeton, 1990); J. Nicols, *Vespasian and the Partes Flavianae Historia Einzelschriften* 28 (Wiesbaden, 1978)。

致　谢

　　虽然本书的正式诞生要追溯到 John Davey 友好地邀请我撰写 Profile 古代世界史系列中的一卷，但我对本书主题的兴趣已经存在多年，可以追溯到我在牛津大学新学院获得萨尔维森奖学金（Salvesen Fellowship）时。在那里，我有幸随 Antony Andrewes，George Forrest，Robin Lane Fox 和 Geoffrey de Ste Croix 学习。我得以参加有 Ronald Syme 在场的研讨会，并向三位 Peter——Brunt，Derow 和 Fraser——学习。似乎可以说，本书的写作是在 2015 年米迦勒学期中进行的，当时我有幸成为新学院的访问学者，这次机会要感谢新学院的院士们，以及高级研究员室热情亲切的氛围。在这一切中，我尤其要感谢 Andrew Meadows 教授。我还要感谢 Hassan Hamed，他让我感到宾至如归。在牛津期间，我还有机会经常同 Fergus Millar 进行讨论，本书（以及我写过的其他好几本书）中随处可以看到他关于该主题的思路。本书的书稿是在安娜堡完成的，在那里我受惠于许多出色的同事，包括 Sara Ahbel-Rappe，Basil Dufallo，Ben Fortson，Bruce Frier，Richard Janko，Lisa Nevett，Chris Ratté，Francesca Schironi，Gina Soter，David Stone 和 Nicola Terrenato。我要特别感谢 Nic 和 Marcello Mogetta，前者用他独有的方式向我介绍了意大利，后者同 Gabii 计划的成员一起组织了多次考察，让我能够对本书主题产生无法通过其他方式获得的了解，我还要感谢他们回答了我无数次的提问。我也要高兴地感谢 Ratté 和 Burt Smith 教授在插图方面的帮助。本书在我担任加州大学洛杉矶分校很棒的历史系的 Ronald J. Mellor 讲席教授期间付梓。我非常感谢洛杉矶同事们的热心，特别是 David Phillips 和 Jonathan Ebueng 教授，我的工作离不开他们的耐心帮助。

此外，我要感谢 Louisa Dunnigan，她在 John 退休后接手了 Profile 的项目，还要特别感谢哈佛大学出版社的 Heather Hughes 和 Penny Daniel 的帮助。Jan Dewitt 和 Parrish Wright 对本书的初稿做了贡献，帮助使其对读者更加友好，Tim Hart 和 James Faulkner 在后来的一个阶段提供了非常有用的评价。我还要高兴地感谢 Sally Holloway 对书稿的校对。我再次从总校对 Sue Philpott 的帮助中受益良多，她用不计其数的方式改进了书稿。我也要感谢 Jane Delancy 用令人印象深刻的速度和准确性绘制了三幅罗马广场的平面图，去掉了在位置方面没有直接信息的建筑。

这一切都离不开我的家人的支持，感谢我的妻子 Ellen，以及我们的女儿 Claire 和 Natalie（还有将会正式加入我们一家的 Michael Schneider）。在写作本书期间，当初鼓励过我对古代世界历史感兴趣的父亲去世了，带走了他对人类弱点无与伦比的深入了解，但我相信我的母亲从她认识的人身上能够看到某种共鸣。

我把本书献给我们亲爱的朋友 Veronika Grimm 和 John Matthews。

牛津

安娜堡

洛杉矶

出版后记

两次横渡奠定了罗马国家的两次转型。公元前49年，尤里乌斯·恺撒率军横渡卢比孔河，从行省进入意大利，光荣的老共和国开始了其最后的倒计时。或许更不出名的是距此两百多年前，阿皮乌斯·克劳狄乌斯横渡墨西拿海峡，离开大陆，前往西西里；潜在的对手：西地中海的另一大势力——迦太基。这时起，这个意大利的本土势力开始建立自己的地中海帝国，将一个又一个不同的民族带入"罗马和平"之下。

帝国的建立充满辛劳，而随着疆域的扩大、财富的增加，新的问题浮出水面。改革者走上舞台，他们的结局不尽相同。一个为城邦设计的系统可能无法统治整个地中海，而罗马合同承包制的终点是一系列私人军队指挥官间的角逐。

常年的党争与内战让人们渴望和平，他们把自己的权力赋予元首。元老院权威的下降，王朝与官僚机构的崛起标志着罗马的新变化。

当哈德良在不列颠筑起长城时，帝国的心态已经悄然转变。在奥古斯都时代，imperium sine fine（没有边界的帝国）曾是伟大诗人笔下的朱庇特给予罗马人的命运，现在他们或许感知到了自己的极限。罗马还将迎来无数胜利，但帝国的顶点可能已经到来。

　　波特以相对简单易读的风格，不失严谨地讲述了这段罗马历史中最具张力的段落。本书涉及的人物、地点众多，如有讹误，敬请读者指出，在此谨表谢忱。

　　如果读者想继续了解罗马在本书之后的故事，欢迎阅读本系列的下一卷《帝国的胜利》。

图书在版编目（CIP）数据

帝国的开端：从共和国到哈德良的罗马 / (美) 大
卫·波特著；王晨译. -- 北京：九州出版社，2024.3
ISBN 978-7-5225-2599-0

Ⅰ.①帝… Ⅱ.①大… ②王… Ⅲ.①罗马帝国—历
史 Ⅳ.①K126

中国国家版本馆CIP数据核字(2024)第064965号

版权登记号：01-2023-5672
地图审图号：GS（2023）4091号

帝国的开端：从共和国到哈德良的罗马

作　　者	［美］大卫·波特　著　王　晨　译
责任编辑	王　佶
出版发行	九州出版社
地　　址	北京市西城区阜外大街甲 35 号（100037）
发行电话	（010）68992190/3/5/6
网　　址	www.jiuzhoupress.com
印　　刷	北京盛通印刷股份有限公司
开　　本	880 毫米 × 1194 毫米　　32 开
印　　张	16.5
字　　数	370 千字
版　　次	2024 年 3 月第 1 版
印　　次	2024 年 7 月第 1 次印刷
书　　号	ISBN 978-7-5225-2599-0
定　　价	108.00 元